AR课堂·财经系列经典教材

Pearson

John Fletcher
Alan Fyall
David Gilbert
Stephen Wanhill

旅游学
原理与实践 第5版
Tourism Principles and Practice
Fifth Edition

[英]
约翰·弗莱彻
艾伦·法伊奥
大卫·吉尔伯特
斯蒂芬·万希尔

◉ 著　石芳芳　◉ 译

东北财经大学出版社 | 大连
Dongbei University of Finance & Economics Press

辽宁省版权局著作权合同登记号：图字06-2018-64号

图书在版编目（CIP）数据

旅游学：原理与实践（第5版）/（英）约翰·弗莱彻（John Fletcher）等著；石芳芳译. —大连：东北财经大学出版社，2019.5

（AR课堂·财经系列经典教材）

ISBN 978-7-5654-3491-4

Ⅰ . 旅… Ⅱ . ①约… ②石… Ⅲ . 旅游学－教材 Ⅳ . F590

中国版本图书馆CIP数据核字（2019）第048995号

东北财经大学出版社出版发行

　　大连市黑石礁尖山街217号　邮政编码　116025

　　网　　址：http://www.dufep.cn

　　读者信箱：dufep @ dufe.edu.cn

大连图腾彩色印刷有限公司印刷

幅面尺寸：200mm×270mm　字数：427千字　印张：18
2019年5月第1版　　　　　　　2019年5月第1次印刷
责任编辑：李　季　刘东威　吉　扬　　责任校对：石建华
封面设计：原　皓　　　　　　　　版式设计：原　皓
定价：72.00元

教学支持　售后服务　　联系电话：（0411）84710309
版权所有　侵权必究　　举报电话：（0411）84710523
如有印装质量问题，请联系营销部：（0411）84710711

译者序

　　第一次接触《旅游学：原理与实践》是在2002年年初，当时我还是一名英语专业大四的学生，因为喜欢旅游申请了英国萨里大学旅游管理专业的硕士项目。接到录取通知书后，我发邮件给大卫·艾瑞教授，请他推荐一本旅游管理的入门书，希望对接下来的研究生学习有所准备。他很快回了信，推荐的正是《旅游学：原理与实践》。那时国内的书店并没有这本书，我真正读到这本书是在到了英国之后。书里的例子很多，而我这个门外汉对国外的旅游景区、企业、管理系统了解得非常有限，读起来十分吃力，常常是一边看一边查背景资料，几乎是一页一页地"啃"下来的。虽然过程磕磕绊绊，但看完之后我对旅游管理的基本理论和行业实践有了初步了解，为研究生阶段的学习打下了良好的基础。

　　2008年，我回国工作，一次偶然的机会在同事的书架上看到了张俐俐、蔡利平等老师编译的第2版《旅游学：原理与实践》。我如获至宝，推荐给我的学生做"必读参考书"。世界旅游的发展日新月异，这本经典的学术著作也随之更新了数版。2013年，本书的作者之一大卫·吉尔伯特教授来我校访问，他是我多年的师长和朋友，聊天中他提到，他们刚刚出版了第5版《旅游学：原理与实践》，几位作者对本书进行了全面改版，连随书附带的教辅资料也一并更新了。让我更加惊喜的是，在一次书展上我发现东北财经大学出版社引进了第5版的《旅游学：原理与实践》英文教材，并打算出最新版的中文译本，我们一拍即合，很快启动了第5版的翻译工作。我原本以为，翻译这本书会很轻松，因为自己对书里的内容已经非常熟悉，但开始翻译后才发现，最新版的《旅游学：原理与实践》和我之前用的旧版相比，从结构到内容都有了很大的改变，真正做到了与时俱进、精益求精。怀着对原书作者的敬佩和对未来读者的责任感，我再次一页一页地"啃"了这本书，并在中国学生可能不太熟悉的地方加了"译者注"，希望读者看这本书时能够比我当年稍稍顺畅、省力些。

　　本书共分为四部分，分别介绍了旅游需求、旅游目的地、旅游业和旅游营销。考虑到国内旅游管理专业的课程设置和学期安排（大多在20周以内），在征求了数位多年从事旅游教学的专家和出版社的意见之后，我们将原书第4章"旅游需求的测量"和第5章"旅游需求的预测"合为1章，将原书第19章"旅游营销管理"、第20章"营销计划"和第21章"营销组合的应用"进行了精简和合并。

　　尽管本书在翻译过程中经过了多次校译，但难免还会有疏漏和欠妥之处，恳请广大读者不吝赐教，给予指正。本书的翻译和出版得到了东北财经大学出版社李季老师的大力支持和帮助，以及我校于欣鑫、崔海洋同学在绘制图表方面的协助，在此表示诚挚的感谢。

　　谨以此《旅游学：原理与实践》第5版中文译本献给在求学路上热爱旅游管理、不断求索的莘莘学子。

石芳芳

2018年11月3日

欢迎阅读第5版《旅游学：原理与实践》。20年前，我们找不到一本适合本科生和研究生的教材，所以出版了这本书。过去20年间，世界发生了巨大的变化，旅游学原理与实践也发生了改变，反映了我们所处世界的活力。为了能够紧跟旅游和教育发展的步伐，这一版教材增加了新的特色和内容。我们彻底更新了各章节内容，理顺了结构，提高了内容的可读性和时效性。同时，添加了业界专家的解读和丰富的案例，列出了清晰的学习目标，采取了色彩明快和方便读者的外观设计。第5版结合了学界和业界的视角，帮助学生、组织和从业者将旅游学原理和实践应用到活力十足的旅游领域中。

本书特色

这一版在旅游卫星账户概念的基础上进行了拓展，分析了它在世界旅游的管理和规划中所起到的作用。同时，增加了节事管理和危机管理的章节，为最初的版本锦上添花。面对频繁变化的商界与社会，我们为读者讲述了研究旅游世界最基础的原理，具体包括四个方面：旅游需求、旅游目的地、旅游业和旅游营销。我们更新了所有章节的内容，以反映最新的进展，包括旅游的经济、环境、社会文化影响，气候变化和旅游者安全等。

这一版的基本框架没有改变，但是我们更新、调整并完善了所有的章节，添加了新的概念、业界专家的评论和案例。在保留原版本优点的基础上，这一版增加了新的特色，包括：

●学习目标：每一章的开头都列出了本章的学习目标，作为导读方向，帮助读者关注本章的重点概念。

●案例：每章提供案例，帮助读者将理论与现实问题以及实践联系起来。每一个案例和附带的问题都是为这一最新版教材特别选择的。

●业界专家视角：引入了业界专家的视角，介绍旅游业及其发展的重要问题。

●参考文献和推荐阅读：每章结尾部分的"参考文献与推荐阅读"列出了重要的相关书目和网络资源。这些参考文献列表是做作业和准备报告的第一站，为更深层次的阅读指明了方向，为读者提供对关键概念有更详细阐述的文献，有助于其加深理解。

●超级链接地址：提供了超级链接地址，让读者能够获取视频或其他形式的辅助材料，加深对章节内容的认识。

●插图：通过插图让内容更加生动，文字部分也有不同的色彩，让阅读能够赏心悦目且方便实用，读者可通过AR扫描欣赏。

作者们基于各自在世界各地为国家政府、业界和国际组织的研究经验，20年前就开始对本书内容不断充实和提升，这一工作贯穿了本书的5个版本，目前的版本反映了他们为了满足旅游业变化的经济、社会、环境和安全需求所做的最新的研究。写第1版的时候，世界国际旅游人数大约为500 000人次，2012年这一数字超过10亿人次，2030预计会达到18亿人次。旅游人数的增加给管理者们带来了巨大的挑战。希望在您研究这一世界规模最大和成长最快的行业时，本书能激发您的想象力，帮助您展开探索之旅。

目录 CONTENTS

第一部分
旅游需求

第1章

绪　论

1.1　学习目标

本章的重点是旅游学中的基础定义、概念和理论，通过本章的学习，您将能够：

- 理解旅游的定义；
- 理解与研究旅游相关的一系列问题；
- 理解旅游学理论框架的各组成部分；
- 理解市场的角色以及与供需相关的问题；
- 掌握旅游卫星账户中用到的旅游供需模型。

1.2　旅游的定义

旅游作为一种人类活动，其历史已经有几千年了，但为了休闲、教育或健康目的的旅游是在18世纪的"启蒙运动"之后，随着欧洲的"大旅游"逐步兴起的。目的地开始给这些短期的到访者（我们今天称其为旅游者）提供设施和服务。那时候的旅游由于交通成本高昂，仅有富人消费得起；直到19世纪火车的出现，普通人才有机会外出旅游。国内旅游带动了欧洲和美国沿海度假区的发展。20世纪前半叶，两次世界大战阻断了旅游的发展，今天我们所说的旅游是从20世纪50年代开始的。那时候联合国世界旅游组织为了收集相关信息提出了国际旅游和国内旅游的统计学定义。

1.2.1　操作性定义

为了统计方便，定义需要清晰、明确，并可以测量。世界旅游组织对入境旅游者的定义是指离开其惯常环境到其他国家去，停留时间在1年以内，且主要目的不是在所访问的国家/地区内获取收入的旅行者（见图1-1）。入境旅游者是旅游统计的一部分。旅游是访客的一种行为，是旅行的一个分支。访客是旅行者的一部分，后者不仅包括休闲旅游者，还有出于公务、探亲访友和其他目的的旅游者。这对旅游统计数据的使用者而言很重要：交通部门需要记录范围较大的旅行者，而酒店对旅游者更感兴趣，尤其是公务旅游者，因为他们带来的收益更高。

"惯常环境"是指某人规律生活的地方，这对于区分访客和其他旅行者很重要。引入这个概念的目的是剔除那些在家和工作或学习地点之间通勤的人，以及那些经常规律性地到较

公务

度假、休闲和娱乐

探亲访友

教育与培训

健康与医疗

宗教/朝拜

购物

过境

其他

旅游的主要目的

入境旅行者

入境访客

其他入境旅行者

旅游者（过夜访客）

一日游访客

旅居国外的本国国民

其他非本国居民（外国人）

边境工作人员

季节性工作人员

其他短期工作人员

长期工作人员

流浪者和难民

不入境的过境旅客

公共交通工具上的工作人员

移居到目的地的人员

长期学习的学生和病人及其家属

其他不会进入经济领域的旅行者：外交官、使馆工作人员、军方工作人员及随军亲属、派遣部队

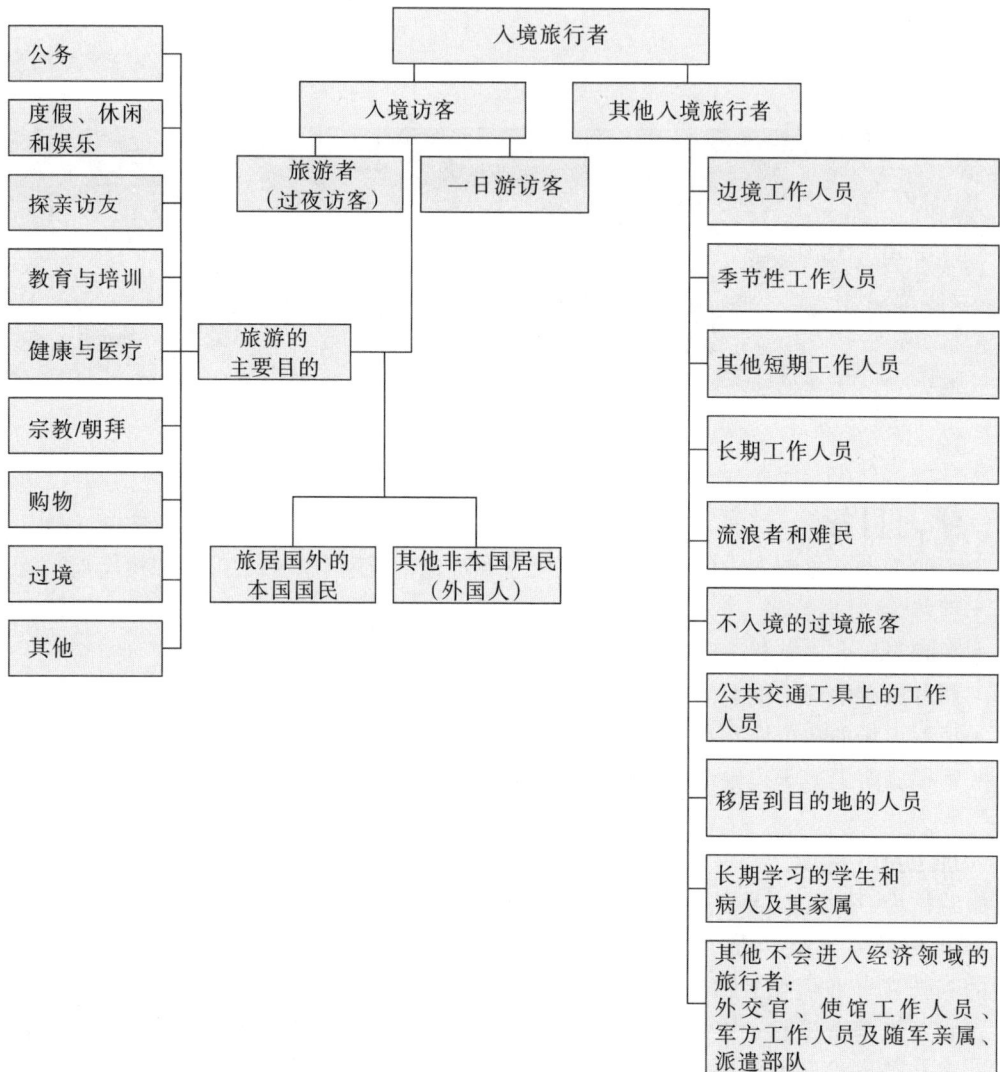

图 1-1　入境旅行者分类

资料来源：UNWTO，2008

远的地方或其他行政区域的购物场所、宗教机构、医疗机构或亲友家的人。因此，对于国际访客而言，他们的惯常居住地，而非国籍所在地，才算是客源地。国内旅游亦是如此。鉴于第二居所对当今旅游的重要性，这个定义很有必要。因为人们到第二居所通常是出于旅游目的，频率不应太高，居住时长也不应超过在主要居所居住的时间。

定义旅游的另一个关键是把访客分为旅游者（过夜访客）和一日游访客（短途游者）。在 20 世纪 50 年代初，大家刚开始探讨旅游的概念时，一日游访客的数量远不及今天的规模，而涉及国际旅游的一日游访客更是寥寥无几。然而，交通和通信的进步使得当日往返的国内游和国际游更加便捷，所以这类经济活动是评价旅游不可忽视的一部分。

1.2.2　旅游的类型

世界旅游组织提出旅游可以分为三种基本类型：

- 国内旅游：一个国家的居民在本国范围内进行的旅游活动，不仅包括完整的国内行程，也包括整体行程的国内段；国内游占旅游活动的绝大多数（80%）。
- 出境游：一个国家的居民在境外进行的旅游活动，不仅包括完整的境外行程，也包括整体行程的国外段。
- 入境游：非本国居民到目的地国家的旅游活动。

旅游者要访问的地方，即目的地，是区分国内游和出境游的标准。访问意味着要有停留，如果只是过境而没有停留则算不上是访问。

基于访客对以上三类旅游活动的参与，还可以有如下分类：

- 境内游：包括本国居民的国内旅游和非本国居民到该国的入境游。
- 国民游：包括本国居民参与的国内旅游和出境游。
- 国际旅游：包括本国居民的出境游和非本国居民到该国的入境游。

最后提到的分类对旅游卫星账户非常重要，自2000年被联合国统计署通过后，一直作为评价旅游活动的标准框架。

1.3　旅游的概念

旅游作为一个研究领域，和其他社会科学有很多交叉，见图1-2。然而，有人质疑旅游作为一项人类活动是否可以成为一个独立的学科，很多大学里旅游专业只是传统学院下属的一个分支。吉尔伯特（Gilbert，1990）指出，旅游之所以难以定义，是因为它需要多种产品和服务的投入。旅游涉及多种行业和部门的活动，没有明确的界限。因此有些学者在定义旅游的时候包括了供应方以涵盖访客对目的地的影响（包括经济、社会、文化和环境影响）（Goeldner and Ritchie，2006；Lieper 1979，1990，2008；Tribe 1997，2006）。特莱伯（Tribe，1997）认为旅游是"因旅游者、企业、政府、社区和环境在客源地和目的地的互相作用而引起的现象和关系的总和"。

混沌理论可以用于解释旅游业的发展。自21世纪初开始旅游业已经历过多场灾难，包括"9·11"恐怖袭击事件，伊朗和阿富汗的战争，伦敦地铁和马德里火车站列车爆炸案，斯里兰卡、泰国和日本的海啸，以及全球金融危机。这些事件都不是当局者能控制的，因此人们开始关注混沌理论及其在危机管理中的应用。灵活性是其中的关键，混沌理论假定一个系统每隔一段时间会出现不稳定的状态，促使原来的状态发生变化和适应性改变。旅游是一门跨学科的学问，我们应该以一个开放的思维研究旅游，接纳不同学科和领域对旅游的解释，这被称作"后学科"范式（Coles et al. 2006），即打破学科界限，研究旅游的不同组成部分如何互相作用、调整，共同组成一个旅游系统。

插图1-1

1.4　旅游的概念性框架

介绍了旅游的概念之后，接下来我们要讲一个研究旅游的最基础的理论框架。利珀（Leiper）在1979年提出的模型（见图1-2）是备受学者们推崇的一个。我们根据上文中讲到的概念对其作了一些调整，使用了意义更为广泛的"旅行者"的概念，因为交通运输业统计的对象是旅行者，只有到达目的地之后，访客和其他旅行者的数据才区分开来。

利珀的模型包括三个基本要素：

- 旅游者，作为系统内的旅行者，提出以旅游为目的的需求。

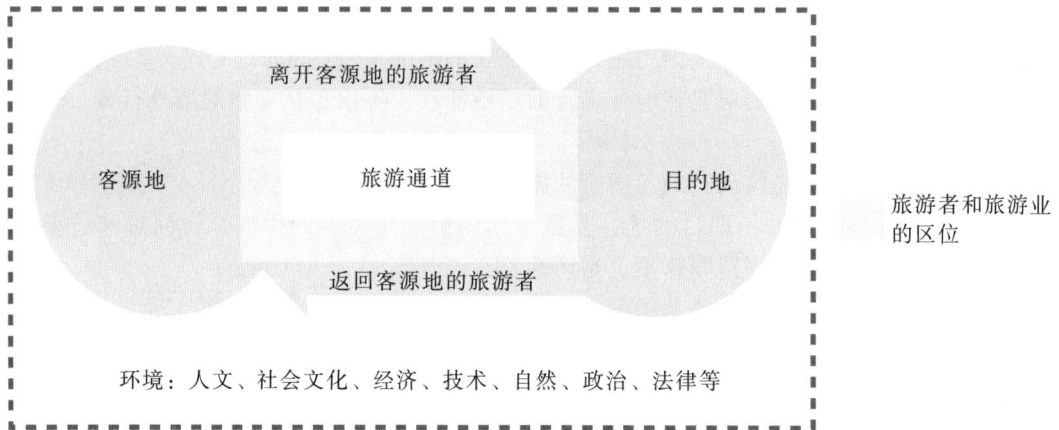

图 1-2　旅游理论框架

● 地理要素，包括客源地、目的地和旅游通道。

● 旅游业，最初包括了所有服务于访客需求的企业、组织和设施（Leiper，1979），后来由于把旅游业当作单一行业的说法存在争议，利珀把"旅游业"的英文表述从单数（tourism industry）改为复数（tourism industries）。

客源地代表了客源市场，提供刺激旅游需求的"推力"。在这里，旅游者搜寻相关信息、预定、出发。目的地是旅游存在的原因，吸引力来自非同一般的文化、历史和自然景观（Urry 1979）。访问目的地的推力带动了整个旅游系统。在目的地，旅游的影响显现出来，人们在产品创新的同时进行游客管理和旅游规划，以调控旅游对当地社区的影响。旅游通道不仅是指到达目的地的旅途，也包含了旅游者在途中访问的地点。

旅游是否算是一个行业取决于一个国家账户对行业的定义。行业通常是指通过相似的过程生产出同类产品和服务的企业的总和，然而旅游产品集合了众多不同行业的产品和服务。世界旅游组织在建立旅游卫星账户时决定把旅游定义为集合了多个行业的领域，表 1-1 列出了旅游领域包含的行业。本书中旅游领域和旅游业的表述互相通用。

表 1-1　　　　　　　　　　　世界旅游组织界定的旅游行业

旅游业	标准行业分类	描　　述
住宿业	55100	酒店或同类住宿
	55202	青年旅馆
	55300	房车/拖车公园和露营营地
	55201	度假中心和度假村
	55209	其他度假或集体住宿
	55900	其他类型住宿
	68209	其他出租或运营的自有/租赁房产
	68320	有偿房产管理

旅游业	标准行业分类	描　述
餐饮业	56101	有售酒许可的餐馆
	56102	无售酒许可的餐馆和咖啡馆
	56103	外卖和移动小吃摊
	56290	其他食品服务
	56210	节事餐饮活动
	56301	有售酒许可的俱乐部
	56302	酒吧
铁路客运	49100	铁路客运、城际火车
公路客运	49320	出租车
	49390	其他陆路客运
水路客运	50100	海上和沿海水路客运
	50300	内陆水路客运
航空客运	51101	定期航空客运
	51102	非定期航空客运
交通工具租赁	77110	汽车和轻型机动车辆租赁
	77341	水路客运工具租赁
	77351	航空客运工具租赁
旅行与导游服务	79110	旅游代理商
	79120	旅游批发商
	79901	导游
	79909	其他预订服务
文化活动	90010	表演艺术
	90020	支持演艺的活动
	90030	艺术创作
	90040	艺术机构的运营
	91020	博物馆
	91030	历史遗迹和建筑的运营
	91040	动植物园和自然保护区

续表

旅游业	标准行业分类	描 述
体育与休闲活动	92000	赌博
	93110	体育设施运营
	93199	其他体育活动
	93210	游乐场与主题公园
	93290	其他娱乐休闲活动
	77210	休闲与体育用品租赁
各国旅游特征类活动	82301	展销与交易会活动
	82302	会议组织活动
	68202	会展中心租赁与运营

1.4.1　市场的角色

过去市场对于城镇来说是非常重要的地方，在今天，集市广场和商贩更多地充当了服务于旅游者和当地居民的吸引物，如伦敦市中心的考文特花园市场。现代信息技术让潜在旅游者能够通过互联网直接联系目的地的供应商，安排自己的行程，从而创造了自己的市场。

在自由商业制度下，市场定价可以调节产品和服务的供给和需求。如表 1-2 所示，当单价是 600 个货币单位时，潜在旅游者仅愿意购买 2 000 个度假产品，而旅游批发商愿意提供 8 000 个产品。显然，供应与需求不符，所以需要降低价格并控制供给以达成供需平衡。当价格降到 400 个货币单位时，供需相符，市场实现平衡；价格在 400 个货币单位以下，需求将大于供给；价格为 200 个货币单位时，旅游批发商因为成本过高而不愿提供商品。因此，如这个例子所示，市场定价可以激励卖方并在买方中分配供给，同时在供需双方间传递信息：从旅游经营商处向前传递生产成本，或交换价值；同时，通过旅游者愿意支付的价格向后传递他们的意愿，或使用价值。

表 1-2　　　　　　　　　　　市场对度假产品的需求

单位价格	需求数量	供应数量
600	2 000	8 000
500	3 000	6 000
400	4 000	4 000
300	5 000	2 000
200	6 000	0

资料来源：作者

如果要去除市场体制，那么政府就要决定生产什么、如何生产、为谁生产。在古巴，旅游业是赚取外汇（"硬"货币）的重要工具，同时也催生了用于政府主导的计划经济中的货币，即古巴可兑换比索（CUC）。游客要使用旅游设施，需要把钱兑换成比索。当地居民收入的是古巴比索（CUP），在政府所有的商店购买东西时还需要配额本（ration books）。只有当地人从事旅游业工作、有可兑换比索时，才可以使用旅游商店和餐馆。像出租车这样的日常服务不论使用何种货币收取的价格都是一样的，尽管在黑市可兑换比索的价格要比古巴比索的价格高出很多。

1.4.2　市场的问题

今天我们通常用混合经济来描述西方国家，因为这里公共和私有企业并存。由于市场不总能实现资源的最优分配和利用，所以政府干预就不可避免。行业集中化使得权力从消费者手里转移到供应商手中。金融系统的活动缺乏透明性，但金融机构仍然能够逃避因为失败而应得的惩罚。直到金融泡沫破灭，政府还是要因为这些金融机构"大而不能倒"而挽救它们。政府对于垄断力量的做法是规范市场，实现良性竞争，同时通过立法保护消费者权益。这对旅游业来说尤为重要，因为旅游者事先既看不到要购买的旅游产品，也不可能有试用体验。

与此同时，其他产品（如自然环境）所产生的社会效益，并没有在市场上进行交易，所以需要加以保护避免其受损。有一类产品，叫作"公共品"。自由市场体制不会提供充足数量的公共品，因为很难让受益方支付费用；如果要提供，它们必须可供所有人分享，比如城市和国家公园，因此提供公共品的成本需要从税收支出。与此类似，还有一类商品，它们的消费值得鼓励，所以被称为"有益品"。与公共品不同，针对它们的收费是可以执行的，但是因为要鼓励这类产品的消费，使用者通常要么可以无偿使用有益品，要么享有很多消费补贴。博物馆、体育和休闲设施、画廊和表演场所，以及为贫困者提供的社会旅游都属于有益品。需要与需求是不同的概念：前者关乎社会公平，后者关乎支付的能力与意愿。

1.5　旅游的操作性框架——旅游卫星账户

旅游卫星账户体现了利珀的旅游系统中目的地的视角，在国家账户的框架下把供给和需求加以区别和分析，提供一份综合的旅游统计信息。我们已经认识到旅游业不是一个传统产业，因此也没有标准的经济计量系统。行业是一个供给方概念，核心是生产"什么"；但是，旅游是一个需求方概念，核心是"谁"来购买产品。旅游需求影响很多产业，我们需要一个能够和其他行业对标的方法来衡量和比较旅游业的影响力。

旅游卫星账户对于一个目的地的重要性在于它可以：

●衡量旅游对经济的贡献。和其他产业相比，旅游卫星账户比其他衡量旅游贡献的方法都更为准确、详细，可以为政府和企业决策提供有价值的参考。

●指导相关数据的收集。

●发现旅游带动的相关产业（尤其是传统视角下和旅游相关性不大的产业），以及旅游活动对相关产业的贡献程度。

●显示不同类型的旅游（入境游、出境游和国内游）在国家经济中的作用，衡量不同类型的访客消费的金额和比重。

● 显示旅游对政府收入的贡献。税收是说服各级政府制定促进旅游投资政策的重要依据。

● 提供就业数据。提高对旅游就业及其特点的认识，为旅游业（如酒店、旅游代理商、租车公司、旅游信息服务等）制定培训项目提供参考。

1.5.1　旅游卫星账户（TSA）的结构

旅游卫星账户（Tourism Satellite Account，TSA）一共有 10 个表，见表 1-3。TSA 6 主要统计了国内旅游的供给和消费，是旅游卫星账户系统的核心。旅游卫星账户提供了一系列详实的数据，它的完成取决于相关国家统计部门的基础建设。世界旅游组织（UNWTO）指出，供给侧的数据是最难得到的，重点要放在需求侧的 TSA 1 至 TSA 4、TSA 7 和 TSA 10 这几个表上。

表 1-3　　　　　　　　　　　　　　旅游卫星账户的结构

表序号	内　容
TSA 1	入境旅游消费（按照产品类型和访客类型）
TSA 2	国内旅游消费（按照产品类型和国内访客类型）
TSA 3	出境旅游消费（按照产品类型和访客类型）
TSA 4	境内旅游消费（按照产品类型和访客类型）即 TSA 1+2
TSA 5	旅游及相关产业的生产账户
TSA 6	国内旅游的供给和国内旅游消费（按产品的类型）
TSA 7	旅游业的就业
TSA 8	旅游业及相关产业的固定资产投资
TSA 9	政府及其他公共机构的旅游消费
TSA 10	非货币类指数，如旅行次数、天数和企业数量

TSA 6 衡量了目的地的供给和需求，估算了旅游业对 GDP 及其组成部分的贡献。为了取得这类活动的有效数据，需要统计企业具体的销售和采购金额，以建立这个经济体的交易记录。每个国家因其统计部门的工作范围和重点不同，对此付出的努力程度各异。

TSA 6 估算了可以追溯到不同产业为满足旅游者需求而产生的旅游消费金额。如图 1-3 所示，旅游消费依照其比重分为三个层次：销售比重最高的旅游特征类产品与服务，比重居其次的旅游相关类产品与服务，以及比重最低的非旅游产品。把零售业归为非旅游产品看起来可能有些不大合适，因为我们知道游客在度假时都会买东西，但重点是对于大规模经济体，游客的购物消费相对于零售业的整体收入而言是九牛一毛。但情况也不可一概而论，对小的海岛目的地而言，纪念品和其他零售产品对其经济的重要性就很大，就可以归为旅游特征类产品。

```
┌─────────────────────────────────────────────────────────┐
│              旅游产品（产品与服务）                      │
├─────────────────────────────────────────────────────────┤
│         ↓                    ↓                           │
├──────────────────────────────────┬──────────────────────┤
│           A.旅游产品              │   B.非旅游产品        │
├──────────────────────────────────┤                      │
│     ↓                  ↓          │        ↓             │
├───────────────────┬──────────────┼──────────────────────┤
│A1 旅游特征类产品  │A2 旅游相关类 │                      │
│与服务             │产品与服务    │                      │
├───────────────────┼──────────────┼──────────────────────┤
│1.住宿             │邮政、电信服务│普通产品，如          │
│2.餐馆类           │金融和保险服务│零售                  │
│3.客运             │租赁和企业服务│                      │
│4.行程安排和导游服务│健康服务     │                      │
│5.& 6.文化、体育和休闲│           │                      │
└───────────────────┴──────────────┴──────────────────────┘
```

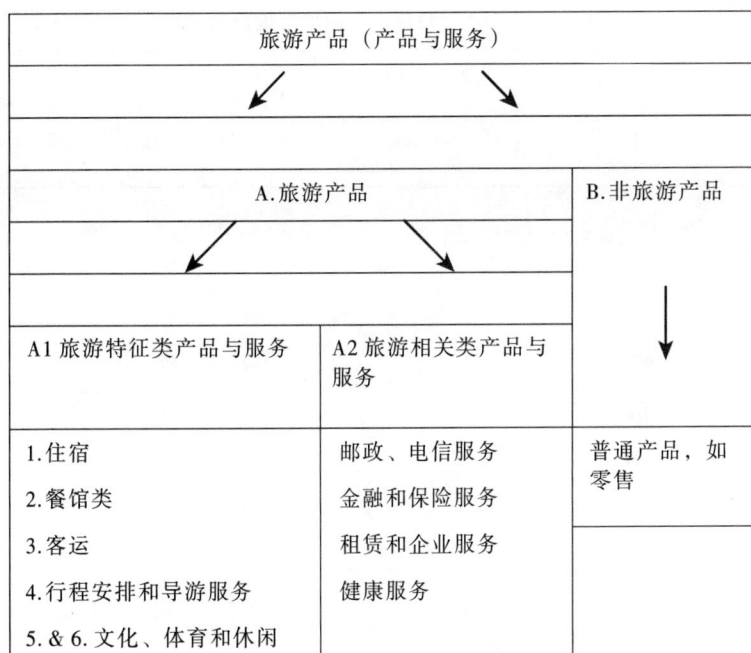

图1-3　旅游卫星账户的旅游产品分类

　　要理解 TSA 6 最好的方法就是参照表1-4的例子。表1-4依据的是作者以前参与过的一项研究，为了教学目的，简化了其中的内容。研究背景是入境游的次数刚刚超过230万，国内游的次数为3 180万，因为这个目的地面积很小，大部分是一日游访客。最后一栏显示了国内旅游消费（包括入境游和国内游游客的花费）与出境旅游消费（出境旅游者付给当地供应商的花费）的比率。这代表了旅游业各组成部分（见图1-3）产品产出的份额。

　　这里显示的旅游业产出是用基础价格表示的，基础价格是指单位产品的售价减去要交的税，加上相关补贴，不包括生产方单独收取的运输费用或者交易利润。把这一栏的各项相加就可以得出旅游相关产业以基础价格计算的总产量，这一数值减去相关企业的生产投入采购价格（包括产品的税，减去补贴）就得到了这一行业生产产品和服务的增加值。使用总增加值（GVA）来衡量一个行业产出产品和服务的价值是因为它与GDP的关系，如果我们把国民经济中的每个行业的GVA都加起来，再加上税，减去补贴，我们就会得到GDP的市场价格。

　　表1-4显示的旅游GVA为530百万个货币单位（378+44+108）。国内旅游消费的总额是1 398百万个货币单位，基础价格为1 315百万个货币单位（832+62+421）。这意味着税的金额为83百万个货币单位（1 398-1 315），再加上GVA的530百万个货币单位，就得出了旅游业对GDP的贡献，即613百万个货币单位。图1-3中客运的税为0，这看起来有些奇怪，因为各国都会收取机场税，但同时政府也给国内客运补贴，所以两者基本抵消。如果入境旅游者和国内旅游者的税额有很大差别，那么这一数额需要做相应的调整。这一国家的GDP在220亿左右，那么旅游业对GDP的贡献大约为2.8%。世界旅行和旅游理事会就是这样计算旅游对不同地区和国家的经济影响的。

表 1-4　　　　　　　　　TSA 6 一个小经济体的国内旅游供给和消费　　　　单位：百万个货币单位

TSA6 产品	旅游业 总额	旅游业 份额	相关行业 总额	旅游业 份额	其他行业 总额	旅游业 份额	国内供给 （基础价格）	减去 产品税	国内供给 （采购价格）	旅游消费 （采购价格）	旅游消费 比率
A.旅游产品											
A1 旅游特征类产品与服务											
1.住宿	158	99					158	15	173	108	62%
2.餐馆	665	377					665	68	733	415	57%
3.客运	672	97					672	0	672	97	14%
4.行程安排和导游服务	350	175					350	8	358	179	50%
5 & 6.文化、体育和休闲	639	84					639	57	696	91	13%
A2 旅游相关类产品与服务											
1.租赁和企业服务			1 503	62			1 503	52	1 555	64	4%
B.非旅游产品											
1.零售					5 357	421	5 357	296	5 653	444	8%
总产值（基础价格）	2 484	832	1 503	62	5 357	421	9 344	496	9 840	1 398	14%
总投入（采购价格）	1 541	454	446	18	3 981	313	5 968				
总增加值（基础价格）	943	378	1 057	44	1 376	108	3 376				

资料来源：作者

1.6　小　结

自20世纪50年代以来现代旅游作为一项人类活动经历了前所未有的增长，没有哪个国家的政府可以忽视旅游的经济影响。但作为一门学科，旅游仍然比较年轻，不如其他学科发展得那么成熟。因此，关于如何研究旅游以及旅游供需的框架仍然存在争议。同时，随着社会消费和价值系统的变化，旅游产品要不断地推陈出新以适应各种各样的口味和兴趣。随之而来的是对旅游新的定义和分类，以及旅游卫星账户的建立。对于旅游从业者而言，这种变化意味着机遇和挑战，既要开发新产品，同时也要管理增长的游客流，保持全球和地方发展的可持续性。

1.7　课后习题

1.旅游者分类的方法有哪些？

2.按照官方的定义，下列哪些人可以被归为旅游者？

- 士兵
- 宇航员
- 国际会议代表
- 出差的外交官

- 学生
- 移民

3.市场在经济活动中的角色是什么?

4.旅游系统中有哪些要素,它们的相互关系是什么?

5.旅游卫星账户是如何对旅游产品进行分类的?

第 2 章

旅游需求的本质

2.1 学习目标

本章的学习重点是旅游需求的基本概念和决定因素，通过本章的学习，您将能够：

- 认识旅游需求的本质；
- 了解影响旅游需求的因素；
- 解读旅游需求曲线；
- 理解个体需求与市场需求的关系。

2.2 导　论

本章将介绍旅游需求的基础理论。旅游活动的规模越来越大，世界上最偏僻的地方也开始有人到访，因此管理旅游需求成为 21 世纪旅游业面对的挑战之一。在利珀的模型和旅游卫星账户的框架中，需求是旅游系统的原动力，决定着供给侧不同类型企业的比例，因此解读影响旅游需求的原因对理解市场行为有很重要的意义。我们需要从构成的角度理解需求的本质及其与旅游经营和管理游客流之间的关系。

2.3 个体旅游需求

第 1 章讲到的利珀旅游系统中的旅游需求是客源市场的个体行为和决策的结果（见图 1-2）。了解个体的行为及其与市场的关系有助于预测未来市场趋势、进行游客管理，使供应商能够根据市场发出的信号提供相应的旅游产品，同时为政府制定政策（如税收政策和影响游客行为的政策）提供参考。人们对于旅游需求的观念已经发生了很大变化，早年联合国的人权宣言把旅游列为"权利"，鼓励人人出行，而现在旅游者被敦促要"负责任地"旅行，抵消因自己乘飞机而带来的碳排放。

世界旅游组织（1999）发布了《全球旅游道德规范》，要求旅游者尊重目的地国家的法律和风俗习惯。换句话说，如果旅游者有旅游需求，他们就应该对目的地的环境和社会负责，当地居民有权要求他们这样做。在旅游发展工作中，要遵从"三重底线"，即考虑旅游者到访的目的地的经济、社会和环境状况。在经济方面，这意味着要引导旅游者支持当地的企业。

与其他产品和服务不同，旅游产品的消费要求旅游者购买一系列产品和服务，到目的地消费。乌伊萨尔（Uysal, 1998）列出了影响旅游需求的主要因素，包括心理因素，如动机、品位和感知，以及人口学因素，包括人口总数、年龄分布、性别、教育、职业和家庭组成（见表 2-1）。外源性因素是个体不能控制的因素，乌伊萨尔将其归为旅游交易发生的环境因素。

表 2-1 影响旅游需求的主要因素

经济因素	社会心理因素	外源性因素
可支配收入	人口学因素	是否有供给资源
人均国民生产总值	动机	经济发展和稳定性
私人消费	旅游偏好	政治和社会环境
生活成本	追求的益处	经济衰退
旅游价格	目的地形象	科技进步
交通成本	目的地感知	可抵达性
与目的地相比的生活成本	对不同机会的了解	发展水平、基础设施和服务设施水平
汇率差别	认知距离	自然灾害
竞争目的地间的相对价格	对目的地的态度	疫情
促销花费	休闲时间	战争、恐怖主义
营销有效性	旅行时间	社会和文化吸引物
地理距离	带薪假期	城市化程度
	以前的经历	特殊因素，如奥运会、大型节事活动
	寿命	壁垒和障碍
	体力、健康状况	限制、规则和法律
	文化相似度	
	关联性	

资料来源：Adapted from Uysal，1998

　　不同的学科研究旅游需求的方法有所不同，为了便于理解，本书将影响旅游产品需求的因素分为两类：动机和决定因素。动机指的是乌伊萨尔提到的心理因素，即人们为什么旅行，他们想要满足什么需要。理解旅游者的动机及其在决策过程中的角色对激发旅游产品新的潜在需求和消除目的地的旅游障碍（如签证限制、对安全的感知，对旅游基础设施，尤其是对住宿和交通的顾虑）非常必要。安全是旅游者的主要顾虑之一，但是游客通常并不擅长区分国家，因此一个国家不安全往往对邻国的影响非常巨大，导致游客人数骤降。

　　决定因素是影响需求的原因，可能是经济、社会、人口、政治或者地理因素。地理因素包括空间距离，距离越远，旅行的时间越长，费用越高，这会阻碍客源市场的消费者到目的地旅行。大部分目的地最大的国际旅游客源市场是其邻国，随着目的地与客源市场距离的加大，来自该客源市场的旅游者逐渐减少。值得注意的是，由于航空业的竞争，票价和旅行距离并不成正比。飞行同样的距离的国内机票价格可能要比国际机票价格贵好几倍。

2.4　经济考虑

旅游需求的经济分析重点关注影响旅游者购买意愿和能力的因素。通常第 i 个消费者对旅游产品和服务的需求表示为：

$$q^i = f^i(p_t, p_1, \cdots, p_m, y^i, z^i) \tag{2-1}$$

式中：

q^i——该旅游者旅游需求的数量，与 f^i 函数中的以下变量相关：

p_t——旅游产品的价格；

$p_1, \cdots, p_m$——旅游者选择用该预算支付其他产品和服务的价格；

y^i——该旅游者的收入；

z^i——影响该旅游者需求的社会和人口学因素（见表2-1）。它们会随着时间的改变而变化。

如果其他条件不变，就可以明确 q^i 和其自身价格 P_t 的关系，公式（2-1）就变成了：

$$q^i = f^i(p_t, \text{其他条件不变})$$
$$= f^i(p_t) \tag{2-2}$$

图2-1显示了这一关系，DD 表示需求，即旅游者在某一时间价格不同的情况下所愿意购买的旅游产品数量。通常价格与购买数量的关系是成反比的，价格越高，需求越低；价格越低，需求越高。

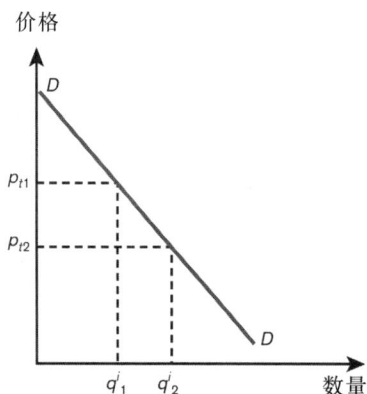

图2-1　个体旅游产品需求

弹性是需求的一个特征，自身需求弹性（e^i）通过需求数量（q^i）变化的百分比除以价格（p_t）变化的百分比得出，即：

$$e^i = \frac{(q^i)\text{需求数量变化}\%}{(p_t)\text{自身价格变化}\%} \tag{2-3}$$

从图2-1可以看出，如果需求下降，公式（2-3）则变为：

$$e^i = \frac{\dfrac{q^i_2 - q^i_1}{q^i_1}}{\dfrac{p_{t2} - p_{t1}}{P_{t1}}} \tag{2-4}$$

因为需求数量和价格变化的方向不同，所以用实际数据算出来的价格弹性的值是负数，但习惯上都取绝对值，因此我们看到的需求自身价格弹性都是1.0，2.0，3.0，而不是-1.0，-2.0，-3.0。如果这个值大于1，我们就认为需求是有弹性的。这类产品通常是我们当作奢侈品的东西，比如出国度假产品。国际旅游的自身价格弹性一般在 1.2 与 1.5 之间，也就是说价格降低 10%，需求会增长 12%~15%。自身价格弹性小于 1 的产品通常是必需品，这类产品价格的变动不会带来需求太大的变化，因为我们必须得买这些产品，比如食物、衣服、水、电等。这类产品税率很低，甚至有政府补贴，价格上调可能成为政治问题。

如果我们重复一下上述步骤，把旅游产品换为与其竞争旅游者预算的其他替代产品/服务，我们会得到：

$$q^i = f^i(p_1, \cdots, p_m) \tag{2-5}$$

通过比较 q^i 和 p_m 的关系，我们能够得到交叉价格弹性：

$$e^i_x = \frac{(q^i)需求数量变化\%}{(p_m)自身价格变化\%} \tag{2-6}$$

当第 m 个产品或服务替代了旅游，其价格的降低会导致需求 q^i 的降低。如图 2-2 所示，q^i_1 降到 q^i_2 时，需求线会向左移动。这意味着 e^i_x 会是正值。相反，如果第 m 个产品或服务是旅游的互补品，其价格降低会导致需求 q^i 升高，q^i_1 升至 q^i_3，这样 e^i_x 为负值。

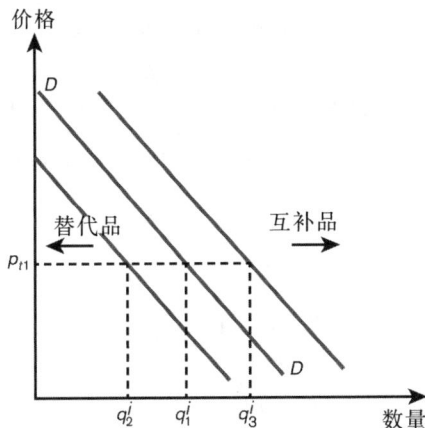

图 2-2　替代品和互补品对旅游产品的影响

最后，我们可以看看需求 q^i 和个体收入 y^i 之间的关系。这个关系非常重要，因为现实中潜在游客之间的收入差异非常大，收入是决定旅游趋势最重要的因素。显示这二者关系的曲线叫作恩格尔曲线，源自它的创造者恩斯特·恩格尔，是研究产品售出数量和收入之间关系的先驱者。他发现随着家庭和个人收入的增加，其用于食物支出的比例会降低，这被称为恩格尔定律。

"正常"商品的消费应该是随着收入的增加而增加。如果情况反过来，那么这类商品叫作劣等商品。需求的收入弹性可以由下面的公式得出：

$$e^i_y = \frac{(q^i)需求数量变化\%}{(y^i)收入变化\%} \tag{2-7}$$

如果 e^i_y 大于 1，这个产品就是奢侈品；如果是正数，但是小于 1，它就是必需品；如果结果是负数，这个产品就是劣等产品。图 2-3 显示了这些关系，度假产品一直都是奢侈品。

从主要客源市场出发的国外度假商品的 e^i_y 值一般在 +1.8 与 +2.0 之间，即需求的变化率高于收入的变化率。现代旅游自 20 世纪 50 年代兴起至今，经历了多次经济衰退，而人们对旅游度假的需求仍持续增长。有学者把这种现象解释为"齿轮效应"或"习惯坚持"，即一旦人们开始旅游，就会不断想去更多的地方，即使经济衰退也不愿意放弃度假，但是会对旅行

收入

$e_y < 1$
必需品

$e_y = 1$

$e_y > 1$
奢侈品

正常商品
$e_y > 0$

$e_y < 0$ 劣等商品

消费数量

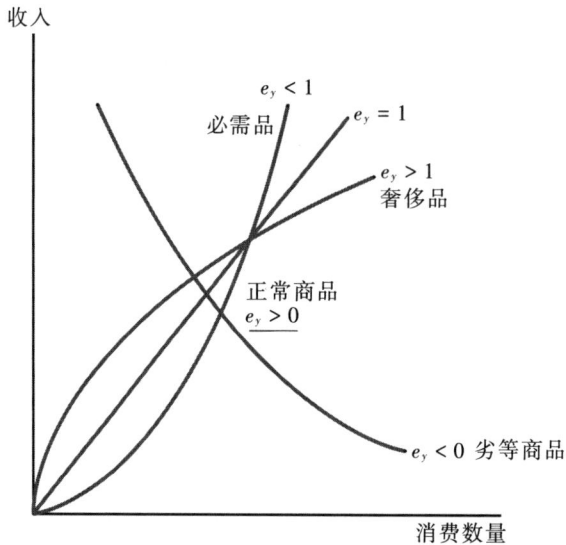

图2-3 收入变化对消费的影响——恩格尔曲线

的天数、住宿的地点和类型进行调整，如2008年金融危机后出现了"宅度假"（staycation）的概念。整体而言，以前的经济衰退对旅游业的影响不大。这并不是说旅游是必需品，而是消费者一旦开始喜欢旅游，他们就会将其重要性列在其他奢侈品的位置之上。

2.5 旅游市场需求

第1章中讲旅游卫星账户时，我们关注的不是个体旅游者，而是旅游产品的市场。因为市场是由个体旅游者组成的，可以推断市场和个体旅游者的需求曲线会比较相似。因此第一种方法是将个体需求横向累加得到市场需求。图2-4假设市场中只有两位消费者，市场需求是通过这两位消费者需求相加得到的。我们可以看到市场需求曲线在两个消费者需求相接的地方出现了一个折点，这是因为我们假定市场中只有两个消费者，随着消费者人数的增多，曲线会越来越平滑。我们用p代表旅游者总人数，个体需求为q^i，在收入和其他决定因素（除了价格）都不变的情况下，可以通过公式（2-8）得到累加的市场需求Q：

$$Q = \sum_{i=1}^{p} q^i = \sum_{i=1}^{p} f^i \left(p_t, p_1, \cdots, p_m \right)$$

$$= F \left(p_t, p_1, \cdots, p_m \right) \tag{2-8}$$

公式（2-8）告诉我们，因为所有的消费者面对的价格基本一致，我们可以根据市场价格计算整体旅游需求，接着我们可以根据公式（2-4）和公式（2-6）计算自身价格弹性和交叉价格弹性，得出相应的市场平均值。

但是如果我们把公式（2-1）中的收入、社会和人口学因素变量引入到公式（2-8）中，这个关系就没有那么简单了：

$$Q = F \left(p_t, p_1, \cdots, p_m, y^1, y^i, y^p, z^1, z^i, z^p \right) \tag{2-9}$$

根据公式（2-9），要准确地表达市场需求，我们需要知道每个购买旅游产品的消费者的个人情况和收入，这显然不可能实现，所以在现实中我们会通过近似值来计算市场需求。就个人状况z^i而言，我们可以：

插图2-1

価格

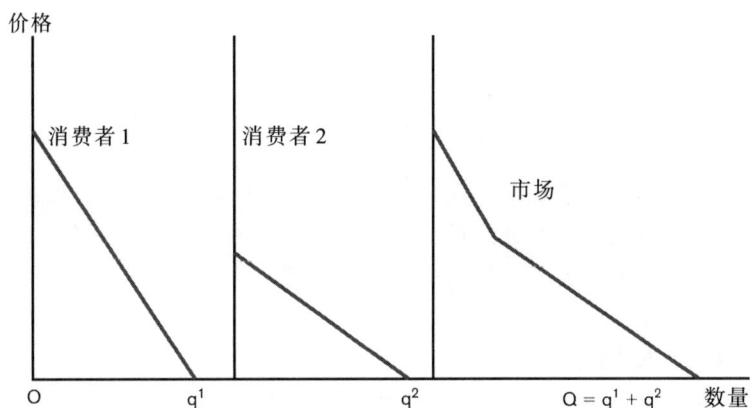

图 2-4　市场需求曲线的形成

- 假设它们有缓慢的变化，如工作日和带薪假期；
- 根据人口学或者社会因素，如职业、年龄段或者居住地等把游客市场进行细分；
- 使用能够反映研究对象最显著特征的变量，比如教育程度。

处理收入变量最常见的做法是用整体收入代替个体收入，将个人状况调整之后，公式（2-9）就简化为：

$$Q = F(p_1, p_1, \cdots, p_m, Y) \tag{2-10}$$

然而公式（2-10）中还有一个问题，就是个体收入的分布。在任何时间，收入分布的变化会导致市场需求曲线和个体需求曲线不一致，这样公式（2-10）中的累加方法就不适用。由此产生了这个累加问题：市场中的两个品位相近的消费者，如果我们把二者的总收入设为 3 000 个货币单位，则：

$$Y = y^1 + y^2 = 3\ 000 \tag{2-11}$$

先假设两人的收入皆为 1 500，那么，

$$Q = q^1 + q^2 = 14 + 14 = 28 \tag{2-12}$$

如果收入变为 $y^1 = 1\ 000$，$y^2 = 2\ 000$，那么游客的需求为：

$$Q = q^1 + q^2 = 10 + 16 = 26 \tag{2-13}$$

公式（2-12）和公式（2-13）的结果表明，即使收入总和不变，收入分布不同，旅游消费水平也会发生变化，事实也确实如此。但是我们通过公式（2-9）和公式（2-10）的比较可以看出，计算出的统计关系反映的只是"漫画版"的现实世界。

2.6　小　结

利珀的旅游系统中的客源地对游客流的性质和范围有很大影响。随着旅游业规模和重要性的日益增加，本章所讲的方法越来越多地用于评估旅游需求。影响旅游需求的因素有很多，不同的学科采取的角度也不尽相同。经济学家从模型和市场的角度探讨需求，其他的领域则倾向于定性的评价，比如"负责任的旅游"倡导游客在行使他们的旅游权利时，要担负起相应的责任，这对于目的地、社会和整个地球都很重要。这一信息为旅游统计提供了背景资料，通过理解决定需求的各种因素，我们可以发现是什么阻碍了人们出行。最后，本章介绍了如何通过个体需求计算市场需求以及相关的一些假设。

2.7 课后习题

1.您认为影响旅游需求的因素中，影响力最大的十项因素应包括什么？

2.如何到目的地旅行才能够实现碳平衡？

3.列出消费者不参与旅游的原因。

4.城市休闲旅游的替代品和互补品可能是什么？各举两个例子。

5.在家庭生命周期的不同阶段人们会购买什么类型的度假产品？

2.8 案例：年轻人与旅游

全球范围内 15~30 岁的年轻人总共有 17 亿。作为旅游者，他们规模庞大，世界各地都留下了他们的身影。他们背包行天下，自由自在。他们思路清晰、文笔犀利、年轻且可爱。有些目的地害怕这些年轻人打扰了它们的平静。其他有全球视野的远见者视这些活力十足的旅行者为根本和必需。因为青年旅行者是旅游业的未来，没有他们，这一行业不会发展、成长。

然而，不幸的是，在思考内在价值之前我们的双眼常会被对外观的判断所蒙蔽。这些来自五湖四海的年轻人，通常在 16~29 岁之间，独自一人或和几个伙伴一起，背着行囊，穿梭于世界各地。他们对于一个由基础设施、交通、投资和营销创造的全球性产业能有什么价值呢？他们与成年人相比贡献几何？

说到价值，我们经常忽视的是他们的背包里放的是黑莓手机、尖端的科技和透支额充足的信用卡，他们是旅游未来的弄潮儿。他们对全球旅游活动的贡献是两位数级别的。2011年，年轻人占国际旅游者的20%。2012年，国际旅游者数量突破10亿人次，以目前的增长速度和份额，世界青年、学生和教育旅行联盟（WYSE）估计，年轻人的旅游市场将达到2亿人次。用他们的话说，OMG（我的神啊）！

全球的旅游业为旅游带来的各种影响而自豪，但是从业人员知道，这远非只是旅游人数增长这么简单。很多国家积极地利用旅游这把钥匙来解锁它们的经济、社会和身份，向未来的无数可能敞开家门。

青年旅行者还有其他战略性益处，它们与各国旅游管理机构的核心任务是一致的，包括：

- 青年旅游市场价值约为 1 360 千亿美元；
- 他们的消费额高于其他市场；
- 全年旅行：不局限于假期，在价格较低的淡季可以停留更长时间；
- 花费在路上的时间是一般游客的 4 倍；
- 每个青年旅行者每次出行的平均消费额约为 2 600 美元；
- 顾客终身价值高于其他细分市场，因为今天的背包客和学生以后会度蜜月，拖家带口出游，为公务出差，也会休闲度假；
- 停留时间长：青年旅行者的平均停留时间为 53 天；
- 增加收入：因为年轻人倾向于在当地吃、住、购物，所以会对当地企业（尤其是中小型企业）做出贡献；
- 应对经济衰退的韧性更强，对风险的担忧度比主流游客低；

- 是探索新的目的地和新市场的潮流引领者；
- 通过社交媒体和很多人分享旅行体验——越南和其他亚洲市场就是从背包客市场开发出来的；
- 是环境和社会事业的先行者；
- 分布在目的地各处，而非集中在旅游景点；
- 参与并对当地社区做出贡献：将旅游、工作、志愿活动和教育结合在一起。

但是青年旅行者所带来的益处远不止于帮助政府完成战略目标和政治任务。青年旅行者对旅游深层次的追求是推动目的地、旅游业和全球实现有质量发展的动力。他们跨越国界，创造了分享体验的世界公民无疆界社区，不仅在数量上做出了意义非凡的贡献，而且引领、保持了新趋势，并能够面对和回应出现的问题。他们为所到之地、所见之人带来了新的精神、希望和机会。同时，他们也对陷入自然、政治和社会危机之处充满好奇，却不战战兢兢。

青年旅行者的出行动机不仅是追求阳光、沙滩、大海和故事。他们有一颗极富个性和自我的内心，想要更积极地投身于世界。旅行是为了他们自己，为了他们的经历、他们的成长、他们的时间、他们的分享。他们的旅行目的明确，去体验不加掩饰、未经雕琢、原汁原味的世界，无所畏惧。

插图 2-2

很多细分市场所选择的旅游经历（包括目的地、住宿、行程、交通工具等）反映了它们对文化与环境的认识和理解。青年旅游市场是由数以百万计的想要学习、探索、沉浸、参与、发光发热的旅游者组成的。青年旅行者不是把负责任的旅游挂在嘴边，而是踏踏实实地践行。一只背包走天下是在宣告，我要通过旅行、吃住、交往成为我所到之处的一分子。

大卫·琼斯，世界青年学生和教育旅行联盟（WYSE）的前秘书长，是青年旅游力量最有力、最热情的支持者。尽管现在已经退任，但他依然是这个经常被低估的细分市场最重要的代言人。琼斯先生认为青年旅行者——他们不愿意被称为旅游者——为未来的旅游指明了方向。他说："了解青年市场的特征和趋势会帮助我们认识未来主流市场的趋势。青年旅行者开辟了现在最受欢迎的旅游目的地，引领了自由行的潮流。"琼斯指出，要注意不是所有的青年旅行者都是背包客和去网吧的独行侠。

"时兴的国际活动带动了青年旅游市场的需求，80 年代是背包旅行，90 年代是学生工作假期，2000—2010 年最大的增长是志愿者旅行。社区服务对年轻人来说越来越重要，为世界做善事的动机在 21 世纪前 10 年促生了一大批国际志愿体验项目。"琼斯说。

旅游业的领导者们必须认真地研究和理解青年旅游市场和他们的变化，不是为了表达善意，而是明智的战略选择。琼斯说，"能够持续吸引青年旅行者的目的地为下一代旅行者做好了准备，能够为青年旅行者的兴趣（包括发现、文化交流、遗产探索和行动）服务的目的地是现在和未来市场的引领者"。

旅游业需要拥抱青年旅行者，他们为世界经济中增长最快、受益范围最广的经济产业做出了贡献。不论他们是传统意义上西方（美国、加拿大和欧洲）的年轻背包客，还是年轻的背着名牌包的亚洲旅行者，是他们掌握着世界前进的方向。我们需要各种各样的旅游者和旅游产品，以全面发挥旅游经济的影响。旅游业既需要跟团游和包价式度假村，也需要商务旅行酒店和背包客栈，没有是与非，没有"最好的"，没有"更地道的"，没有"更有价值的"。旅游业需要通过实现旅行者的梦想来塑造自己的未来。

资料来源：改编自 Anita Mendiratta，CNN Task Group / ETN，Mar 01，2012，and WYSE Travel Confederation（2012）*Youth and Student Travel Market-Pricing*，*Industry Review* No. 2，WYSE，London

第 3 章

旅游消费者行为

3.1 学习目标

本章介绍了消费者的旅游需求是如何在不同因素和影响的作用下产生的。通过本章的学习，您将能够：

- 了解影响消费者购买旅游产品决策过程的主要因素；
- 了解动机理论及其在旅游业中的应用；
- 理解旅游者的角色与心理学因素及二者与不同旅游产品和消费者需求之间的联系；
- 了解主要理论模型的优缺点，并能以此解释消费者购买旅游产品的消费过程。

3.2 导　论

前一章介绍了需求的定义和概念。本章将分析消费者购买旅游产品的决策过程以及影响需求的其他因素。个人的旅游需求与消费行为受诸多因素影响。需求、动机、愿望、可用时间与费用、形象、感知、态度和角色，都是决定旅游需求的相关因素。本章我们将介绍和这些概念相关的原理和方法，并分析这些因素如何影响个人旅游消费行为。这些基础理论模型源自消费者营销文献，在用于解释旅游产品的购买决策过程时存在一些问题。

3.3 个体决策过程

从个人角度而言，影响旅游需求的因素与消费者行为密切相关。世上不存在两个完全相同的人，消费者不同的态度、感觉、形象和动机都是影响其决策的重要因素。需要注意的是：

- 态度是习得的反应倾向，与人们对周围事物的感知有关。
- 感知是一种心理印象。人们所形成的对世界的认识基于多种信息来源，比如童年时光、家庭状况、工作经历、教育背景、书籍、电视电影以及宣传促销等。感知将人们接触的信息进行编码，并影响他们对产品的态度和购买行为。
- 旅游动机是引发旅游需求的内驱力，可用于解释人们为什么会形成旅游需求。
- 形象是人们对目的地、商家和产品的观点、想法和印象的集合。

3.4 消费者行为基本原理与旅游

理解影响消费者行为的因素可以帮助人们探索旅游者购买旅游产品的决策过程。虽然"消费者"看起来只是一个需求概念，但实际上它是一个复杂的范畴，它涵盖了一系列影响消费者行为决策的因素，比如心理、社会和经济因素。因此，我们需要研究旅游消费者的行为并明确以下问题：

- 与旅游消费行为相关的需求、购买动机以及决策过程；
- 各种不同促销策略的影响，包括网络；
- 对购买旅游产品可能产生的风险的认知，包括恐怖袭击的风险；
- 根据购买行为细分为不同的市场；
- 管理者如何能够提高营销的成功率。

许多因素会影响消费模式的变化。消费模式会随着可购买产品以及个人购买方式的变化而变化。这些因素十分复杂，所以对关于消费行为一般原理进行研究更具实际意义。研究和验证这些原理通常涉及心理学、社会学和经济学。图3-1简要地展示了一些影响消费决策的主要因素，本章中我们将对此展开讨论。

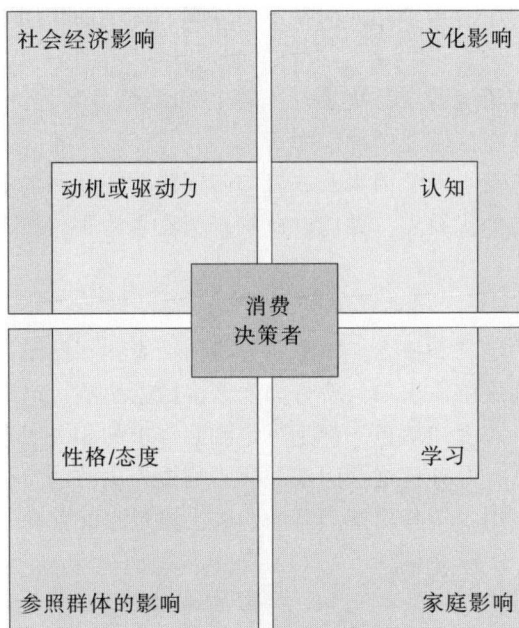

社会经济影响	文化影响
动机或驱动力	认知
消费决策者	
性格/态度	学习
参照群体的影响	家庭影响

图3-1 消费者决策模型

如图3-1所示，旅游消费者的决策过程是一个由四个基本要素构成的系统。

1.需求驱动力。旅游动机驱使旅游者决定游览一个旅游吸引物或开启一段旅行。

2.需求影响力。消费者通过学习的过程，对一个目的地、一种旅游产品或一个机构组织形成看法，同时受促销信息的影响形成态度。这些都会影响旅游消费者对产品的认知以及产品在其心中的形象，进而提升或降低其驱动力。

3.角色和决策过程。它是指家庭成员在购买决策过程的不同阶段所扮演的不同角色以及对旅游产品的最终决定。

4.需求的决定因素。旅游消费决策过程也取决于决定需求的因素。即使动机存在，需求依然受经济因素（如可支配收入）、社会因素（参照群体和文化价值）、心理因素（风险意识、性格、态度）的影响。

3.5　需求的驱动力和影响力

3.5.1　动机

对旅游者行为动机的理解是解释他们为什么去旅行度假的关键。传统词典中对动机的释义来源于"激励"一词，含义是促使人们采取特定的行动或产生兴趣。我们也可以引用"动因"的释义，指激发或促成人们行为的因素。旅游动机是促成旅行度假行为的关键。如果我们将人们有待实现的抽象需求概括成一般理论，如马斯洛需求理论，需求可以被划分成不同的层次。

3.5.2　马斯洛需求理论

简明直观的马斯洛（Maslow）需求层次模型可能是最著名的动机理论（见图3-2）。马斯洛（1970）将个人需求以阶梯排列进行层次划分。他认为，如这些层次中的任何需求得不到满足，人的行为将受最底端的生理需求支配。如果这些需求得到满足，它们将对人的行为不再发挥激励作用，此时人会受需求层次中更高层次需求的激励。

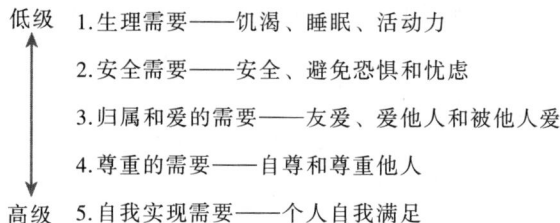

低级　1.生理需要——饥渴、睡眠、活动力

2.安全需要——安全、避免恐惧和忧虑

3.归属和爱的需要——友爱、爱他人和被他人爱

4.尊重的需要——自尊和尊重他人

高级　5.自我实现需要——个人自我满足

图3-2　马斯洛的需求层次模型

马斯洛动机理论简单地将动机划分成两个类型：

- 缓解压力动机
- 追求刺激动机

马斯洛认为他的动机理论是全面且动态的，可以适用于工作乃至工作之外的范畴。他相信需求层次是自然且普遍存在的，但是会因周围环境发生变化。马斯洛还表示，人的需求并非都是与生俱来的，只有为了满足生理需求所产生的行为是天生的，其他心理需求是出生之后习得的。尽管大量的旅游需求理论都建立在马斯洛需求理论的基础之上，但依然有许多马斯洛需求理论无法解答的问题：

- 该理论没有明确阐述为何选择这五种基本需求，以及为何如此排列这些需求；
- 该模型把满足需求当作驱动力，而忽视了没有得到满足的需求的作用；
- 没有足够的实证研究证实模型的正确性和普适性，当前需求要满足到何种程度才能进入下一层需求尚不明确；
- 为什么马斯洛不将其最初提出的动机组合做进一步拓展。

从事旅游研究的专家学者们大量地引用了马斯洛动机理论，主要原因在于其易于归类，将抽象复杂的人类需求有机地组合成易于理解的层级体系，方便旅游理论的研究。马斯洛模型认为，人类的行为是可事先决定、可了解和可预见的系列活动。这一观点与心理行为学家的传统理论十分吻合，但与认知理论相对立。在认知理论中，人的行为是非理性和不可预见的。马斯洛的理论强调人类可以超越纯粹的生理需求，这是人类和其他物种的区别所在。在某种程度上，对马斯洛需求理论的普遍认同可以从精神角度理解，即在合适的条件下，人们将超越对物质生活的关注，有更高级的追求。

3.5.3　旅游动机研究

对动机的研究现已在诸多学科领域展开，因此研究旅游动机的方法也多种多样。以下学者分别讨论了动机如何影响游客的消费行为。

3.5.3.1　丹　恩

丹恩（Dann，1981）指出以下七种关于动机的研究思路：

1.旅游是对没有满足的欲望的响应。这种思路认为，旅游者渴望体验与日常生活不同的事物和经历。

2.目的地的拉力与动机的推力相呼应。这种思路将旅游者的渴望（推力）和目的地或旅游吸引物的拉力区分开来。

3.幻想动机。丹恩认为旅游者出游是为了不受所在环境文化的约束，是一种逃离现有束缚的行为活动。

4.动机即目的。将旅游的目的当作动机来分类是一种广泛的分类方法。目的可能包括探亲访友、休闲或学习。

5.动机分类。分类方法有两种：

（1）行为分类法，由格雷（Gray，1970）提出，包括追求"阳光"（寻求更舒适的环境）和追求"漫游"（寻求新奇、不同寻常的刺激体验）。

（2）根据旅游者角色维度进行分类。

6.动机与旅游者体验。这种思路的特点在于对旅游者行为的解读，包含旅游者对其体验原真性的追求以及对旅游体验的认知。

7.动机源于旅游者的自主定义。这种思路的重点是旅游者对当地居民和状况的自主判断，认为了解旅游者自己对情况的界定比观察旅游者的行为更有助于理解旅游者动机。

丹恩认为，以上七种思路反映了动机概念的模糊性。如果不进行明确的界定，将难以发现"众多从事旅游研究的人是否在研究相同的现象"。丹恩基于推力的角度，而非拉力的角度，采用了社会学方法，被批评没有用心理学理解相关概念。

3.5.3.2　麦金托什、戈尔德纳和里奇

麦金托什、戈尔德纳和里奇（Mclntosh，Goeldner and Ritchie，1995）将旅游动机归纳为四种类型：

1.生理动机：这类动机与身心恢复、保健、运动和娱乐相关。有此类动机的旅游者往往会参加减压类活动。

2.文化动机：拥有这一类动机的游客希望更多地了解和欣赏不同的文化，发现和了解某一目的地国家或地区当地人的生活方式、音乐、艺术、民俗、舞蹈等等。

3.人际动机：持这类动机的人渴望接触新的人群、探亲访友和寻找新的不同体验。旅游的目的是逃避与朋友或家人之间的日常关系、逃避家庭环境，或为了精神上的追求。

4.地位与名望动机：持这一动机的人渴望得到进一步的教育（如自我发展、自我完善或感官满足等）。这类动机驱使下的人渴望吸引他人注意，受人赏识，提高自我，在追求业余

爱好和教育方面获得个人发展。

3.5.3.3 普洛格

普洛格（1974）研究了为什么美国很大一部分人口不坐飞机出行，以及如何能够鼓励他们坐飞机。在此研究基础上，他总结出了一个理论，并以此将美国人划分为几种心理类型：（1）本土广阔型心理，这一心理的人通常很少外出旅行。（2）焦虑型心理，此种心理的人缺乏安全感。（3）缺乏控制型心理，具备此心理的人对自己的人生缺乏控制。这一群体的人很少旅行，心理趋向于自我中心型——与此相反的是多中心型，多中心型心理的人具有冒险精神和自主能力。

这些心理分布于以下两种极端之中：

1.自我中心型，源自"心理中心"或"自我中心"。这种类型的人重视生活中的琐事，他们倾向于保持原有的旅游方式，更喜欢去安全的旅游目的地并多次重游。

2.多中心型。这种类型的人喜欢冒险，想发现新的旅游目的地，很少会重复到访同一个目的地。

大部分人属于以上两个极端之间的类型，普洛格称之为"中心型"。普洛格还发现，收入较低的人更趋向于自我中心型，而收入较高的人则更多地趋向于多中心型。在后续的调查研究中发现，中等收入的群体与自我中心型的群体存在很小的正向相关关系。许多自我中心型的旅游者即便想环游地球，也会由于收入所限，无法选择他们所喜欢的度假方式。

插图 3-1

普洛格的理论将动机与目的地类型结合了起来，可为目的地的兴衰提供解释。多中心型的人往往更倾向去开发初期未经旅游相关行业开发甚至未被行业发现的目的地。自我中心型恰恰相反，他们更倾向于去安全舒适、开发成熟的旅游目的地。虽然这对旅游者和目的地的分析有借鉴意义，但却很难应用于现实。旅行者在不同情况下有不同的旅游动机，第二次度假或较短假期会让人选择自我中心型目的地，而较长假期就会让旅游者趋向多中心型目的地。

史密斯（Smith，1990）基于 7 个国家的研究数据检验了普洛格的理论。测试结果并不支持普洛格建立的人格与目的地选择相关联的模型。史密斯质疑了该模型对除美国以外国家的适用性，而普洛格（1990）的回答是他对史密斯的方法持怀疑态度。

正如我们所见，动机作为游客行为的主要决定因素，被旅游领域的专家学者广泛关注。然而大多数的学者都没能提出一个科学且清晰明了的动机分类，或是明确受不同动机驱使的旅游者的比例。图 3-3 显示的动机类型是个例外，这一分类是基于英国旅游局针对本国出境旅游者的抽样调查得出的，采用了比例抽样的方法。问卷调查的结果中包含了受访者提供的各类动机，每一种都是决定需求的重要因素。

3.5.4 动机概念的总结

动机概念的维度可归纳为以下三个方面：

1.旅游与需要有关，以愿望的形式体现出来，动机或者"推力"和"拉力"是产生行动的驱动力。

2.动机是人们基于习得的准则、态度、文化、认知等社会学和心理学因素而形成的，每个人会有各自不同的动机。

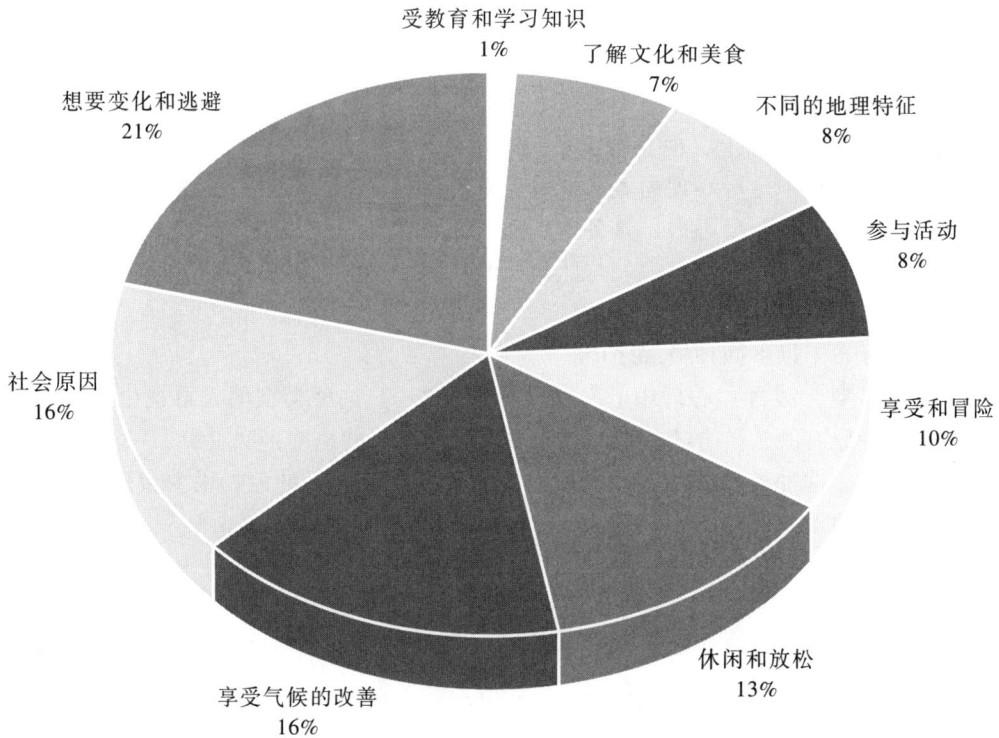

图 3-3　英国人出国旅游的动机

资料来源：Gilbert，1992

3.通过多种渠道建立起的目的地形象会对动机产生影响，进而对旅游行为产生影响。

尽管我们可以提升人们出游的"愿望"，激发人们出游的动机，但不能创造"需要"。一个关键问题是：哪些动机是先天的（好奇心、身体接触），哪些动机是因其价值或正向作用而被人们后天习得的（地位、成就）。另外，人们的日常生活方式也会影响其追求刺激的动机，衣食无忧和处境窘迫的人动机各不相同。

3.6　角色和旅游决策过程

3.6.1　旅游者类型

性格属性之间的互相影响（态度、感知、动机）使旅游者具有不同的角色类型。科恩（Cohen）提出了一种十分有用的旅游者分类方法，见图 3-4。这种分类法的理论基础反映了普洛格的理论：旅游既寻求新鲜的体验，也需要像家一样熟悉的安全感，这两种追求各占据动机连续体的两端。科恩将两种角色描述为"制度化旅游者"（以团体为单位的大众旅游者或以个体为单位的大众旅游者）和"非制度化旅游者"（探索者或漫游者）。前者追求熟悉感，后者则向往冒险与发现。

虽然旅游目的地也许充满新奇感，但大多数旅行者更喜欢在熟悉的基础上去探索它们。科恩的分类方法从旅游者熟悉的基础出发，将旅游者分成四种角色类型：有组织的大众旅游者、单独的大众旅游者、探索者和漫游者，见图 3-4。科恩分类的目的不仅是了解旅游需求，也是认识旅游方式对目的地的影响，包括原真性、目的地的标准化、节庆活动和设施的

熟悉感 ←————————————————————————————→ 新奇感

制度化旅游者	非制度化旅游者
旅游经营商、代理商、酒店和交通运营商对其活动进行常规安排	独立进行旅游活动，除非必要，避免与旅游业的联系

有组织的大众旅游者	个体大众旅游者	探索者	漫游者
冒险程度低，渴望留在安全的"环境气泡"里。通常购买预先安排好的套餐产品，与当地文化和居民几乎没有接触	与前者类似，但就个人选择而言有更多的灵活性和空间。想要留在安全的"环境气泡"中，因此对目的地的体验非常有限	他们独立安排自己的旅行，并要摆脱热门行程，但也要求舒适的住宿设施和安全的交通工具。有时会脱离"环境气泡"，但希望它存在	他们拒绝与旅游业的任何联系。旅程安排尽可能远离家庭和熟悉的环境。他们没有固定的旅游路线，与当地居民住在一起，以自己的方式支付，完全融入当地的文化

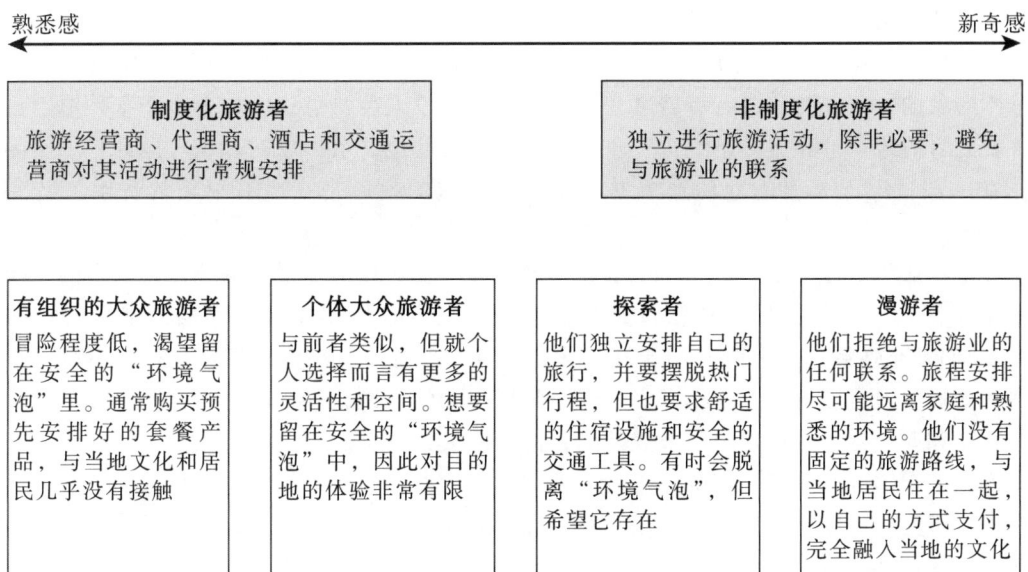

图3-4 科恩的旅游者分类

资料来源：Adapted from Cohen，1972

开发等。科恩也论述了非制度化旅游对目的地的影响，包括其作为"大众旅游的先导"的作用，以及它对当地社会下层经济群体的"示范效应"。

3.6.2 角色和家庭影响

家庭作为组成社会群体结构的基本单位，对旅游需求有极为重要的影响。家庭作为购买单位经常要满足至少两代人的需要。另外，家庭是影响孩子养成某种购买习惯的参照群体。鉴于家庭行为对购买休闲产品的重要作用，我们要对那些认为消费者行为是一种个人行为的说法提出质疑。比如，动机概念只关注了消费者个人，但是"共同动机"的概念考虑了家人和朋友对休闲度假决策的影响。

每一个家庭成员在这个团队中都充当着特定的角色。他或她也许是丈夫、父亲，妻子、母亲，儿子、兄弟以及女儿、姐妹。一个家庭做决策时，每个成员会扮演各自的角色，也许共同参与决策，也许由一个人来做最终决定。某一家庭成员可能是决策的协调者，另一成员可能负责收集信息。每个家庭购买单位由不同的角色组成，相应的旅游产品购买模式也有所不同。

3.6.3 形象的重要性

一个人对世界的认识是由经历、学习、情感和感知构成的，或者更准确地说，是由对经历、学习、情感和感知的认知评价组成的。这种认识可以描述为对世界或周围环境特定形象的认知。这种形象影响着消费者对旅游产品和目的地的偏好、动机和行为，对需求产生"拉力"。

"形象"在不同的领域有不同的解释。例如，世界旅游组织对形象有如下定义：

• 对一个物体外形的人工仿造；
• 形状相似、相同（如艺术品和图案）；

●个体或团队对目的地的看法和概念。

根据冈恩（Gunn，1972）的研究，世界旅游组织认为，旅游者心中的形象仅仅是目的地总体形象的一个方面，二者有着紧密的内在联系。没人会愿意访问一个由于某种原因自己不喜欢的目的地。世界旅游组织进一步补充强调，目的地展示形象时必须考虑到一个实际问题：在一般情况下，目的地的形象并不是凭空创造的，而是在已有形象的基础上转变而来的。

艾希特那和里奇（Echtner，Ritchie，1991）提出，对目的地形象的感知是双重的。既有基于单个因素（例如气候，住宿设施）的形象，也有整体印象（例如脑海中目的地的图像）。他们补充强调，形象既有功能性特征，也有心理特征。功能性特征包括我们可以直观看到和测量的因素。例如，价格水平、旅游吸引物和住宿设施等。心理特征是不可见的，如友好程度和安全感。心理印象一般表述为目的地的气氛和氛围。

无论是个体旅游者还是团队旅游者，他们的行为都取决于对周围环境形象的认知。形象的概念与行为和态度密切相关。态度和行为是建立在形象基础之上的，它们不易被改变，除非获得新的信息或经历。

3.6.4 度假形象

旅游者可能形成与旅游相关的各种形象，包括他/她已经形成的对目的地形象的认知，对"度假"形象的认知，对要使用的交通工具形象的认知，对旅游经营商或代理商形象的认知，以及对自我形象的认知。例如，不同的人对"度假"可能会有不同的形象认知，但对处于相同社会阶层、具有相似的生活方式、受过同等教育的人来说，对同一类度假经历的形象认知可能比较相似。

冈恩（Gunn，1972）认为形象有两个层面。一个层面是从一个国家或目的地看，"有机"形象是除了市场营销信息以外全部信息的总和，包括来自于电视、电台的报道、地理读物、历史书籍、报纸杂志、互联网以及他人对该地区的评价。另一个层面是"诱导"形象，这种形象是通过与旅游相关的各类机构有意的宣传和促销而形成的。

区分这两个层面十分重要。因为"诱导"形象是可以控制的，而"有机"形象比较难以改变。同样，信息源也会影响消费者对信息价值的判断。我们可以将度假形象的建立与发展分为以下四个阶段：

1.第一阶段是模糊和幻想的形象，源于广告、教育和人们的口碑。这种形象在消费者认真考虑度假之前就形成了。人们对度假旅游心存渴望。

2.第二阶段是在决定度假之后，需要选择度假时间、目的地和度假类型。这时度假地的形象慢慢被修正、明确和拓展。当度假计划完成时，期待的形象会变得更加清晰鲜明。

3.第三阶段是实际的度假经历，人们会修改、纠正或除去形象中那些经检验无价值的构想，强化那些经过验证正确的形象。

4.第四阶段是形象树立之后，对度假的回忆会引发一些留恋、遗憾和幻想。这一阶段个人对度假地的概念和态度已经形成，并将促进新一轮形象的树立，进而影响今后的度假决策。

3.7 旅游消费决策过程

如图 3-5 所示，通常而言，消费行为是一个连续的阶段性过程。这个过程的起点是需要被感知并驱使个体成为潜在消费者。步骤如下：

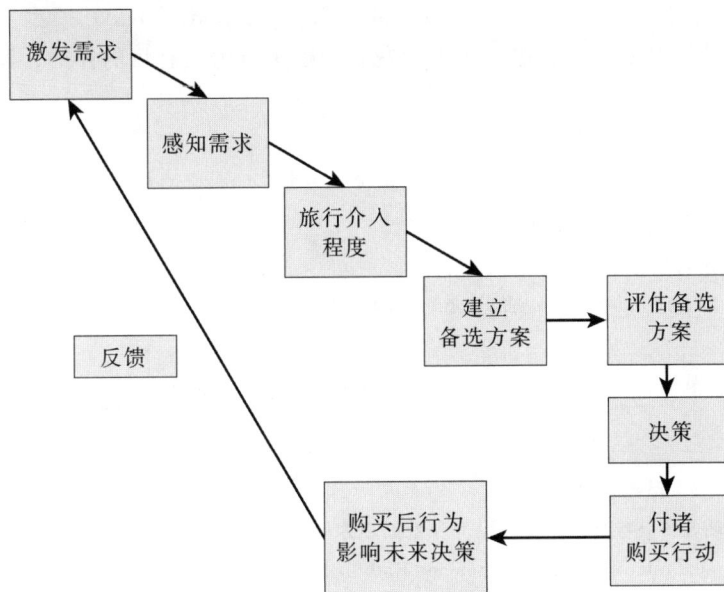

图 3-5 消费者行为模型

- 激发需求。
- 感知需求——先决条件。
- 旅行介入程度，指在决策过程中个人付出的时间和努力，如收集信息的程度。
- 建立备选方案，当消费者考虑购买产品时，最先进入其脑海的品牌叫作"唤醒组"。朋友、商场服务员、商品及其宣传册以及广告等可能会为消费者提供参考。
- 评估备选方案，潜在购买者根据自己的标准对备选产品的主要属性进行比较。
- 决策做出决定。
- 付诸购买行动。
- 购买后行为，指购买后个人体验和感受。

在进行重要产品购买时（比如出国旅行），购买者经常怀疑他们的选择是否理智，并需要再次确认，这种现象叫作心理失调。与结束旅程的消费者进行"欢迎回家"的售后沟通可以帮助减轻这种心理负担。

消费者行为模型试图全面地展现消费者行为的全部过程，阐明此过程中的关键因素及其相互联系。恩格尔、布莱克维尔、明纳德（Engel，Blackwell，Miniard，1986）根据消费者搜索信息或解决问题的程度对模型进行了分类：

- 有限决策模型（LSP Model），适用于重复性购买的日常用品，消费者对购买的介入度很低。除了离家很近的短途旅游之外，这些模型不适合用于购买旅游产品的行为。
- 复杂决策模型（ESP Model），适用于感知风险较高的产品，消费者介入程度较高，收集信息和评估备选方案在购买决策过程中举足轻重。旅游购买行为模型属于这一类型。

旅游产品具有高成本、高风险和高介入度等特点，因此对解释低介入度消费者行为的模型在此不做赘述。下述模型都是复杂决策模型。

3.7.1 韦哈布、克拉姆旁和罗斯菲尔德

韦哈布、克拉姆旁和罗斯菲尔德（Wahab，Crampon & Rothfield）模型（1976）是解释旅游购买行为最早的模型之一。他们认为消费者的购买行为是有目的性的，购买旅游产品的决策有其特殊性：

- 投入带来的收益是无形的；
- 开支较大；
- 购买行为不是偶发或任性的；
- 这部分花费需要事前积攒和预先计划。

这一决策过程模型是建立在消费者行为基础模型之上的，图3-6展示了模型中的几个阶段。

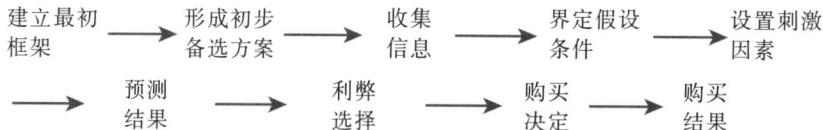

建立最初框架 → 形成初步备选方案 → 收集信息 → 界定假设条件 → 设置刺激因素

→ 预测结果 → 利弊选择 → 购买决定 → 购买结果

图3-6 韦哈布、克拉姆旁和罗斯菲尔德（1976）的消费者行为模型

资料来源：Adapted from Wahab，Crampon and Rothfiled，1976

3.7.2 斯莫尔

斯莫尔（Schmoll，1979）认为，创建旅游决策模型并非只有理论价值，同时也可为旅游决策提供帮助。他的模型建立在霍沃德－舍斯（Howard-Sheth，1969）和尼科西亚（Nicosia，1966）的消费者行为模型基础上，见图3-7。

斯莫尔的模型将动机、欲望、需要和期望作为决定旅游购买行为的个人和社会因素。这些因素受到旅游刺激物、旅游者信任度、目的地形象、以往的经验、费用和时间的影响。模型分为四个板块，每个版块都会对最终决策施加影响。斯莫尔（1977）认为：最终决策（目的地选择、出行时间、住宿设施类型、旅游安排形式等）实际上是经过了复杂决策过程之后所产生的结果，这个过程涉及多个连续的阶段和领域。

- 板块1：旅游刺激物。由营销媒体、个人和企业的推荐等外界刺激因素构成。
- 板块2：决定旅游行为的个人因素和社会因素。它们支配消费者的目的，其表现形式为旅游愿望/需要、期望以及感知的主客观旅游风险等。
- 板块3：外部变量。对旅游中间商的信任、目的地/服务的形象、以往的旅游经历、时间和金钱的限制等因素。
- 板块4：目的地和服务的性质与特征。包括影响旅游者决策的目的地或服务特征。

斯莫尔的模型中没有反馈回路，也没有影响态度和价值观的因素，因此难以将它看作是动态模型。但该模型展示了旅游决策的诸多属性，尽管它们本身并不独特，但确实会影响旅游需求，包括高财务支出、目的地形象、风险及其不稳定性、提前计划的必要性以及获得完整信息的难度。

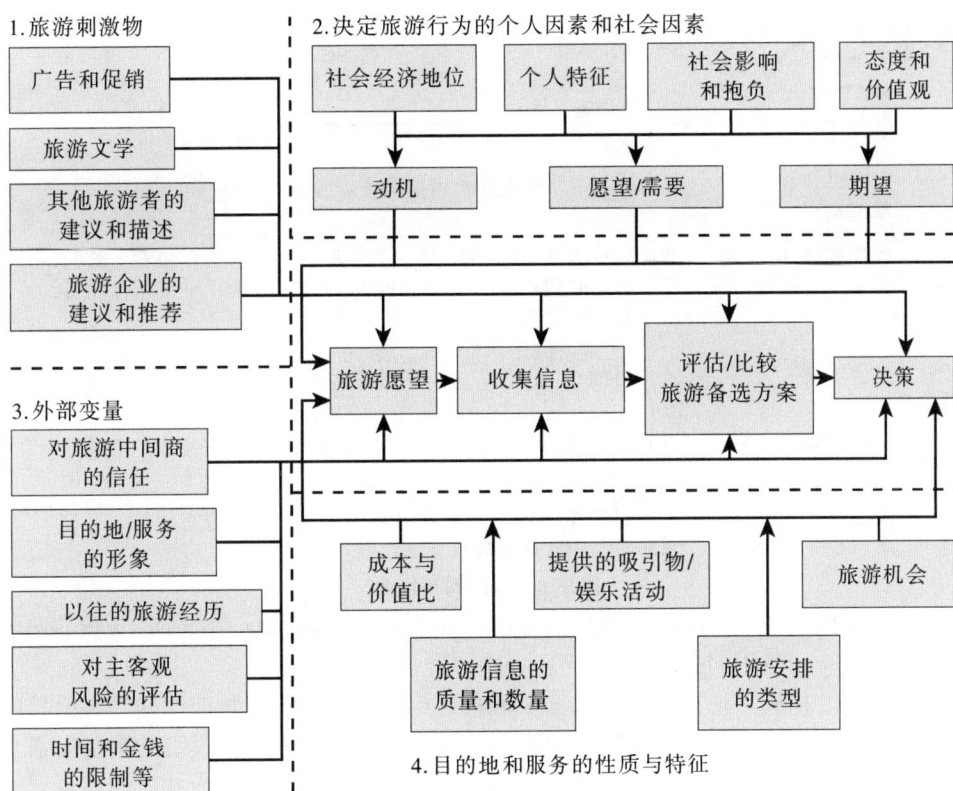

图3-7　斯莫尔的模型

资料来源：Adapted from Schmoll，1977

3.7.3　梅奥和贾维斯

梅奥和贾维斯（Mayo & Jarvis，1981）也借用了基本模型。梅奥和贾维斯遵循较早的理论，认为复杂决策的特征是需要收集信息且决策时间较长。收集和评估信息是决策过程的主要组成部分，消费者在此过程中从一般性的评估转至根据具体的标准和偏好进行选择。

梅奥和贾维斯认为旅游是一种特殊的消费行为，涉及各种无形的体验型产品的购买，但他们并未建立以行为为基础的理论。

3.7.4　马西森和沃尔

马西森和沃尔（Mathieson & Wall，1982）提出旅游购买行为的过程分为五个阶段（见图3-8）。他们的模型框架受到四个互相联系的因素的影响（见图3-9）。

1. 旅游者概况（年龄、受教育程度、收入、态度、以往的经历和动机）；
2. 旅游意识（建立在信息源可信度基础上的目的地设施和服务形象）；
3. 目的地资源和特征（目的地的吸引物及其特征）；
4. 旅游特征（旅游距离、持续时间和对访问地区感知的风险）。

此外，马西森和沃尔认为度假旅游作为一种服务，具有无形性、不可储存性、异质性的特征，这些特征在不同程度上影响了消费者的决策。除了指出消费过程和评价过程同时发生以外，他们的模型仍然是建立在基础消费决策模型之上。并非是说他们的模型反映了对基础

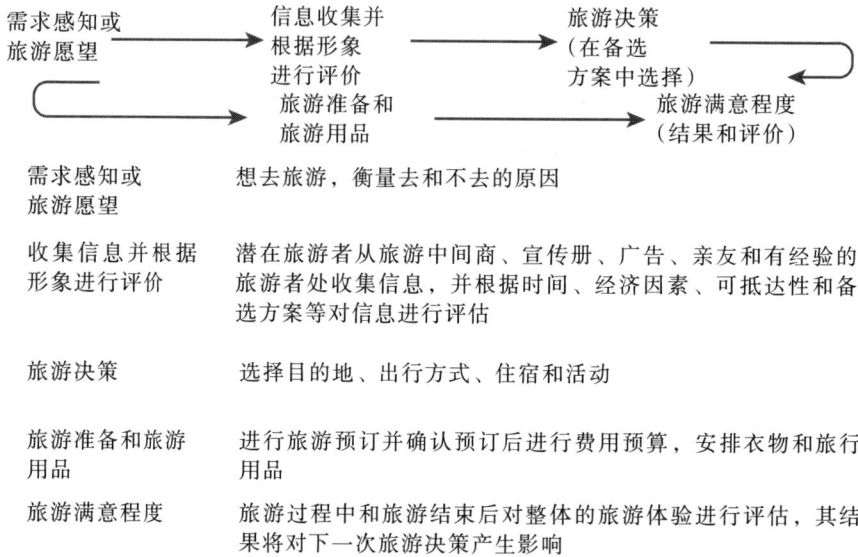

需求感知或 旅游愿望	想去旅游，衡量去和不去的原因
收集信息并根据 形象进行评价	潜在旅游者从旅游中间商、宣传册、广告、亲友和有经验的 旅游者处收集信息，并根据时间、经济因素、可抵达性和备 选方案等对信息进行评估
旅游决策	选择目的地、出行方式、住宿和活动
旅游准备和旅游 用品	进行旅游预订并确认预订后进行费用预算，安排衣物和旅行 用品
旅游满意程度	旅游过程中和旅游结束后对整体的旅游体验进行评估，其结 果将对下一次旅游决策产生影响

图 3-8　旅游购买行为

资料来源：*Tourism: Economic, Physical and Social Impact*, Longman, London, with permission of Pearson Education Limited (Mathieson, A. and Wall, G.1982)

模型的深刻认识，相反，这一模型仅反映了消费者积极收集信息的目的性和外部信息的重要性。马西森和沃尔的模型忽略了感知、记忆、个性和信息处理等传统模型的基础元素。马西森和沃尔的模型更侧重于以产品为基础的视角，而不是以消费者行为为基础的视角。

3.7.5　伍德赛德和莱森斯基

伍德赛德和莱森斯基（Woodside & Lysonski，1989）模型包含了以下两种投入：

（1）市场投入，包括产品、促销、渠道和价格等，作为四个关键的外部投入。

（2）旅游者的内在变量，包括经历、社会人口学特征、生活方式和价值观。

此模型展示了消费者从最初对目的地或产品的意识，到选择和最终购买产品整个过程中认识的发展过程（见图3-10）。伍德赛德和莱森斯基的成就在于他们的模型考虑了旅游者对目的地和产品的情感因素、购买可能性，以及情境性因素（如环境）。旅游者的选项排序如图3-10所示。选项类别是：

1.考虑集：可能会选择/购买的备选目的地或产品，一般含3~5个选项。

2.非考虑集：不考虑选择/购买的目的地或产品。这一类别包括"排除集"，可能因为缺乏相关吸引物而被排除在外。

3.7.6　莫斯卡多等人

莫斯卡多等人（Moscardo et al.，1996）对消费者行为提出了不同的解释，强调了旅游者对活动偏好的重要性，认为其是连接旅游动机和目的地选择的纽带。他们认为，动机让旅游者对活动产生期待，而目的地是提供这些活动的场所。图3-11展示了根据活动进行目的地选择的模型。莫斯卡多等人提供了利用该模型进行营销的方法。他们认为，可以通过产品开发和沟通策略把根据活动细分的旅游市场与目的地活动联系起来。

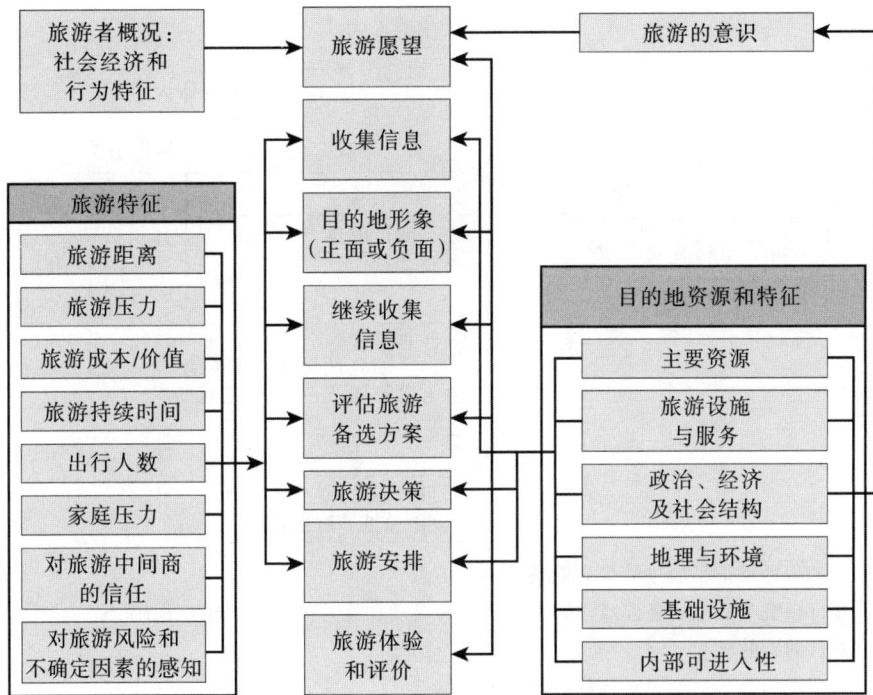

图3-9　马西森和沃尔的模型

资料来源：*Tourism：Economic，Physical and Social Impact*，Longman，London，with permission of Pearson Education Limited（Mathieson，A. and Wall，G.1982）

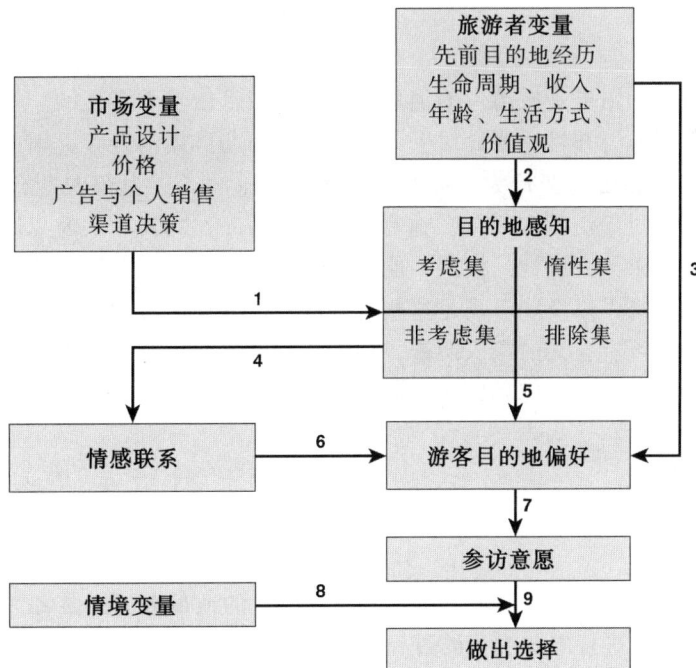

图3-10　伍德赛德和莱森斯基模型

资料来源：Woodside，A. and Lysonski，S.（1989）'A general model of traveler destination choice'，*Journal of Travel Research* 27，8-14

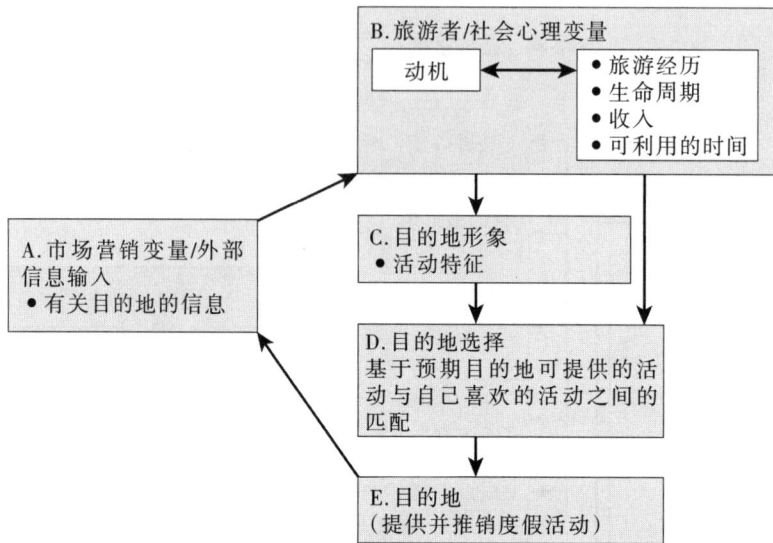

方框A：目的地活动信息通过社会影响传递给旅游者

方框B：旅行动机与其他社会人口学因素（如生命周期和旅行经历）的相互作用

方框C：对目的地的感知

方框D：以活动为基础的形象对目的地选择的影响

方框E：目的地能够提供的活动

图3-11　根据旅游活动安排选择目的地的模型

资料来源：Moscardo et al.，1996

3.8　发展方向

消费者决策模型的前提是旅游者的消费行为是理智且按步骤实现的。基础模型的设计是基于有形商品而非服务，并且主要针对个人消费者，而非群体消费者，因此难以完全解释基于团队或家庭决策的旅游消费行为。面对多种多样的旅游者行为和21世纪的旅游市场，这些模型能解释的内容过于泛泛和简单。迪克洛普（Decrop，2000）认为我们需要的是一种可考虑情境性因素和旅游体验属性的模型，能够涵盖真实生活的复杂性。旅游业包含了诸多代表不同需求的细分市场，以及能够满足这些需求的各色各样的目的地，复杂性极高。这要求我们对旅游者行为进行有意义的深入调查，利用研究方法深入分析旅游者如何进行决策，以及健康状况、目的地形象、态度和以往的旅游经历如何影响旅游者的行为。

3.9　课后习题

1.列举您对不同旅游目的地的印象，回想您上一次的旅行经历，哪些印象与以前有所不同？

2.选择一个您熟悉的旅游目的地，列出到访这一目的地最多的旅游者类型。

3.您与家人上一次进行旅游决策的过程是怎样的？

4.20、40、60岁的人们在进行旅游消费决策时，他们的选择和购买行为有哪些不同？

5.观察一个旅游产品宣传册，从哪些地方可以看出该公司选择的目标细分市场？

3.10　案例：华丽的孤独

日本北海道白雪皑皑，滑雪者却寥寥无几

如果把滑雪度假村按照人气进行排序，最高的要数夏蒙尼、阿斯彭和惠斯勒，最低的则是新雪谷维斯。新雪谷维斯曾经也有过辉煌时期。而现在大型餐厅关了一半，墙上张贴的海报都是很多年前的滑雪明星了。透过窗户能看到两个工作人员在清理雪道整型车上的积雪，他们示意我们过去和他们汇合，这辆车是我们上山唯一能用的交通工具，因为所有缆车都停运了。这种情况并不是临时性的故障，与3月份发生的地震和海啸（北海道几乎没有受到影响）也没有什么关系，实际上这里的缆车已经有10年没有运行了。在前往山顶的途中，我们经过了那些残留的缆车设备：乱成一团的缆绳、发动机和已经被雪没过一半的混凝土支柱。新雪谷维斯已经变成了一个幽灵度假村。

存在的问题

在过去的30年里，日本的滑雪业经历了云霄飞车式的发展过程。在经济呈现爆发式增长的20世纪80年代，滑雪业曾短暂地受到大众的追捧。职场白领都变成了狂热的滑雪爱好者，在星期五的晚上从城市里倾巢而出，整个周末都在享受滑雪，再在星期一的早上冲回自己的办公室。当时红极一时的影片《带我去滑雪》激发了人们更高的热情，当时滑雪爱好者的数量从1981年的860万增加到了1993年的1 770万。从1980年开始到1993年为止，大量的投资涌入，新建成的滑雪度假村多达236个，日本滑雪度假村的总量超过600个，数量超过了世界上其他国家。

然而，这股潮流来势汹涌，去也匆匆。经济的衰退和电脑游戏的流行让滑雪热逐渐消退。等到1998年长野冬季奥运会的时候，许多的滑雪度假村都已经在垂死挣扎，有些度假村，如新雪谷维斯，关闭了所有缆车。截至2006年，滑雪爱好者的数量已经跌至1 030万。

这听起来令人沮丧，直到您意识到，现在空旷无比的雪道是滑雪人梦寐以求的场景。我们从雪道整型车上爬下来，转了转胳膊恢复血液循环，然后蹬上我们的滑雪板。在我们面前出现的是一个私人滑雪场，被一米高的从未被触碰的新雪所覆盖。虽然这个度假村缺乏修理缆车的资金，但是仍有其他珍贵的东西——通常情况下这片区域每年冬天都会有14米的降雪量，而法国的瓦勒迪泽尔上个冬天降雪量甚至不到3米。但在旺季的瓦勒迪泽尔一天就会有至少1万名滑雪者。

我们选择了三条漂亮的下山坡道，共花费3 500日元。我们从雪道开始出发，接着转向穿越白雪覆盖的丛林路线。本来在这可以好好玩上一天，但是那些雪道并没有宽广陡峭到一直让人兴奋不已，而且我们要启程去北海道滑雪游的下一站了。

"中年人和退休的人依然会去滑雪，但是现在日本的年轻人只想围着计算机打游戏，"前田通子说，她是北海道中部的一家小型滑雪度假村"神威滑雪"的负责人。这个度假村于1984年由一家高尔夫公司创建，游客人数开始下降时，当地政府接手了度假村。现在日访客量旺季有1 500人，淡季有300人左右。"年轻人手头紧张，也不喜欢寒冷，度假村虽然还没有出现赤字，但是经营得也很困难。"

其他大部分的客人来到这里并不是为了滑雪，而是来酒店泡温泉。日本人对温泉的热爱是旷日持久和根深蒂固的。和滑雪不同，泡温泉丝毫没有消退的迹象。之前的几天我们已经登过另一座叫十胜岳的火山，从山上滑下来到了吹上温泉，那是一个位于丛林间被高高的雪堆围起来的天然温泉。我们一整天没见到一个人影，但在充满蒸汽的温泉里看到了8个人，我们脱去了一层又一层外套，挂在树枝上，然后赶忙跳了进去。

北海道中心最大的滑雪区在富良野市，但即使在这里，滑雪也不具有第一吸引力。大部分游客都会在夏天时前来观赏薰衣草花田，访问电视剧《北国之恋》的取景地，尽可能在更多的餐厅里品尝城镇里有名的咖喱煎蛋卷。城镇农业的比重还是大于旅游业，富良野更像是一个悠闲的乡村小镇。我们抵达的时候正巧赶上"周六之夜"，是由镇里的人为欢迎外来游客进行的现场表演。先是一个女性舞蹈班表演的时兴舞蹈，然后由竖琴演奏者和竹笛演奏者一起表演了一曲《千鸟的幻想》。演出的最后是抽奖环节，主持人激动地揭晓奖品：两瓶富良野果酱厂生产的果酱和一张艺术博物馆的门票！富良野唯一的缺点是当局对道外滑雪的极度紧张。任何想要离开标记雪道滑雪的人必须首先在警察局登记，但登记之后可以干什么也不甚清晰。富良野的雪道非常棒，可以从这里出发到允许道外滑雪的神威度假村和Tamamu度假村。

北海道只有一个度假村抵住了滑雪旅游的下降趋势。离新雪谷维斯酒店20分钟车程的新雪谷度假村吸引了大批外国游客，抵消了下滑的国内市场的影响。在2000年，来新雪谷度假村的外国游客不足千人；到了2008年，仅从澳大利亚来的游客就超过13 000人。现在它即将再绽芳华，投资者们正在往度假村里投钱，希望为中国、马来西亚、新加坡等新兴市场打造一个新目的地。

些人认为新雪谷度假村已经失去了它的日本特色。和富良野相比，它确实如此。旺季时期，和在韦尔比耶或霞穆尼一样，大家会争先恐后地奔向雪道。但您还是会想去新雪谷度假村，它有北海道最长的雪道，而且羊蹄山上美景无限。新雪谷度假村的缆车一直开到夜里9点，在巨大的照明灯下，天黑之后您仍然可以在丛林里尽享滑雪之乐。

资料来源：Tom Robbins，*FT*，25 November 2011

讨论问题

1. 对照本章讲过的消费者行为概念和上述案例，解释滑雪度假村游客减少的原因。

2. 从一个消费者的视角出发，讨论是否可以增加滑雪需求，如果可以，要怎样实现。

3. 为了实现滑雪度假村的长久兴旺，需要瞄准特定的细分市场，请选择合适的目标市场，并制订一个营销计划。

第 4 章

旅游需求的测量与预测

4.1 学习目标

通过本章的学习，您将能够：

- 理解旅游卫星账户中关于旅游需求的表格，以及测量国内和国际旅游需求的原因；
- 了解测量旅游需求的主要方法以及测量旅游活动的内容；
- 掌握不同的抽样方法；
- 认识价格弹性并掌握其测量方法；
- 了解旅游预测方法及其与预测时间和所掌握的信息量之间的关系。

4.2 测量方法

国际旅行的最初记录来源于出入境口岸要求旅客填写的出入境卡和交通部门的乘客统计数据。这类统计包含了所有出入境记录，是通过行政控制手段实现的，与旅游无关，旅游数据只是一个副产品。这类方法对于入境口岸数量有限的目的地（如海岛）而言比较容易实施，但是在内陆国家或者陆地边界口岸众多的目的地则很难实现。这些国家长期以来通过酒店住宿来统计旅游者人数，但问题在于不是所有的旅游者都会选择商业性住宿，而且 20 个房间以下的酒店不参与统计，因此这种方法的统计结果并不全面。与此类似，早年统计出入境旅游消费是通过控制外汇兑换实现的。中央银行可以通过不同来源监控货币的流入和流出。但是，近年来国家间关于旅行互通的协议逐渐增多，边境统计方法的使用越来越少，对货币流动的控制也放松了，所以外汇兑换统计也不能准确反映国际旅游消费的金额。因此，人们采用更多的是抽样调查，直接从游客处收集相关信息，调查问题包括：

- 他们是谁；
- 他们在目的地做了什么；
- 他们觉得去的地方怎么样；
- 他们花了多少钱。

史密斯（Smith，1996）提供了一份清单，列出了调查问卷可以收集的信息，见表 4-1：

表 4-1   旅游调查需要收集的信息清单

		测量水平
		社会经济变量
1	年龄	实际年龄；用年龄段可能更加方便
2	性别	男/女

续表

		测量水平
3	教育	按照北美的情况，可以分为四类：小学、中学、高中、大学
4	工作状况	全职、兼职、退休、操持家务者、学生、无业。如果工作，填职业
5	年收入	这个比较敏感，可以参照最近的人口普查结果采用分段收入的选项。家庭收入更有说服力，特殊情况下也可以问受访者的个人收入
6	职业	最好用开放性问题。结果可以参照《职业分类手册》总结
7	家庭结构	如果研究的目的之一是分析同行人员组成对旅游行为的影响，这一问题就非常重要。可以采取的分类包括： ●单身独居 ●已婚夫妇 ➢无未成年子女 ➢无子女或无子女同住 ➢与成年子女或亲戚同住 ➢有未成年子女 ➢无成年亲戚同住 ➢有亲戚同住 ●单亲家庭 ➢父亲单亲家庭 ➢母亲单亲家庭 ●其他家庭
8	同行人员组成	●一人独行 ●带小孩的单个家庭 ●带小孩的两个家庭 ●团队 ●一对情侣/夫妻 ●两对或多对情侣/夫妻 ●很多朋友一起 ●其他
		行程特征
1	季节或旅行时间	季度 ●1—3月 ●4—6月 ●7—9月 ●10—12月 如果旅行时间跨越两个或更多季度，通常采取以下方法：如果是家庭入户调查，选择行程结束那个季度，如果是边境调查，选择调查当天的季度。有时有必要，区分周末和其他时间的旅行

		测量水平
2	旅行时长	通常采用的衡量单位有"天"和"晚"。"晚"通常比"天"的结果少一天；3天的周末旅程通常是2晚。总时长在7天以内通常要列出具体天/晚数。多于一周的时长通常用时间段表示，如8~15天，或7~13晚
3	旅行距离	• 25~49 英里 • 50~99 英里 • 100~499 英里 • 500~999 英里 • 1 000~1 499 英里 • 1 500 英里及以上（2 400千米） 如果要做国家间对比，单位需要转成公制的。但是国际旅行一般不用距离测量
4	旅行目的	比较简单的分类是公务旅行和休闲旅行，但是这种分类过于简单。更详细的分类包括： • 会议 • 买卖、安装或其他公务 • 休闲度假 • 观光 • 参加文化或体育盛会 • 探亲访友 • 家庭或个人事务 • 购物 • 修学游 • 健康疗养 很多旅行目的不止一个，可以要求参与者填写最主要的旅行目的
5	交通方式	私家车 租车 公共汽车/长途大巴 火车 定期航班 包机 私人飞机 船（可以细分为轮渡、邮轮、私人游艇等） 有些旅行使用了一种以上交通工具，可以列出所有交通工具，或者让其选择主要交通工具

续表

		测量水平
6	消费	交通（可以按照交通方式分别列出） 住宿（包括露营费用，但是不包括门票） 餐饮（在餐馆就餐费用和在商店购买食物的费用可以分开列出） 会议注册费 门票和其他娱乐费用，打猎或钓鱼许可的费用 纪念品 其他消费
7	住宿类型	酒店和客栈 汽车旅馆 度假村 野营露营地 公共露营地 青年旅馆 商业性村舍 私人村舍 床和早餐 亲友家 其他 其他分类可以依据住宿单位的大小、价格、所有权、功能（如钓鱼营地、滑雪度假村等）、地点（如机场、市中心等）、是否供应酒水等标准

资料来源：Tourism Research Planning Committee，1975；and from *Tourism Analysis：A Handbook*，Harlow，Longman with permission of Pearson Education Limited（Smith，1989）

4.2.1　抽样调查

统计抽样理论允许我们通过随机选取部分目标人群的代表性样本来了解整个人群。随机不等同于偶然，而是意味着目标人群中的每个人都有均等的机会被选取为样本，这样就能够保证样本如实反映所代表的人群的特征。当然，依据样本做出的估算会存在误差，误差程度与观察对象特征的差异度以及样本大小有关。置信区间可以通过抽样误差来计算。比如，英国国际旅客调查的抽样误差是真实值的3%。

抽样过程要综合考虑样本大小、方法和成本。严格的随机样本需要的费用高昂，但是取得的样本比较有代表性。如果事先已经知道目标人群的信息，只想要了解某些类型游客的特征，市场调查通常采取方便抽样的方法。这种方法是非随机抽样，旨在降低调查成本，最常用的是配额抽样方法。研究者依据一定的配额选取目标人群，比如年轻的游客。需要注意避免选择性偏倚，因为它会导致结果的系统性误差，不论样本多大都弥补不了。如果使用的是随机抽样，那么样本越大，误差越小，置信区间越窄。然而，样本数量的增加和抽样误差的减小并非成正比。样本增加n倍，置信区间才变化$1/\sqrt{n}$，所以要使置信区间降低1/2，需要样本增加4倍。要通过随机抽样得到有代表性的样本代价就是如此，没有捷径。

4.3 按地点取样

4.3.1 边境调查

边境调查通常在游客通过边境管制之后于出入境口岸进行。因为已经掌握了口岸地点，可以按照机场、港口和陆地边境进行分层抽样。根据不同的交通方式抽样，原本旨在减少抽样误差，但实际上一般不会涵盖所有的出入境口岸。国家调查通常会包含主要的机场、海港和陆地边境，其余的口岸则通常进行分组，在组内随机抽取调查地点。这样做的后果是增加抽样误差，所以计算大规模调查结果的置信区间是非常复杂的。当样本有了合适的权重，就可以计算总值，然后对照交通部门的乘客统计数据查看准确性。

边境调查中时间很关键，所以问卷通常比较简短，会询问旅行者的国籍、居住的国家、访问目的、停留时间、访问地点和总消费额，总共不超过5分钟，更细节的信息（如消费分配和住宿类型等）可以通过采访在候机/船厅的旅客获得。

4.3.2 家庭调查

大部分政府每10年进行一次人口普查，以了解国民人口学特征和社会经济特征。调查员到户发放问卷，每个家庭都必须填写。在这10年中间，政府统计部门会进行抽样调查以观测经济和社会趋势，关于消费的部分通常会问到旅游活动。这类调查的取样方法通常是按照行政区划把总人口分区，然后按照各地区人口比例确定样本大小，再在每个地区内进行随机抽样。然而，在一个地区（如一个城市）内随机抽选的住户可能分散各处，逐个进行访谈的费用太高，所以通常的做法是把城市分成不同区，再随机选取样本区，之后在样本区内进行家庭调查。

4.3.3 途中调查

途中调查是在旅游者到达目的地国家后在旅途过程中参与的调查。通常会选择在交通要道接近游客，发放问卷或者进行采访，也可以让游客把问卷带走，填写完毕之后寄回。如果无法完全了解一个国家的交通状况，这类调查就可能存在样本的代表性问题。

4.3.4 目的地调查

这类调查通常在受欢迎的旅游目的地或者旅游者活动比较频繁的地方进行。采取的方式通常是个人访谈。因为游客通常分散在比较大的区域内，所以要建立一个有代表性的样本通常的做法是参照需求的季节性按比例选取采访的人数，在游客会光顾的不同类型的地点，如名胜古迹、酒店、商场和交通终端等开展调查。

4.3.5 供给侧调查

需求调查的时效性通常较低，即使有现代科技的帮助，获取、处理和发布大量信息也需要很大精力，要看到最后结果需在半年甚至更长时间以后，对于企业而言就太晚了。有些政府通过发布每月和每季度的数据来克服时效性问题。基于供给侧的调查会进行得很快，尽管信息覆盖不全，但是能够用于监测变化趋势。了解短期趋势对营销和监测突发事件对旅游系统的影响非常重要。国际旅客的活动可以从航空部门处了解，在目的地可以收集的信息包括：

- 住宿业的入住率；
- 商业信心调查；
- 旅游吸引物的客流量；
- 市场指数，包括每间房的平均收益、餐馆的平均消费金额和吸引物的门票价格等；
- 从最佳实践论坛中收集到的关键绩效指标。

4.4　实施调查

插图4-1

抽样调查通常是通过面对面访谈、电话访谈，或者通过邮寄、网络或手机 APP以及在目的地的抽样点发放问卷完成的。具体选择哪种方式要考虑调查的性质、预算、对随机样本的要求和抽样总表的完整性（如果采用网络调查）。如果问卷很长且问题复杂，最好由受过训练的采访者展开调查。在研究消费者感知、知识和动机的质性（qualitative）市场调查中，采访者在场非常重要。焦点小组通常选择代表目标市场的6~10个人，针对他们的喜好展开讨论。与旅游企业的管理者进行深度访谈对了解不同客源市场的旅游者特征很有帮助。

利用电话访谈这种方式越来越多，因为如果问题简短，回复率会比较高而且成本较低。但是，人们对陌生来电有些抵触，尤其是最后推销产品的电话。不接电话或者中途挂掉会引起无回答误差。问卷能够借助邮寄系统递送给一个国家内的大部分人或者商家，为了提高回复率，在问卷寄出一段时间后要配合电话提醒，并访问一定数量的不回复者，以确保他们不参与的原因和问卷内容无关。

科技的发展使网络调查越来越普及。这类调查成本低，问卷发放和回收速度快，尤其是售后评价调查。就企业而言，与传统手段相比，社交媒体网络在调查游客的喜好和发布信息方面的作用越来越大，但仍要考虑方便抽样和无回答误差问题。

4.5　测量价格弹性

旅游产品的自身价格弹性有两种：需求的点弹性与弧弹性。如表4-2所示，第4栏和第5栏分别显示了需求降低时需求数量的百分比变化和价格的百分比变化。第4栏的数值除以第5栏的数值得出的是第6栏的自身价格弹性。然而，当需求增多时，弹性值就会发生改变（见第7栏），因为计算百分比变化的基数发生了改变。解决的方法是弧弹性（见第8栏），因为它取了两个临近点的平均值。如果一个旅游套餐的价格从500个货币单位降到了400个货币单位，那么：

$$弧弹性 = \frac{1\,000 \div (3\,000 + 4\,000)}{100 \div (500 + 400)} = 1.29$$

根据以上的计算方法，不论需求增长还是降低，价格弹性都是一样的。

表4-2显示了弹性的一个现实作用（数据因四舍五入的原因有误差）。当价格弹性大于1时，价格降低，收益会增加，但是价格弹性小于1时，价格降低，收益会减少。这种现象的后果是，当产品出现过度供应时，需要把产品囤积起来，如果产品是难以保存的，比如农产品，就销毁。当大部分人温饱还不能满足时，这样的行为会让人很难理解。旅游业会通过现

表 4-2			度假套餐的市场需求				
单位价格P	需求数量Q	收益P×Q	需求数量的百分比变化Q	价格的百分比变化P	下行点弹性	上行点弹性	弧弹性
600	2 000	1200 000					
			50%	17%	3.00	1.70	2.20
500	3 000	1 500 000					
			33%	20%	1.67	1.00	1.29
400	4 000	1 600 000					
			25%	25%	1.00	0.60	0.78
300	5 000	1 500 000					
			20%	33%	0.60	0.33	0.45
200	6 000	1 200 000					

代信息通信技术实施复杂的收益管理战略来维持收益，比如，在最后时刻清仓甩卖旅游产品，在晚间给酒店房间打折，在上演当天出售剧院的半价票，都可以帮助实现收益的最大化。在网上预订的顾客越多，旅游企业越容易通过实时收益管理针对不同的预订时间、消费时间和产品的紧俏程度提供不同定价。

4.6 旅游需求预测

需求预测对旅游投资规划和管理游客流很重要，因为目的地和企业需要提前知道会有多少游客光顾。短期预测对企业计划收益率也很有价值。对于旅游业这样有各种类型供应商的行业，预测可以给未来指出一个方向，这个任务通常是由目的地的旅游管理机构承担的。旅游需求预测的精确性对旅游这种不可储存的服务尤其重要。供给要以需求的高峰值为准，但不能是极高点，因为这样会导致容量过度。以旺季的平均需求为准更为明智，可以避免不必要的浪费，但是结果可能会导致企业在一段时间内面临拥堵或者设施的过度使用。

旅游需求预测的方法有很多种，而且有很多电脑软件支持（Song and Witt, 2000）。预测方法主要包括定量方法和定性方法，二者并非彼此排斥，大多数预测会结合这两种方法，取长补短。

4.6.1 定量预测方法

定量预测方法有很多，有些很简单，有些很复杂。本章介绍的方法都比较基础，可以通过计算器和电子数据表实现。不需要太复杂的数学计算方法，只要它们有效，对终端用户解释起来也会更加方便。

4.6.1.1 时间序列方法

这类模型的基础是把时间作为影响预测变量的唯一解释变量，根据历史来推断未来。因此这类关系也叫作单变量模型，用等式来表示就是：

$$Q^* = F(t) \tag{4-1}$$

式中：

Q^*——入境旅游需求；

$F(t)$——解释需求的函数关系。

最简单的方法是单步无变化模型，该模型认为下一个阶段会和本阶段的需求相差无几，所以下一年度的数值和本年度的数值会很相近。为了防止有浮动，有人会采用最近几年的平均值进行预测，但更适合在企业或者国家层面进行短期预测的做法是把因变量分解为几个组成部分，包括趋势T、周期C、季节性S和误差u，误差被当作是随机的，呈正态分布，且均值为零，这样预估值就没有偏向。将时间序列分解为各个组成部分的过程叫作古典分解，有两种结构（累加式和乘积）：

$$Q^* = T + C + S + u \tag{4-2}$$
$$Q^* = TCSu \tag{4-3}$$

图4-1展示了一个典型的时间序列模型，趋势T单独由一条直线体现。是用公式（4-2）还是公式（4-3）取决于数据行为。在累加系统中，各组成部分是独立的数字；而在乘积过程中，组成部分与数据的变动成正比。后者通常与现实更接近，所以也更加常用。

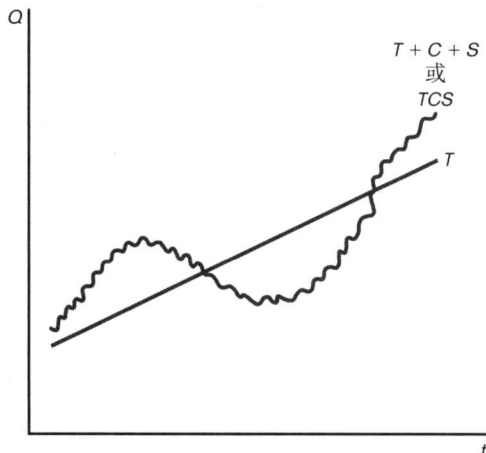

图4-1　时间序列的组成

4.6.1.2　计量经济模型

如果没有意向调查或前导指标，纯粹的时间序列模型不可能预测游客流的方向变化。计量经济模型通过一系列影响因素来解释旅游需求。这种方法可以预测需求转折点，通过假设不同的状况来预知不同情况下可能出现的结果。但是这类模型需要很多旅游业的数据，是否能够得到这些数据是使用这类模型的关键。下面的公式显示了来自某一客源市场的入境旅游需求：

插图4-2

$$Q^* = \beta_0 FA^{\beta_1} \left[\frac{C/E}{C^*} \right]^{\beta_2} Y^{*\beta_3} u \tag{4-4}$$

式中：

FA——往返旅行成本/票价变量；

C——目的地国家的消费价格指数；

E——目的地国家的汇率（本地货币价值/游客货币价值）；

C^*——客源国家的消费价格指数；

Y^*——来自于这一市场的入境旅游收入总额。

β_0是常数项，β_1到β_3是要通过多元回归分析估算的入境旅游活动解释变量的系数，u是误差项。

4.6.1.3 长期预测

因果模型要求在预测的时候就知道因变量的未来值，这基本是不可能实现的，所以我们倾向于用单变量趋势分析做辅助。要得出最有代表性的趋势，我们需要一系列模型，可以分为：

双参数曲线：

- 直线 $\quad Q^* = \beta_0 + \beta_1 t$
- 曲线 $\quad Q^* = \beta_0 \beta_1^t$
- 单边双曲线 $\quad Q^* = 1/(\beta_0 + \beta_1 t)$

三参数曲线：

- 抛物线 $\quad Q^* = \beta_0 + \beta_1 t + \beta_2 t^2$
- 修正指数曲线 $\quad Q^* = \beta_0 + \beta_1 \beta_2^t$
- 龚伯茨曲线 $\quad Q^* = \beta_0 \beta_1 \beta_2^t$
- 逻辑曲线 $\quad Q^* = 1/(\beta_0 + \beta_1 \beta_2^t)$

图4-2显示了双参数曲线。三参数曲线会呈现更多的形状，图4-3展示了抛物线或修正指数曲线，龚伯茨曲线或逻辑曲线如图4-4所示，呈现S形，经常被用于展示目的地的旅游发展生命周期。

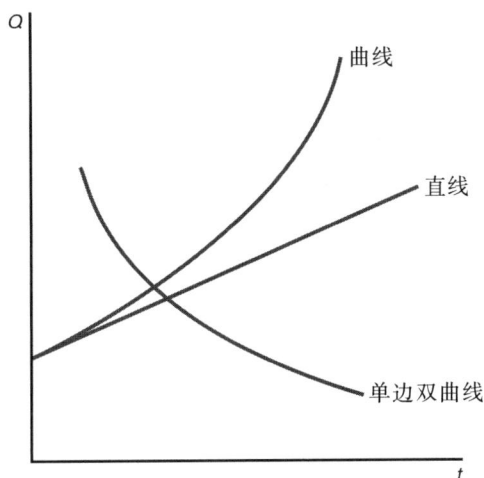

图4-2 双参数曲线

4.6.1.4 估算

很多人会使用计算机软件将这些趋势性曲线与已有的数据结合起来，现代电子表格程序也提供了这些曲线的公式。三点式方法也可以用于计算这些曲线。对双参数曲线而言，公式和用于直线的一样，但是对于$Q^* = \beta_0 \beta_1^t$和$Q^* = 1/(\beta_0 + \beta_1 t)$，我们需要对数据做一下处理，因此指数曲线的公式为$\text{Log}Q^* = \text{Log}\beta_0 + t\text{Log}\beta_1$，单边双曲线的公式为$1/Q^* = \beta_0 + \beta_1 t$。

对于三参数曲线，只有抛物线与众不同，因为它有个t的平方项。因变量的数据调整后，其他三种曲线都属于同一家族。

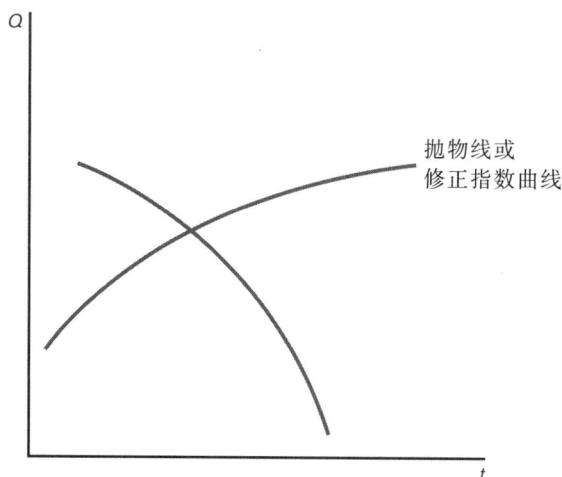

图4-3 参数曲线

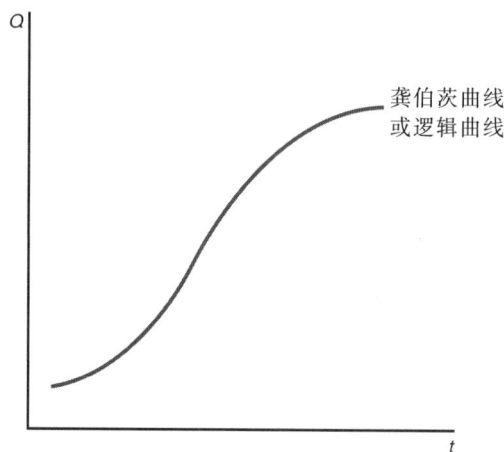

图4-4 S形曲线

- 修正指数曲线 $Q^* = \beta_0 + \beta_1 \beta_2^t$
- 龚伯茨曲线 $Log Q^* = Log \beta_0 + Log \beta_1 \beta_2^t$
- 逻辑曲线 $1/Q^* = \beta_0 + \beta_1 \beta_2^t$

计算3个系数意味着要有3个数据点。因此，除了 F 和 L，我们取中间项 M，依据实际情况取3个点或者5个点，即：

$$M = (Q^*_{j-1} + 2Q^*_j + 3Q^*_{j+1})/6$$

或者

$$M = (Q^*_{j-2} + 2Q^*_{j-1} + 3Q^*_j + 4Q^*_{j+1} + 5Q^*_{j+2})/15$$

这里 $j = (N+1)/2$，如果数据点共有偶数项，就需要把第1项舍弃。估算三参数曲线的公式见表4-3，公式是按照计算的顺序排序的。龚伯茨曲线和逻辑曲线的算法和修正指数曲线的算法是一模一样的，只是前者的算法中我们使用了数据的对数，而在后者的算法中我们使用了倒数。

在实际工作中，预测工作者在确定趋势曲线的公式之前会观察数据规律，判断趋势背后的因果逻辑。长期预测的可靠性测试可以使用70规则，即用70除以 Q^* 的增长率百分比可得

表 4-3 　　　　　　　　　　　估算三参数趋势曲线的算法

三点法	3 项	5 项
抛物线	$\beta_2 = \dfrac{2(F+L-2M)}{(N-3)^2}$ $\beta_1 = \dfrac{L-F}{N-3} - \dfrac{\beta_2(3N+5)}{3}$ $\beta_0 = F - \dfrac{7}{3}\beta_1 - 6\beta_2$	$\beta_2 = \dfrac{2(F+L-2M)}{(N-5)^2}$ $\beta_1 = \dfrac{L-F}{N-5} - \dfrac{\beta_2(3N+7)}{3}$ $\beta_0 = F - \dfrac{11}{3}\beta_1 - 15\beta_2$
修正指数曲线 龚伯茨曲线 逻辑曲线	$Log\beta_2 = \dfrac{2}{N-3} Log\left(\dfrac{L-M}{M-F}\right)$ $m = \dfrac{6}{\beta_2 + 2\beta_2^2 + 3\beta_2^3}$ $\beta_1 = \dfrac{m(M-F)^2}{F+L-2M}$ $\beta_0 = \dfrac{LF-M^2}{F+L-2M}$	$Log\beta_2 = \dfrac{2}{N-5} Log\left(\dfrac{L-M}{M-F}\right)$ $m = \dfrac{15}{\beta_2 + 2\beta_2^2 + 3\beta_2^3 + 4\beta_2^4 + 5\beta_2^5}$ $\beta_1 = \dfrac{m(M-F)^2}{F+L-2M}$ $\beta_0 = \dfrac{LF-M^2}{F+L-2M}$

出当前值翻倍所需的年数，看看当时间值非常大的时候会发生什么，以检验预测是否在可接受的范围内。如果在理论上的结果令人难以置信，那就需要重新考虑，这就涉及定性预测。

4.6.2　定性预测

定性方法可以单独使用，也可以和统计预测方法结合使用，为可能出现的结果提供合理的方案。在预测长期趋势的时候，数据很有限，就要用到定性方法。从实践者的角度来说，最好能将定性和定量的方法结合起来，取二者之长，为未来的规划服务。我们接下来要介绍的是最常用的定性预测方法：类推法、德尔菲法和情节推演法。

4.6.2.1　类推法

大多数国家都会收集宏观经济数据，据此可以分析相对财富、经济健康状况和该国的经济发展阶段。国际对比的目的是将对象国家放到一个总趋势线上，利用已有的数据测算出某种条件下的需求量。选择分析的国家时，要注意影响旅游需求的定性因素的可比性和数据定义的统一性。波尼费斯和库珀（Boniface and Cooper，1987）推出了一些用于比较的旅游指数：

● 总体旅游倾向，由旅游总次数除以总人口得出，它测量的是旅行的渗透率，不是旅游人数的渗透率。在发达国家人们每年度假 2~3 次很普遍。

● 净旅游倾向，即在指定时间段内至少旅游一次的人口与总人口的比率，衡量的是旅游人数的渗透率。总体旅游倾向除以净旅游倾向得出的是旅游频率，即某段时间内旅游者旅游的平均次数。

● 国家潜在旅行生成指数（CPGI），计算方法为：

$$CPGI = \frac{N_e/N_w}{P_e/P_w}$$

式中：

N_e——该国产生的旅行次数；

N_w——世界/某地区范围内的旅行次数；

P_e——该国人口；

P_w——世界/某地区范围内的人口。

指数大于1，表明该国家可产生的旅游者人数超过对该国的预期；小于1，则可产生的旅游者人数低于平均水平。

4.6.2.2 德尔菲法

德尔菲（Delphi）方法的关键在于找到能够预知未来趋势和事件的"圣贤"。这里的"圣贤"指的是根据研究问题的性质选择的一组专家，他们需要对未来达成一致的意见。与平常的委员会不同，德尔菲研究中的专家是匿名的，所以他们不会见面。这是为了避免群体讨论中可能出现的他人压力的影响。

德尔菲法的步骤请见图4-5。专家只通过多轮问卷和组织者沟通。持极端意见者，即在中位数正负4分点之外的人，要提供其所提意见的原因。第1轮结束后，组织者将答复进行总结再反馈给专家，要求他们据此调整他们的观点。这个过程要重复很多次，直到专家们达成一致的意见，或者发现不可能实现意见统一。通常三轮就够了。

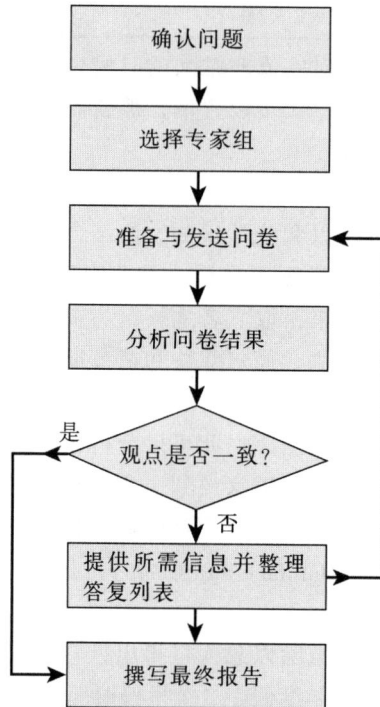

图4-5 德尔菲法的步骤

资料来源：Taylor and Judd，1989，Witt and Martin，1989

4.6.2.3 情节推演法

情节推演法可以单独使用，但因其对分析问题的重要性，在综合预测中也是不可或缺的。情节推演法的第一步是要依据目前的状况建立一个基础线，根据逻辑推理来预测未来可能发生的情况。接着要列出一系列未来可能发生的情节，每一个未来可能发生的状况都有一系列相关的事件，即发生路径，指向这一结果。情节推演法通常包含科技预测，以理解可能引起旅游方式或行为变化的原因。

人们虽然最关注的是最可能发生的情节，但也要考虑危机或灾难预案（如爆炸、地震或火灾）如何能够融入到未来旅游项目的规划中。这些因素很难在评估的过程中被量化。这些发生的可能性小但是影响巨大的情况不容忽视，因为它们通常是媒体关注的焦点，会左右大众的观点。实践中要确保项目设计与管理过程中有防护措施，避免这类事情发生。大型事故不常发生，但多种防护措施的失败可能导致恶果，原因可能来自人为失误、设计缺陷和不可完全预知的自然现象。

4.7　预测的问题

图4-6中显示两种预测数值，A和B，哪个预测结果更好呢？在时间点t和$t+1$，A预测的数值都要比B更加接近实际数值，然而B却更加有用，因为它准确地预测了实际数据的转折点t。因此评价预测要考虑两个方面，即预测转折点的能力和预测数值准确性的能力。二者相比，前者更重要。尽管B预测一直低于实际数值，如果看每年的变化，会发现数据很接近。预测工作者的兴趣在于找到能让他们预测经济变量变化的关键性指标。要计算转折点误差，需要实际数据和预测数据的绝对或者相对变化值。比较预测值和实际结果的时候，可以使用以下公式：

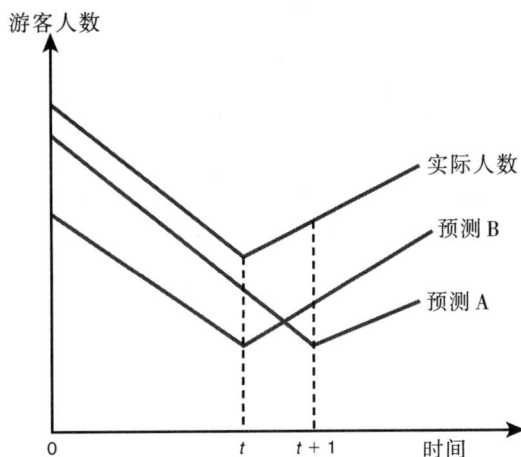

图4-6　哪个预测更好？

$$RMSE = \sqrt{\left[\sum_{t=1}^{f} \frac{\left(A_t - P_t \right)^2}{f} \right]} \tag{4-5}$$

式中：

A_t——实际数据；

P_t——预测数据；

f——预测时间段。

也可以使用百分比误差计算：

$$RMSPE = \sqrt{\left[\frac{1}{f} \sum_{t=1}^{f} \frac{\left(A_t - P_t \right)^2}{A_t^2} \right]} \times 100\% \tag{4-6}$$

但是更常用的方法是：

$$MAPE = \frac{1}{f} \sum_{t=1}^{f} \left[\left(ABS \frac{A_t - P_t}{A_t} \right) \right] \times 100\% \tag{4-7}$$

4.8 市场规划

旅游需求的测量和预测是企业、目的地和政府部门进行市场规划的重要组成部分，涉及交付期很长的基础设施投资项目时尤其重要。不论组织类型如何，市场规划通常涉及以下步骤：

- 明确目前需求；
- 清点已有供给和产能；
- 比较供需，明确二者差距；
- 预测未来需求，注意未来投资的交付期限；
- 规划未来供给。

在旅游业中，交通和住宿业对需求预测最为重视，因为它们是旅游的主要辅助因素。就目的地的旅游吸引物而言，它们大都需要互相竞争顾客。当然，奥兰多的迪士尼世界除外，其本身就是旅游目的地的吸引物。每个供应商都有其特殊性。比如，旅客在机场的流动特征是选择机型的依据，机型的选择进而影响跑道和航站楼的容量决策。

目的地的商业性住宿单位要根据需求安排房间供给。如果要预测房间需求，还需要更多信息：

- 游客总人数中旅游者（过夜游客）的占比，用 p 表示；
- 过夜的旅游者中使用商业住宿的人数占比（有部分旅游者住在亲友家），用 a 表示；
- 平均住宿时长（房晚），用 l 表示；
- 以上情况的时间段，通常是一年，也可能是旺季或高峰月；
- 有效入住率，用 θ 表示，除了高峰月，不太可能全年都满房，因此入住率和时间段有关；
- 预计房间密度，用 d 表示，平均每间房的住宿人数，通过床晚除以房晚得出，用于衡量双人住宿和单人住宿的比率。

将上述信息汇集起来，通过下面的公式就可以计算出需要的房间数量 R：

$$R = \frac{p \cdot Q^* \cdot a \cdot l}{365 \cdot \theta \cdot d} \qquad (4\text{-}8)$$

4.9 小 结

所有的政府都认识到旅游需求催生的活动非常广泛，但是不容易测量。旅游卫星账户明确了数据收集的标准。但是很多国家旅游数据收集做法欠妥，只重视入境的国际旅游人数，而忽视了出境旅游和国内旅游。结果很多旅游需求模型仅限于入境游，但现实是目的地的规划、管理和营销不仅仅要考虑入境旅游。

预测是各级组织为了明确未来发展方向而开展的活动。预测可以分为定性预测和定量预测。要预知的时间离现在越远，我们所拥有的支持性数据越少，就更需要定性的方法，比如情节推演法和德尔菲法。预测的逻辑决定了详细的估算只能用于短期预测，长期预测需要很多数据和方法的综合使用。从业者可以使用滚动式预测方案，一有新的信息就马上更新预测结果，这样长期的预测就变成了短期预测，为决策提供参考。

4.10　课后习题

1.查看旅游卫星账户中对旅游需求的数据要求，看看您的国家是否可以提供相关数据。

2.比较世界各地不同区域的旅游数据时，可能会面临什么问题？

3.做国内旅游调查的关键问题有哪些？

4.要预测的时间段对旅游需求预测方法的选择有何影响？

5.定性预测和定量预测各有何优势？请为每种方法至少列出三点。

6.选择一个目的地，为这个目的地未来的需求做规划，您需要做哪些工作？请列出步骤。

4.11　案例：澳大利亚旅游预测委员会

组织机构

旅游预测对澳大利亚旅游业的未来发展提供引导和支持。澳大利亚旅游预测委员会（TFC）成立于2004年，是一个独立的机构，旨在为现在和潜在的旅游投资商、旅游业和政府提供"共识预测"。"共识"的意思是委员会的每个成员就预测结果达成了一致意见。这个委员会的资金来源于澳大利亚旅游研究办公室，后者是澳大利亚旅游局的一个事业部，每年出两期《预测》（也提供在线版本），预测接下来10年的入境旅游、出境旅游和国内旅游趋势。

旅游预测委员会是一个咨询机构，集合各类专家的知识和经验形成最终的预测。委员会的组成涵盖了多方利益相关者，包括：

旅游预测委员会

- 毕马威会计与管理咨询公司
- 澳大利亚旅游局
- 昆士兰旅游行业理事会
- 旅游与交通论坛
- 澳新银行
- 资源、能源与旅游部
- 澳大利亚旅游出口理事会
- 西澳旅游局
- 澳大利亚航空公司

旅游预测委员会还享有一个技术委员会的支持，这个委员会的成员也包含了公私不同领域的代表，具体包括：

旅游预测委员会技术委员会

- 澳大利亚旅游研究办公室
- 旅游与交通论坛
- 澳大利亚机场协调委员会
- 澳大利亚银行协会
- 仲量联行
- 澳大利亚旅游局
- 澳大利亚航空公司

- 资源、能源与旅游部

旅游预测委员会的主要目标

旅游预测委员会的主要目标有三个：改善投资和营销决策，为旅游业提供智力支持，协助澳大利亚各级旅游公共政策的制定。委员会的协助单位包括技术委员会和澳大利亚旅游研究办公室的预测与分析组，具体负责：

- 开发并改进供需预测方法；
- 建议推广策略，提升旅游业对预测的使用效果；
- 和其他旅游研究机构合作，达成委员会的目标。

旅游预测委员会降低了对经济计量模型的依赖，采用了咨询的定性预测方法。通过与旅游业的合作，旅游预测委员会不仅能够考虑多方的影响，而且使预测更加可信，为管理决策提供有力支持。这样做的目的是确保旅游预测委员会的预测结果能够得到澳大利亚旅游企业的广泛使用。

预测过程

澳大利亚统计局每年都按照国际标准编制旅游卫星账户，澳大利亚的主要旅游调查（即国际游客调查和国内游客调查）为卫星账户提供了有力支持，而旅游卫星账户又为旅游预测提供了强有力的基础。旅游预测委员会的预测包括三轮的咨询，由澳大利亚旅游研究办公室使用经济计量和时间序列模型提供第一轮的预测，模型包含了航空客容量、价格比较、收入、人口、季节性，以及影响客源市场的重大事件。

技术委员会在第二轮针对影响模型的方法和技术问题评估该预测，比如 GDP 的预测、相对价格的变化以及汇率的变动。接着根据不确定因素、竞争者的营销情况、市场状况、旅游意向、航空趋势和国家间的旅游、贸易协议等信息对第一轮的预测结果进行调整。这些因素的影响是统计模型不能包括进去的，调整之后的结果为达成共识做好准备。

第三轮由旅游预测委员会评估旅游业的战略方向，就旅游业的增长率达成一致，决定最终发表的预测结果。旅游预测委员会认为这种综合的方法结合了历史数据、目前的趋势、业界事件和政策的影响，能够提供最接近现实的预测。

资料来源：http://www.tra.australia.com

讨论问题

1. 旅游企业可以怎样使用这些预测数据，请举例说明。

2. 下载旅游预测委员会最新的预测结果，评价其用户友好程度。

3. 旅游预测委员会集合了很多机构和专家的建议。如果您所在的国家/地区有这样一个委员会，您希望其成员包括哪些单位？

5.1 学习目标

本章学习的重点是旅游目的地及其在旅游系统中的角色。通过本章的学习，您将能够：

- 了解旅游目的地的本质及在旅游业中的角色；
- 了解旅游目的地的种类、规划、发展和相互竞争的背景；
- 了解影响目的地未来的外部环境因素；
- 掌握目的地的管理和营销方法；
- 掌握目的地的合作属性，以及对之进行有效管理的组织和治理结构。

5.2 旅游目的地的性质与角色

旅游目的地是旅游系统的核心，它代表着为旅游者提供目的地体验的旅游产品的总和。对于许多消费者，尤其是休闲旅游者而言，目的地是他们期望与决策背后的主要动机因素。然而即便是对一些专家而言，定义旅游目的地这一概念仍不是一件简单的事情，主要障碍之一是目的地的边界不好确定，不论是行政区划还是单纯的地理意义上的边界，都很难与消费者心中的目的地范围完全契合。例如，尽管伦敦是标志性的全球目的地，但是这个目的地被划分为包含33个区的两座城市：伦敦市和威斯敏斯特市。然而，旅游者，尤其是国际旅游者眼中的伦敦是其地铁环线以内的核心区域。在英国，英格兰南海岸的多赛特地区有3个旅游目的地：克莱斯特彻奇、伯恩茅斯和普尔——它们常被旅游者当作一个目的地。事实上，虽然它们同在一个12千米的海滩上，但却分别由3个镇政府管辖。

定义目的地需要考虑供需双方的视角。从供给方角度看，目的地可被定义为是"一个特定的地理区域，消费者认为它是一个独一无二的整体，旅游市场规划与营销有相应的政治与法律框架对之约束（Buhalis，2000：98）"。从需求方角度看，目的地是"人们去旅行的地点，并且为了体验某些当地特色在那里停留一段时间的地方"（Leiper，1995：87 in Buhalis，2000：98）。而现实中，无论把目的地看作"旅游地""旅游产品"，还是"产品系统"，很大程度上取决于定义的目的和参与其管理的直接或间接利益相关者的视角。尽管定义模糊，但世界旅游组织仍将目的地作为旅游研究的基本单位。目的地管理困难且复杂，但对整个旅游系统具有重要意义。正因如此，进行良好有效的目的地管理是全球旅游专业人士的首要任务。建立一个用于分析、规划、管理和控制目的地的系统性跨学科方法迫在眉睫（Manente and Minghetti，2006：230）。

5.2.1　目的地类型

目的地类型多种多样，但主要分为以下三种：

● 沿海目的地，曾广受欢迎的海滨度假胜地就是沿海目的地的典型代表。自18世纪中期起，人们倡导通过内陆温泉和海水沐浴的方式保持身体健康，时至今日，这些沿海目的地已经历了很多变化。

● 城市目的地，许多主要城市从古至今一直是文化旅游的目的地，如威尼斯，在大旅游时期就是欧洲贵族热衷的目的地，在其商业功能衰退之后，仍保留了旅游城市的功能。

● 乡村旅游目的地，如普通乡村、国家公园、荒野地区、山脉和湖泊等。

旅游目的地的主要特征包括：

● 有旅游者可辨认的符合逻辑的地理区域；

● 包含旅游吸引物；

● 可进入，或提供可进入的方式；

● 具备内部交通体系；

● 现有或者可以开发的供游客使用的基础设施和服务设施；

● 具有规划和管理的行政能力。

在规划一个旅游目的地时，通常会建立一个旅游中心区，作为联系该目的地不同区域的枢纽。公共或私人机构可将设施集中在这个区域，实现规模经济效应。目的地的可进入性是旅游发展的另一个关键，交通设施和服务的发展使得旅游业从国内走向国际。经济距离也是一个重要因素，它决定目的地是否位于潜在消费者的旅行范围之内（此处的经济距离是指地理距离，与消费者旅游的实际金钱和时间成本有直接关系）。伴随交通业的发展，火车、汽车（私家车）、廉价航空先后出现，旅游者的出行频率与距离逐渐增加，人们不仅可以享受传统的休闲长假，还可以在周末进行短期旅行。

5.2.1.1　沿海目的地

在18、19世纪乔治王朝和维多利亚时代，英国以及其他欧洲国家的贵族与富人热衷于水疗与沐浴养生。鼎盛时期，罗马人曾修建奢华的温泉浴场。后来，欧洲北部和美国东海岸的工业化以及铁路的诞生，推动了沿海度假区的兴起。布莱顿就是一个典型的例子，它位于英国南部海岸，最早被称为"布莱顿之礁"的一个渔村，但1784年至1787年，英国在这里为摄政王乔治四世建造了一座亚洲风格的皇家宫殿，将这个村庄改造成了一个时尚的度假小镇。到1841年，铁路大大提高了布莱顿小镇的可进入性，自此该地也得以迅速发展。

19世纪后半期，铁路网络的发展促进了欧洲和美国海滨度假村的成长。而度假村的发展也得益于公共和私营部门的协作。当地政府投资建步行街、码头、花园等，而私营部门则发展盈利活动，使当地地产增值，增加了政府的地产税收，同时增加了居民收入和就业机会。码头建筑是英国的一种特殊现象，英国在1860年至1910年之间建造了78座码头，在欧洲大陆类似建筑很少见。欧美在度假村发展的同时，游乐场行业也在迅速扩张。纽约的科尼岛在19世纪70年代就已开始运营,它的游乐设施已为无数游客提供娱乐体验。

直到20世纪50年代,随着航空旅行的进步,南欧的滨海度假村凭借气温的优势,大大冲击了北欧滨海度假村的主导地位。面对此局面,人们开始积极调整方向,投资新市场,如会展业和短途游。另一个主要的变化是海滨度假区的宜居性吸引了大量居民迁入。这导致旅游者和居民在资源分配上发生了冲突,随着时间的推移,度假区的人口和经济基础都发生了改变,当地的工作重心也发生了改变,它们作为沿海城镇而非度假胜地延续了下来。

由度假区转型的海滨城镇的特征包括:退休人口的比例高于全国平均水平,经济活动水平较低,季节性工作机会较多,通勤上班的人数较多,第二居所比例较高,公寓和养老院集体生活的比例较高。在这种情况下,国家旅游管理机构政策重在重建一些有意愿并能够保持其市场地位的度假区。从沿海度假区的发展过程中可以吸取的一个经验是,公共机构和私营经济部门的合作非常重要。

5.2.1.2 城市目的地

在20世纪后半叶,制造业从市区转移到廉价的农村地区,中产阶级持续向郊区转移,城市污染和拥堵严重影响了工业化城市的形象。这迫使当地政府、政策制定者和商业团体采取措施,重塑城市形象。在长远规划的基础上建立现代的城市管理和营销系统,吸引新的行业、居民和游客。北美的城市,如多伦多、巴尔的摩、波士顿等,率先掀起了城市振兴风潮,在公共机构和私营企业的支持下实施城市营销策略。旅游业在重建的旧工业区和码头区蓬勃发展,与此同时,旅游业也成为吸引新行业的催化剂,改变了人们只把城市当作生活和工作地点的传统观念。

从20世纪80年代初起,一些主要城市开始更加重视旅游发展,并加强旅游战略规划。虽然城市旅游发展依托于社会文化、经济和自然环境等因素,但也在很大程度上取决于公共机构和私营部门能否将这些资源的使用有机地融入到城市规划中去。通过理论研究与实践发现,城市旅游的共同特点包括:

• 城市目的地有多面性,提供一系列多样化的旅游产品和服务组合。很多城市目的地既接待了购物游客和文化旅游者,也接待了教育旅游者和商务旅客;既吸引了国内游客,也吸引了海外游客。

• 城市目的地往往是进入周边地区的门户。周边地区通常会得益于城市目的地的大量客流,吸引从那里出发的一日游访客。

• 每一个城市都拥有独一无二的旅游产品集群。尽管一些城市功能和服务可能存在相似之处,如住宿和运输,但每个城市的目的地在规模、位置、遗产、经济和社会功能方面都各有千秋。

• 城市旅游目的地的产品开发与营销需要居民、私营和公共机构的利益相关者共同合作,形成统一战略。城市目的地旅游利益相关者的分散性要求他们在发展旅游经济的过程中建立伙伴、联盟和合作关系。

• 尽管城市旅游的产品和服务是多种多样的,但游客通常集中在某些区域,形成无形的旅游区。

• 与传统的度假村相比,由于其供需的多样化特征,城市旅游目的地的季节性较弱。城市旅游目的地因其自身特性,经济产业通常不止一个。因此,其经济运行依赖于各种制造业与服务业的共存。旅游业和其他行业应互不妨碍。如果某些地区高密度的游客流影响了城市的生活水平，则会招致当地居民和企业对旅游业的反对。

5.2.1.3 乡村目的地

很多乡村地区的产品优势在于其自然环境，比如山脉和湖泊。世界人口的城市化速度越来越快，人们对环境的罪恶感促生了"绿色旅游"风潮，在这样的背景下，乡村旅游愈加吸引人。这类旅游的益处良多。比如，乡村的生活方式、爬山和冒险运动使身体得到锻炼，同时体验宁静的感觉、美丽的景色等等。在欧洲，提倡乡村旅游是整体融合政策的一部分。很多乡村地区如果没有大规模的政府投资，当地农民和乡村经济的前途并不乐观。支持乡村旅游发展是对农民补贴众多形式中的一种，也是效益较高的一种。旨在改善交通基础设施、住宿设施、文化活动（节事）和食品质量的政策可增加旅游收益，保持当地收入的增长。然而，尽管每个地方都有一些发展旅游的潜力，但旅游不可能在每个地方都可行。一些地区可能可以服务于某些利基市场，但供给可能是个障碍，因为纬度较高的乡村地区的旅游基础设施通常比较简陋，加上天气因素，旅游季的时长也很有限。

5.2.2 目的地竞争力

目的地竞争力是指目的地在市场中进行有效竞争的同时获取利润的能力。成功的目的地管理既要求传统经济与企业管理技能，也需要敏锐的环境管理能力。目的地的比较优势是指能够长远地对自然与人造资源进行有效管理的能力。要取得旅游业的竞争优势，目的地要有足够的"魅力"，并且能够为潜在游客提供优越的旅游体验（Dwyer and Kim，2003：369）。定义目的地竞争力并非易事，正如上文提到的，目的地是诸多行业服务的集合（如住宿、餐饮、娱乐、交通、景区等）。这种分散性较高的特点让游客体验管理成为一项艰巨的任务。尽管如此，长期的经济繁荣是目的地工作的重点，也是评估其竞争力的标准（Ritchie and Crouch，2003）。

为了保持竞争力，目的地需要兼顾供需双方的因素。在需求方面，目的地管理者要注意需求的性质、时间和规模。与此同时，也要了解产品、服务、设施和吸引物这些构成目的地"体验"的必要因素。里奇和克劳驰（Ritchie and Crouch，2003：60）提出了一个目的地竞争力的概念模型，该模型描述了不同要素之间的内在关系，有助于相关概念的理解。

图5-1展示了旅游系统的开放性，它受来自系统本身的许多微观因素和压力的影响。此外，很多（宏观）外部力量对旅游业也有深远的影响。尽管目的地的吸引力可能保持不变，但竞争的变化需要管理者们对目的地的优势、劣势、机会和威胁不断进行重新评估。波特（Porter，1998）的模型对目的地有重要的借鉴作用，管理目的地需要了解生产要素、需求情况、相关和支持行业，公司战略、结构、组织和竞争者对目的地的影响。图5-1涵盖了全球（宏观）环境；竞争（微观）环境；核心资源与吸引物；支持因素与资源（如基础设施、可进入性、餐饮住宿）；目的地政策、规划和发展；目的地管理；以及基础和促进因素。事实上，所有的目的地，不论大小、位置和市场情况，都需要不断调整，不仅是因为它们需要现代化，而是因为它们需要不断提升自己的竞争力，超越其他竞争者。

比较优势（资源禀赋）
- 人力资源
- 自然资源
- 知识资源
- 资本资源
- 基础设施和旅游服务设施
- 历史和文化资源
- 经济规模

竞争优势（资源利用）
- 审计与清点
- 维护
- 增长与发展
- 效率
- 有效性

目的地竞争力和可持续性

全球（宏观）环境

竞争（微观）环境

基础和促进因素

| 位置 | 安全② | 成本价值 | 相互关系 | 了解形象 | 容量 |

目的地政策、规划和发展

| 系统定义 | 理念/价值 | 愿景 | 定位品牌 | 发展 | 竞争合作分析 | 监测与评估 | 审计 |

目的地管理

| 组织 | 营销 | 服务体验质量 | 信息/研究 | 人力资源发展 | 金融与风险投资 | 游客管理 | 资源保护 | 危机管理 |

核心资源与吸引物

| 地理与气候 | 文化与历史 | 各种活动 | 特殊节事 | 娱乐 | 服务设施 | 市场关系 |

支持因素与资源

| 基础设施 | 可进入性 | 辅助资源 | 餐饮住宿 | 企业 | 政治意愿 |

图 5-1 目的地竞争力模型

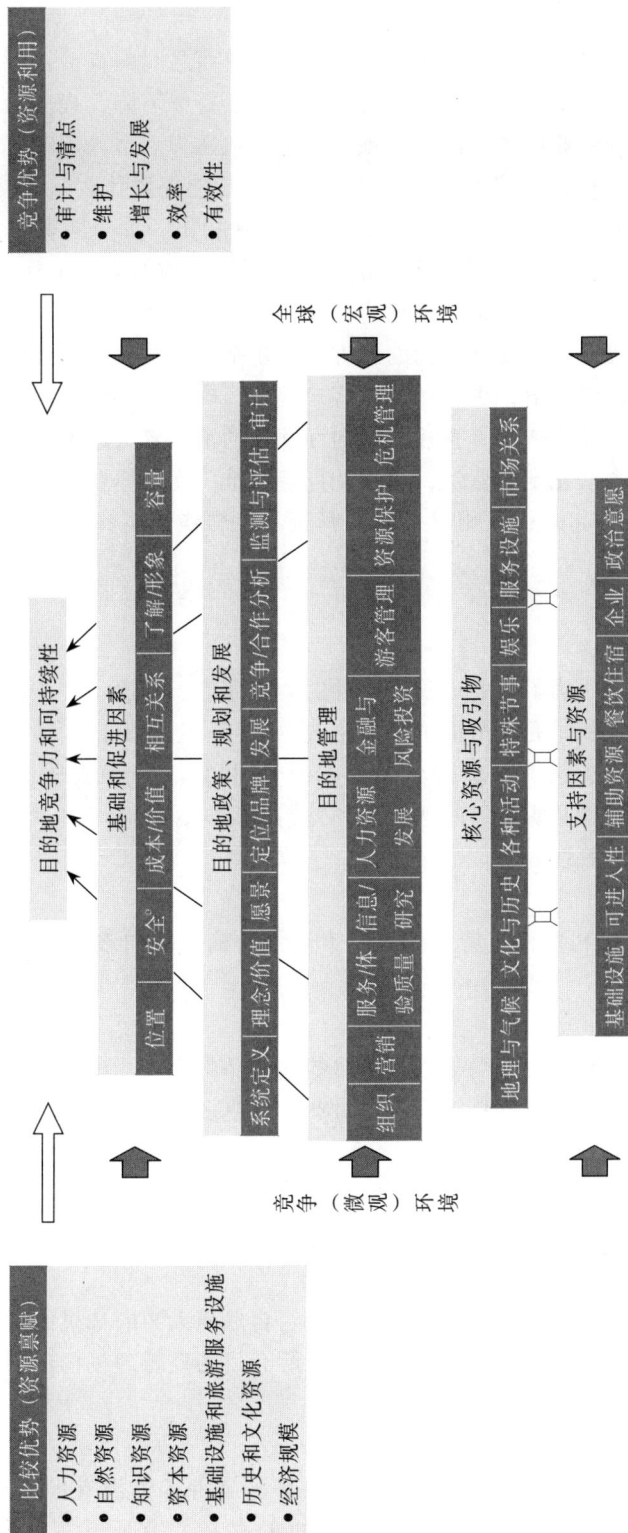

资料来源：Ritchie, J.R.B.and Crouch, G. (2005), p.62, Fig.3.1 'Conceptual model of destination competitiveness'

5.3　旅游目的地的发展趋势

金（King，2002）提出，在未来，随着消费者与供应商之间的直接接触越来越多，传统分销渠道将逐渐被淘汰。他还指出，大众旅游产品需求会持续下降，提前预订的时间可能会缩短，这给目的地满足独立旅游者的需求与预期带来很大压力。金并不认可许多目的地管理组织（DMOs），因为它们中的大多数仍然专注于"目的地能提供什么"，且仍在使用"适用于被动消费者的大众营销方法"（King，2002：106）。他指出，如今顾客是市场营销过程中积极的合作伙伴。若想成功经营目的地，营销人员需要用空前的力度来让消费者参与其中，同时还要为他们提供能够引起其兴趣的信息与体验。

在同一研究中，金提出了目的地营销的新方法，包括建立鲜明的品牌形象，创造能与关键目标群体产生共鸣的品牌价值；更直接地与客户接触，确定他们的度假动机，预测他们的需求，满足他们的预期；建立持续、直接、双向和互联的消费者沟通渠道，实施关键客户关系管理战略，最终实现大众化定制营销；更强调创造和推广度假体验，将品牌核心价值和关键客户的追求及需要联系起来；从相对被动的营销角色转换至更具干预力、引导性的营销角色。

5.3.1　15C框架

菲尔（Fyall，2006）明确了目的地管理所处的动态环境，提出了一个框架，这一框架为在该领域工作的专业人员和研究人员提供了"路线图"（Fyall，2011）。这一框架仍处于发展状态，如图5-2所示，它囊括了未来10年中目的地管理和营销将面临的主要挑战。它们的重要性会因地而异，在设计和实施目的地管理和营销策略时，忽略任何一个挑战，都有可能影响最终计划和战略的有效性。

复杂性（Complexity）

目的地产品涉及多重利益相关者、构成要素和供应商，要向多个细分群体传递多样信息，其复杂性不容置疑。

控制（Control）

如果目的地协调和控制不力，则很难实施目的地的品牌建设。建立目的地管理系统非常必要，它能够让目的地营销工作者真正有机会对产品有更多把控。

改变（Change）

改变历史遗留的公共组织机构与私营部门（企业）之间的分割，是开发目的地潜力的迫切需要。

危机（Crisis）

大多数目的地都在一定程度上受到直接或间接、自然或人为的危机的影响。这些危机通常会影响客流量以及相关的旅游支出和住宿要求。所有目的地管理机构都必须把危机管理计划作为其营销计划战略的一部分。

自满（Complacency）

危机之下，尽管有很多目的地的旅游需求骤降，旅游者仍没有停止旅行。不论位于何地、规模如何，任何目的地都应该意识到危机的存在并有所重视，防止自满情绪的产生。

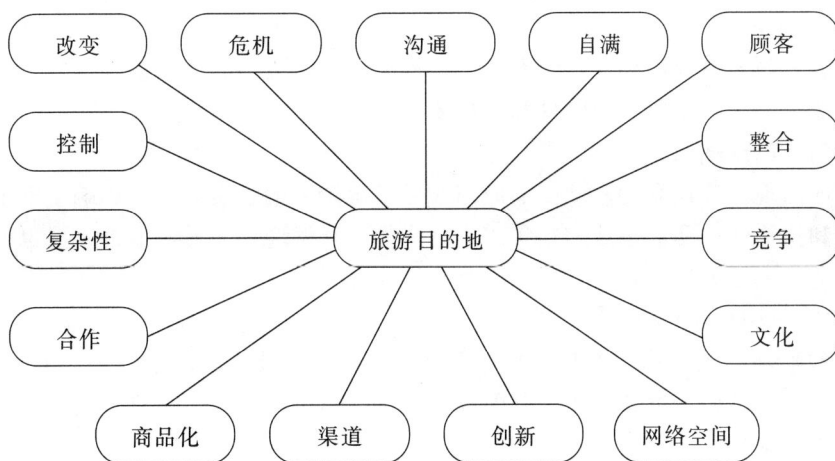

图 5-2 15C 框架

顾客（Customers）

目的地管理需要不停地根据行业发展情况制定出新的战略，以满足普昂（Poon）所谓的"新旅游者"的需求。新旅游者适应性强、有环保意识、追求质量并要求商品物有所值（1993）。每一年，目的地营销者都需要采取更加创新的营销技巧和策略，以满足顾客更苛刻的需求（Li and Petrick，2008）。

文化（Culture）

从需求角度看，文化是目的地一个巨大的发展机遇，尤其是近年取得商品地位的文化，在未来可以通过利基旅游战略进行差异化竞争。在供给方面，目的地的旅游吸引力很大程度上依赖于"公共产品"。问题是，未来谁为这些公共产品的维护埋单？当地社区还是游客？尽管目的地管理和营销成本带来的压力越来越大，公共机构的持续介入仍必不可少。

竞争（Competition）

第二居所是一种很有趣的间接竞争现象，在法国和西班牙尤为明显。佩德罗（Pedro，2006）研究了第二居所现象及其对目的地管理的影响，发现第二居所市场不需要很多劳动力，旅游者消费水平不高，是传统住宿业的竞争对手。第二居所的业主除了支付与房产相关的税以外，无须支付旅游税，也不受旅游住宿业相关法律的约束，然而却会促使目的地地价和消费品价格的上涨。

商品化（Commodification）

根据菲尔等人（2006：80）的理论观点，目的地产品商品化的结果之一就是价格会持续下降，这对旅游者有利，但会降低整个目的地的收益。应对这一问题的方法包括发展利基旅游和节事旅游。

创新（Creativity）

由于挑战重重，与旅游业的其他组成部分相比，目的地的品牌创新乏善可陈（Hankinson，2007）。

沟通（Communication）

为了应对竞争，目的地应采取不同的沟通宣传战略。向体验经济的转变要求为消费者建立持续、稳定、双向、网络化的沟通平台，实施关键客户关系战略，实现大众定制营销与服务。

渠道（Channels）

尽管计算机预订系统和全球分销系统已经取得了显著发展，对目的地而言，控制产品分销最主要的竞争工具就是目的地管理和营销系统。

网络空间（Cyberspace）

互联网的出现及其在旅游领域中的应用改变了旅游者的消费方式，影响了整个购买过程以及旅游业和招待业产品的包装和销售。进一步将互联网应用于旅游业的发展也将成为未来目的地管理的又一巨大挑战。

整合（Consolidation）

大规模的整合已经对全球旅游业产生了重大影响，尤其是在航空公司、国际酒店集团、旅游产品中间商等领域。这种变化引起的权力不平衡给目的地带来了许多挑战。

合作（Collaboration）

目的地有众多的利益相关者，各自动机、目标不同，却又不得不共存。金（2002）指出，目的地管理组织要与业界伙伴进行战略合作，为顾客提供无缝体验，因为未来成功的关键在于顾客体验，而非目的地本身。合作是目的地存活下去的必经之路。

5.4　旅游目的地管理与营销

5.4.1　目的地管理组织

目的地管理组织负责目的地的全面管理，不仅是营销。里奇和克劳驰（2003：73-4）指出，目的地管理组织要在目的地的发展中起领导作用，并充分利用团队合作。目的地的推广不再是目的地管理组织的唯一目的。他们指出，目的地管理组织既可以是公共部门，也可以是私营部门。布哈里斯（Buhalis，2000：99）认为，目的地管理组织通常是地方、区域或国家政府的一个部门，有一定的行政和法律权力以及金融手段，用于管理资源和保障利益相关者的长远收益。

5.4.1.1　角色和结构

目的地管理组织需要对利益相关者、社区关系进行管理，并肩负宣传职能。更重要的是，它们需要扩大角色和任务的数量以实现对整个目的地的管理。英国西南旅游局（SWT，2005：10）指出目的地管理组织的职能可能包括：

- 制定战略、规划与政策；
- 代表行业利益；
- 产品开发；
- 市场营销；
- 技能/培训；
- 基础设施建设；
- 收集和管理信息并进行研究；
- 可持续性；
- 企业支持和建议；
- 协调、沟通和质量管理；
- 为当地产业统一发声。

西南旅游局 （SWT，2005：10）认为，这些功能是目的地提升竞争力的关键要素，需要大量的利益相关者共同协作实现共赢。布哈里斯（2002）提出，成功的目的地管理组织应能够达成以下四个战略目标：

- 促进当地社会的长期繁荣；
- 最大化满足和取悦旅游者；
- 最大化当地企业的利润和乘数效应；
- 保持当地经济、社会文化与环境效益的可持续平衡，实现旅游影响的最优化。

不同层次的目的地管理组织的基本作用是相似的，其结构取决于许多因素，特别是目的地的性质和类型，以及支持实现运营和战略目标的资金水平。虽然国家/区域/州/省级的目的地管理机构的结构可能略有不同，但主要的结构差异出现在城镇这一层级上。有些目的地管理机构是建立在会员制基础上的，还有的是一些支持性组织的松散联盟，还有的仅代表了地方政府的一个部门。在英国公共和私营部门之间平衡的问题上，地方主管旅游部门通常会保留在政府内部，而会议与观光局通常是私人控制的。有趣的是，很少有国家或地区在公共和私营模式之间尝试更多新颖的组织形式。在大多数情况下，公共部门要确保公共旅游资源/服务的最优使用，并平衡所有利益相关者的成本与收益（Manente & Minghetti，2006：234）。公共部门的介入对于保护当地的环境、居民的生活质量、游客的体验质量以及整个目的地的身份感有着至关重要的作用。从本质上讲，公共部门的角色是目的地发展的经纪人，为目的地成功制造必要条件。派克（Pike，2004）认为，目的地管理组织的关键目标应该是提升目的地形象，提高行业盈利能力，降低季节性，确保长期的资金支持。为了实现这一目标，他主张目的地管理组织应承担协调行业发展、监管服务质量标准、促进社区关系等责任。

5.4.1.2　治理、资金与有效性

目的地管理组织的治理方法与其角色和结构一样具有多样性。珀奇克（Poetschke，1995：62-3）明确提出了具有全球竞争力的目的地进行成功治理的四个关键因素：

- 私营部门能够控制大部分资金支出；
- 理解实现公共部门目标的必要性，取得市场营销和新产品开发之间的平衡；
- 拥有不受政府年度财政控制影响的专项费用；
- 拥有一个广泛、完整的管理体系，能够发挥营销、教育、调研和基础设施建设等功能，为发展旅游业创造条件。

不论结构如何，大部分目的地管理组织很大程度上依赖于公共部门的支持，尤其是资金支持。目的地管理组织的资金来源各有不同，公共部门正在逐渐削减这方面的资金支出，这促使目的地管理机构从其他渠道获取资金。例如，增加行业成员的"会费"。看似合情合理，但实际效果不佳。另一个方法是征收酒店税，虽然易于操作和管理，但有人认为这种做法有失公平，且酒店业并不能代表整个旅游经济。另一个概念上说得过去但是实际上难以实施的是征收旅游/休闲税，实施的成本要高于收益。最后，还有私营赞助联盟，尽管短期内可能有效，但不太可能为目的地提供可持续的长期资金支持。

决定目的地管理机构预算的因素有很多，包括当地人口数量、访客数量、访客消费比率、商业住宿的房间/床位数、纳税人数量等。派克（2004）指出，这些因素会受到诸多因素的影响，包括当地政治情况、目的地所处的生命周期阶段、行业成熟度、旅游业相对于其

他行业的经济地位，以及目的地管理机构的整个历史和当前结构等。

5.5 小 结

合作是贯穿本章的一个主题。目的地管理组织作为黏合剂把目的地的各个利益相关者联合起来，共同寻求竞争力的增长和长期的可持续发展。歌诗达和布哈里斯（Costa & Buhalis，2006）指出，目的地管理组织能够在地区发展的背景下规划和管理商业活动，有利于实现经济、环境和社会影响的最优化。尽管很多国家都设立了目的地管理组织，但在一些地方，它仍是个新现象，其成立目的、角色、结构、治理方法和资金来源都还不甚明晰。然而，至少在理论上，目的地管理组织是对目的地进行有效管理的最合适的机构。

5.6 课后习题

1.不同类型的旅游目的地吸引的市场有哪些主要区别？

2.目的地的竞争力和比较优势有什么区别？

3.找出影响乡村旅游及滨海旅游的5个关键趋势。

4.为什么乡村旅游目的地管理面临的挑战尤其严峻？

5.7 案例：曼彻斯特——一个独特的现代旅游目的地

引言

位于英格兰西北部的旅游目的地曼彻斯特，与美国佛罗里达、法国巴黎和泰国曼谷相比，第一眼看上去并不会给人留下深刻印象，这里每年只有不到1 000万名游客，其中包含120万名国际游客。但是，这里是一个蓬勃发展的旅游目的地。旅游业对其经济影响显著，创造60亿英镑的收入和81 000个全职工作岗位。"曼彻斯特联队"和"曼彻斯特城市队"这两支足球队的影响、迅速发展的商务会议产品、令人印象深刻的夜间经济、近期BBC在英国索尔福德的重新布局，这些都促使曼彻斯特成为英国乃至世界旅游领域的一股新力量，而非人们印象里那个古老的灰色工业城市。目前，曼彻斯特机场连接了遍布世界各地的200个旅游目的地和英国的16个机场，曼彻斯特是英国继伦敦和爱丁堡之后最受欢迎的第三大旅游城市。曼彻斯特是个蒸蒸日上的旅游目的地。

曼彻斯特近年来的发展和成功并非偶然。在过去的五年中，曼彻斯特梳理了一系列管理和营销工作的重点，使城市发展成为一个真正令人难忘的、与众不同的旅游目的地。第一个重点是提升形象。曼彻斯特与世界多家媒体合作，邀请来自美国、中国和印度等关键国际客源地国家超过500位国际记者来曼城访问。另外，它还选择和影响力极高的杂志，如《孤独星球》和《纽约时报》，

插图 5-1

合作宣传曼彻斯特。近年来，国内外旅游市场对曼彻斯特的看法都发生了非常积极的转变，曼彻斯特的安霍尔特城市品牌指数也有了提高。尽管如此，在一些地方，仍然存在对曼彻斯特的负面看法，所以曼彻斯特需要像以往一样，继续进行有针对性的新闻报道和营销活动，促使国内外的潜在旅游者访问曼彻斯特。

第二个重点是用季节性的、多渠道的、多层面的方式，向国内外游客宣传曼彻斯特。关注家庭和都市情侣市场，开展主题宣传，如"现代历史"和"曼彻斯特乡村"。国际营销活动尽可能地和航空公司及目的地机场合作，利用匹配资金，同时拓展季节性营销活动在关键

休闲旅游市场的宣传范围。未来工作的重心是要增加到曼彻斯特的游客数量，鼓励他们在曼城停留更长的时间，有更多的消费。为了实现这一目标，要保证主要航线的运营，并从新兴和潜在市场吸引新的旅游者。

第三个工作重点是要创造一个领先的会议和商务旅游目的地。商务旅游一直是曼彻斯特旅游局的工作重点，曼彻斯特旅游局的主要职责是目的地营销。该机构与重要利益相关者合作，瞄准了国际和国内组织的重大会议。例如，近些年，曼彻斯特主办了多场高层次的会议，其中包括保守党和工党年会、欧洲足球论坛、世界青年学生旅游大会等。单是节事活动就为当地政府带来 6 亿英镑的收入。为了支持节事活动的长期发展，自 2008 年以来，有大量资金投入到场地建设中，并且取得了显著成效。这些场地包括曼彻斯特中心和老特拉福德的兰开夏郡板球俱乐部。未来，曼彻斯特计划增加商务旅游的数量和价值，增加国际商务游客和会议访客，提升曼彻斯特作为会议目的地的形象。

第四个工作重点是改善游客信息服务。自从 2010 年全新的曼彻斯特游客信息中心开放以来，这部分工作效果显著。游客信息中心的新位置使其能够接待更多的游客和当地居民，并在游客满意度调查的各项指标中获得了更高的评分。新的游客信息中心是欧洲第一个使用互动式微软平板电脑的，使用者可以独立探索和直接获取相关信息。中心内还有 12 个屏幕播放曼城各地的吸引物广告和曼彻斯特的官方推特。游客信息中心最重要的资产是其经验丰富的员工，他们随时为访客服务，每年接待人数超过 232 000 人次。此外，曼彻斯特旅游网站也得以完全重建，访客数量从 2008 年的 78.5 万人增加到 2011 年末的 200 万人。与传统的网站设计不同的是，新的网站使用的是来自真实旅游者实时提供的信息，展示了这座城市的真实面貌。未来，它计划增加游客分散度，鼓励长时间停留，提高重游率。同时，中心也力图通过最恰当的渠道为游客提供最符合其需求的信息，提高游客满意度。

第五个工作重点是开发和改善目的地产品。自 2008 年以来，超过 1 000 人、近 900 家企业受益于培训和技能项目的补贴，涵盖了客户服务、领导与管理、市场营销和年轻厨师培训等领域。有趣的是，2002 年英联邦运动会成了曼城节事旅游发展的催化剂，曼彻斯特在 2008 年 11 月获得"世界最佳运动城市"的称号。虽然在体育方面优势显著，但曼彻斯特同时也在传统景点，如人民历史博物馆和曼彻斯特艺术画廊等吸引物方面投入了不少资金。同时，英国媒体城的发展也越来越好，目前包含了酒店、零售、食品和休闲娱乐。尽管英国经济现在面临巨大的挑战，但曼彻斯特取得成功的一个原因在于，它仍继续鼓励领先酒店品牌的入驻。例如，2008 年以来新入驻的酒店包括市中心的皇冠假日酒店（228 个房间）、雷迪森公园酒店（252 个房间）、曼彻斯特体育馆假日快捷酒店（192 个房间）、曼彻斯特索尔福德码头华美达酒店（142 个房间）。未来，曼彻斯特努力让旅游者的体验与其预期相符。同时，也将支持旅游企业，帮助它们提高生产效率和盈利能力，并支持品牌项目的发展。最后，曼彻斯特努力遵循可持续性原则，提高餐饮质量，使用当地食品和供应商。

最后一个战略重点是改善基础设施，如机场（曼彻斯特机场获得 8 000 万英镑的投资，用于重建 T1 和 T2 航站楼）以及曼彻斯特中世纪城区的重建。未来，曼彻斯特计划改善大曼城地区重要目的地的公共区域质量，鼓励发展绿色空间和蓝色走廊，并丰富城镇的夜生活。曼彻斯特同时也支持地标性吸引物的发展，以此来增加城市的吸引力。最后，曼彻斯特希望为游客提供可持续性交通，同时提供更高质量的信息和更方便的购票方式。

居民友好型目的地

曼彻斯特2008—2013年的战略不仅仅是尽力满足游客的需求，同时也要为当地居民提供优质生活服务。道理很简单，如果居民觉得曼彻斯特很不错，那么来自各地渴望发现的旅游者也会觉得它魅力不凡。为了实现这一目标，曼彻斯特努力发展成为"独特的现代目的地"，并以此与它的竞争者区分开来。曼彻斯特不仅希望当地居民为当地的文化、娱乐和美食感到自豪，也希望通过活动和差异化取得人们的关注。为此，曼彻斯特要创造全球知名的标志性活动、项目和机会，重视人和团体的能力，同时借助曼彻斯特的原始魅力：工业、创新、流行文化、运动、激进主义和独立精神。

曼彻斯特旨在改善本地居民的生活质量。通过旅游业和游客经济的发展，曼彻斯特正在努力提高社区的生活质量，包括增加可进入性和多样性、发展更具包容性的夜间经济、鼓励促进身体和心理健康的活动等。为了实现这些目标，必然需要所有与目的地产品和体验相关的要素通力合作，包含当地政府、商家、员工、交通部门，当然也包含当地居民。

然而，像其他所有目的地一样，曼彻斯特要成为一个高质量的必去目的地，需要应对一些挑战。最大的挑战就是英国和大部分西方国家的经济环境，经济衰退已经成为常态。随着可支配收入的减少、燃油成本的增加和工作不确定性的提高，曼彻斯特会得益于"宅度假"，但是并没有信号表明经济衰退什么时候能够结束。要取得进步，曼彻斯特需要提高目的地各处的关联性，发展夜间经济和标志性的项目，更清晰地传达曼彻斯特所代表的理念以及它与其他目的地的不同之处。

讨论问题

1.对于曼彻斯特来说，想要在吸引国内外休闲和商务旅游者的同时提高当地居民的生活质量，它需要面对哪些挑战？

2.世界上的许多目的地都通过节事活动实现与其他地区的差异化。在西方很多国家经济衰退的情况下，这种方法的可持续性如何？

3.体育旅游为很多目的地提供了吸引游客的机会。曼彻斯特有著名的足球俱乐部、世界级的体育场和优质的交通基础设施，曼彻斯特还能借助其出色体育目的地的名声采取哪些其他措施？

第 6 章

旅游的经济影响

6.1 学习目标

本章学习的重点是旅游的经济影响，通过本章的学习，您将能够：

- 理解旅游对本地、本国和世界的经济贡献；
- 理解估算旅游者消费的方法和旅游影响力的测量方法；
- 了解旅游活动带来的正面和负面经济影响；
- 了解测量旅游经济影响的不同方法及其优劣势。

6.2 概　述

尽管有许多无私且有益的理由促使我们支持旅游业的发展，如 1980 年世界贸易组织的《马尼拉宣言》所列出的种种优势，但经济收益才是推动旅游业发展的主要动力。外汇收益、增加收入和创造就业机会是旅游业作为发展战略的主要原因。与其他消费方式相同，旅游消费也是一种"实实在在"的开支。国际旅游支出可看作是东道主国家的无形出口，国内旅游也可看作是国内各地区之间的"进出口"。甚至就某种程度而言，国内旅游也可看作是国民经济中进口替代品的一种（如果人们用国内度假代替出境旅游）。

虽然国内旅游的规模和消费水平都更高，但是国际旅游的客流量与花销往往比国内旅游更容易衡量。因为国际旅游通常涉及海关/入境程序和货币兑换。许多国家也会在边境收集信息，以此掌握游客数量、国籍以及到访目的。虽然货币兑换的数据可从中央银行处获取，但并不能直观显示与旅游相关的消费额，因此，数据价值有限。要了解旅游消费，只有对旅游者进行特定的消费调查才能够得到准确数据，而这些调查通常费时费力。一些国家试图通过中央银行收集的数据来估计旅游者的消费水平与方式，也有一些国家试图采用相对便宜的方法，每隔一段时间（如 5 年一次）收集旅游消费的数据。收集数据的真实性相当重要，因为要基于旅游的经济影响分析制定旅游规划和发展战略。因此，应该每年或至少每隔一年就通过离境调查收集一次旅游者消费的数据。

在过去的几十年中，许多国家的经济在服务业加速发展的同时，传统的农业与制造业却处于停滞甚至下降的阶段。《服务贸易总协定》于乌拉圭回合谈判中阐述了服务业发展在全球经济中的重要性。服务业作为最大的以服务为基础的行业，为服务业的发展做出了巨大贡献。在发展中国家，旅游业占 GDP 的 40%~50%，而在工业化程度更高的发达国家，服务业大致占 GDP 的 70%~80%。尽管服务业经济意义重大，但经济教科书中仍然将重心放在传统的制造业当中。这些教科书中缺乏服务业的相关资料，可能部分原因在于缺乏具有可比性的服务业数据。20 世纪 80 年代后期，人们开始关注服务业的运营与绩效。1985 年，服务业因其跨领域的连通性对发展的意义而受到重视，其重要性已经不仅体现在对GDP的贡献上了。20世纪90年代中期，服务业成为国际经济的主导并加速全球化进程。在此期间，国际旅游活动势头强劲，发展速度几乎是国际贸易的2倍。21世纪的发展状况极具不稳定性。20世纪末全球旅游人数每年的增速为3.7%。21世纪第1年的增长率为7.9%。然而，好景不长，"9·11"事件让消费者信心跌入谷底。2001年游客数量下降0.1%；2002年好转，人数增加了3%；2003年，伊拉克战争爆发，游客数量再次下降1.6%。接下来2004—2007年，由于经济状况良好，旅游业经历了快速增长。然而2008年全球金融危机，致使全球旅游业再度陷入低迷，所造成的负面影响远超过自然灾害与恐怖事件，2008年旅游业增长仅有2.1%，远低于先前的平均水平；至2009年下降了3.8%。由于实际收入锐减，发达经济体比新兴经济体遭受了更大的经济打击。但2010年游客数量近9.4亿人次，2011年增至9.8亿人次，2012年突破了10亿人次大关。

认识到服务业对世界经济的重要性后，《服务贸易总协定》（GATS）应运而生，GATS的前身是国际贸易组织乌拉圭回合谈判签订的《关税和贸易总协定》，其公开目的是倡导服务自由化。然而鉴于当时贸易增长放缓的情况，有人推测催生《服务贸易总协定》的原因在于世界贸易组织要通过服务业的发展加速其措施的实施，扩大其影响。

插图6-1

随着国际贸易的自由化，全球化进程步步推进。全球化是改变全球经济、政治、文化运行的多重力量共同作用的结果。当世界经济由农业经济向市场经济过渡时，企业经营的地域范围就开始持续扩大，全球化趋势在20世纪后半叶发展得尤为迅速。在全球化的背景下，经济要素、生产者和消费者之间的地理距离已经不再是个问题。

旅游业是服务业经济发展的重要组成部分，且已持续强劲发展了相当一段时间。2008年爆发的金融危机几乎摧毁了世界范围内的汽车制造、计算机和电子业巨头，连金融服务业也调整战略甚至是停止交易。而谁也没有预见到旅游业的韧性竟然如此之大。旅游经济的影响不仅取决于正在发生的旅游活动的水平与程度，更受经济类型与属性的影响。例如，对发展中国家而言，旅游发展的经济意义是由其产生的外汇创收能力或为其出口行业创造的价格灵活性来衡量的。然而，对于发达国家或工业化国家，研究者更加关注的是旅游业对推进多样化战略和平衡区域发展的作用。

6.2.1　对旅游的依赖

表6-1提供了另一种衡量旅游经济重要性的方法，即观察旅游收入在GDP总额、就业总额、出口总额与投资总额中的占比（经济依赖度）。旅游业对每一项指标的贡献涵盖了直接影响，即国际旅游收入的首轮影响，以及间接影响，即旅游消费通过相关支持产业引发的次生影响。如表6-1所示，即使在发达国家，旅游业对GDP的贡献也各不相同，从西班牙的14.4%至德国的4.6%；就出口占比而言，西班牙旅游收入占出口总额的15.5%，而日本则仅占到1.6%。

由于数据通常以现行价格和美元表示，因此在进行国际旅游支出与收入对比时存在以下两个主要问题：（1）没有考虑通货膨胀的影响。（2）美元汇率在过去10年中发生大幅变化，使许多国家的旅游收入和支出看起来也发生了巨大变化。

表6-2显示的是一些国家旅游收入与支出的关系，从中可以看出旅游业对这些国家的净效应。2010年美国、意大利、法国和澳大利亚的旅游账户均为盈余，也就是说它们在国际

表 6-1	2011 年旅游对 GDP、就业、出口和投资的贡献			
国　家	占 GDP 总额的 百分比	占就业总额的 百分比	占出口总额的 百分比	占投资总额的 百分比
西班牙				
直接贡献	5.1	2.6	15.5	5.4
总贡献	14.4	12.7		
澳大利亚				
直接贡献	3.3	5.7	12.4	5.5
总贡献	13.0	16.2		
法国				
直接贡献	3.9	4.5	8.1	3.0
总贡献	9.1	10.2		
美国				
直接贡献	2.6	3.9	8.5	5.3
总贡献	8.8	10.5		
意大利				
直接贡献	3.2	3.7	8.1	4.1
总贡献	8.6	9.7		
中国				
直接贡献	2.5	2.9	2.9	3.3
总贡献	8.6	8.2		
英国				
直接贡献	2.4	3.1	5.7	3.9
总贡献	6.9	7.6		
日本				
直接贡献	2.2	2.3	1.6	3.1
总贡献	6.8	7.1		
俄罗斯				
直接贡献	1.4	1.4	3.2	2.1
总贡献	5.9	5.5		
德国				
直接贡献	1.7	1.8	3.0	3.1
总贡献	4.6	4.9		

旅游中的收益多于其本国人在境外的旅游花销。而中国、加拿大、日本、俄罗斯、英国和德国的旅游收支情况恰恰相反，即这些国家居民出国的消费总额要高于这些国家国际旅游的收入。

表6-2　　　　　　　　　　　2010年旅游消费排名前十位国家的旅游收支表　　　　　　　单位：10亿美元

国　　家	国际旅游收入	国际旅游支出	结　　余
美国	103.5	75.5	28.0
意大利	38.8	27.1	11.7
法国	46.6	38.5	8.1
澳大利亚	29.6	22.2	7.4
中国	45.8	54.9	−9.1
加拿大	15.7	29.6	−13.9
日本	13.2	27.9	−14.7
俄罗斯	9.0	26.5	−17.5
英国	32.4	50.0	−17.6
德国	34.7	78.1	−43.4

6.2.2　旅游卫星账户

　　测算旅游对一个经济体重要性的方法之一是建立旅游卫星账户。这一方法在2000年被联合国和世界旅游组织采用。旅游卫星账户和衡量旅游活动变化带来的经济净收益的经济影响模型不同。旅游卫星账户必须以投入-产出模型为基础，采取需求导向。旅游卫星账户由一系列账户组成，反映一个经济体内旅游活动的重要性，而非旅游的影响。它以国家账户的数据为基础，但是对信息安排进行了调整，以充分反映旅游活动的分量。与投入-产出模型相似，从账户中可以看出旅游业与其他行业的相对状况，也可以实现国与国之间的对比。建立旅游卫星账户的目的是增加旅游业的可信度，因为这一行业涉及方方面面，其社会经济影响通常难以衡量。只要旅游卫星账户能够及时提供准确和全面的数据，应该能够在全球范围内和国家范围内引起对旅游的重视。但是旅游卫星账户所需的数据通常难以收全，导致有些数据是估算值或近似值。这样，通过不准确数据建立的旅游卫星账户会降低人们对它的信任度，据此推导出的结果的可靠性也大打折扣。旅游卫星账户的框架可以通过10个表单呈现，见联合国统计署网站（https: //unstats.un.org/unsd/tradeserv/TSA%20RMF%202008%20edited%20whitecover.pdf）。这些旅游卫星账户表单展示了不同表格的内容，从本章的角度来看，最有用的是TSA 6（见第1章的表1-4）。

TSA 1　入境旅游消费（累加需求）

TSA 2　国内旅游消费（总消费的一部分）

TSA 3　出境旅游消费

TSA 4　境内旅游消费

TSA 5　旅游及相关产业的生产账户

TSA 6　国内旅游的供给和国内旅游消费

TSA 7　旅游业的就业

TSA 8　旅游业总固定资产投资

TSA 9　按功能和政府层级列出的公共性旅游消费

TSA 10　旅游的非货币类指数

6.3　旅游消费产生的经济影响

旅游消费涵盖了各类产品与服务，如住宿、餐饮、交通、通信、娱乐、购物和旅行服务等。这些都可以看作是对东道主国家经济的一种需求，即外来者对当地经济的需求。在涉及国际旅游的情况下，旅游消费指的是非本国居民在本国经济中的消费。在涉及国内旅游的情况下，旅游消费是非当地居民在当地的消费。然而，国际和国内旅游消费的总额只能代表对当地经济产生的部分影响，有时还有一定的误导性。评估整体经济影响还需要考虑以下方面：

- 流出当地经济的消费漏损；
- 间接和诱发影响；
- 错位和机会成本。

6.4　经济漏损

当旅游者在一个经济体内消费时，能够留在该经济体内的资金额取决于漏损的程度。例如，一位旅游者在北京的一家纪念品商店购买了一个木雕，漏损程度取决于纪念品是当地制造的还是进口的。若纪念品为进口产品，则旅游者购买的是它在当地经济中的附加值，也就是当地运输、进口、批发和零售利润，以及政府税收和关税等价值的总和。一方面，漏损与需求方有关，因为不同类型的旅行者和旅游活动对购买进口产品的意愿有所不同。另一方面，漏损的程度也与供给有关，尤其是在发展中国家，当地供给能力较小，那么旅游者很大一部分需求要通过进口产品或服务来满足。但只要资金流出当地的经济循环，无论是购买进口商品与服务，还是单纯从储蓄中支出，都构成漏损。

插图6-2

6.5　经济影响的测量

旅游经济影响的测量远非简单的旅游消费计算。仅以旅游消费测量经济影响不仅不准确，还可能产生误导。在确定如何测量旅游的经济影响之前，需要了解受旅游消费影响的不同方面。

首先，旅游消费所产生的经济影响和旅游发展所产生的经济影响是不同的。前者是指在旅游消费过程中不断产生的影响和变化，而后者指的是旅游设施建设及相关财务的一次性影响。区分二者十分重要，因为它们需要不同的测量方法。计算旅游消费的影响需要运用乘数分析法，而评估旅游发展的经济影响则需要借助项目评估方法，比如成本效益分析。

旅游消费会对当地经济造成"多级连锁"影响。最初，旅游者会将金钱消费在"一线"旅游部门（酒店、餐厅和出租车等），而后消费会渗透至其他经济部门之中。这一过程所产生的影响需要通过对直接影响、间接影响和诱发影响进行考察。

6.5.1　直接影响

直接影响指旅游消费总值减去"一线"旅游部门购买进口商品和服务支出后的余额。因此，直接影响通常小于旅游者消费的总额，除非一个地区当地生产的产品可以满足旅游者的全部需求。

6.5.2　间接影响

直接收到旅游者消费的企业或部门还需要向本地的其他经济部门购买产品和服务，如酒店需要向建筑商、会计师、银行、餐饮和水电供应商购入产品和服务。接下来这些供应商还需要向本地的其他经济部门购买产品与服务，这个过程会一直延续下去。如此循环消费产生的经济活动就是间接影响。间接影响并不涉及所有的直接旅游消费，因为部分直接影响中的旅游者消费会在进口、储蓄和税收环节流出循环系统。

6.5.3　诱发影响

最后，这些旅游消费在直接和间接的循环过程中以工资、利润分配、租金和利息等方式成为当地人的收入。这些当地增加的收入，一部分会在当地经济中再次用于产品和服务的消费，进而产生新一轮的经济活动。

只有直接影响、间接影响和诱发影响都被涵盖时，才能全面评估旅游经济的整体积极影响。当然，旅游消费也可能存在负面影响。

6.6　乘数的概念

乘数的概念建立的认识基础是：一个经济体内的各个产业是相互依存的。这意味着企业经营不仅需要基础投入（如劳动力、进口产品等），还要购买当地其他企业的产品和服务。所以，一个产业最终的产品或服务需求的变化不仅影响该产品或服务的最终生产企业，还会影响为这些企业提供产品和服务的企业及其供应商。

正因如此，旅游消费的变化也会对当地经济的生产、家庭收入、就业、政府收入以及外汇流动等带来相应的变化。这些变化可能大于、小于或等于旅游消费额。旅游乘数是指两种变化之间的比率，即某一主要经济变量的变化（如收入、就业、政府收入）与旅游消费变化之间的比率。

所以，旅游消费最初的变化需要与一个数字相乘来计算经济产出变化的总值，也就是产出乘数。同理，与旅游消费的变化相乘计算家庭收入总变化的乘数就是收入乘数。旅游消费引起乘数效应的原因详见图6-1。

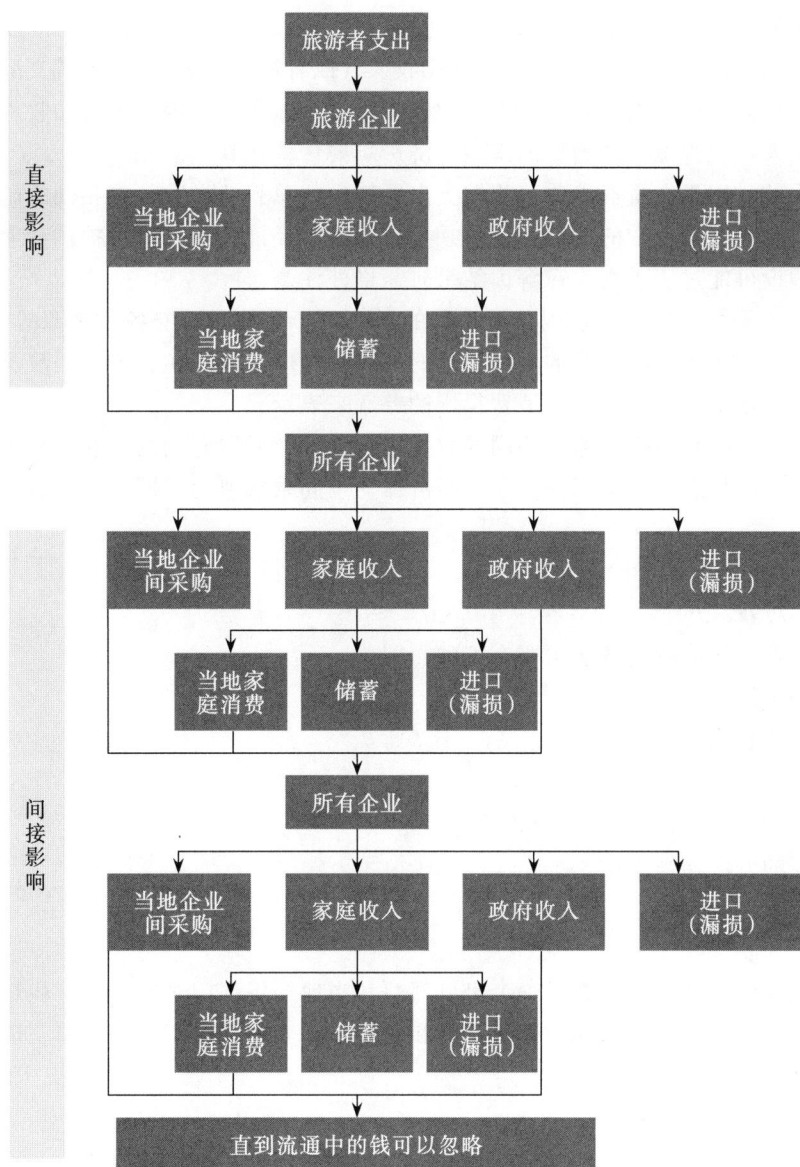

图 6-1　乘数过程

6.7　乘数的类型

　　以下是一些常用的乘数类型，每种都有其特定用途。错误地理解和使用乘数类型，会导致不正确且混乱的评价结果。

　　●交易（或销售）乘数：用于衡量企业在经济活动中因旅游消费增加所产生的额外收入额，这一概念与产出乘数相似。

　　●产出乘数：用于衡量经济活动中因旅游消费增加所产生的额外产出数量。与交易乘数不同的是，产出乘数关注的是实际生产的变化而非销售的数量或金额的变化。并非所有的销售均来自现在的产出（也可源于库存商品，商品因过时而无法销售便产生或增加了库存），因此产出乘数可能高于或低于相应的交易乘数。

●收入乘数：用于衡量因旅游消费的增加所产生的额外收入（工资、租金、利息和利润）。这种收入的衡量方法有两种：一是国民收入（或者地区收入），二是可支配收入，即家庭可真正支出或储蓄的收入，但外来人口的收入需要排除在外，因为他们的收入不算当地收益。但是外来人口在当地再次消费的次生经济影响要计算在其中。

●就业乘数：用于衡量额外单位旅游支出所产生的总就业人数，或相同的旅游支出所产生的总就业与直接就业人数的比例。就业乘数可为旅游经济的间接影响提供参考，但是这种测量涉及的假设可能过于乐观，在解读结果时需格外注意。

●政府收入乘数：用于衡量因旅游消费的增加而产生的对政府各种来源的收入的影响。这个乘数可以表示为因旅游消费的增加引起的政府收益增加的总额，或者用政府增加的收入减去因旅游活动增加而产生的政府消费得出的差额来表示。

由于不同类型的乘数需要通过相同的数据进行计算，所以它们的内在联系十分紧密。但以上每一种乘数的概念又完全不同，同一经济体的不同乘数值也不同。本章后续会列举不同乘数的实例。

6.8　测量方法

测量旅游业经济影响的方法主要有五种，即：
●基础理论模型；
●凯恩斯乘数模型；
●特定模型；
●投入－产出模型；
●可计算的一般均衡模型。

6.8.1　基础理论模型

基础理论模型的基本假设为每一个出口部门和当地经济部门之间存在着稳定的关系，旅游消费的变化会对本地经济活动产生可预计和可测量的变化。由于过于简单，现在很少使用基础理论模型。

6.8.2　凯恩斯乘数模型

这一模型用于衡量单位旅游消费增长在经济活动中所产生的收入。凯恩斯乘数模型是第一个测量外源性需求变化的经济影响的模型。公式（6-1）是乘数 k 的算法。

$$k = 1/(1-c+m) \tag{6-1}$$

"1"表示所增加的单位旅游消费，漏损是指旅游消费中进入储蓄的部分（$1-c$）和进口物资的消费（m）的比例，即 $k=1/$ 漏损。

如果要考虑投资的长期影响，公式则如（6-2）所示，其中 i 是指边际投资倾向。

$$k = 1/(1-c+m-i) \tag{6-2}$$

与此类似，如果考虑给政府带来的再次消费所产生的影响，那么公式就如（6-3）所示，其中 g 为政府部门的边际消费倾向。

$$k = 1/(1-c+m-i-g) \tag{6-3}$$

公式（6-4）是一个典型的凯恩斯短期乘数模型，推导过程见阿彻（Archer，1976）的分析。

$$k = \frac{1-L}{1-c(1-t_i)(1-t_d-b)+m} \tag{6-4}$$

式中：

L——第1轮漏损；

t_i——间接税收的边际率；

t_d——税收和其他减项的边际率；

b——交易支付的边际率。

相同的数据代入公式（6-1）和公式（6-4）会得到完全不同的乘数，可见采用过于简单的模型是不安全的。例如，令 $L=0.5$，$c=0.9$，$m=0.7$，$t_1=0.16$，$t_d=0.2$，$b=0.2$，使用两个公式计算的结果分别为1.25和0.40：

$$\frac{1}{1-c+m} = \frac{1}{1-0.9+0.7} = 1.25$$

$$\frac{1-L}{1-c(1-t_i)(1-t_d-b)+m} = \frac{1-0.5}{1-0.9\times(1-0.16)\times(1-0.2-0.2)+0.7} = 0.40$$

同样的数据通过不同的公式计算得到两个不同的乘数值，对政策的借鉴意义完全不同。但即使是公式（6-4）也过于简单，并不能测量行业间的联系程度和每一轮交易过程中的漏损值。因此即便是最复杂的凯恩斯乘数模型所计算的结果也不能达到政策制定和规划所要求的准确程度，实际中解决这一问题的办法是采用特定模型。

6.8.3　特定模型

为了进一步改进凯恩斯模型粗略的弊端，乘数模型进一步发展为特定模型，这一模型采用了"凯恩斯模型"的基本原理，但针对不同研究设定了不同的计算方法。最简单的公式使用了矩阵代数，见公式（6-5）。

$$A*\frac{1}{1-BC} \tag{6-5}$$

式中：

A——在第1轮漏损后仍然保留在经济循环中增加的旅游消费的比例，相当于凯恩斯模型中的（1-L）；

B——当地居民在当地经济的消费倾向；

C——在当地经济中转化为收入的当地居民消费的比例。

公式（6-5）仍然过于简单，一些学者已经提出了更加完善的模型来计算旅游乘数，估算旅游消费对个人收入、政府收入、就业和进口的影响。20世纪70年代早期阿彻和欧文（Archer & Owen，1971）建立了一个模型，见公式（6-6）。

$$1+\sum_{j=1}^{N}\sum_{i=1}^{n}Q_j K_{ij} V_j \frac{1}{1-c\sum_{i=1}^{n}X_i Z_i V_i} \tag{6-6}$$

式中：

j——每种旅游者类型，j 为从1到 N；

i——每个企业类型，i 为从1到 n；

Q_j——第 j 类旅游者消费的比例；

K_{ij}——第 i 类旅游者在第 j 类企业消费的比例；

V_i——第i类企业每单位消费所产生的直接收入和间接收入；

X_i——消费模式，当地居民在第i类企业消费的比例；

Z_i——在所研究的经济范围内X_i的比例；

c——边界消费倾向。

公式（6-6）是用来计算旅游消费的直接和间接影响的，而乘数是用于衡量诱发影响的。为了追踪每一轮循环的消费流向，V_i值通过不同的公式分开计算（更多的例子请见阿彻和欧文的研究（1971）。

通过特定模型进行乘数研究的实例非常普遍，美国、英国、南太平洋岛屿和加勒比海等地均有用到。最新的模型已被分解到更细致的程度，甚至精确到具体企业。虽然此模型可以为政策和规划的决策提供大量的详细且准确的信息，但依旧不及投入-产出模型分析所提供的信息丰富。

6.8.4 投入 - 产出模型

为了克服特定模型固有的主观性弊端，衡量更全面的经济影响，人们采用了更加常用的投入-产出模型。与特定模型不同，投入-产出模型使用了整体平衡方法衡量经济影响。投入-产出模型首先要建立一个类似于国家或地区账户的表格。每一列代表了一个作为购买方的经济行业，每一行代表了向其他行业销售产品的销售者。图6-2显示的是一个投入-产出分析表的形式。此图由三个象限组成：第一象限是行业之间的矩阵（左上方），详细展示了各行业之间的买卖（如X_{11}，X_{12}，X_{13}是行业1向其他行业的销售额，而X_{11}，X_{21}，X_{31}，X_{41}是行业1从其他行业的购买额）。第二象限为左下，表示每个行业的主要投入（如人员工资W、利润P、税收T和进口的产品及服务M）。第三象限是右边的象限，表示为满足各个行业需求，每个行业所进行的销售。

销售\购买		中间需求 生产行业 行业						最终需求 最终需求行业				总产出
		1	2	3	4	…	m	H	I	G	E	
生产行业	行业1	X_{11}	X_{12}	X_{13}	X_{14}	…	X_{1m}	C_1	I_1	G_1	E_1	X_1
	行业2	X_{21}	X_{22}	X_{23}	X_{24}	…	X_{2m}	C_2	I_2	G_2	E_2	X_2
	行业3	X_{31}	X_{32}	X_{33}	X_{34}	…	X_{3m}	C_3	I_3	G_3	E_3	X_3
	行业4	X_{41}	X_{42}	X_{43}	X_{44}	…	X_{4m}	C_4	I_4	G_4	E_4	X_4
	…	·	·	·	·	…	·	·	·	·	·	·
	行业m	X_{m1}	X_{m2}	X_{m3}	X_{m4}	…	X_{mm}	C_m	I_m	G_m	E_m	X_m
主要投入	工资	W_1	W_2	W_3	W_4	…	W_m	W_C	W_I	W_G	W_E	W
	利润/分红	P_1	P_2	P_3	P_4	…	P_m	P_C	P_I	P_G	P_E	P
	税	T_1	T_2	T_3	T_4	…	T_m	T_C	T_I	T_G	T_E	T
	进口	M_1	M_2	M_3	M_4	…	M_m	M_C	M_I	M_G	M_E	M
	总投入	X_1	X_2	X_3	X_4	…	X_m	C	I	G	E	X

图6-2 基础投入-产出交易表

其中X=产出，C=（家庭）消费，I=投资，G=政府支出，E=出口，M=进口，W=工资，

P=利润与分红，T=税收；最终需求行业中：H=家庭消费行业，I=投资支出行业，G=政府支出行业，E=出口行业。

公式（6-7）和公式（6-8）是简化的公式，为了便于解释，所有形式的最终需求都通过列象限（Y）表示。

$$X=AX+Y \tag{6-7}$$
$$X-AX=Y$$
$$(I-A)\ X=Y$$
$$X=(I-A)^{-1}Y \tag{6-8}$$
$$\Delta X=(I-A)^{-1}\Delta Y$$

式中：

X——经济体内每个行业总销售额的向量；

A——经济体内行业之间的交易矩阵；

Y——最终需求销售向量；

I——单位矩阵（简单代数中等于1）；

Δ——一个变量的变化。

最终需求（Y）的变化会使经济活动增加，表现为每个行业的产出和销售额的变化。要计算对企业或政府收入、进口、就业和居民收入的影响需要分支模型。公式（6-8）对于实际应用还是过于简单，需要进一步完善。在以上简化模型中，进口值被当作一个单独的行向量。但是，研究人员可以将一个进口功能矩阵融入到投入-产出模型中去，以区分竞争和非竞争性进口。这个区分非常有用，因为竞争性进口比非竞争性进口不可预见得多。修改后的公式（6-9）可以考察本国产品与竞争性进口产品之间的替代性。

$$\Delta X=(I-K^{*}A)^{-1}\Delta Y \tag{6-9}$$

式中：

K^{*}——矩阵，该矩阵的对角值反映每个行业的竞争性进口水平，与 A 矩阵结合后会减去国内产出部分。

这样旅游消费的变化（ΔT）造成的主要投入的变化（ΔP）可以通过以下公式得出：

$$\Delta P=B\ (I-K^{*}A)^{-1}\Delta T \tag{6-10}$$

式中：

B——主要投入矩阵 $m\times n$。

此外，投入-产出模型也可以用于提供旅游消费的变化所引起的就业变化的信息。ΔL 表示就业的变化，E 表示 $m\times n$ 就业系数矩阵。则公式为：

$$\Delta L=E\ (I-K^{*}A)^{-1}\Delta T \tag{6-11}$$

了解了生产行业的劳动力使用情况，就可以使用乘数模型为人力资源规划提供相关信息，为目的地未来的培训需求计划提供参考。

总体而言，数据、时间和资源越丰富，投入-产出模型就越全面。但是，该模型分析方法的概括性（将企业合为整体产业）也使其饱受争议。如果想获得细节结果，模型也可以将行业进行分解，甚至可以细化到单个企业的层次。

然而投入-产出模型也具有一定的缺点和局限性。原因在于该模型的基本假设具有局限性。我们上文中讲到的投入-产出模型都假设不存在供给约束。供给约束是指一个经济体的供给不能满足旅游消费变化所带来的增加的产品和服务需求。如果供给无法满足需求，或者生产要素，尤其是劳动力不足，旅游消费的增加会引起通货膨胀，内供不足的产品和服务需求也只能靠进口满足。在这种情况下，一个合理的乘数模型计算出的乘数值就会下降。

大多数的乘数模型都是静态模型，但也可以成为动态模型。静态模型的假设是：

- 生产和消费的作用是线性的，行业间消费模式是稳定的；
- 所有行业都能满足任何增长的需求；
- 相对价格保持稳定。

第一个假设意味着，任何增加的旅游消费和以往等量增加的消费会对经济体产生相同的影响，任何产量的增加也需要从同一货源购入同样比例的产品，任何随之发生的消费需求的增加也都和以前的消费一样，会对经济体产生相同的影响。这一问题的产生是由于模型使用的是平均数而非边际生产系数。

至于生产的稳定性，旅游作为一个劳动密集型的服务产业，生产功能通常相对稳定。因此，在使用投入－产出模型研究服务型经济体时，使用平均技术系数和线性齐次函数一般不会出现严重问题。然而，没有考虑价格变动是静态模型的弊端。可计算的一般均衡模型克服了上述的一些不足。

6.8.5 可计算的一般均衡模型

投入－产出模型、社会核算矩阵模型和可计算的一般均衡模型都是基于一种经济分析方法，即一般均衡模型。然而投入－产出模型和社会核算矩阵模型都因所基于的假设而具有一定的限制性，忽略了人们对价格变化的行为反应和引起价格变化的因素。可计算的一般均衡模型最早在20世纪70年代应用于国际贸易领域。它在投入－产出模型和社会核算矩阵模型的框架基础之上建立了一系列关系等式，反映了经济主体（生产和销售）面对价格变化采取的行动，以及这些行为对生产投入价格的影响。

如果建模得当，可计算的一般均衡模型可以包含经济体各要素之间的相互影响，不像投入－产出模型那样只关注供给方。比如，它可以允许价格变动和资源的重新分配。因为可计算的一般均衡模型是建立在解释不同行业行为的一系列等式的基础上的，税收、价格上涨、利率以及汇率等变动的影响都可以分析。

尽管与投入－产出模型相比，可计算的一般均衡模型因其动态性而更受欢迎，但是要想显著提高估算影响的准确性，需要大量可靠的相关数据。通常可计算的一般均衡模型以"黑匣子"的形式呈现，我们只看到最终的结果，却不知道影响发生在经济体的哪个部分。这并非因为该模型不能做到这一点，而是发布结果的方式忽略了这一步。同时，可计算的一般均衡模型也存在和旅游卫星账户相同的隐患，如果假设的价格弹性与替代倾向不符合研究对象经济体的情况，也可能导致错误的分析结果。

6.9 小 结

旅游对东道主经济体的经济影响通常是积极的，但也有消极的方面。衡量旅游消费对一个经济体的意义很重要，因为政策制定者和规划者需要以此决定依赖度并制定未来发展战略。需要注意的是，大部分旅游消费发生在富裕的发达国家间，而非在发达与欠发达国家间。

估算旅游经济影响的模型有很多，但是只有特定模型、投入－产出模型和可计算的一般均衡模型的准确度足以为政策提供借鉴。投入-产出模型和可计算的一般均衡模型能够比较全面地展示旅游的经济影响，提供旅游发展规划所需的信息。但是由于对数据的要求较高，它们也是最昂贵的模型。经济影响分为直接影响、间接影响和诱发影响。关于旅游经济影响的信息有助于选择目标细分市场，提升旅游消费的经济效益。

6.10　课后习题

1.国际旅游的经济意义与经济影响有哪些不同？可以用哪些方法来衡量它们？

2.国际旅游的经济影响有哪些层次？旅游目的地可以通过什么样的方法提高国际旅游的经济收益？

3.国内旅游的规模与数量远超过国际旅游，然而国际旅游却是大量研究文献关注的焦点，出现这种情况的原因是什么？

4.旅游是发达国家内部在富裕地区和相对贫穷地区间实现收入再分配的有效途径，为什么这种收入再分配在国际旅游的层面不甚明显？

6.11　案例：澳大利亚旅游卫星账户

图6-3是从澳大利亚2011年发布的旅游卫星账户抽取的，它们显示了旅游对澳大利亚经济的重要性。认真研读图6-4的数据，思考其对旅游规划者、政策制定者和分析师的借鉴作用和价值。然后回答图后的问题。

国内生产总值

● 旅游业对国内生产总值的贡献率下降了0.1%，至2.5%

● 旅游业对国内生产总值的直接贡献上升了2.5%，至345.95亿澳元

旅游业总增加值

● 旅游业对总增加值的贡献率降低了0.2%，至2.4%

● 旅游业的直接总增加值上升了2.3%，至314.95亿澳元

旅游消费

● 境内旅游消费（国内旅游消费加上国际旅游者在澳大利亚的消费）上升2.6%，至956.53亿澳元

● 国内旅游消费上升了2.1%，至719.72亿澳元

● 旅游出口（国际旅游者在澳大利亚的消费）上升4.4%，至236.81亿澳元

● 旅游进口（澳大利亚居民出国旅游的消费）上升11.0%，至309.01亿澳元

旅游就业

● 旅游对总就业的贡献保持在4.5%

● 旅游业从业人数上升了2.7%，至13 500人

图6-3　澳大利亚旅游卫星账户

讨论问题

1.为什么我们要衡量旅游经济活动的重要性？

2.很多国家在编制连续一致的旅游卫星账户时会遇到很多问题。请列出这些问题及其解决方法。

3.澳大利亚旅游卫星账户为政策制定者提供了哪些有用的信息？回答此问题前请参考链接中提供的报告。

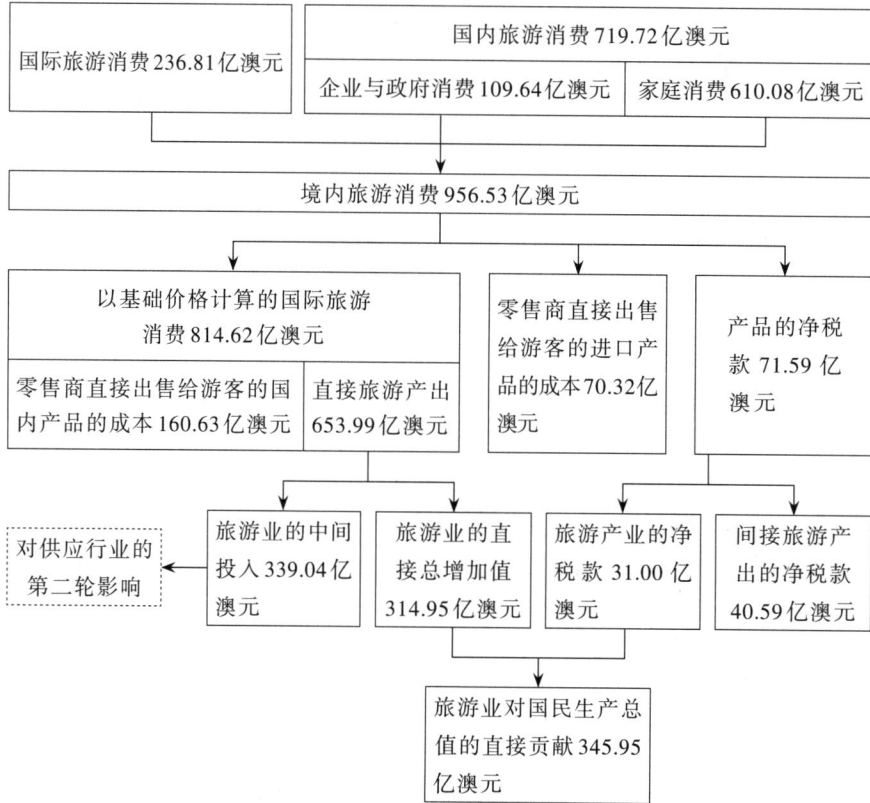

图6-4 旅游消费在澳大利亚经济中的流向（至2011年6月）

资料来源：http://www.ausstats.abs.gov.au/Ausstats/subscriber.nsf/0/3E281CC5A71E3F91CA25796C00143363/$File/52490_2010-11.pdf

第 7 章

旅游的环境影响

7.1　学习目标

通过本章的学习，您将能够：

- 理解旅游对环境的直接和间接影响、积极和消极影响；
- 了解用于测量和量化旅游环境影响的方法；
- 理解评价旅游环境影响的难点；
- 了解将理论运用于实践的例子。

7.2　环境影响

20世纪70年代末，经济合作与发展组织（OECD）建立了一个研究旅游对环境影响的框架。该框架包括四种压力性活动：永久性环境重塑（大型建筑工程，如公路、机场、度假村）；废品的产生（生物与非生物废品会妨碍渔业生产、危害健康、降低目的地吸引力）；旅游活动对环境造成的直接压力（游客的出现及其活动对珊瑚礁、植被、沙丘造成的破坏）；以及对人口活动的影响（人口迁移、城市人口密度增加、乡村人口锐减等）。

1992年，在里约热内卢召开的联合国环境与发展会议提出："只有能够长期维持自然和社会持续发展的行为才可以被允许进行。"这一动议是《21世纪议程》，该议程是世界迈入21世纪的政策宣言。它的不凡之处在于182个国家政府对要采取的保护环境的行动达成一致，采取整体战略，将全球活动纳入可持续的发展进程中。《21世纪议程》不仅关注环境问题，还涉及人类发展、调整国家间贫富不平衡现象等领域，但大部分的讨论内容和提出的战略是基于环境问题展开的。

尽管议程内容简洁明了，但到目前为止，这些内容的实施与大部分现行法律相距甚远，没有一条内容对签署协议的182个国家是有法律约束性的。宣言内容的实施要求立法者充分了解生产和消费活动对环境的影响。目前，事实并非如此。关于旅游环境影响的文献通常存在一定的偏见，往往会夸大呈现旅游对环境的消极影响。本章之中，我们会研究环境影响的性质、测量环境影响的方法，以及如何使用这些信息进行旅游规划。

7.2.1　旅游与环境

无论是自然环境还是人造环境，都是旅游产品的根本组成部分。伴随旅游活动的发生，环境也不可避免地受到了影响与改变。相比20世纪中后期，如今的人们已经越来越注重环境问题，完善及保护环境的计划也成为许多发展战略中不可缺少的部分。关于旅游环境影响的研究很少有标准的理论框架，已有的实证研究多是基于具体的案例。例如，旅游对非洲野生动物的影响、地中海的水污染或者其他滨海或山脉地区的研究。由于研究的领域和方法各不相同，涉及的旅游活动丰富多样，很难将这些研究成果整合到一个全面的标准理论框架之中。

研究旅游对环境的影响，必须做到以下几点：

- 将旅游活动与其他活动对环境造成的影响区分开；
- 明确环境在旅游活动开展前的情况，作为对比的基准线；
- 列出动植物详细清单，以及它们对不同旅游活动影响的容忍指数；
- 明确旅游活动对环境产生的次生影响。

旅游发展所带来的环境影响与经济影响一样，可以分为直接影响、间接影响和诱发影响。旅游活动的开展必然会对环境造成影响，但正确的规划与管理可以将负面影响最小化，同时强化旅游的正面影响。

7.2.2　旅游对环境的积极影响

旅游对环境产生的直接积极影响有：

- 保护和恢复历史建筑和遗址，如中国的长城、埃及的金字塔、印度的泰姬陵、英国的巨石阵和华威城堡；
- 建立国家公园和野生动物园，如美国黄石公园、肯尼亚安部色立（Amboseli）国家公园和摩里西斯国家自然保护区（Maasai Mara）、特内里费（Tenerife）岛的拉斯加拿大斯（Las Canadas）、委内瑞拉皮缔尔（Pittier）自然公园和新西兰峡湾国家公园；
- 保护珊瑚和海岸，如澳大利亚大堡礁（Great Barrier Reef）、格林纳达的格兰安斯（Grand Anse）；
- 保护森林，如英国的新森林（New Forest）、斐济的科洛苏瓦（Colo I Suva）。

从学者甚至是旅游者的角度看，保护工作可能非常重要。而如果当地人认为这并不重要，那么保护工作就算不上旅游对环境的积极影响。要衡量保护工作的净价值，必须考虑执行这类活动的机会成本。例如，像纳米比亚的埃托沙国家公园的建立会在一定程度上限制当地游牧部落的牧场面积，进而影响食物产能。

7.2.3　旅游对环境的消极影响

就消极影响而言，旅游会直接影响水和空气的质量并导致噪音增加。污水的排放、机动船的使用都会造成水系污染；旅游交通中内燃机的大量使用、酒店的空调与制冷设备都会降低空气质量；城市夜生活、其他娱乐设施以及数量激增的公路、铁路与航空交通建设也会加剧噪声污染。

自然和人造环境的恶化会带来严重的后果：

- 狩猎和钓鱼对野生动物的生存环境会造成明显影响；
- 过度使用会破坏或侵蚀沙丘；
- 行人践踏会破坏植被层；
- 露营篝火会破坏森林；
- 古迹会由于侵蚀、游客的偷窃或乱涂乱画而被破坏（世界闻名的文化遗产塞浦路斯的帕福斯拜占庭古堡（the Byzantine Fort in Paphos）就曾遭到偷窃）；

- 利用房地产手段直接开发和建设旅游设施会破坏景点整体美观度；
- 垃圾处理不当会破坏景观质量并危及野生动物。

旅游对环境的直接负面影响也有很多实际案例，比如：

- 用作游客交通工具的骆驼对金字塔道路的破坏；
- 为了提供游人可用的海滩，毛里求斯的巴拉克拉法帽海湾被炸毁；
- 游人在珠峰营地留下的垃圾破坏了攀爬道路。

在海边修建高层酒店也会对自然环境造成巨大影响，并影响整体的观光美感。在20世纪60年代和70年代旅游发展的腾飞时期，这种掠夺环境的发展方式十分普遍，如今已逐渐减少。尤其在许多岛屿经济国家，土地利用是规划会议上的重要议题。很多国家已采取了行之有效的方法与手段，如毛里求斯规定海边的建筑物不得高于棕榈树，印度也规定海边一定范围内禁止进行旅游规划与开发。

旅游还会导致自然资源稀缺，如水资源。人们在旅行中用水往往比在家时更浪费。地中海周围地区，每人每天用水量达到440升，是西班牙地区正常家庭用水的2倍。一些娱乐设施更需要密集地使用水资源。例如，游泳池和高尔夫球场，前者的耗水量巨大，后者的维护所需的化肥、除草剂也会加剧对环境的消极影响。根据关注旅游（Tourism Concern）组织估计，像泰国这样的热带国家的高尔夫球场，平均每年需要1 500千克的化肥、杀虫剂等化学品，其用水量相当于6万个乡村居民的用水量。同时，大量树木被砍伐用于建筑和燃料，也造成了巨大的资源消耗。

交通运输和休闲活动也导致空气和噪声污染指数上升。航空运输是导致全球变暖的重要因素，而旅游又要为国际航空运输负很大一部分责任。临近市区的机场可能导致严重的污染问题；地面交通（如观光车）为了保持令乘客舒适的温度，长时间使用空调，耗费了大量能源；其他形式的交通工具，如水上摩托、四轮摩托和雪地摩托，会给海边和国家公园带来严重的噪音污染。此外，道路和停车场等建设也大量侵占了动物的栖息地，车辆带来的空气污染所导致的雾霾对动植物也有不小伤害（UNEP，2004）。

乱扔垃圾引发的后续问题更是显而易见，不仅危害野生动植物，垃圾处理也需耗费巨大的经济成本。同时，固体废物如果不及时处理，还会成为沿海地区、河流、湖泊和路边环境的威胁者。这种污染会提高人类和野生动物的健康风险。邮轮旅游也对环境有直接影响，在过去的一个世纪里，邮轮规模不断扩大。时至今日，邮轮如同漂浮在海上的城市，它们对所到访的沿海地区的水质、海洋生物以及游泳者的安全都造成了威胁。尽管法律要求邮轮使用先进的污水处理系统，但因缺乏监控，仍有许多违规行为存在。如英属哥伦比亚曾经被称为是美国西海岸的"马桶"。一艘客载量为3 000人的标准邮轮每天会产生20万公升的污水，而2011年最大的邮轮客载量已经达到6 360人，这意味着加倍的污水。而且，邮轮上的排污系统与陆地上的有所不同，邮轮排到海里的废水的浓度是陆地系统废水的4~5倍，这将把大量细菌带入海水。《我们的星球》杂志报道称，加勒比海地区港口每年接待邮轮访问次数约为63 000次，造成了近82 000吨的垃圾，其中邮轮活动制造的垃圾占总量的77%。邮轮乘客的垃圾制造量是当地居民的4倍，对岛屿而言，这是个很大的污染问题（Our Planet（UNEP），2006，vol.10，no.3）。

需要注意的是，许多环境因素都是相互依赖的，而它们相互依存的方式人们尚未完全理解。潜水者、邮轮的锚，以及沿海项目的开发会破坏珊瑚，进而减少当地以珊瑚为食的鱼类和其他水生物的多样性和数量，进而影响以鱼为食的水鸟的数量。为了准确认识环境变化带来的影响，我们必须全面理解生态系统及其对环境压力的反应。

生物多样性降低会增加对食物链的威胁、引起物种失衡、影响土壤形成，致使吸收温室气体的能力下降。生物多样性的丧失会降低自然抵御干旱、地震、洪水、飓风等自然灾害的能力。最终，由于动植物多样性和丰富性均受到破坏，游客体验的愉悦度也会大打折扣。

7.3　环境影响评估

目前还没有普遍接受的环境影响评估（EIA）模型。一些环境脆弱的旅游目的地对环境影响评估的需求越来越频繁，环境影响是考虑旅游发展与环境的关系时必然涉及的问题。许多国家现在已经在规划立法中包含了对环境影响评估的要求，但即使没有相关法律支持环境规划，旅游规划者自己也应该对提出的项目进行环境影响评估。事先保护环境比事后亡羊补牢更加容易且经济。

在选择合适的方法之前，明确环境影响评估的目的十分重要。例如，实施环境影响评估的目的可能是确定旅游开发项目对特定生态环境或某种稀有物种的影响，这就不需要以金钱的价值来评估环境影响。但其他环境影响评估的目的可能是为了了解治理环境的经济代价，以测算旅游活动的经济净收益，或从旅游业中收回治理成本。此外，环境评估模型还可用于甄选开发项目，优化资源配置，在实现最大经济收益的同时最小化旅游对环境的消极影响。因此，在这种情况下，就需要采用一般均衡方法在不同的旅游发展战略之间，甚至是不同的行业之间做出选择。

最后，对环境影响评估的要求也许仅是要引起对环境问题的关注。未来发展不应该仅仅从经济角度衡量，而应该全面考虑，包括对当地环境影响的评估。这样的方法可以为选择开发项目提供相关信息。这也要求环境影响评估与环境监管成为企业、政府和个人生活方式的一部分。

认识到我们的行为给环境带来的后果，就可以把相关信息提供给各级决策者做参考，以保证有限资源的合理利用。在生产和消费中，树立环保意识可以带来长久的经济和社会效益。比如，合理有效地利用能源可以降低生产的边际成本。与此相反，在生产和消费过程中肆意使用资源会引起社会对旅游开发的不满，这不仅降低了资源的有效使用程度，还将阻碍旅游行业未来的发展。

插图7-1

尽管我们还没有一个统一的环境影响评估方法，但不能因此低估环境影响的规模。大部分行业的发展都会涉及土地使用、能源消耗以及其他环境影响。要评估对环境的总体影响，必须考虑直接生产活动带来的后果。同经济影响一样，旅游也会对环境产生直接和间接的影响。旅游活动的开展需要一系列行业的产出，包括不直接为旅游业提供产品和服务的支持性行业，这些行业生产所导致的环境影响也需要包括在总体评估范围内。

直接和间接的环境影响可通过投入－产出模型进行测量（详见第6章）。通过建立与诸多指标相关的环境系数矩阵，通过旅游消费的变化估算每个生产领域产出的变化，进而得出这些变化可能带来的环境影响。

一些地方试图通过建立旅游与环境的平衡表来评估旅游发展对环境的净影响。苏格兰曾尝试这一方法，得出的结论是，旅游业是苏格兰经济的重要组成部分，尽管旅游活动的环境影响很广泛，但只有在少数地区问题比较严重，得当的管理能够解决大部分旅游区的环境问题。

7.4 环境影响评估的步骤

在发展初期就明确旅游发展对环境产生的影响是十分重要的，原因如下：

- 通过修正或否决开发项目来避免可能对环境造成的影响比破坏后治理补救更容易；
- 依赖出色的自然美景地区而建的项目如果损坏环境则不会持续长久。

一般而言，环境影响评估是研究人员预测开发项目的环境影响的过程。可用于环境影响评估的方法有很多，包括核查表和网络系统。要设计环境影响核查表，就必须找出旅游活动可能带来的潜在环境影响。格林核查表就是一个很好的例子，从其编制至今已有20年，但现在仍有借鉴意义。

旅游造成的环境影响：格林核查表

自然环境

a.动植物物种组成的变化

- 打乱动植物繁殖习惯
- 狩猎活动导致动物死亡
- 为制作纪念品捕杀动物
- 动物向内外部迁徙
- 采集木料或植物，破坏植被
- 为满足旅游设施的需求改变植被的范围和性质
- 建立野生动植物保护中心

b.污染

- 污水排放和石油/汽油泄漏导致水污染
- 汽车尾气排放污染空气
- 旅游交通与活动导致噪声污染

c.侵蚀

- 土壤压实加速地表侵蚀与地壤流失
- 山体滑坡风险加大
- 雪崩风险加大
- 地貌遭到破坏（如岩石和山洞）
- 河岸遭到破坏

d.自然资源

- 地下水和地表水的损耗
- 为旅游活动提供能源所造成的矿物燃料消耗
- 火灾的风险加大

e.视觉影响

- 设施（例如，建筑、电梯、停车场）
- 垃圾

建筑环境

a.城市环境

- 初级生产用地的占用
- 水文特征的改变

b.视觉影响

- 建筑物区域扩大
- 新的建筑风格
- 人和物品

c.基础设施

- 基础设施超载（公路、铁路、停车场、电网、通信系统、垃圾处理、供水）
- 新基础设施的供给
- 为满足旅游者而进行的环境治理（如海堤、土地改造）

d.城市外观

- 居民、零售和工业用地的变化（例如，居民住房改为酒店）
- 改变城市构造（如公路和人行道）
- 旅游区和当地居民居住的城区出现明显对比

e.修复

- 重新使用废弃建筑物
- 重建、保护历史建筑和遗迹
- 把被遗弃的建筑修建成第二居所

f.竞争

- 新旅游吸引物的开放或旅游者偏好改变，会造成一些景点和地区衰落

资料来源：Green et al.，1990（with permission from Elsevier Science）

尽管这一核对表比较详尽，但是罗列的内容主要是旅游活动与发展对环境的直接影响。由于缺乏间接影响的内容，这种方法并不全面。同时，环境资源的充分利用也十分重要，不仅是在旅游行业内，更要将旅游业与可替代的经济行业相对比，只有这样才能做出合理的规划决策。

核查表的内容应包括可能受到潜在影响的基础因素。在核查表的基础上可以建立一个评价矩阵，按照基础因素逐一评估开发项目对环境的影响，从不存在影响、较小影响、中等影响到严重影响。

环境影响评估内容包括：

- 环境审计过程；
- 对自然资源的影响；
- 可能影响项目可行性的环境问题与矛盾；
- 项目对人类、动植物、土壤、水源、空气、安静环境、风景、文化名胜产生的破坏性影响，范围既包括项目实施区，也包括受到项目影响的区域。

图7-1列出了环境影响评估的具体过程。

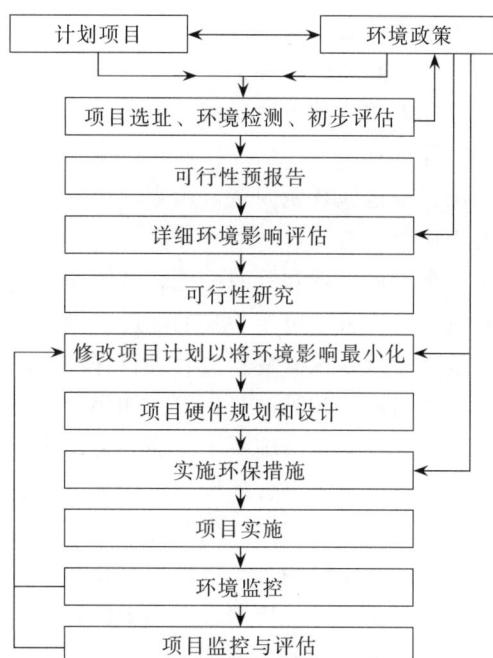

图 7-1　环境影响评估过程

7.5　环境指标

可供使用的环境指标很多，但为观测环境指标建立数据收集程序的国家却寥寥无几。2004 年经济合作与发展组织提出了一套核心环境指标方案。该组织与其成员国开发了综合环境指标，他们坚信全球通用的环境指标是不存在的，为了满足不同目的、服务不同人群，需要开发多套指标体系，重点是环境指标的概念框架。该框架包含的指标应符合经济合作与发展组织在 1994 年最初提出的标准，这些指标的子类别包括：

- 气候变化，臭氧层破坏
- 富营养化
- 酸化
- 有毒污染
- 城市环境质量
- 生物多样性
- 文化景观
- 废弃物
- 水资源
- 森林资源
- 鱼类资源
- 土壤退化
- 物质资源
- 社会经济、行业和一般指数

指标选取标准是，它们应该能够：

- 提供具有代表性的情况或社会反响;
- 简单易懂,可反映一段时间内的趋势;
- 能够对环境变化和相关人类活动产生反应;
- 有可进行国际比较的标准;
- 适用于整个国家范围,或地区环境问题有国家性影响;
- 提供可进行比较的阈值或参考值。

若要把这些指标用于未来发展规划和资源配置,其范围应进一步扩展,以便进行行业间比较。环境指标不仅要衡量在建项目,更要为我们"应该做什么"提供参考。

初步评估完成后,要进行可行性预分析,接着进行详细的环境影响评估,衡量具体的环境成本和收益。评估结果需要与环境政策进行比较,如果没有严重冲突,项目可以进行正式的可行性研究,如有需要,可通过调整措施减少负面环境影响,以符合政策要求。

硬件规划与项目设计过程可以引入符合环境政策的环境保护措施。接着,项目进入实施阶段,需监控项目发展可能造成的环境影响。但若环境影响评估是为了计算治理环境影响所需的经济成本,或对不同行业的环境影响进行比较,上述步骤需要做一些调整。要在一个统一的框架中考察影响,需要把经济和环境指标放在一个模型中。英国伯恩茅斯大学的研究人员在毛里求斯政府项目(1994)和威尔士旅游局项目(2002)的研究中就使用了这种方法。如果要明智地选择旅游战略与措施,避免旅游发展超过目的地承载力,对经济、环境、社会的影响进行综合分析是十分重要的。毛里求斯和威尔士研究所用的模型使用了投入产出分析得出的经济漏损信息,提供了评估行业产出间接和诱发环境影响的框架。为保证评估的客观性,该模型只使用了可量化的环境指标。通过建立一套反映产出与环境影响关系的环境指标系数,规划人员能够明确产出数量的变化会带来的环境影响。每个行业生产活动所带来的直接、间接和诱发的环境影响都可以像经济影响那样得到评估。该模型提供了统一的框架,不仅能比较不同类型的旅游活动,还能比较旅游与其他行业的活动。由于使用了量化的评估指标,该方法也可用于评估生产和消费的经济影响。由于这些模型是互动式计算机模型,因此非常适合用于项目未来发展的环境审计。

7.6 环境审计

环境影响评估(EIA)的重点是需求变化带来的影响,而环境审计是持续监测和评估的过程。环境影响评估和环境审计的主要区别是:

- 环境审计并非强制要求;环境影响评估是法律要求,是项目要通过规划审批的必经程序。
- 环境审计是持续进行的过程,是一种态度;而环境影响评估是一次性的研究。
- 环境审计注重措施运行的情况和效果,从这一意义上讲,环境审计应是私营和公共部门组织结构的一部分。

然而,自愿性既是环境审计的显著特点,也是它的致命弱点。由于没有强制性的法律法规保证其实施和质量,环境审计无法成为有效的环保手段。与此同时,旅游业是一个界限模糊的分散性行业,环境审计需要在经济体内大范围开展,而非仅针对旅游企业。有人认为应统一全球环境审计的标准和指标,否则不同行业有不同的环境目标,冲突将不可避免。综上所述,环境审计是一个宏观问题,而非微观问题;环境影响评估和环境审计的区别正在缩小。一般均衡环境影响评估方法是比较好的解决方案,它包含了全部行业的产出和消费,能够得出直接和间接的环境影响。在此情况下，环境影响评估可看作是环境审计过程的一部分，用于制定相关影响指标，作为衡量经济体中各个生产部门的基准。然后，可通过立法奖励行业中表现突出的企业，鼓励最佳实践。

在环境法律和法规比较完善的地方，环境审计应用来确保这些法律与规划要求的落实，在环境法律和法规缺失的地方，仍需进行环境审计以保证健康发展的长期效益。

环境审计的程序包括以下三个方面：

1.对系统进行评估，衡量系统运行的方法和影响。

2.对系统进行严格测试，将其效果与最优状况或基准状况进行对比。

3.对以上比较结果进行认定。

环境审计既可在国内企业进行，也可在跨国企业范围内进行。许多国家认识到政府部门在发展旅游业中的重要性，因此环境审计不应仅是约束私营企业的法规内容，更应是政府各个部门日常事务的一部分。实施环境审计不仅能够优化资源利用，而且有助于树立良好的形象。

最后，无论是公共部门还是私营部门都不拥有环境。如果任何发展项目会影响到环境，就要向所有的利益相关者收集建议。这种咨询的形式多种多样，但是应该在实施之前进行，以便留出充足的时间考虑和评估反对意见或其他策略。图7-2中的例子显示了这一咨询过程的组织程序。悉尼要建设第二个机场，公众被告知环境影响评估已在准备之中，并被邀请参加环境影响评估报告发布之前的信息研讨会。这个机场项目并没有得以实施，但是这个咨询过程为利益相关者提供了讨论的平台。

Second Sydney Airport proposal

The Commonwealth Government is assessing Badgerys Creek and the Holsworthy Military Area as potential sites for the Second Sydney Airport. An Environmental Impact Statement is being prepared to consider the impact of these proposals. Preliminary information is available on:

- Flight Paths information prepared by Airplan
- Master Plan
- Road and Rail Access to the Sites
- Assessing the Impact of Noise
- Air Traffic Forecasts information prepared by Commonwealth Department of Transport and Regional Development;

to assist you to understand these proposals. When the Draft EIS has been completed it will be released for public comment.

Come to a preliminary information session prior to the release of the Draft EIS

Helensburgh
Helensburgh Community Centre
Walker Street, Helensburgh
Tuesday 22 July, 6.00 pm – 9.30 pm

Penrith
Penrith Civic Centre
High Street, Penrith
Saturday 26 July, 10.00 am – 2.30 pm

Telephone Information Line: 1800 818 017

HOW TO FIND OUT MORE

- Fax the Community Access Centre on (02) 9600 9741
- Look up the Internet at http://www.magnet.com.au/2sydair and e-mail us at 2sydair@magnet.com.au

译文如下：

建设第二个悉尼机场的提议

联邦政府正在评估在巴吉里斯溪（Badgerys Creek）和霍尔斯沃西军事区（Holsworthy Military Area）建设悉尼第二个机场的可行性。环境影响报告书正在准备之中，以考察这些提议的影响。以下是一些初步信息，帮助您了解这些提议：

- 飞行路线（由航空计划（Airplan）公司提供）
- 总体规划
- 通往机场的公路和铁路
- 噪音影响评估
- 航空交通预测（由联邦交通和区域发展部提供）

环境影响报告书完成之后会公开发布，征求公众意见。

环境影响报告书发布之前，欢迎您来参加初期信息研讨会

海伦斯堡	彭里斯
海伦斯堡社区中心	彭里斯民事中心
沃克街，海伦斯堡	高街，彭里斯
7月22日，6：00～9：30pm	7月26日，10：00am～2：30pm

咨询电话：1800 818 017

如需更多信息，请与我们联系

社区中心传真（02）9600 9741

网站：http://www.magnet.com.au/2sydair

电子邮箱：2sydair@magnet.com.au

图7-2 新悉尼机场公告

资料来源：Advertisement from the *Sun Herald*，6 July 1997，p.9 © Commonwealth Department of Transport and Regional Development

7.7 环境行动计划

除了建立可行且可接受的环境影响评估模型外，还有多种多样的举措用于提升旅游活动对环境的积极影响和环境的可持续性。世界上许多地方都设立了区域级（如欧盟）、国家级和地区级环境保护机构。在欧洲范围内，欧盟委员会以环境行动计划的形式制定政策方针与指导方案，并资助了各种各样的环境保护研究项目。最近发布的是第六个环境行动计划，将在21世纪的前10年为环境政策提供指导。行动方案针对四个急需关注的领域颁布了七项环保战略。这四个领域为气候变化，环境、健康与生活质量，自然资源与浪费，自然与生物多样性。这些领域非常广泛，并且都受到旅游的影响。欧洲环境署非常重视第六个环境行动计划，因为它正好涵盖了欧盟扩张时期。这些项目包括比利时东部地区的青年旅游带来的污水与废物处理问题，也有关于沿海地区的分区管理和交通运输系统的案例，还有高尔夫旅游及其对生态影响的专业分析。

在美国，环境保护署颁布国家环境政策，各州环境保护机构负责颁布对当地的指导意见。美国环境保护署的公开职责是保护人类健康，保护自然环境。国家机构的工作是规章制度的制定和执行，委托开展环境问题的研究，并为各州环境保护机构提供政策与财政上的支持。

尽管自20世纪80年代以来环境保护机构数量激增，但大家并未就如何保护环境，使之免受旅游活动影响的方法达成统一共识。这可能是因为旅游的环境影响往往只在特定区域比较显著。与农业、能源和交通业相比，欧盟至今尚未制定出比较全面的与旅游相关的环境政策。

环境影响评估和环境影响报告可以用于评估项目潜在或预期的环境影响。许多国家通过法律的形式要求超过一定标准的开发项目必须进行环境影响评估并出具环境影响报告书。比如，毛里求斯要求超过9间别墅的旅游地产项目做环境影响评估。加纳要求超过40个房间的酒店，或者建在国家公园、保护区、山顶或岛屿上的酒店必须进行环境影响评估。然而，是否需要进行环境影响评估的标准各异。这种模糊性使得环境法规的效力被大大削弱，即使有具体的标准，也会有人投机取巧绕过它们，比如开发多个相邻的项目，其中的单个项目可能达不到需要环评的标准，但是整个开发项目已经超过标准。

世界旅游组织在1992年发表了一个旅游与环境的出版物，通过六个案例展示了度假村综合发展思路（Inskeep and Kallenberger，1992）。这些案例包括印度尼西亚、韩国、墨西哥、多米尼加共和国、土耳其和西班牙加那利群岛等地的度假村。

案例中的国家虽多，但得出了许多共同的结论与建议。其中一个是，良好的规划和发展可以避免严重的环境问题。作者建议在整体规划中不仅要考虑充足的基础设施、设计标准的落实以及与当地规划的融合，还要注重组织机构的设置和人力资源的培训。

然而，环境影响评估和环境影响报告通常只适用于新开发项目。我们该如何减少已经在运行的项目的负面影响呢？联合国环境计划署的一项调查显示，现有的针对国家旅游组织、旅游业和旅游者的行为规范有100多个。例如，加拿大旅游协会、美国旅游代理商协会，以及目标客户是有环保意识的旅游者的公司都采纳了环境行为规范。世界旅游组织和世界旅行与旅游理事会等国际组织都积极向旅游业宣传环境行为规范。

一些私营企业很重视环保意识和相关最佳实践。大型私营企业所采取的环境管理系统包含以下四项内容：

    1.环境审查：进行基础影响研究，分析商业活动和功能的具体环境影响。

    2.环境政策：公开明确的可行性目标。

    3.设计环境保护和执行方案：建立实现目标需要的机制。

    4.环境审计：用于比较实际表现和设定目标的差距。

    通常只有大型的私营企业才有足够的专业知识和资源建立自己的环境管理系统。但旅游业普遍是中小型企业，因此环境管理系统的使用十分有限。

7.8 小 结

    环境影响不是旅游业独有的，但是旅游业因其负面环境影响受到了诸多非议。环境影响有直接、间接和诱发影响三个层次，在评估过程中都要考虑。评估方法中，使用投入–产出模型的矩阵方法有望成为全球通用的框架。国际机构通过《21世纪议程》这样的协议表明了环境友好的政策导向。国家政府开始响应国际机构和本国民众的要求，采取环境友好的发展道路。以大型企业为代表的私营部门也通过配备环境管理系统做出回应。

    环境问题在过去的10年里是旅游界的热门话题。联合国环境署实施了一系列举措，最近发布了"全球可持续旅游伙伴"项目，将可持续旅游原则融入了旅游政策、发展和行业实践。增加环境影响研究的可信性需要使用客观的环境指标，如经济合作与发展组织和联合国环境署列出的指标，避免使用只对局部地区有意义的主观数据。同时，还需要把旅游的经济、环境和社会文化影响结合起来，放在一个框架中共同评估，只有这样才能做出有说服力的决策。

7.9 课后习题

    1.从积极与消极两个方面分别列出旅游活动对环境产生的直接、间接和诱发影响。

    2.《21世纪议程》有何特殊意义？

    3.简要解释环境影响评估与环境审计的区别。

    4.要明确旅游活动对环境所造成的影响需要面对哪些困难？

7.10 案例：旅游对南极洲环境的影响

访客的影响

    南极洲没有任何常住居民，因为去的人只停留很短的时间。对南极洲环境造成影响的只有两类访客：旅游者和国家南极项目组成员。

    从数量上看，旅游者人数大大超过了国家项目的人员数量，例如，2007/2008年的旺季，前者为46 069人，后者为5 000人，因为旅游者人数比上一年增长14%，引发了限制游客人数的呼吁。2010/2011年访客数量为33 824人。未来一段时间到南极的访客人数可能都不超过这个数字。国家项目工作人员停留的时间较长。然而，二者造成的影响却很难直接比较。

插图 7-2

    游客登陆的时间较少，科学家和电气专家大多数时间是在永久或半永久的基地中工作。前者的数量远超过南极洲基地工作人员数量的总和，而且游客总希望访问南极洲风景最美、野生动物最多的地区。

大部分国家项目以船为基地，但是很少有人访问这些科考船。旺季中大部分南极洲的航行都是观光船只的活动。之前曾经发生过船只撞击未知岩石搁浅和漏油的事故。就算保障措施再好，船只越多，事故也就越多。

目前，南极洲旅游的自发管理组织是南极洲国际旅游经营商协会（IAATO）。这个组织对其成员运营商和船只有严格的规定，限制了可以在南极水域巡航的船只数量和可以在南极登陆的人数。到目前为止，该组织在保护南极的目标和规定上还是比较成功的，尽管还是有人希望南极不要有任何旅游活动。

另一个威胁来自于日益增多的个人或小型组织的小规模探险活动。南极之行需要仔细规划，一旦有人陷入险境，要有一系列可靠的救援措施。这种小的探险队经常没有做好充分的准备，一旦遇到困难，只能求助于船只或者指望附近国家基地的人道主义援助。例如，近年来，一架小型直升机试图飞越南极洲，在南极半岛海域坠毁，飞行员被附近的基地工作人员救起。同时，没人能够保证被私人探险队遗弃或者坠毁的交通工具会被清理出南极洲。

大型船只

2009年，国际海事组织批准修订《国际防止船舶污染公约》，禁止在南极公约地区运载重燃油和中间燃油（intermediate fuel oil）。这个禁令在很大程度上影响了只游不停的大型邮轮的经营，这些船载客超过500名，不提供在南极洲登陆的机会。由于这些大型邮轮离开南极市场，预计2011/2012夏季到南极旅游的人数为26 775人，远低于2006年的47 225人。这些大型船只长期以来是南极洲的最大威胁，它们携带的燃料数量巨大，一旦燃料泄漏，后果将不堪设想；船体没有经过抗冰加固，有沉船的可能；它们不经过南极，风险就会大大降低。

事故

所幸在南极洲没有发生由旅游造成的重大污染事故或者生命损失，但2007年11月"探索者"号邮轮在伯兰斯菲尔德海峡撞上冰山，之后沉船。幸运的是碰撞是发生在天气平静的条件下，乘客和船员都安全下船，转移到救生艇上。转移之后发现有些救生艇有问题，一是没有足够的座位，二是有3/4的引擎无法工作。乘客和船员在海上漂了大约4个小时才被另一艘邮轮救上来。15个小时之后，"探索者"号沉没了。即使邮轮的船长和船员经验丰富，船体经过抗冰双层加固，面对碰撞仍无济于事。

这艘沉船携有178立方米的柴油，24立方米的润滑油和1 200升的汽油，几天后，智利海军发现海面上出现1.5千米长、面积为2.5平方千米的浮油污染；再过几天，污染面积增至5平方千米；接着又有增多，很可能是从一个或多个油箱缓慢渗透出来的。南极洲的温度比较低，泄漏可能比在温暖的气候条件下持续更长的时间，汹涌的海浪使漏油扩散的速度更快。"探索者"号距离陆地很远，所以浮油在上岸之前就已经散开了。因为这艘船比较小，事故发生在平静的天气里，船沉入深海，且距离陆地很远，因此船的遗骸对人和环境的伤害都很小，但这些和撞上冰山一样，都是运气。

资料来源：http://www.coolantarctica.com/antartica%20fact%20file/science/threats_tourism.htm（accessed 29 March 2012）

讨论问题

1.“不应该允许在地球上最脆弱的地区发展旅游”，讨论上述观点，并列出在脆弱地区发展旅游的正面和负面影响。

2.可以采用什么措施来尽量减少旅游对一般环境和南极环境的影响？

3.“制定约束到南极旅游者活动和行为的规章制度是一回事，实施这些制度是另一回事”，请评价上述观点。

第 8 章

旅游的社会文化影响

8.1 学习目标

通过本章的学习，您将能够：

- 认识最容易受到旅游活动影响的社会文化行为；
- 了解研究旅游的社会文化维度及其相互关系的不同方法；
- 提供一个研究旅游发展与社会文化影响关系的理论框架；
- 理解关键性概念。

8.2 旅游社会文化影响的性质

这一章的目的是介绍社会文化影响的性质，并探讨其积极和消极的方面。为了做到这一点，就必须考察旅游发展的过程，因为旅游发展的速度和性质可能对社会文化变化的规模和方向产生重大影响。本章还将探讨引起社会文化变化的因素，测量社会文化影响的方法，以及对政策的借鉴意义。

旅游对社会文化的影响是不可避免的，因为旅游本身就是让一个文化背景下的人到目的地暂时与另一个社会文化背景下的人一起相处。在国内旅游这种文化差异可能会很小，方言、饮食习惯和服装可能因地区而有不同程度的差异；在国际旅游中语言、宗教、服装和行为方式的差别会更大。旅游的社会文化影响各式各样，从文化、艺术到个人和团体的基本行为方式。这些影响可能是正面的，如旅游业可以保护甚至恢复当地的手工技艺，或者促进不同人群之间的文化交流；也可能是负面的，如旅游业可以使东道主国的文化和艺术商业化、混杂不堪，也可能会导致不充分的文化交流，让主客之间形成片面或曲解的认识。

常常被研究人员忽略的是旅游对游客的社会文化影响。例如，在20世纪60年代和70年代期间，访问西班牙的英国游客数量的增长导致了英国的烹饪和饮品的变化（例如西班牙的肉菜饭（Paella）和里奥哈葡萄酒（Rioja）就是在这一时期被引入英国）；访问过澳大利亚的旅客回家之后还想要延续海滩生活和烧烤。我们的服饰、食物、总体生活方式和态度等都会受到我们到访过的目的地的影响。

由于很难对社会和文化的影响进行区分，而且社会和文化的影响在很大程度上是重叠交叉的，所以通常将二者结合在一起研究。有些学者研究社会文化影响时仅研究游客和当地居民的接触，这种方法有很大的局限性。真正的旅游社会文化影响非常深远，并且包含了与旅游经济影响一样的直接影响和间接影响。需要再次强调的是，这些社会文化影响所产生的后果有些可能是有益的，有些可能被认为是有害的，这些问题将在下文中有更加详细的讨论。

8.3 旅游社会文化影响的研究方法

旅游业发展与社会文化及社会经济变化之间的关系可以通过多种方式考察。科恩（1984）等学者从四个视角对社会文化影响进行了研究：

- 旅游影响
- 主客互动
- 旅游系统
- 旅游者及其行为

有些研究通过模型来解释旅游发展过程和主客关系，例如巴特勒（Butler，1980），道柯西（Doxey，1975）和史密斯（1989）的研究。虽然这些模型都没有取得很大的成功，但它们为研究相关问题提供了理论框架。许多其他的研究是基于具体的个案，缺乏普适性，不能实现概括性理论的发展。

了解旅游业社会影响的性质和特征的主要障碍之一是过度依靠定量方法，而不论是积极还是消极的社会文化影响，本质上往往偏向主观性和质性。因此，德尔力（Deery，2012）提出社会文化影响研究需要一个新的框架。

旅游产品的发展与旅游业发展对总体经济的贡献有着千丝万缕的联系。事实上，旅游发展与总体经济发展的关系可以通过依附理论或核心-外围理论研究，该理论是指牺牲周边不发达地区利益来换取中心城市区域的繁荣。依附理论通常引用加勒比海地区和南太平洋地区的例子来解释旅游活动不仅导致了经济和政治上的依赖，还有社会文化的依赖。

当地居民和游客互动带来的影响在很多旅游文献和学者的研究成果中都有记载，比如史密斯（1989）的旅游人文著作在学术界迅速获得了认可。旅游者分类目前已经成为研究旅游社会文化影响的普遍方法。

道柯西（1975）根据当地居民与游客之间的关系建立了一个愤怒指数，展示了随着游客数量的增多，主客关系从友好到冷漠、反感，再到公然敌视的变化。普洛格（1977）和巴特勒（1980）的模型都体现了变化，但他们考虑的是随着旅游者感知而变化的目的地的命运。

8.3.1 旅游者分类

类型学是一种社会学调查方法，根据特定的现象（通常是动机或行为）对研究对象进行分类。表8-1显示了一个旅游者分类的简单实例，对旅游产品的开发有指导意义。

- 团队游客——通常需要现代化的设施，数量增长快，常常会改变当地的经济结构。
- 散客——通常较适应当地的环境和社会结构，增长速度相对较慢，往往导致当地所有权的增长。

另一种更为复杂的分类方法是史密斯提出的，依据旅游者的数量和对目的地风俗的适应程度进行分类。

旅游发展的速度和集中程度对社会文化在深度和方向上有很大的影响，在解释社会文化影响的根源时必须予以考虑。旅游发展过程的特点以及对当地居民产生的影响可以归纳为不同的子类别，对每一个子类别进行分析，能使我们对旅游发展所带来的各种影响及其影响的根源有更加清晰的了解。

表 8-1　　旅游者分类方法：旅游者类型、旅游者数量及其对当地风俗习惯的适应程度

旅游者类型	旅游者数量	对当地风俗习惯的适应程度
探索型	非常有限	完全接受
精英型	很少见	全部适应
求异型	少见但可以见到	大部分适应
不寻常型	偶尔可见	部分适应
早期大众型	客流稳定	寻找现代化的设施
大众型	客流不断	期待现代化的设施
包价型	大量涌入	要求现代化的设施

就旅游发展的速度而言，如果发展速度较快，随之产生的经济变化会创造一种新的经济格局。相反，如果旅游发展的速度缓慢，通常会带来规模较小的、地方主导的发展，不会使经济格局发生太大的改变。

8.4　旅游发展的心理学基础

在第 3 章中，我们介绍了普洛格（1977）的旅游者分类方法，在本章中我们将把这个分类方法用到旅游的社会文化影响研究中去。普洛格的分类是基于对旅游者的心理分析，认为目的地在兴衰的过程中吸引了不同类型的旅游者（见图 8-1）。

2004 年，斯坦利·普洛格重新审视了他早期的工作，修改了游客类别，用冒险型和依赖型分别代替了多中心型和自我中心型（2004）。根据普洛格的框架，一个目的地刚开始通常会吸引少数"多中心型"的旅游者，类似于史密斯说的探险者，但会发展很快，以吸引更多的游客。根据普洛格的理论，这一发展将拓展旅游区范围，经过"近多中心型区域"，然后进入"中间型区域"。在这个过程中，"多中心型"旅游者将会逐渐减少，他们将继续寻找新的目的地。

在气候、地理位置和设施（如美国佛罗里达州迪士尼乐园）方面具有强大竞争优势的旅游地，可能继续在"中间型"市场蓬勃发展。然而，许多旅游地往往会失去这部分市场的青睐（因为游客认为它们太商业化了），通过提供更低的价格、更综合性的包价产品和更频繁的旅游活动，向"自我中心型"市场倾斜，发展成"无惊喜目的地"。

与普洛格最初的理论相反，这种兴衰的过程并不是一成不变的。虽然过去许多旅游胜地似乎不可避免地经历了这样的过程，然而，一旦决策者意识到有限的旅游发展可以成为有效的增长手段，他们可能会开发出与环境和当地特点相融合的旅游设施，并瞄准合适的目标市场。另一个选择是，保证旅游设施的质量，长时间持续吸引中间型市场。迪士尼就是一个保持自身定位很多年的经典案例。

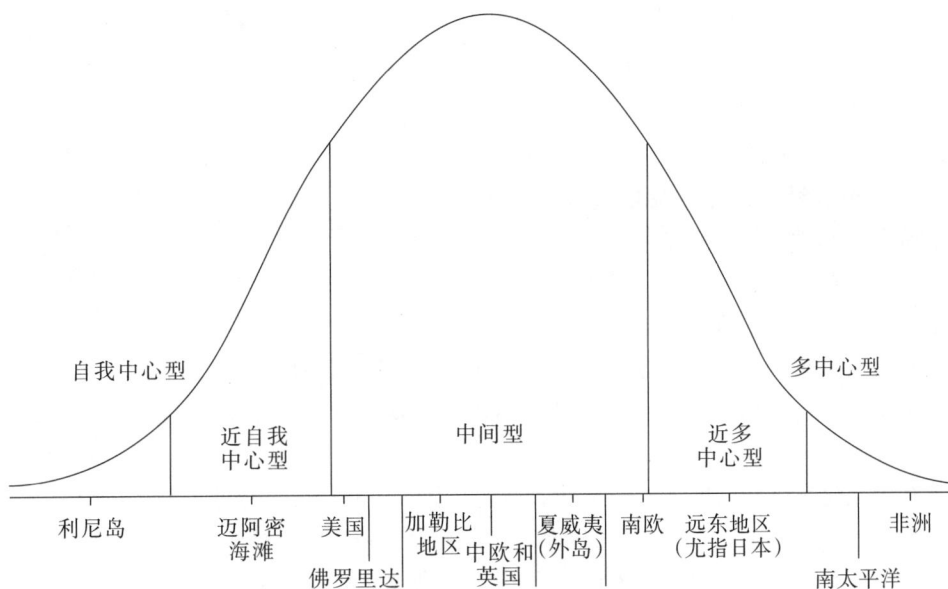

图8-1 目的地选择的心理定位

资料来源：Plog，1977

8.5 旅游发展的社会学基础

旅游发展的社会学分为两个方面，即旅游社会现象和旅游发展的社会经济基础。国际旅游的发展已经成为当代世界不可避免的社会现象，导致这一现象产生的因素有：

1. 人口增长；

2. 城市化的加速以及城市生活的巨大压力造成的逃离欲望；

3. 通信和信息技术的发展促进了人们对旅游的认识和兴趣；

4. 移动性和可达性的变化——主要源自航空运输的发展和私家车拥有量的增长；

5. 闲暇时间增加，休假时间更长，经济持续增长，实际收入增加；

6. 世界贸易的增长促进了商务旅游的发展。

与旅游发展有关的因素可以分为推动因素和拉动因素两大类。推动因素是指城市化、过度拥挤、污染或生活枯燥等因素让人们渴望逃离（推动），而一些特别的节事活动（如奥运会）或气候和自然现象则吸引游客前去旅游（拉力）。影响人们对国内外旅游态度的因素有很多，包括以下几点：

• 年龄。旅游者的年龄会在一定范围内影响其所追求的旅游活动类型。例如，老年人对徒步旅行和登山假期的需求可能比其他年龄段的要少。同样，对于夜生活的最大需求可能是来自18~35岁年龄段的人群。当然，这些规律总有例外。

• 教育。喜欢冒险和独立假期的通常是受教育程度较高的人群。包括普洛格所说的多中心型旅游者以及史密斯提出的探索者和精英旅行者。

• 收入水平。收入水平对人们是否旅行、旅行目的地、旅游活动以及所使用的交通方式影响显著。

• 社会经济背景。人们以往的经历对其未来的度假类型有重要影响。例如，习惯经常出国旅游的收入较高社会经济群体家庭的孩子，在长大后可能会延续这种旅行模式。

旅游者和当地居民接触时会产生直接社会文化影响。迪·凯特（De Kadt 1979）认为这种接触可分为三大类：

1.旅游者向当地人购买商品和服务时的接触。

2.当地人和旅游者共用海滩、火车或公共汽车、餐馆或酒吧等设施时的接触。

3.旅游者和当地人聚在一起进行文化交流时的接触。

前两种社会接触的影响消极方面居多，而第三种接触通常被认为是积极的。将迪·凯特的这项研究和史密斯的旅游者分类研究相结合，探索者或冒险旅游者最有可能参与第三类接触，带来积极的社会文化影响。然而，大众旅游和包价旅游者更可能以前两种接触方式为主，他们的出现从社会文化影响的角度来看是不受欢迎的。从这种看似简单化的推断中可以得出的结论是：到目前为止，旅游者与当地居民之间消极的接触很普遍，而积极的相互影响相对较少。

"示范效应"也是旅游活动带来的一种直接社会文化影响。旅游者通过自身行为的示范作用影响目的地居民的行为。旅游业需要生产和消费同时进行。尽管国际旅游可以像石油或汽车一样被看作是出口产业，但它有一个缺点，即消费者必须到生产地去消费。这意味着旅游者要到访目的地，这将促使当地居民行为和着装风格发生变化。

"示范效应"的发生甚至不需要旅游者与当地居民直接接触。那些受到旅行者行为影响的当地人会通过他们已经改变的行为和态度去影响其他当地人，这可以归为旅游的间接社会文化影响。同时，如果旅游业发展成功，增加的就业机会将很快带来社会变革，就像任何形式的经济发展将改变当地居民的消费习惯、居住地和行为一样。若引入主要用于旅游业发展的新型通信、交通和基础设施，将进一步刺激这些变化。

随着经济的增长和发展，收入水平和进入盈利行业的人口比例可能会增加。这将改变当地人口的消费模式。这些变化，加上电视、录像机和收音机等耐用消费品的影响，将刺激当地居民产生更多的需求，从而加速社会变革进程。这些影响是收入水平和消费支出增加的结果，所以可以看作是诱发的社会文化影响。无论刺激发展的经济催化剂是什么，这类社会文化影响都会发生，旅游发展不是唯一的原因。

与旅游发展相关的直接社会文化影响的大小取决于主客之间社会文化特征的差异程度。英斯基普（Inskeep，1991）认为这些差异包括：

• 基本价值观和思维方式；

• 宗教信仰；

• 传统；

• 习俗；

• 生活方式；

• 行为模式；

• 服饰；

• 时间观念；

• 对陌生人的态度。

发展和变化的速度对社会文化变化的大小起重要作用，因为适应与改变需要时间。让问题更为复杂的是，旅游者在国外表现出来的文化（游客可能代表几种不同的文化）与在国内可能不同。换句话说，旅游者在外度假和离开正常的环境时，往往采取不同的态度和不同的行为准则。

8.6 普遍的负面社会文化影响

旅游业的发展和运营可能在很多方面造成社会矛盾，影响当地文化的完整性。最显而易见的直接影响是两种不同文化的接触。除此之外，旅游业的社会文化影响可能来自一些普遍但不太明显的因素。

8.6.1 经济因素

大部分的旅游活动都是在世界工业化经济体之间进行的。但是，当旅游活动发生在工业发达地区和欠发达地区之间的时候，旅游者和当地居民之间的经济能力可能会出现巨大的不平衡。如果旅游者比与他们接触的人要富裕的话，那么当地人可能会对旅游者有反感情绪，也可能有一些模仿旅游者的尝试，通常表现在行为、着装和消费模式上。此外，旅游业可能促使劳动力从农村迁移到城市地区，并吸引传统行业的劳动力，结果可能导致当地居民的财富不平等程度越来越高，因为他们中的一些人享受了旅游业的更高工资。这也可能导致社会矛盾。但应该注意的是，不论何种经济发展都可能带来经济不平等现象。

为了提供更好的基础设施（道路、供水、污水处理等），当地居民的税收负担可能会增加。如果旅游业推动基础设施进一步完善，而旅游产品中却没有包含相关成本，社会矛盾将因为居民不堪重负而日益增多。

8.6.2 劳动力因素

经济因素证明了旅游业可以吸引其他行业的劳动力。如果旅游业的就业机会仅限于较低水平的一线岗位，当地人对旅游的反感程度可能会加剧。在这种情况下，高级和中级管理职位由来自国外的有经验的工作人员（通常来自提供投资或客源的国家）占据。即使相当比例的管理人员是本地人，与其他非本地员工和游客的接触也可能导致他们的消费习惯发生变化，使他们更倾向于消费进口商品。

虽然旅游业与传统的行业（如农业和渔业）相比，工资和薪水相对较高，但是很多情况下，工作条件不尽如人意。童工、临时工、没有接受培训的兼职工作在旅游业中很常见。国际劳动组织估计，旅游业全体员工中10%~15%的人年龄在18岁以下。12岁以下的儿童经常在发达国家和发展中国家从事与旅游相关的工作。这同样也不是旅游业所特有的，因为第一产业（如农业）和制造业（如纺织业）雇用童工的问题一直都存在。旅游业使用女性劳动力的比例很高，对土地的依赖性也很强，这也会带来一些深远的社会文化影响。

8.6.3 行为和示范因素

如果旅游者不知道或不关心当地习俗，他们可能会以某种不当的方式行事，造成旅游者与当地居民之间以及居民互相之间的严重社会冲突。不同国家的风俗习惯各异，旅游者可能尊重当地习惯，也可能因行为不当冒犯当地人，尽管有时候他们并不知情。在日本把筷子垂直插在饭碗中代表着死亡，只有在葬礼上才这么做；在泰国和伊朗等国家让人看到您的鞋底是非常不礼貌的行为；在伊斯兰国家穿着不得体会冒犯当地人；某些消费（如饮酒）或者裸体日光浴在某些国家同样不受欢迎。而经常接触这些不当行为或者穿衣方式的人久而久之可能会慢慢接受这些差异，甚至模仿他们，导致居民之间的冲突。

8.6.4 资源使用因素

大量旅游业涉及房地产开发，对土地的需求很大。这与其他行业形成了竞争，往往导致地价上涨。如果发生地价上涨，就会造成社会紧张局势，因为当地居民负担不起当地房屋和公寓的价格。

旅游造成的环境和文化损失也可能导致严重的社会矛盾，这是遗产旅游地的常见问题。例如在帕福斯这样的地方，旅游者和居民在拜占庭古堡公开偷盗。被盗的不仅有人造遗产，亚利桑那州石化森林里的珍贵化石也遭到走私者和旅游者的掠夺。同样，在社会关系紧张的地方，可能有故意破坏文物遗址的行为。

当地人和旅游企业之间对当地资源（如海滩和山区）的竞争是很常见的现象。经济状况使得旅游企业在这样的竞争中处于上风，当地人往往被阻止或限制使用这些资源。

8.7 旅游的消极社会文化影响

8.7.1 犯 罪

旅游与犯罪之间的联系难以确立。很多学者，如马西森和沃尔（1982）指出了这种联系，但却很难确定犯罪是人口密度的增加（城市化）导致的，还是旅游导致的。很明显，携带大量金钱和贵重物品的游客为贩毒、抢劫和暴力等非法活动提供了资源。巴西、佛罗里达和牙买加是因为针对游客的暴力犯罪行为成为国际新闻报道焦点的三个目的地。如果酒店试图使用武装保镖来保护客人，往往会激化游客与当地居民之间的社会紧张关系。

旅游业往往是促进博彩业发展的催化剂，许多目的地利用赌场作为吸引旅游消费的手段。除非得到适当的监查和控制，否则这种发展会诱发有损社会凝聚力的行为。

8.7.2 健 康

前文已经提到艾滋病问题。然而，当不同地区的人互动时，还有其他一些不为人们所关注的疾病得以传播，如英国有 8 500 多个疟疾病例是通过旅游者传播所致。这些疾病虽然往往并不致命，但会对免疫力低下的东道国旅游地人群造成社会和经济压力。在旅游业增长迅速而发展缺乏规划的地区，可能会出现因为基础设施问题导致的健康危害。严重急性呼吸综合征（简称"非典"）、禽流感、猪流感和口蹄疫等疫情会使旅游活动骤减。旅游者和旅游批发商对疾病暴发的反应受媒体的影响很大。例如在非典爆发期间（2002/2003 年），媒体制造了疫情广泛流行的印象，尽管马来西亚等一些目的地没有一例登记的非典病例，其旅游业仍然受到了严重影响。英国在口蹄疫（2001 年）爆发期间，媒体的图片和视频中展示了为遏制疾病传播焚毁的堆成山的牛羊尸体和大片被隔离的乡村，严重损害了英国的形象。虽然政府补偿了农业的部分损失，但对旅游业并非如此，许多企业都成为乡村隔离的受害者。

8.7.3 贫民窟旅游

贫民窟旅游业，是指相对富裕的游客访问极端贫困的地区，这并不是一个新现象，在维多利亚时代的英格兰以及后来在美国，都有富人访问伦敦或曼哈顿的贫困地区，了解穷人的生活。现在有组织的贫民窟、贫民区或乡镇游宣传更多，著名的目的地包括印度、巴西和南非的一些地区。这种类型的旅游引发了一些道德和伦理的问题，因为旅游者观察生活在肮脏条件下的人，如同把穷人们的生活"动物园化"了。但是，如果安排得当，这种旅游就可以为生活在极端贫困条件下的人创造收入和就业机会，并可以成为进一步发展的催化剂。除了当地人，旅游对访客也会产生影响，对赤贫地区的访问可以改变富裕访客对穷人的态度和行为。

8.7.4 黑色旅游

黑色旅游是指访问发生过令人震惊的事件的地方，是旅游业可怕的一面。它涵盖了一系列黑暗程度不同的事件，有些可能是非常久远的事，比如维苏威火山在公元79年毁坏了庞贝古城。游客去这个地区参观，不仅可以看到一些被挖掘的建筑物，而且还可以看到在极度痛苦的情况下死亡的人的样子。与此形成对比的是，纽约市的双子塔遗址从"9·11"恐怖袭击之后变成了一个主要的旅游景点，2002年有超过300万名游客到访此地。奥斯威辛集中营（曾集中了超过100万犹太人或"国家敌人"）和英格兰的村庄苏哈（两名女学生在此遇害）都吸引了成千上万的游客。这种旅游形式存在道德和伦理问题，我们需要在人类的好奇心和消费他人痛苦之间划一个界限。

8.7.5 其他方面

科恩（1988）是最早研究文化与旅游交互影响的学者之一，下面总结了这一领域中最受关注的主要问题：

- 商品化：旅游需求导致文化表演和节事的变化，甚至是破坏。旅游者的时间和期待与当地居民可能有所不同，这可能导致宗教仪式以及传统的民俗和礼仪为了迎合游客的需求和愿望而发生改变。这个过程有时被称为民族性重建。
- 舞台真实性：为满足游客对新鲜（模拟）体验的需求而进行的表演，并非真实的活动，如斐济的赤脚过火焰表演。
- 标准化：旅游者对熟悉环境的追求导致文化多样性的丧失。
- 旅游者的异域文化旅游体验：旅游者只有到不同环境下才能够享受有意义的文化体验。

插图8-2

8.8 旅游的积极社会文化影响

8.8.1 旅游培养当地人的自豪感

旅游可以激发当地人对本地遗产的自豪感。我们经常忘记周围事物的价值，只有通过游客的眼睛才会重新评估我们自己的文化。庆典和仪式会随着时间的推移而变得让人厌倦，失去对当地居民的吸引力。旅游可以使这些仪式焕发生机。一些老手艺也是一样，如果不是因为旅游，它们也许已经失传了，因为现代社会已经用不到它们了。当然，也有人认为，如果这些技能或手工艺已经过时了，就应该允许它们自然消亡，而不是作为旅游猎奇的对象保存下来。

8.8.2 旅游带来社会文化意识和和平

旅游将人带到新的地方，拓宽了他们对其他文化和环境的理解和认识。这是一个教育过程，是旅游的重要组成部分，如果引导得当，可以让人们对其他社会有更多的认识、同情和钦佩。旅游者与当地居民之间的这种文化交流有助于促进社会群体之间的和平。1986年，世界和平旅游研究院成立。该研究院自成立以来组织了许多会议，并于2000年11月起草了《安曼宣言》，其中规定了世界和平旅游研究院的基本目标，60个国家的450多名代表同意遵守这项宣言，其中包括22个主要国际旅游公司的首席执行官。《安曼宣言》是一个影响深远的文件，综合了社会文化、环境和经济目标。

8.8.3 旅游提供共享基础设施

在目的地开发旅游业时，往往要改善当地的基础设施以满足旅游发展的需要。当地社区居民会发现，基础设施的改善使得他们的生活质量显著提高。这些进步可能体现为更好的供水服务和污水处理，提升了健康水平，也可能体现在建立新机场和增加国际航班等便利条件上。此外，旅游还可能为当地人口带来其他诸多好处，比如新建体育场馆、娱乐设施、餐馆以及餐饮种类的多样化等。

8.8.4 旅游业可以提供直接的社会文化支持

旅游业可以提供修复或保护自然和文化遗址急需的资金。在旅游经营商倡议网站（http://www.toinitiative.org/index.php?id=48）上可以找到这类实践的例子。其中包括瓦尔基旅游（Travel Walji）公司的案例，该公司不仅为南亚喀喇昆仑地区的保护提供直接资金支持，还通过旅游发展援助项目为该地区提供间接支持。

旅游业可以产生巨大的社会文化效益，也可能带来重大破坏。实际效果取决于各利益相关方，包括公共和私营部门以及旅游者和居民的所作所为。为了能够评估旅游业的净社会文化效益，需要在一个客观和合适的框架内衡量收益和成本。

8.9 衡量旅游社会文化影响的方法

8.9.1 数据收集

受旅游活动影响的社会文化因素一般来说是最难衡量和量化的。经济指标和环境指标有客观的衡量尺度，而社会文化影响往往是高度质性和主观的。社会文化影响的范围很广泛，包括那些明显可衡量的影响，如特定类型疾病和传染病的爆发；也有难以识别和衡量的行为，如习俗和行为准则的变化。此外，还有一些影响是可以识别的，如犯罪率上升、吸毒和卖淫，但很难确定产生这些影响的原因是旅游还是其他因素。

可以用来衡量旅游的社会影响的数据来源很广泛。重要的是要认识到，其中一些数据可能并不完全与旅游活动有关。这些变量出现变化的原因是多方面的，为了滤除其他影响，必须进行更深入的分析，但完全过滤是不可能的。

数据源可以分为原始数据和二手数据。原始数据可以通过进行家庭和游客调查来收集，这种数据收集方法比较费时费力，有时也很难保持恰当的客观性。针对居民的问卷需要非常认真地设计，以保证在能够取得客观数据的同时便于居民填写。收集原始数据的其他形式包括焦点小组法、核心人员调查法、德尔菲分析法和参与者观察法等。表8-2区分了访谈、问卷、德尔菲分析方法和观察法。

表8-2　　　　　　　　　　　　　数据的不同来源

指标（变化）	原始数据		二手数据	
	调　查	观　察	数　据	媒　体
犯罪率/水平	×		×	×
卖淫		×	×	×
吸毒	×		×	×
滥交	×	×	×	×
赌博	×		×	×
家庭关系	×		×	
社会价值	×	×	×	×
创意表达	×	×	×	
传统仪式	×	×		×
安全水平	×		×	
健康	×		×	
社区组织	×		×	×
基础设施	×	×	×	
集体生活方式	×	×		×
经济独立程度	×		×	×
人口分散度	×		×	
文化商业化	×	×	×	×
当地人与旅游者间的敌意	×		×	×
示范效应	×	×		
经济和社会二元性	×		×	×
心理压力	×		×	×
生活水平	×		×	×

有许多二手数据可以用来衡量旅游的社会文化影响，其中包括犯罪活动统计数据、传染病统计数据、就业和失业数据、报纸和其他媒体报道。有些数据本质上是定量的，而另一些数据是比较主观的，在解读时必须加以注意。表8-2区分了出于其他目的收集和整理的数据，以及通过以前和现在的报刊、电视和广播新闻、纪录片和其他形式媒体报道可以收集的信息（一般是定性的数据）。

衡量目的地社会文化影响的两个基本手段是对旅游者和当地居民进行调查。在进行当地居民调查时，应该考虑几个因素：

首先，与所有抽样程序一样，重要的是要获得一个具有代表性的人口样本。这看似简单，但是一些社会影响研究完全依赖于对附近人群（住在旅游设施附近的人群）进行随机抽样。为了衡量真正的影响力及其渗透水平，要在更广泛的范围内进行调查。其次，要明确研究对象是否能够分辨谁是旅游者，对旅游者概念的错误认识会使当地居民调查产生错误的结果。最后，在季节性很强的地区，在一年不同的时间进行多次调查也很重要。衡量旅游业社会影响程度的一个指标是旅游旺季过后当地人的意识、不满和其他特征下降的速度。如果在旺季后不久出现明显的下滑，那么可以认为，旺季的影响虽然严重，但对当地人口的影响并不太深入，很有可能通过管理游客流或加大基础设施投资成功补救。如果在旺季过后居民的不满程度仍居高不下，那么就需要在一些根本问题上进行整改，甚至要降低旺季的游客数量。

为了补充在经济和环境影响领域的研究成果，并为分析社会文化影响提供一个通用的分析框架，伯恩茅斯大学的研究人员试图将社会文化影响融入到经济和环境模型中去。新的模型可以考察直接影响、间接影响和诱发影响，并为研究其他（与旅游无关的）引起社会和文化变化的因素提供了工具。

目前，可包含的详细和可量化的社会文化影响变量的数量比较有限，包括：

- 旅游者与当地居民的比例；
- 当地居民与旅游者在交易中接触的次数；
- 当地居民与旅游者共同使用设施时接触的次数；
- 当地居民与旅游者以社会文化交流为目的接触的次数；
- 当地居民与旅游者的年龄分布差异；
- 与旅游者接触的当地居民的比例；
- 当地人从事与旅游相关行业的人口比例（按照间接就业和诱发就业计算）；
- 旅游者/当地居民的聚合度；
- 旅游的性质。

上述数据应该以相对较高的频率进行收集和分析，在大多数国家，其中一些数据很容易得到，可以按周或按月进行系统分析，其他较难获取的数据要间隔更长一些的时间。

8.10 小 结

本章讲述了旅游发展带来的社会文化影响的性质和决定因素。史密斯和普洛格的分类研究为社会文化影响方法论的发展提供了理论框架，这个框架也显示了巴特勒和道柯西模型的共通之处。旅游的发展对犯罪率、健康、目的地居民个人和集体的生活方式有不同的影响，但也要注意在衡量旅游对某一目的地的作用时不要忽略其积极的社会和文化影响。同时，旅游者回到客源地国家时也会把社会文化影响带回家。

8.11 课后习题

1. 研究旅游社会文化影响的主要方法有哪些？
2. 可以解释旅游发展及其对当地居民的影响的模型有哪些？
3. 博彩旅游对当地的社会文化有哪些弊端？
4. 列出旅游对社会文化的三个直接积极影响及三个间接消极影响。
5. 测量旅游社会文化影响要面对哪些难题？可利用的信息源有哪些？

8.12 案例：坦桑尼亚的马赛族人将得益于旅行慈善

Apolinari Tairo，eTN，2010 年 8 月 26 日

在坦桑尼亚北部的洛利翁多地区，经常可以见到身着传统服饰的马赛族妇女向在当地露营和游玩的旅游者售卖本地人制作的首饰。当地妇女制作的手镯、珠串、项链和各色的权杖是最受欢迎的饰品，很多来这里的旅游者都想购买。马赛族是坦桑尼亚最有趣的民族，他们的生活方式延续了几百年，从未改变。大多数马赛族人生活在坦桑尼亚北部的阿鲁沙地区，这个地方是东非的旅游枢纽，而马赛族由于信仰原因宁愿专心养牛，对现代生活方式和教育兴趣不大。

旅行慈善正在改变马赛族人的生活，旅游公司给当地人带来的好处日益增多，这些公司位于洛利翁多地区，一部分经营狩猎和摄影游猎旅行。恩雨阿塔妇女合作社就是一个通过旅行慈善项目让马赛族妇女受益的例子。合作社开始只有 10 个人，现在成员已经超过 100 位。合作社的经济来源是经过他们的村庄恩雨阿塔前往洛利翁多旅游宿营的游客。她们计划在不久的将来在本地建一个社区健康机构。恩雨阿塔的主席——纳洛蒂亚·帕尔梅雷斯很高兴见到越来越多的旅游者经过路边摆满了传统工艺品的摊位。

洛利翁多地区的马赛族人与坦桑尼亚其他大部分社区有所不同，他们的生活环境恶劣，和野生动物共用半干燥的土地，几十年来，生活用水、道路、健康服务和学校都很缺乏。只有驾驶四驱越野车和重型车辆才能进入洛利翁多的马赛族区域。大多数旅游者倾向于乘坐小型飞机抵达。

恩戈罗恩戈罗区委员会主席西蒙·索丹说，他们需要更多的旅游公司帮助马赛族人改变传统的生活方式，步入现代生活。人们纷纷指责世界各地的非政府组织，以马赛族人的名义滥用善款，却没有为他们提供教育和其他社会服务，帮助他们改变生活方式。这些非政府组织活动于马赛族社区，但是却没有帮助他们摆脱无知和贫困。

恩戈罗恩戈罗区专员埃利亚斯·瓦瓦·拉里说，去年坦桑尼亚北部干旱，恩戈罗恩戈罗区的 38 万头牛死了 65 000 头。牛与马赛族人的生活息息相关，是财富的标志，这场干旱给马赛族人带来的损失尤为严重。现代教育和现代农业对马赛族人而言仍是一个遥不可及的梦。

苏肯尼亚村和洛利翁多其他地区的旅行慈善将改变马赛族目前的生活状况。到这里来的旅游者通过在接待旅游公司的消费为当地做出了贡献。到苏肯尼亚村的旅游者直接资助了供水、教室和教师宿舍的建设及教师补贴。尽管旅行慈善为马赛族人提供了教育支持，但更大的挑战是如何鼓励马赛族的父母让他们的孩子去学校学习，而不是在干草牧场上放牛。

坦桑尼亚保护有限公司征集了 700 位计划 2010 年年底前去苏肯尼亚村的旅游者。如果进展顺利，这个村子的马赛族人会得到至少 14 000 美元的直接收益。该公司鼓励每位到这里露营的旅游者向村子捐献 20 美元。他们正在出资建设价值 30 000 美元的现代教师宿舍。

由 15 位马赛族青年组成的"依那布依族战士之队"也是坦桑尼亚保护有限公司旅行慈善的受益者。这些队员为旅游者提供晚间娱乐节目，进行几分钟的传统表演后即可每人获得 10 美元的收入。一位马赛族说书人也是受益者之一，她向旅游者讲述当地的野生动物、牛群、生活方式等文化故事，每次收入有 30 美元。

马赛族部落和野生动物保护机构在土地方面（包括政府控制的野生动物区）的冲突是马赛族人面临的最大问题。马赛族人努力维护自己的传统文化，把牛群视为财富的标志，以一夫多妻制为荣。

据说欧洲的非政府组织加剧了在恩戈罗恩戈罗自然保护区放牧的马赛族部落间的冲突，迷人的恩戈罗恩戈罗火山口就位于该保护区之内。鉴于马赛族和坦桑尼亚政府在恩戈罗恩戈罗自然保护区的地权争端，坦桑尼亚总统贾卡亚·基奎特引导马赛族人寻找更好、更高效的放牧方法，避免给已列为世界遗产的恩戈罗恩戈罗保护区带来环境危害。

资料来源：http://www.eturbonews.com/18140/travel-philanthropy-course-benefit-maasai-people-tanzania（accessed 6 June 2012）

讨论问题

1.马赛族人现在向旅游者展示本族文化的方式有何利弊？讨论时可以借鉴旅游发展阶段模型和旅游者分类研究。

2.从社会文化角度考虑，让旅游者住在度假村，和当地人分开比较好，还是让旅游发展融入当地现存设施比较好？

3.如何通过政策保证马赛族部落能够充分从上述项目中获益？要采取那些控制手段？要保证上述项目的有效运作需要对哪些指标进行监控？

第 9 章

可持续旅游

9.1　学习目标

本章学习的重点是与旅游发展和运营相关的长期问题以及气候变化对旅游的影响。通过本章的学习，您将能够：

- 理解可持续性的概念，以及难以对可持续性进行普适性界定的原因；
- 理解可持续性问题如何贯穿整个旅游过程，并涉及所有的利益相关者；
- 理解承载力的概念及其应用要面对的挑战；
- 了解气候变化的影响；
- 了解缓和或适应目的地气候变化的方法。

9.2　可持续性旅游的定义

《布伦特兰报告》（1987年）将可持续性定义为"既满足当代人的需求，又不损害后代人满足其需求"，并提出了可持续性的几条基本原则。明确的要求包括：

1. 采取综合规划和战略；
2. 保护环境（生物多样性）和人造遗产；
3. 保护关键的生态过程；
4. 促进和鼓励公众参与；
5. 确保生产力可以长期持续；
6. 让国家间更加公平，为不同国家提供更多机会。

世界旅游组织以上述可持续性的定义为基础，将可持续旅游定义为：

可持续旅游发展既满足当前旅游者和东道国的需求，同时为未来保护环境并提供机会。引导资源管理满足经济、社会和审美的需要，同时保持文化的完整性、基本的生态过程、生物多样性和生命支撑系统。

如今，关于"可持续性"已有数以百计的定义，但大家达成共识的一点是需要考虑所有利益相关者的长远经济、环境、社会文化和政治利益，并需要所有介入生产和消费的利益相关者的参与。

9.3　旅游的可持续性

旅游业与可持续性并非自然相容。例如，国际旅游涉及大规模交通运输、文化碰撞和激烈的资源竞争。仔细研究旅游活动与发展的可持续性之后，我们会发现情况并不乐观。

9.3.1　阻碍可持续性旅游的经济因素

要实现 "明智或负责任地使用" 或 "可持续性"，意味着长期的经济效益要达到最优。旅游业的经济影响包括旅游业与其他行业竞争生产要素，因此会引发通货膨胀，从而提高资源、土地和劳动力的使用成本。旅游业吸引原本从事传统行业的农村人口，导致传统行业的产出水平下降。旅游行业因为可能有快速回报并能够赚取外汇，会吸引稀缺的投资。这可能会使长期资源配置扭曲，导致结构性失业。在工业化城市地区，旅游业的发展可能不会带来严重的问题，但对于欠发达的国家或人口稀少的地区来说，旅游业发展所带来的影响可能是经济创伤。

9.3.2　阻碍可持续性旅游的环境因素

航空运输为空气污染负大部分责任，而大部分的航空运输是出于旅游目的。旅游业与房地产开发息息相关，涉及土地使用竞争，并消耗自然环境资源。旅游活动可能会严重破坏生物多样性，从狩猎、捕鱼到野生动物观察和徒步，都会有不同程度的影响。壮观的景致通常是新闻头条的素材，比如船只、锚和污染对加勒比海珊瑚礁的损害。一些不寻常的事件也吸引了媒体的关注，比如游客在南极的行为，珠峰大本营周围环境的恶化，以及古迹遭到的侵蚀。在埃及法老的墓地里，游客数量的增加将湿度提高几个百分点，加速了污染物对它的侵蚀。平常的事情危害性一样不小。例如，用于能源消耗和海水淡化的化石燃料使用量越来越大，为满足游客的旅游需求修建的公路、机场和海港数量也逐年增加。大量游客进入环境脆弱的地区必然会加剧自然环境与旅游活动之间的紧张关系。

9.3.3　阻碍可持续性旅游的社会文化因素

无论是适应当地风俗的探索型旅游者，还是完全不想入乡随俗的大众旅游者，对当地的社会文化都会造成影响。最初，游客们可能是出于好奇而观察目的地的习俗和传统，这种观察会引发商业化过程，这些习俗渐渐地就会发生改变。不想参与其中的自我中心型旅游者，会通过他们的行为、衣着和习俗的示范效应，改变当地居民的行为、穿着和习俗。因为旅游需要旅游者到目的地进行访问，必定会对当地社会文化造成一定的威胁。

减少影响旅游业长期发展的威胁有三种方法。第一种方法是为每一个目的地的未来发展设定限制。这种方法并不能增加目的地的净收益，而且如果一个目的地的旅游发展已经引发问题，这个方法也不会保证其长期的活力。第二种

插图9-1

方法是改变旅游行业中利益相关者的行为，以实现旅游产品的可持续性。这一方法要求企业进行更加完善的社会文化与环境管理，并需要旅游者对目的地文化与环境有更明确的保护意识和得体的行为。同时也可能要调整旅游产品供应链中的经济结构和权力分配，确保当地企业能够充分且平等地参与到市场中去。第三种方法是用可持续的旅游产品代替目前不可持续的旅游产品。若想成功，需要将以上三种方法结合起来，这意味着利益相关者行为要做出改变，企业、旅游者、当地居民要更具责任感，发展和活动都要有一定界限，新产品要考虑当地的环境和文化。

9.3.4 阈值和承载力

旅游活动对目的地的社会、文化、环境、经济等各个方面的可持续性都会产生影响。即使是具有可持续观念意识或环境友好型的旅游活动，一旦超过一定界限，消极影响就会大于经济净收益。假设旅游既有正面影响也有负面影响，会有一个阈值，当旅游者的数量超过这个阈值的时候，新增的游客就会对目的地的各个方面产生消极影响。例如：

- 超过物理阈值，如不限制游客流的规模，会威胁旅游者的安全；
- 超过环境阈值，会引起健康危害或损坏目的地的吸引力，进而影响游客流；
- 超过社会文化阈值，当地居民会对旅游者产生反感甚至敌对的情绪；
- 超过旅游人数阈值，旅游者的满意度会下降，转而选择其他更好的产品；
- 超过经济阈值，会出现资源与生产要素的不合理分配。

承载力是指"一个目的地在不至于导致当地环境和访客体验质量出现不可接受的下降这一前提下，所能接待游客的最大数量"（Mathieson & Wall，1982）。请注意"可接受"意味着会发生变化，这也意味着无法实现纯粹的可持续性。还要注意的是，要确定承载力的水平，除了考虑旅游人数的绝对数量，还要考虑以下因素：

- 旅游者的平均停留时间；
- 旅游者和当地居民的特点；
- 旅游者的地理集中度；
- 季节性的更替度；
- 旅游活动的类型；
- 不同地点的可进入性；
- 基础设施的使用和备用容量；
- 经济体系中各个生产部门的备用容量。

另一个以往研究结果中很少涉及的方面是，不同的游客以不同的方式相互影响。例如，加勒比地区的旅游目的地，如圣卢西亚，吸引了来自不同国家的游客，大多数游客来自美国，也有相当数量的游客来自欧洲国家。对于美国而言，加勒比是一个相对便宜的旅游目的地，而由于交通成本较高，这里对于欧洲市场来说则是相对昂贵的目的地。这意味着到加勒比地区度假的欧洲旅游者比美国旅游者的社会经济阶层更高一些。这些人群的混合将大大影响旅游者的满意度。从旅游者的角度而言，承载力不仅和人数有关，而且和旅游者构成有关。

9.3.5 承载力的动态性

有关承载力的文献让人感觉承载力是静态的或绝对的，实际上，承载力是变化的、动态的。面对刺激，人有一定的适应能力。社会文化接纳度会随着旅游者的到来而逐渐变化。比如，一个小型岛屿目的地一年内的游客人数从100人涨到100万人，那么其产生的社会文化、经济和环境影响将是灾难性的，而如果这个增长是在50年的时间内逐步完成的，那么可以感知的影响会小得多。人们逐步适应了变化——变化并没有减少，只是更容易接受。当地经济有充足的时间更好地适应结构性变化，衔接措施和支持性服务能够有充足时间到位，让目的地优化旅游收益；甚至当地居民最关心的环境问题也会通过合理的游客管理系统得到解决。

现在和未来的承载力也不会相同。即使是20世纪50年代世界上最受欢迎的旅游目的地也不会想到会有今天的游客规模。承载力是一个动态的概念，在旅游健康发展的情况下，承载力阈值很可能会逐渐上升，而过快的无规划发展则会降低接纳度和承载力水平。

9.3.6 衡量标准

承载力由很多因素决定，这些因素需要逐一研究。表9-1和表9-2列出了可以测量的变量、阈值和发展规模对承载力的影响。很显然，理解每一个指标的意义对决定旅游发展的阈值都非常重要。正如前面章节所讲，限制旅游活动仅是促进旅游业成功发展的一个方面。旅游目的地可以通过建立合理的经济框架或者加强宣传来改变利益相关者的行为，达到同样的目的，也可以发展具有可持续性的旅游产品。

表 9-1 变量与阈值

影响范围	变 量	阈 值
经济		
依赖性	对GNP的贡献	经济多样化/进口
金融	投资水平	可用资金
劳动力	就业	劳动力短缺/培训
通货膨胀	消费价格指数	社会成本/分配
财富	收入增长/分配	工资增长/进口
环境		
环境变化	物种/数量	物种灭绝/种群平衡
灾害	火灾、侵蚀、污染	成本/风险
野生动植物生存情况	城市化	土地使用/物种数量
物质资源		
道路	成本/时间/数量	拥堵/危险
住宿	数量/规模/质量	入住率
吸引物	数量/规模/种类	可到达性/可用土地
土地	土地使用比例	土地价格上涨
交通	成本/承载能力	拥堵/危险
基础设施	投资/质量	承载能力/健康隐患
政治框架		
战略	目标范围/深度	冲突/目标未达成
资源	支出/收入	预算赤字
合作	协作关系	缺少参与/资金
社会/文化		
人口	人口移动	分布/基础设施
生活标准	实际收入/财富	通货膨胀
价值	犯罪/吸毒/健康	社会混乱/代价
传统	参与度/质量	存在/特征

表 9-2   发展规模对承载力的影响

影响范围	小规模分散发展	大规模集中发展
住宿		
产品类型	非常有限	多样化
价格范围	低价/中等	低价/适中/昂贵
季节性	极强	相对较低，但问题更多
企业规模	中小企业	中小企业/国际企业
所有权	本地所有	外来所有
设施		
类型	非常有限	多样化
融资	当地出资	当地/外资混合出资
使用率	极高	很高
支持需要	低	高
劳动力市场		
供给/需求	边做边学	高端技能需求
	当地劳动力	当地和外来劳动力混合
	依赖当地劳动力供给	劳动力迁移增加
交通		
基础设施	有限	旺季拥堵
供应商	私营企业	更多公共供给
刺激供给	影响有限	影响很大

9.3.7 可持续的旅游产品

从20世纪80年代中期提出以来，生态旅游和替代性旅游的概念在学术和营销领域中一直占据了重要位置。对"生态旅游"一词的误用有很多，有的是为了营销宣传目的故意误导，有的是因为缺乏理解。威特（Wight，2001）指出，世界旅游组织曾在1997年估计全球有10%~15%的旅游属于生态旅游。然而，同年，该组织把这一比例提升至20%，这些比例的可信度不高，因为大众旅游仍是全球旅游活动的主导。毫无疑问，生态旅游与自然景区而非人为景区更为相关，环境可持续性也是这一概念的核心。然而很多生态旅游的定义也包含了当地文化的可持续性。维沃（Weaver，2004）认为，生态旅游的定义中还应该包括教育或学习的部分。若将所有这些方面都纳入某一旅游产品之中，生态旅游对大众而言不具有吸引力。大众旅游的理想目的地是有沙滩、大海、阳光的任何地方，不一定有壮丽的自然景观。生态旅游需要大量解说，而大众旅游产品并没有这样的需要。

生态旅游和替代性旅游都是规模不大、对当地影响较小的旅游活动。前者的核心是保护自然环境，但后者不一定。所以事实上，后者可能只是处在旅游开发早期，随着产品的发展，很快就会被包含在商业化的产品组合中。生态旅游意味着它能够防止或限制不受控制的发展。迄今为止，市场上还没有出现可以被称为大众可持续旅游的产品。大量的游客集中出现在目的地，需要为之提供交通、公共卫生与安全等基础设施，这与可持续性原则相悖。

20世纪80年代，企业界将"3R"应用于可持续性发展中。可持续发展意识的觉醒，对企业界而言是一个巨大的进步，尽管有些人会说，它们只是嘴上功夫，这么说是因为这个概念会提高销售业绩，增加红利。但汤姆森（Thomson）等旅游批发商发现，可持续旅游产品并没有成为热门产品。"3R"是：

Reduce 减少

Reuse 再利用

Recycle 回收

这些词汇的使用反映出企业界对环境和社会责任态度的重大转变。米德尔敦（Middleton，1998）将"3R"扩大到了"10R"：

Recognize 认识

Refuse 拒绝

Replace 代替

Reduce 减少

Reuse 再利用

Recycle 回收

Re-engineer 再设计

Re-train 再培训

Reward 奖励

Re-educate 再教育

虽然其中一些新加入的"R"被认为比较牵强，并且存在较多的交叉，但这个清单表明了可持续性在"3R"后的又一个巨大进步。有些意外的是，Responsibility（责任）没有包括在其中。

9.4 可持续发展战略

可持续发展最重要的是认识和责任。认识到用于生产旅游产品的资源是脆弱的；可持续发展的责任需要政府、规划人员、旅游业、旅游者和当地人共同承担。可持续发展战略的前提是让所有的利益相关者都参与旅游规划。在实践中，让当地居民参与旅游规划的挑战不亚于规范企业行为。

人们早已开始从环境角度"绿化"旅游业。然而，不论是宣传活动还是认证项目，迄今为止都没有取得成功。认证企业没能将可信的认证项目成功推向市场，因为实施认证标准耗时耗财，会增加行业负担。要提供此类认证的唯一有效方式是通过非营利性公共部门或机构，像推行健康与安全标准那样执行。

旅游的经济可持续性需要对行业进行整体规划，同时也必须保证旅游经营商不能设法规避或对规划施加任何不恰当的压力。在整个行业中建立合作伙伴关系是达到这一目标的方式，然而鉴于旅游业的竞争性和中小企业的份额，实现的可能性较低。

旅游的环境可持续性要求人们对旅游影响有更多的认识和理解，并需要将旅游的影响体现在经济市场上。它要求旅游者和企业明确各自的责任，有相应法律体系惩罚不合规行为。旅游活动造成的间接或诱发的环境影响必须纳入成本计算中，同时也要认识到随着时间的推移，环境和社会的变化是发展的自然结果，人们需要适应变化。

9.5 气候变化和旅游

地球的气候在前工业时代（1750年之前）就已经发生改变，预计在未来几个世纪内将继续变化。政府间气候变化专门委员会（IPCC）通过所掌握的最新科技和社会经济信息对世界气候进行定期的评估。在2007年发表的报告中，政府间气候变化专门委员会指出，全球气候明显变暖：空气和海洋平均温度明显升高，冰雪消融范围扩大，全球平均海平面上升。自19世纪末至21世纪初全球平均温度高了大约0.76℃。自20世纪中叶以来，大多数温度变化基本可归因于人类活动，这些活动使大气中的温室气体浓度增加。旅游是直接促成气候变化的人类活动之一。2005年，旅游业导致的二氧化碳排放量占总排放量的5%，其中40%是由航空业造成的，35%是由其他运输方式造成的。航空运输是影响旅游环境问题最重要的因素。短途或长途旅行日益增多的趋势使得航班越来越频繁，航程变得越来越长。

旅游业是一个高度气候敏感的经济部门，因为它与环境和气候有着密切的联系。气候变化的影响已经在世界各地的目的地变得越来越明显。旅游业由于其动态性较高，适应气候变化的能力也相对较强。因此，通过可持续发展，旅游业有降低气候变化风险的重要机会。

以下部分将概述气候变化对旅游的主要影响类型，介绍最易受影响的地区和旅游利益相关者可以采取的适应气候变化的方法。

9.5.1 气候变化对旅游业的影响

旅游企业和目的地对气候变化很敏感。例如，温度、降水、风速、湿度或积雪深度的变化可能直接影响：（1）旅游和娱乐活动的可行性；（2）参与旅游和娱乐有关活动的安全性；（3）旅行者的经历和体验。这三项中任何一项的改变都可能导致参与者改变未来活动的频率、持续时间以及地点，甚至选择完全不同的活动。气候决定了旅游季节的长度和质量，是影响目的地选择的主要因素。此外，气候变化会对众多环境资源产生影响，而环境资源是旅游业的关键，如积雪深度、生物多样性和淡水量。同时，气候变化也会影响很多旅游企业运营的其他方面，包括取暖、制冷和人工造雪等。总体而言，气候变化对旅游目的地的竞争力与可持续性大致有以下四类影响：直接的气候影响、环境变化的间接影响、社会变化的间接影响和其他部门政策的影响。

9.5.1.1 直接的气候影响

直接的气候影响包括极端天气事件的发生频率和模式，以及与气候相关的推动和拉动因素的变化。此外，取暖、制冷和人工造雪的成本都与气温直接相关。从传统的海滨旅游到特殊兴趣旅游，合适的气候条件是所有类型旅游活动的关键。随着旅游季节的长短和质量的变化，旅游企业之间的竞争关系可能会受到很大的影响，因此旅游企业的盈利能力也会受到影响。

人们已经预见到世界气候适宜性模式将发生重大转变。一些研究表明，到21世纪末，地中海地区夏季旅游的吸引力将大大降低，而春秋两季的旅游吸引力会大大增加。与此同时，北欧、地中海主要的客源地，全年都适合进行旅游活动，特别是在夏季。这些地区的游客大多数可能会选择留在本地区，而在南方的居民可能会在夏季到北欧避暑。在北美，美国可供冬季旅游的城市的数量会增加。因此，佛罗里达州南部和亚利桑那州可能面临日益激烈的竞争。世界其他地区气候旅游资源重新分配的程度可能比北美和欧洲更高。热带地区可能会更加脆弱，但目前还没有针对这些地区开展的详细分析。

9.5.1.2 环境变化的间接影响

气候变化也会通过环境的变化和社会的变化对旅游产生更加微妙和间接的影响。环境和气候条件对旅游业来说是至关重要的资源，任何变化都将不可避免地对整个行业产生影响。可用水量、积雪的变化和生物多样性的减少，目的地景色美观程度的退化，海岸侵蚀，基础设施的破坏，以及传染疾病的增加，都将对旅游业产生各种各样的影响。

在阳光充足、温暖干燥的地方，水已经成为旅游发展的制约因素。气候变化可能会加剧这一问题，加勒比地区和地中海等主要旅游区域的降水量将进一步减少。饮用水（居民）、灌溉（农业）、游泳池和高尔夫球场（旅游）等不同用途对水资源的竞争将加剧。通常而言，旅游业被认为是浪费水资源的行业。一个18洞的高尔夫球场每年用水量达数亿立方米。

气候变化还会导致暴雨和极端气候频发。旅游不仅因水资源缺乏而发展受限，还需要担心洪水泛滥，这不仅会影响自然景观，还会对文化古迹造成巨大破坏。高频率和高强度的自然灾害，如洪水、海岸侵蚀、飓风和热带风暴会损坏旅游设施和基础设施。事实上，这种情况已经发生了。

自然与生物多样性是旅游业发展的重要资源，它们也将受到环境变化的巨大影响。现有的稀有动物、植被、珊瑚礁、森林覆盖率以及其他生物多样性都将受到气候变化的影响。若全球气温平均上升1.5℃~2.5℃，全球将有20%~30%的动植物物种濒临灭绝。另外，地貌美观程度也是影响旅游者目的地选择的重要因素。在坦桑尼亚和肯尼亚，公园的管理人员已经发现，气候变化正在影响着羚牛迁徙的时间和路线，而观看动物迁徙奇观正是人们到访东非的主要原因。

如今已有数百万人的健康受到气候变化的威胁，尤其是在适应能力较低的地区。适应能力最低的国家主要分布在撒哈拉以南的非洲和亚洲的发展中国家。最严重的变化最可能是由影响范围已经很大的疾病的扩散引起的，这些传染病包括痢疾、营养不良、疟疾等由蚊子、苍蝇和其他介体传染的疾病。这些健康隐患将损害一些旅游目的地的接待能力，也会增加旅游者自身的健康风险。

9.5.1.3 社会变化的间接影响

气候变化将会给未来的经济增长和一些国家的政治稳定带来风险。《斯特恩评论》称，如果我们不采取任何缓解气候变化的措施，在21世纪末或22世纪初，人均消费将减少20%。由于气候变化缩减的全球GDP将对未来旅游消费产生负面影响。

旅游业对安全问题十分很敏感。区域气候变化可能导致淡水资源的退化、粮食产量的下降、灾害和环境移民。这些影响可能超越当局的应对能力，甚至导致当地政局不稳。在加勒比海、中美洲、地中海和北非等旅游业起着举足轻重作用的地方，人们已经发现与气候变化相关的安全风险。

9.5.1.4 其他部门（减缓）政策的影响

《斯特恩评论》指出，尽早采取有效措施应对气候变化是长远之计，比按兵不动、坐以待毙更加明智。若想大规模减排以避免"危险"气候的来临，必须减少航空业的排放量。然而，航空业减排政策与国际旅游的发展关系密切。国际组织以及各国政府都尝试通过相关政策来降低温室气体的排放量，影响旅游者行为的方法包括增加旅游成本、借助通货膨胀降低实际收入、倡导环保意识和行为等。

碳交易之类的气候变化政策可能会提高交通成本，使之超过效率增益节省的经济成本。相对于商务旅行者和长途旅行者，休闲旅行者和短途旅行者似乎对价格提升更敏感。原因之一是，与长途旅行相比，短途旅行有更多的选择和替代品。此外，可负担长途旅行的人往往比一般人更加有富有，机票价格增加并不会对其产生过多影响（旅游者不能或不愿意很快改变他们的计划），但随着时间的推移，旅游者将渐渐避免航空旅行，开始有意识地寻找可替代的交通工具，如公共汽车、火车和汽车。廉价航空已经成为人们珍惜且不愿意放弃的"权利"。在澳大利亚、新西兰和亚洲等长途旅行目的地，已经有人对碳排放税和其他减排政策表示担忧。一些研究显示，人们就航空旅行对气候变化的影响抱有拒不承认的心理。

9.5.2 气候变化对脆弱型目的地的影响

在不同地理区域及市场的情况下，气候变化对旅游的积极和消极影响也不尽相同。为了使相关风险最小化，利用好新机遇，目的地和旅游业都应以可持续的方式适应气候变化。脆弱型旅游目的地尤其令人担忧，特别是当地社区严重依赖旅游发展的地方。下面会讲到气候变化对三类目的地的潜在影响：山区、岛屿和沿海地区，以及自然和文化遗产地区。

9.5.2.1 对山区和冬季运动目的地的影响

山区是全球旅游的重要目的地，主要景色为冰川雪原和原始山景。这些景色极易受到气候变化的影响。冰雪运动旅游被称为全球最易受气候变化影响的行业，因为其经济收益与气候之间联系密切。气候变化对冰雪运动旅游的主要影响在于自然降雪可靠性和技术降雪可靠性。滑雪度假村惯用技术降雪的方式进行人工造雪。

这对欧美国家来说都存在风险，但是气候变化对不同地区的目的地的影响大小各异。如果对未来50年气温上升的预测变为现实，澳大利亚和苏格兰的滑雪产业将完全消失。然而，对大部分区域市场而言，气候变化的后果更可能是滑雪目的地和运营商数量的减少。较高海拔的目的地会进一步扩大。经济合作与发展组织最近的一项研究表明，如果气温上升2℃，欧洲阿尔卑斯山能够自然降雪的滑雪场将由609个（91%）降低至404个（61%）；气温上升4℃，这样的滑雪场将下降至202个（30%）。据预计，至21世纪中期，阿尔卑斯山的气温每年升高2.3℃~3.3℃；到21世纪末期，该地区每年的温度增长将达到2.9℃~5.3℃。在冬季气温升高更加明显。

北美的研究表明，先进的造雪系统降低了滑雪场的脆弱性。造雪系统对整个滑雪场有益，但对于单个企业来说投资巨大。北美的滑雪度假村通常是联合企业，能够负担大型投资，这也在一定程度上解释了先进造雪系统在北美的普及度高于欧洲的原因。然而，人工技术降雪无法拯救另一项冰雪活动：雪地摩托，这一活动完全依赖于自然降雪。如果全球气温持续变暖，雪地摩托这一活动很可能在50年后便从北美东部地区消失。

9.5.2.2 对岛屿和沿海地区的影响

岛屿和沿海地区也是最容易受到气候变化影响的旅游目的地类型。它们可能会经历的变化包括：极端天气发生的强度和频率增加、海平面上升、洋流和海洋生态系统的改变等。其中最直接和影响强度最大的是极端事件（如洪水、热带气旋、风暴潮、热浪等）和气候的变化（如干旱、盛行风加速海岸侵蚀等）。沿海地区尤其容易受到极端大风事件的影响。最近几十年，暴风雨及其造成的损失急剧增加。极端事件会破坏生态系统，如红树林、热带森林和珊瑚礁。对旅游行业及其他领域来说，珊瑚礁则是十分重要的资源。在许多地方，珊瑚礁是吸引游客的主要因素，被当作目的地的主要经济资产。海水表面温度的升高和海水酸度的增加将对海洋生物和珊瑚礁产生影响，破坏这些资产。由于沿海地区要进行大量的旅游活动，海平面上升给旅游业发展带来了巨大影响。它加剧了海岸的侵蚀，导致海滩消失。海平面上升主要是海水膨胀的结果（温暖的海水占据了更多的空间）；山脉冰川和小型冰盖的持续融化也加剧了海平面上升。到2100年，全球海平面还将上升20厘米~60厘米。

海平面即便有小幅上升也会导致严重的海岸侵蚀，洪水频发，淡水含水层的污染，珊瑚礁、红树林和沙滩的减少。尤其是小型岛屿地区，其生物多样性、人口、农业土地和资产都面临着风险。这些岛屿中有些是举足轻重的旅游目的地。比如地处印度洋的马尔代夫，平均海拔仅1.5米，据预计海平面上升的速度可能会使其岛屿和环礁的大片区域被海水淹没。其他低洼岛屿，如巴哈马群岛和基里巴斯也面临类似的问题。

9.5.2.3 对自然和文化遗产地区的影响

自然环境往往是决定旅游需求的重要因素。景观是目的地选择最重要的因素之一，游客被国家公园所吸引，因为它们代表着一种令人愉悦、健康的环境，并且园内生长着有趣的动植物。气候变化会引起生物多样性和自然景观的变化，降低其美感，进而影响游客人数。珊瑚白化就是一个典型的例子。考察20世纪末和21世纪珊瑚白化事件与同期的游客人数，可了解二者的关系。许多研究表明，珊瑚白化的影响是有限的，主要由于潜水者对珊瑚白化的了解较少，但其长期影响尚未有定论。

对于某些类型的旅游，个别物种的存在比自然美景的消失更加重要。例如，比赛性钓鱼需要特定鱼种，这类鱼的生存需要特定的气候条件。这些条件的改变将会对钓鱼产业造成经济损失。预计21世纪50年代美国这方面的损失每年达3.2亿美元。

文化遗产包括建筑遗产、考古遗产和社会文化遗产。气候变化对文化遗产最明显的影响是海平面上升对海岸附近建筑的直接影响，这些建筑可能被海岸侵蚀、淹没或损坏。降雨量的增加也会加剧水位上升，影响建筑物的地基或结构。从气候变化中拯救如威尼斯这样的世界闻名的目的地，其成本将十分高昂。

9.5.3 适应气候变化

无论减排的成效如何，一定程度的气候变化是不可避免的。即使今天的排放减少到零，全球平均气温仍然会升高0.6℃。因此，政府间气候变化专门委员会表示，各地的社会和旅游业等经济部门需要在未来几十年适应气候变化。适应气候变化指的是对自然或人类系统的调整，以应对实际或预期的气候影响，降低损失并寻求有利机会。众所周知，旅游业面对突发事件具有极强的韧性。近年来，旅游业所遭受的灾难性事件有严重急性呼吸综合征（简称"非典"）、恐怖袭击和亚洲海啸。旅游业的韧性和活力表明，整个行业对气候变化的适应能力相对较高。许多业内的利益相关者应对气候变化影响的态度非常乐观。然而，这种乐观主义能持续多久是个未知数，因为气候变化可能会带来前所未有的重大影响。

适应气候变化主要有如下几个障碍：在承认气候变化的现实和严重性的同时，许多利益相关者不知道气候变化会如何影响他们的企业及经济活动。长期的气候变化和短期的商业活动之间存在时滞，气候模型提供的整体预测与利益相关者体验到的当地情况也存在差距。旅游业的组织性通常较差，旅游企业大多数是中小型企业，其人力和财力有限，不会深入了解气候变化与本企业的关系。同时，旅游业对目的地形象的敏感性很高，对气候变化影响的担忧会对目的地或商业声誉产生不利影响。因此，许多企业不愿公开表达它们的担忧，而是悄悄地进行调整，并期待公共机构发挥领导作用。

一般来说，旅游产业各分支领域的适应能力有所不同。旅游者具有最强大的适应能力，对于气候变化的问题，他们可以自由选择旅游目的地，或更改出行时间，以避开较差的气候条件。无自有基础设施的大型旅游批发商也处于有利地位，因为它们可以回应旅游者需求，通过提供相应信息来影响他们的旅游选择。有大量不动产投资（如酒店、综合度假区等）的目的地社区和旅游批发商的适应能力最低。

气候变化带来的新风险给新建基础设施带来了巨大的挑战。同样，为应对气候状况变化，现有基础设施的建造标准也需要随之调整。如热带旅游地区，酒店屋顶需要改进防水设施。由于气候变化所带来的风险越来越多，保险业已经开始实行风险规避的策略。美国的一些保险公司最近决定减少佛罗里达和墨西哥湾的保险业务范围，这些变化对未来旅游业的再投资以及加勒比海等灾害多发地区的发展有重大影响。

保护生物多样性和维持生态系统结构与功能是适应气候变化的重要战略。如今，建立保护区被认为是确保陆地、淡水和海洋生态系统面对气候变化压力最合适的战略之一。保护自然环境也有助于减少山区雪崩和岩体滑坡的发生。人工造雪是应对气候变化的重要方法之一，在北美东部地区和澳大利亚应用得十分广泛。然而，一些调整方法的可持续性遭到了质疑。目的地社区和环保组织已经开始关注造雪所需的大量水资源和能源，以及这一过程中所需使用的化学添加剂。由于能源、基础设施和水的成本增加，对于一些滑雪场来说，造雪并非是个经济的选择。

产品和市场多样化是应对旅游季节性的常见策略。许多滑雪度假村都进行了大量的投资，为非滑雪游客提供替代性活动（如雪地摩托、室内游泳池、保健水疗、零售商店）。滑雪场逐渐多样化，成为"四季度假村"，并提供非冬季活动，如高尔夫球、划船、激流划艇、山地自行车、滑翔伞、骑马和室内滑雪等。在岛屿和沿海目的地，人们试图将高尔夫球场、文化遗产和购物纳入投资组合中，以减少对海滩旅游和其他对气候敏感活动的依赖。

气候变化风险管理应该融入整个商业实践，和收入与成本、资产与负债以及整个供应链实现有机的结合。除了公共机构的调整政策外，旅游企业和投资商也可以采取内部措施应对气候变化带来的挑战。除了管理气候变化的直接影响，还需考虑资源和客户基础的变化。

9.6 小 结

可持续性是当代旅游发展不可分割的一部分。可持续战略是旅游发展的首要任务。气候变化使消费者对旅游风险的感知意识提高，海啸、地震和飓风等环境事件受到了媒体的广泛关注。目的地适应气候变化的方法包括：建设能够抵御极端天气的基础设施和服务设施，把旅游设施建在海拔较高的陆地地区，远离气温和降水过多、可能对游客造成威胁的地方等。有些企业，如旅游中间商，能够比较容易适应气候变化，而有些企业则完全没有调整的空间。风险一直是旅游业的一部分，在过去的20年中对旅游者决策的影响越来越大。

9.7 课后习题

1. 定义"可持续性"。
2. 实现可持续发展要面对的主要障碍有哪些？

3.哪些方法能使旅游业发展更具可持续性？

4.解释"承载力"的含义。

5.气候变化对旅游目的地有哪些直接和间接的影响？

6.针对气候变化，旅游目的地可以做出哪些适应性调整？这些调整具有哪些局限性？

9.8 案例：可持续旅游投资模型

伯恩茅斯大学与世界自然基金会（WWF）及联合国环境规划署（UNEP）合作建立了一个衡量旅游投资的经济与环境影响的新方法，并将它与提高旅游企业经济与环境效益的模型相结合。该方法采用了投入－产出模型，并通过建立在线逐年更迭模型来确保其动态性，克服前者的弊端。新的系统有三个界面，每个界面都可用于优化旅游行业利益相关者的活动。

这个模型能够做什么？

可以让利益相关者把自身的经济、商业和环境表现与本行业的其他企业进行比较。该模型通过"效率竞争环境"，推动现有和新的企业向更高效、更具可持续性的方向发展。该模型可以为私营企业提供关于其商业活动对当地经济和环境影响的细节信息，以及该企业与同行业其他企业表现的对比。该模型可为潜在投资者提供一系列相关数据，帮助他们判断和了解未来的市场境况，以及投资项目造成的影响。对于公共部门，该模型提供了经济和环境方面的概况，为政策制定和规划决策提供参考。该模型的主要目的是将"经济及环境效益"作为经济发展的核心，促进未来发展的可持续性。

模型的特点

● 该模型是基于网络运行的，不管用户在什么位置，都可以通过密码访问。使用该模型必须经过注册，一旦注册成功，用户能够使用本行业的相关数据。

● 该模型提供了效益指标、基准、影响和预测的宏观及微观信息。

● 所有行业均可使用该模型，一同推动可持续发展。

● 不同用户对模型的互动性使用赋予了利益相关者所有权。

● 该模型能够自我延续，因为利益相关者的参与能够保证数据的完整性，所以这是一个具有可持续性的旅游投资模型。

● 效益指标的时间序列能够呈现出效益提升的历史过程。

谁能从这个模型中受益？

该模式通过推动更具环境效益、更有效率和更有竞争力的经济发展，使所有利益相关者受益。

企业：

无论企业的规模如何，从大型的酒店到小型的咖啡店，从出租车到航空公司，都可以评估它们与本行业最差、平均和最优绩效的差距，并且据此来调整其商业活动。

投资者：

投资者将能够在投资前看到该行业的表现如何，确定当地的经济能否支持他们的投资，并考察其投资对当地经济以及环境可能产生的影响。

目的地：

公共部门也可以从中受益，因为它们可以看到详细的经济整体情况，了解项目方案的影响，并且探讨不同的可能性。

居民和雇员：

当地经济活力的增加，企业的可持续发展，旅游行业负面环境影响的减少，都将使当地居民受益。

讨论问题

1. 每年更新的在线滚动模型虽然克服了投入-产出模型的许多局限性，但它还存在哪些不足（见图9-1）？

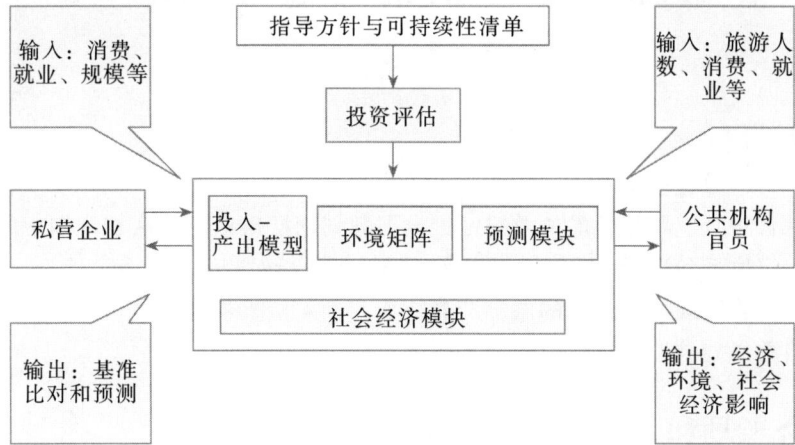

图9-1 在线可持续模型

2. 赋予利益相关者可持续发展模型的所有权可能带来哪些隐患？如何减少这些隐患？

3. 依据这一模型制定的政策和规划有哪些特征？如何利用这些信息来指导营销策略？

第 10 章

旅游与发展规划

10.1　学习目标

通过本章的学习，您将能够：

- 理解综合旅游规划与发展的重要性、发展规划的层次以及社区在规划中的角色；
- 理解制定愿景和进行SWOT、STEP和PESTEL分析对规划的作用；
- 认识影响旅游规划与发展的旅游产品特征；
- 掌握旅游规划与发展过程的主要步骤。

10.2　综合规划和开发

对一个行业或一个经济体进行发展规划时，规划者和决策者可能会采取主动性方针为发展道路制定战略。这种方法要求人们不仅深刻而透彻地理解当地经济及其结构、局限性和优势，而且要了解外部因素可能带来的影响，它们将如何冲击当地的发展进程，以及这些外部影响可能以什么形式表现出来。同时，也可以采用混沌理论的回应性方针。这种方针认为，发展过程存在太多内部和外部的变量，这些变量既不可控，又不可准确预测，所以规划无法进行。与其采取不能解决问题的规划路径，不如制订应对方案，以良好的准备应对意外的发生。后一种方法需要训练决策者在应对意外情况时做出积极和明智的反应。这和飞行员训练很相似：既要训练他们根据既定的路线和时间飞行的能力，同时也要训练他们灵活应对突发事件的能力。制定旅游发展规划也同样如此，单纯依靠回应性的政策实际上就是放弃了优化旅游发展的机会。

20世纪90年代，学术界广泛争论的另一个问题是可持续发展的概念。虽然可持续发展的很多说法从学术的角度看都是合理的，但既没有创新又没有突破。我们在计划消耗有限资源的时候必须考虑后代人的利益，这个概念不仅值得赞赏，而且应该在所有的生产和消费活动中得到贯彻，不仅仅是旅游。其实"可持续发展"用词不当已经导致了许多误解。发展与增长的概念常常被混淆，事实上，只有持续的发展才能被称为真正的发展，否则只能叫作短期增长。大部分试图给发展下定义的教科书都包括了一些关于自我持续增长的论述。然而，利用有限资源进行生产不是可持续发展，除非未来的科技发明和创新能够提供可替代资源。为减少旅游业在短期内的直接影响而阻止某些旅游活动的做法是危险的，因为这种做法可能会在将来带来更大的危害，降低可持续性。显而易见，可持续性的争论没有简单答案。只能说，发展规划与可持续性论点密切相关，而正是糟糕的规划才极大促进了最近这些讨论。

10.2.1　旅游与发展

如果旅游是一个国家发展规划的一部分，就必须依据一个基础坚实的战略来组织和发展。这些基础包括旅游相关部门的协调及旅游产品的供给和需求。发展规划的制定过程需要广泛的相互关联的部门来参与，即使它们的目标会相互冲突。此外，不同的利益相关者对旅游业及其发展过程可能有不同的认识。在讨论旅游发展规划的过程之前，有必要弄清楚将旅游业作为发展的催化剂所具有的优势和劣势。

10.2.1.1　旅游产品的特征

旅游产品所包含的活动的范围和多样性是独一无二的，几乎没有其他产品能与之匹敌。此外，旅游产品必须在旅游目的地进行消费，但旅游产品的生产者却不一定局限于当地。旅游的生产和消费是同时发生的，这种同时性也造成了其他产品和服务没有的、特殊的社会影响（在某种程度上，还有环境影响）。

10.2.1.2　旅游是财富再分配的手段

旅游业被认为是赚取外汇最快的方式之一，在很多国家也是最有效的再分配手段之一。尽管通过城镇人口在相对贫穷地区的消费可以实现国内的收入再分配，但是旅游调整世界经济平衡的作用却令人失望，因为大部分国际游客的流动是发生在发达国家之间的。尽管如此，它也为那些在实物产品市场竞争中难以立足的发展中小国提供了宝贵的外汇来源。

10.2.1.3　旅游是劳动密集型产业

与大多数服务行业一样，旅游是劳动密集型产业。对于劳动力过剩的发展中国家和高失业率的发达国家，旅游业提供了创造就业机会的有效途径。在许多劳动力短缺的国家，为旅游业引入劳动力也并不是新鲜事。有人可能会质疑，在这些国家，旅游业是否具有比较优势，如果将它们的生产要素运用到其他行业是否更有利些。

虽然有些地方已经证明了当地的旅游目的地可能得益于旅游业创造的就业机会，但同时也要考虑旅游单位需要的劳动力特征。比如，大型酒店的就业结构通常是图 10-1 所示的扁平金字塔形状。大部分员工从事的是技术含量较低的工作，中高级管理岗位相对有限。这种职业金字塔会使得员工缺乏职业发展的机会，从而导致员工的动力不足。

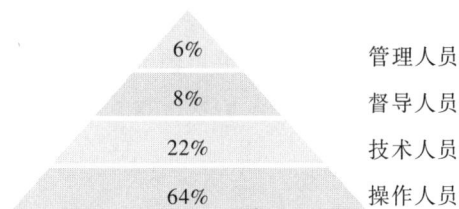

6%	管理人员
8%	督导人员
22%	技术人员
64%	操作人员

图 10-1　典型的酒店岗位结构

资料来源：Cooper，1991（reproduced with permission）

10.2.1.4　旅游与在职培训

当地劳动力市场所需的旅游和接待技术对教育资源的需求一般不会太高。住宿业对员工教育方面的资格要求很低，这对那些只接受过初级教育的人非常有利，但对旅游业未来的发展和目的地的整体发展都很不利。无论是私企还是公众机构，都急需各种层次的培训和教育。但是企业常常忽视这种需求，而满足于廉价劳动力带来的方便。公共部门通常更关心达到就业的短期目标，而不是培养受过良好教育的、合格的人才。在旅游和接待业中，教育和培训无疑是十分必要的。很多没受过系统培训的员工，导致了低劣旅游产品的出现。这样的旅游目的地无法与高质量的旅游目的地竞争。

10.2.1.5 旅游业的结构

旅游业的显著特点之一是中小型企业居多。旅游业的特征使它对个人和家庭式企业很有吸引力。小型企业数量的迅速增加对旅游业有利有弊。首先，它有利于旅游业的快速启动，富有弹性的供给资源能适应旅游需求的波动。从外部来看，旅游业对技术的要求不高，这鼓励了创业者的加入。旅游业的行业进入障碍很小，即使是最小的企业也有创造产品差异性的空间，而且在资金方面的要求也很低。但是，这些优势也能够成为这个行业最令人头疼的问题的源头，因为：

- 员工缺乏培训；
- 过高的资产负债率导致经营失败；
- 因为不能实现规模经济效益而导致效率低下。

10.2.1.6 贸易保护主义

旅游业生产和消费的同时性意味着旅游者必须到目的地才能享受旅游产品。这使旅游业成为一个特别的出口产业。国际旅游消费者（旅游进口国）通常不把它们在海外的旅游消费当作是一种进口，也不把这种消费看作是对国内就业的严重威胁，因此，旅游业得以躲避保护主义和贸易报复的危险。世界上许多发展中地区经常会进行外汇控制，这也解释了区域间旅游增长相对较慢的现象（如东南亚地区）。

10.2.1.7 综合性行业

旅游业是一个由多种产品构成的行业，包含了交通、住宿、餐饮、零售、娱乐等多个领域。这意味着旅游业与其他经济部门有着很强的关联性，这种关联性的强度决定着旅游产出的价值，以及与旅游消费相关的收入和就业乘数。旅游活动制造了多种就业机会，这对劳动力市场和职业培训的发展都有促进作用。

10.2.1.8 价格弹性

许多发展中国家的外汇收入依赖于国际市场上的初级农产品价格。事实上，像可可、糖、大米之类的农产品价格是由世界商品市场决定的，而不是由每个独立的生产国控制的。旅游业所提供的外汇在一定程度上是可以由东道主国家控制的。目的地所拥有的自然或者人文资源带来的产品差异性使得他们拥有了一定的议价权，产品的差异性越大，垄断力量就越强，目的地定价的自由度就越高。

10.2.1.9 价格竞争

大部分的旅游市场，这里指度假旅游，对价格是极其敏感的。因而，旅游市场的国际竞争十分激烈。汇率变动对国际旅游人数和国家旅游消费的影响可以充分证明这一点。尽管多数大众旅游目的地宣称它们的产品非常独特，但是如果简单对比一下推销阳光、沙滩、大海度假产品的宣传册，就可以发现竞争的主要内容不是酒店、沙滩和海水的质量，而是套餐产品的总价。不论对旅游目的地还是对旅游批发商，价格竞争都是廉价旅游市场的一个基本特征。

10.2.1.10　季节性

在许多国家，全年旅游活动波动程度显著。这不是旅游业独有的特点，但是大多数行业的季节性不会像旅游业这么强。

旅游业的季节性反映在如下方面：

- 就业（临时/季节性的员工）；
- 投资（资金的年度收益率低）；
- 价格政策（淡季的折扣价格）。

从经济学的角度来看，任何需求具有季节性波动的行业都会面临两难的境地。如果为满足旺季的高峰需求而购买足够多的资源，那么在一年的其他时间里则必须面临生产能力闲置的问题。如果根据平均的需求水平来配置资源，那么一年中的一部分时间里会有闲置产能，而在旺季又无法满足高峰需求。还有一种选择是，可以用可变资源（员工）来满足旺季的高峰需求，然后在淡季撤出这些可变资源。尽管从盈亏平衡的角度来看，这样做是很有吸引力的，但是这种已被广泛应用的手段对雇主与员工的关系没有任何好处，而且每年雇用临时员工会引起人力资源浪费，因为用于培训的投资会在旺季结束后都损失掉。

为了弥补季节性带来的损失，许多酒店和旅游经营商在淡季期间推出非常优惠的折扣价格。在游客不打算旅游的时候打出较低的价格是可以把他们吸引到旅游地来的。但这种折扣是有限度的。首先，在淡季中旅游企业的收入至少要能够弥补旅游产品的可变成本。只有这样，它们才能够通过淡季的经营来留住员工，而且还可能会补偿一些固定成本损失。其次，淡季的包价折扣不能太大，以免影响旺季产品的需求。

也有一些旅游地不受季节变化的影响，全年都保持着较高的游客数量，而不必像季节性较强的目的地那样承受那么多的社会文化和环境影响，这为它们提供了竞争优势。

10.2.1.11　高额固定成本

许多旅游相关行业的固定成本都很高。也就是说，在还没有任何产出的情况下就必须有大量的资金投入。在这种成本结构类型的行业中（如航空公司和酒店），销售量举足轻重。如图 10-2 所示，纵轴线表示收入和成本，横轴线表示目的地在一定时期内的销售量。非旅游业的盈亏平衡点用 Q_1 来表示，Q_2 代表旅游业的盈亏平衡点。曲线 C_1 表示非旅游产业的成本变动情况，曲线 C_2 表示典型的旅游及相关行业的成本变动情况。我们可以看到，两种行业有着相同的可变成本结构，但旅游相关行业却具有更高的固定成本结构。最终的结果是旅游相关行业的盈亏平衡点（BEP_2）要比非旅游行业高很多。因而在高固定成本行业，销售量变得头等重要。盈亏平衡点是指在这一点上的收益和产出刚好等于生产产品所需要的成本。

高经营杠杆行业对数量的追求也影响了国家旅游组织的思维方式。许多旅游目的地把接待人数作为制定旅游发展规划的基础。世界各国都会为游客数量又创新高而欢呼雀跃，很多国家仍然在它们的旅游发展规划中用床位数量和游客过夜数据来表述发展目标，而旅游者出现本身并非这些目的地的主要目的。由于旅游业的主要的目的是经济性的，因此应该用经济指标而不是接待量来反映成绩和目标，同时应考虑环境和社会指标。

很多因素使得旅游业成为一个颇具吸引力的发展选项。但是，如果没有用合适的规划加以控制或协调，一些因素也可能会降低旅游业的吸引力。

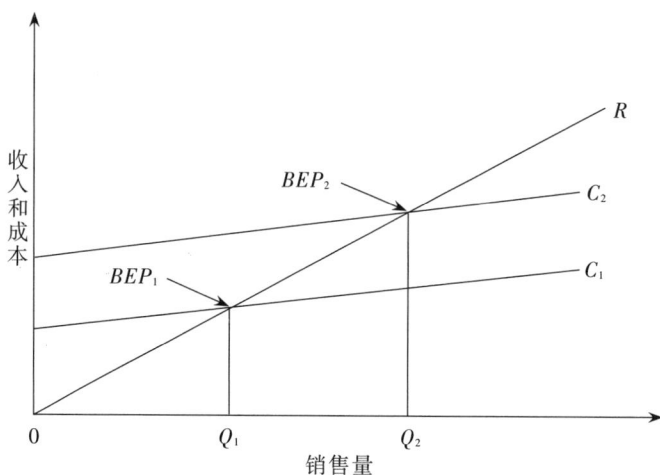

图 10-2 固定成本对盈亏平衡点的影响

10.3 发展规划的层次

旅游发展规划有国际、国家和地方等不同的层次。

10.3.1 国际旅游规划

国际性的组织，如世界旅游组织、欧盟、经济合作与发展组织、加勒比海旅游组织和南太平洋旅游理事会等机构都进行各种形式的旅游规划。这个层次的规划常常在结构、细节和实施方面比较粗略，通常是以指导方针形式为成员国提供支持。

10.3.2 国家旅游规划

国家旅游规划包括对整个国家旅游业的发展规划，通常也包括为某些特定区域设定的目标。规划的表现形式有很多，包括：
- 旅游政策；
- 市场营销战略；
- 税制结构；
- 奖励/资助计划；
- 法规（如就业、投资、利润汇回等）；
- 基础设施开发；
- 内外部交通运输系统及其组织；
- 教育/培训和人力资源项目。

10.3.3 区域和地方旅游规划

区域和地方旅游规划涉及影响某一地区的具体问题，比国家旅游规划详细并更具有针对性，不同地区的旅游规划也会有很大的差异。例如，一个地区可能会鼓励大力发展旅游业，而在另一个地方却要严厉禁止进行某种旅游活动。这种规划的对象可以是一个省、一个城市、一个县，甚至是一个旅游度假区。

不过，区域规划与国家规划之间以及不同区域规划之间的差异是受限制的。区域规划的目的和目标当然不能与国家规划及其他区域规划相矛盾。理想的区域规划是在当地条件允许的情况下，尽可能与国家规划保持协调一致。

各个层次的规划都应考虑到如何向消费者，即旅游者，传递信息的问题。一定要牢固树立这种观念：您没有告知旅游者的信息和您告知的内容同等重要，尤其是当我们力图引导游客去一些地方，远离另一些地方的时候。这些信息可以通过各种媒介散布出去，包括互联网——它对旅游发展和营销的作用越来越大。传统上我们使用的其他媒体包括：

- 游客引导中心；
- 游客信息中心；
- 广告宣传册、地图、杂志文章和广播；
- 自助导游解说词；
- 官方旅游指南；
- 海报和展牌。

以上所有媒介既可以用于与游客的沟通，也能够用来支持官方组织的正式活动项目。在我们生活的全球化世界，不同层次规划的合作、协作与整合不仅更加可行，而且更加重要，是未来旅游规划的趋势。

10.4 旅游发展规划的过程

规划就其概念而言是为了达到预期目标对未来的活动进行安排。综合性的规划和开发是一项复杂的工作，因为它综合了所有的规划形式——经济的、社会的和文化的。规划不是一个静态的概念，而是试图在一个内部和外部影响因素不断变动的环境中制订一种最佳的战略方案。虽然规划作为一个动态的概念有各种表现形式，但规划的过程却有一个统一的结构，见图10-3。

10.4.1 认识和准备

认识和准备工作是指规划当局（通常是政府部门）、私营企业和当地社会认识到，旅游业是一个不错的发展选择，但其发展要有一定限制。事实上，认识到制定战略的必要性本身就是一个很重要的信号，表明政府和居民已经意识到旅游业的复杂性和协调的必要性。

10.4.2 制定战略目标

为了顺利编制旅游发展规划，必须对旅游发展要达成的目标有一个清楚的认识。在编制旅游发展规划时，一个常见的错误是忘记旅游业被确定为发展方向的原因。如果旅游业被看作是创造外汇和就业机会的最合适途径，那么从一开始就应当把这些目标渗透在发展规划中，这将有助于避免用游客数量和年度游客过夜数量做目标的错误。

经常出现在旅游发展规划中的目标主要有：

- 全面发展高质量的旅游业，但投入不一定要很高；
- 通过旅游业促进文化和经济的交流；
- 尽可能直接和间接地把旅游业的经济利益广泛切实地渗透到东道主社区中去；

```
┌─────────────────┐         认识发展战略的必要性对以
│   认识和准备    │         后的规划过程有重要意义
└────────┬────────┘
         │
┌────────▼────────┐         我们为什么要发展旅游业？
│   制定战略目标   │◄──┐
└────────┬────────┘   │
         │            │
┌────────▼────────┐   │     哪些资料是现成的？
│   调查现有资料   │   │
└────────┬────────┘   │
         │            │
┌────────▼────────┐   │     填补信息缺口
│   实施新的调查   │   │
└────────┬────────┘   │
         │            │
┌────────▼────────┐   │
│  分析原始资料和  │   │
│    二手资料      │   │
└────────┬────────┘   │
         │            │
┌────────▼────────┐   │
│    初步拟定      │◄──┘
│  政策和规划      │
└────────┬────────┘
         │
┌────────▼────────┐         提出几条可以作为政策选择
│    提出建议      │         的建议
└────────┬────────┘
         │
┌────────▼────────┐
│    实施规划      │
└────────┬────────┘
         │                   控制和修编规划的过程是动
┌────────▼────────┐         态的，并反馈到政策和规划
│  监控和修编规划  │         的拟定阶段
└─────────────────┘
```

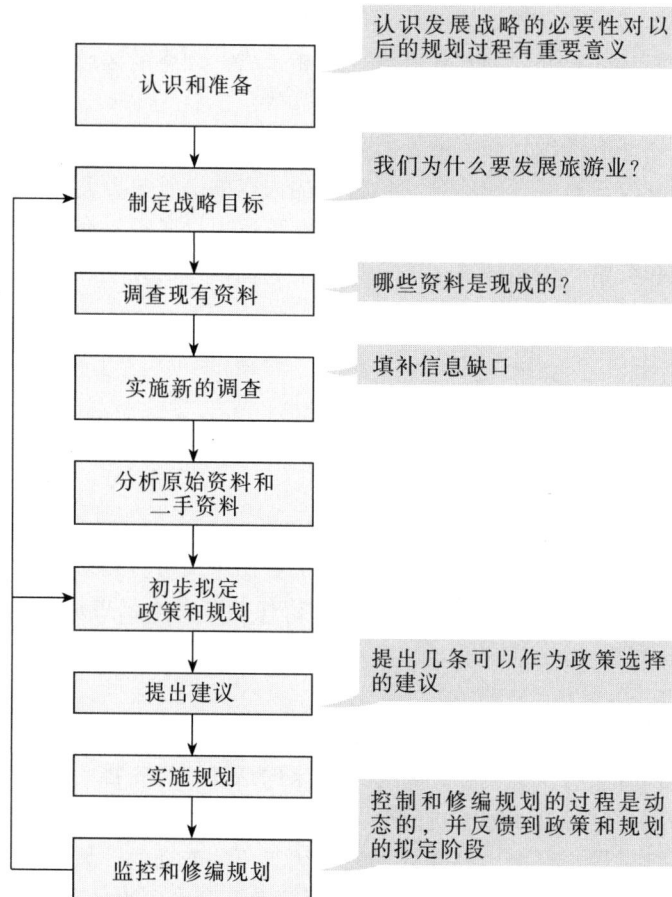

图 10-3 规划过程的关键步骤

- 把保护文化和自然资源当作旅游业发展的一部分，目的地的建筑和景观设计应反映当地传统；
- 采取相应政策开发景点和设施，广泛吸引各类国际和国内旅游者；
- 最大限度地赚取外汇以确保国际收支平衡；
- 吸引高消费的"高端市场"；
- 增加就业机会；
- 帮助偏远地区增加收入和就业，以缓解或停止人口迁移。

旅游发展规划中所制定的目标应清晰、明确、一致、现实。从上面所列的目标中我们可以发现，所列出的目标并不具体，所以很难评价目标是否已经真正实现。另外，有些目标可能是相互矛盾的，特别是那些关于想要吸引旅游者的类型和预期影响的目标。如果目标模糊或互相冲突，旅游发展规划就注定会失败。

10.4.3 调查现有资料

在进入资料收集阶段之前，对现有资料开展一次调查很重要。虽然这听起来是理所应当的，但确实存在很多这样的情况，那些对旅游发展规划很重要的资料被收集并保存在政府机构里，没有提供给规划者使用。因此，当研究人员到实地收集一手资料时，他们被告知公

早就已经提供过这些信息了。作者曾经碰到这样的情况，同一家酒店同时进行的调查不少于5项，这不但浪费了时间和资源，也让企业很无奈。

10.4.4　实施新的调查

一旦取得了现有资料，确定了规划目标的范围，就能够通过收集原始资料填补信息缺口。编制发展规划所需要的资料相当复杂，包括以下方面：

- 旅游者的特征/旅行方式；
- 旅游吸引物；
- 住宿设施；
- 其他旅游设施；
- 可用土地及其使用情况；
- 经济结构，包括所有行业；
- 教育和培训的供需状况；
- 环境指标；
- 社会/文化特征；
- 投资和可用资本，包括所有行业；
- 政府组织和私营机构；
- 相关的法律和规定。

要考虑上述所有因素的现实状况和规划时段内的预期情况。

现有数据的调查和原始数据的收集显示了高质量数据对规划、管理和监控的重要性。地方当局要建立一个管理信息系统来实施资料收集的长期策略，这个管理信息系统要有足够的灵活性，不仅能及时收集到各种新资料，也能涵盖现行的战略中没有提出的问题。

10.4.5　分析原始资料和二手资料

一旦目标确定，选择的分析框架将决定所要收集的数据。对收集的资料进行分析要考虑到许多问题，通常包括以下四个方面：

1.资产评价。

这类分析是要考察现有和潜在资产的储备、开发方式以及可能存在的制约开发的因素。资产评价也应该包括对基础设施的评价，以便决定是否需要更多的投资。资产评价开始应该比较宽泛，审查分布在各个领域的资产及其各种使用途径。评价的重点可以集中在与旅游相关的资产，以及如何将这些资产恰当地运用到旅游业中。

2.市场分析。

对一个理想的发展规划来说，市场分析显然是一个至关重要的组成部分。在制定旅游发展规划过程中，有时由于市场分析的范围过小而没有达到最佳效果。在市场分析中，首先需要明确的重点问题是全球、区域和各个国家市场中各种旅游活动的发展趋势。另外一个基本问题是："为什么游客到这个旅游目的地来？"有相当多的发展规划假设市场份额是固定的，但这种假设是不正确的。要评估发展规划，就要力求搞清楚要开发的项目是否合适，这些项目会吸引哪些市场，应该选择怎样的价格水平和价格结构。市场分析还必须包括竞争市场的发展情况和/或竞争交通方式。在通常情况下，在竞争和优势比较研究中会分析这些问题，其中包含 SWOT 分析。

3.发展规划。

这一阶段的一个重要任务是制定时间表，以确保规划的顺利实施。在考察了发展资金的可能来源之后，要计算出利用外资（如果有的话）的合理程度。这部分分析还包括使用外国雇员的数量、市场营销策略、投资激励政策、组织机构和培训计划等方面。

4.影响分析。

影响分析应该是全面的，包括旅游发展可能会给东道主社区和环境带来的影响，还包括主要的经济指标（就业、收入、政府收入和外汇流量），以及可能取得的经济回报率。同时还应分析旅游发展所带来的风险、结果对假设条件改变的敏感程度等。旅游规划从 20 世纪末才开始纳入经济、环境和社会文化影响分析，这是一项重大进步。使用预测模型对未来的经济、环境、社会影响进行评估，同样具有非常重要的意义。

以上所列的各项分析既有定性的，也有定量的。在开始编写政策建议之前，必须面对上述问题。

10.4.6　拟定初步政策并形成规划

调查资料的分析结果不会只得出一个解决问题的方案，通常是为发展战略提供几个备选方案。接下来要依据不同的方案形成规划草稿，然后根据潜在的经济、物质和社会文化的成本和收益，以及在各个规划实施过程中所有可能出现的问题，对几种不同方案进行评价。把那些可以实现绝大多数目标的，同时又不会给目的地带来潜在严重问题的规划方案挑选出来，加以充实细化。最后，一份能够为制定政策提供依据的"优选"草拟规划就完成了。

10.4.7　提出建议

现在，在分析基础上优选出来的草拟规划已经完成了，规划小组要把它呈交给地方当局，同时还要给出优化当地旅游业发展以实现规划目标的建议。规划小组可能向地方当局提交了一系列不同的建议，都能够满足优选规划的要求。在这个阶段，地方当局与发展规划小组之间的信息反馈是非常重要的，其目的是将注意力集中在需要重视的问题上，对其他问题不必过于关注。最终的发展规划就在这些讨论的过程中形成。因此，建议阶段应该被看作是规划小组和政策制定者之间的对话阶段。

10.4.8　实施规划

对发展规划实施方法的考虑应该贯穿制定规划的大多数步骤。在二手资料调查阶段，就应该开始关注与规划实施相关的许多方面，如现行的法律法规框架等。到了实施阶段，所有必要的法律和法规限制都将会发挥作用。此外，要建立就开发项目进行公开辩论和讨论的平台，以及问询和投诉机制。在实施阶段，必须特别重视规划的阶段划分，通过关键路径分析会发现特别需要关注的问题。

10.4.9　监控和修编规划

发展规划开始实施后，必须对它进行密切监控，以发现可能出现的与预期发展路径的偏差。必须分析这些偏差对项目规划和目标的影响。分析完成后，调查小组要向当局作反馈汇报，建议如何对规划及其政策做出调整以完成目标。外部和内部的因素都可以影响战略规划的执行，因此，监控系统的重要作用是要能够使调研小组充分且及时地了解所有相关的变化。另外，即使是最精心编制的规划也要面对意外情况。这时，就要依靠调研小组和政策制定者的响应性政策能力发挥作用。例如，可能会发生国际社会关注的疾病（如曾在印度爆发的鼠疫和在英国出现的口蹄疫）、恐怖活动（如曾发生在纽约、伦敦和开罗的事件）或政局动荡（如不同时期发生在塞浦路斯、印度尼西亚、沙特阿拉伯和斯里兰卡的状况）等，都会导致国际旅游客流改变他们原先的线路。某些国家发生的积极变化，例如南非的解放，也会对其竞争对手产生难以预料的影响。调研小组要认识战略规划对每一种变数的敏感度，而且能对这些情况做出最好的反应。即使这样，旅游规划还可能会碰到更加难以想象的意外情况，那时只能依靠调研小组和政策制定者的直觉了。

10.4.10 发展规划小组

发展规划小组需要有丰富的编制规划的专业技术和经验。一般来说，规划小组由四类专家组成：技术服务专家、市场营销专家、规划专家和经济学家。更具体地说，可能需要的人员包括：

- 市场分析专家；
- 实体规划专家；
- 经济学家；
- 环境科学家；
- 基础设施工程师；
- 交通工程师；
- 社会科学家；
- 绘图员和设计师；
- 法律专家。

10.5 旅游发展规划的问题

最好的规划也可能因为意外事件脱离预期轨道。很多旅游发展规划是不成功的。规划是在一个不断变化的环境中运行的，而这种变化又常常不是当局能够控制的，甚至发生在目的地以外的地区，因此规划的失败不足为奇。比如，美国"9·11"恐怖袭击事件改变了游客流，影响了加勒比海地区很多国家的旅游发展规划。然而，许多规划的失败是因为自身的不足造成的。失败的类型可以分为两类：在设计阶段失败和在实施阶段失败。

10.5.1 设计阶段的失败

许多旅游发展规划之所以失败，是因为在设计阶段仅仅遵循了旅游发展的基本程式。图10-4显示了一个基本旅游发展规划。这类结构的规划可以为国家、城市和地方投资提供一个总的框架，将有助于指导和评估私营开发者的项目。但是，这类规划的框架缺乏一个成功的旅游发展规划所必需的分析深度和广度。分析步骤的缺失反映了规划团队相关专业知识和经验的匮乏。

更严重的是，规划没有明确的目标：规划目标必须是可实现的、明确的和统一的。由于

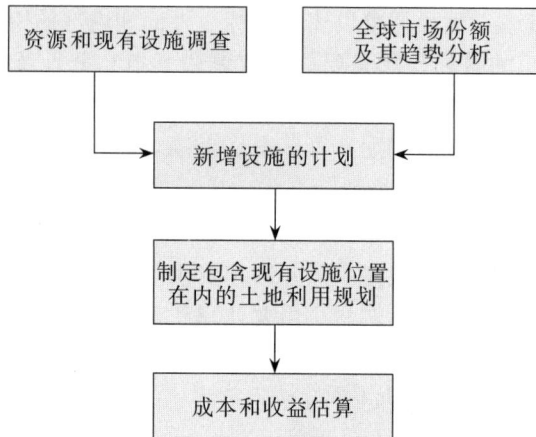

图 10-4　基本旅游发展规划

单纯追求利润回报，规划也没有考虑与环境和社会影响相关的问题。为吸引外部资金而制定规划可能使规划者只关注短期的利润损益而忽视更重要的基础性问题，结果导致规划的经济性和结构性失败。

有些规划过于重视硬件开发。例如，供给导向型的旅游开发规划没有妥善考虑投资回报和对市场的影响，规划结构缺乏充分的市场评价。泛泛地考察来自客源地的客流量，简单地假设所有的目的地的市场占有率会平分秋色，让人们忽视了最根本的问题——为什么人们想到这个特定的旅游目的地来。不面对这个问题，未来的发展将会远远偏离目标。

如果能综合考虑上述问题，可以将基本发展规划的结构修改成如图 10-5 所示。

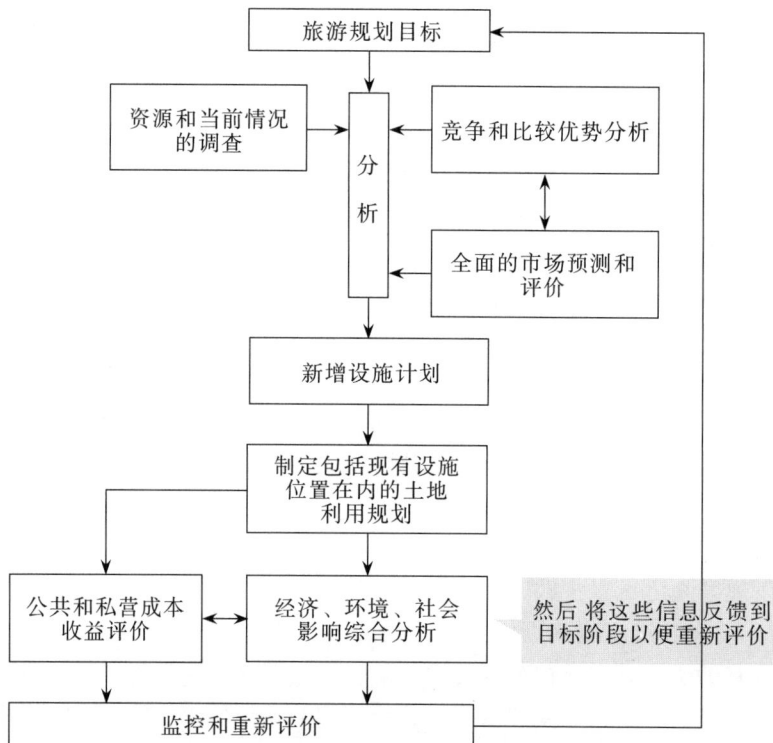

图 10-5　修改后的基本发展规划

10.5.2　实施阶段的失败

实施阶段碰到的问题多数（但不是全部）都与土地使用的计算失误和用地控制有关。旅游活动从根本上说要涉及房地产的开发。在实施阶段遇到的土地方面的难题有以下几类：

- 实际执行开发规划的人有时更关注房地产的投机交易而不是经营旅游设施。这样，开发的动机（特别是在享受投资刺激政策的情况下）更有可能是去敛集资金而不是经营旅游项目。这种投机性的开发会导致设施的设计水平低下，从而降低经营效率或导致设施选址的错误。

- 开发项目通常使用押地贷款，债务权益比很高。如果销售和经营利润不能实现则会导致财务失败。

- 规划机构常会低估控制用地可能会遇到的困难。唯一可以控制土地使用的方法就是掌握所有权。

- 没有及时制定规划法规保证规划的实施，或缺乏贯彻相关法规的能力。

- 如果项目选址在发展规划的实施之前就走漏风声，土地投机和价格飙涨可能会接踵而至。这将会改变经济评估的结果，并可能使一个原本可行的项目最终失败。

其他可能会遇到的问题还包括：

- 公共和私营机构缺乏协调将会导致供给瓶颈，影响旅游产品质量，危害旅游活动的经济收益，降低游客的满意度，最终使规划无法达到目标。

- 沟通不畅，基础设施落后。

- 处理公众对开发项目反对意见的方式不当。缺乏这种机制会大大延缓开发的进程，并导致规划失败。

过度开发是不完善的旅游规划政策中最常见的问题之一，即开发程度超过了一个旅游目的地的承载力极限。比如塞浦路斯的阿雅纳帕的旅游开发曾导致当地人口的搬迁，西班牙的贝尼多姆在快速发展时期曾经给基础设施、供水、健康和安全带来很大压力。这种过度开发会导致旅游产品质量的下降，并带来破坏性更大、消费水平更低的游客。在这种情况下，旅游目的地会出现以下部分或全部现象：

- 过度使用资源，导致生态失衡；

- 基础设施不足，导致疾病爆发；

- 拥挤排队和经济低效；

- 过度开发导致自然和人文环境退化；

- 本地人对旅游者很反感；

- 犯罪活动增加；

- 本地社区居民价值观遭破坏。

虽然上述有些问题是能够缓解的，如通过改善基础设施可以减少因水源和污水处理不当引起的健康危险，但有些问题却是无法解决的。然而，通过转移压力可以将过度开发导致的后果降到最低水平。例如，可以用以下方式解决生态失衡问题：

- 合理的游客流管理；

- 隔离可能会过度使用的地区；

- 向游客提供替代性线路和设施以缓解其他线路和设施的压力；

- 把游客分散到更大的区域内或引导他们到其他地方游览；

- 旅游活动分区化；
- 教育游客和当地居民，限制旅游对社会文化的危害；
- 鼓励当地人积极参与旅游活动。

已被证明效果最好的方法之一是准入控制，可以通过调整价格等经济手段控制游客的数量，或通过关闭某些区域、安装限制停车设施、进行交通管制或实施限定配额等手段。

当然，这些补救措施也有一定的风险。例如，如果过度开发的根源没有得到遏止，把游客分散到其他地区或更广阔的地域可能会在未来带来更严重的长期问题。用延长旅游季节来分散游客的做法能够缩短一些目的地从旅游活动中恢复的时间。游客分流在短时期内可以减缓对目的地的压力，但从长期来看，只是用新的受害地区来替代原有的地区而已。旅游活动的分区也有许多限制和问题，特别是在边界区域。因此，补救措施只是在解决根本问题之前的权宜之计。

最后，应该让质量观念扎根于旅游发展规划的各个方面。质量观念对成功的旅游开发至关重要，应该清楚地体现在规划结构和内容里，体现在培训管理和劳动力的教育上以及旅游发展过程的监督和评估中。有些旅游目的地，如毛里求斯和印度尼西亚的一些度假村，其竞争优势就是来自于旅游产品的质量，把"质量"当作产品差异性的一种手段。但是，当质量成为竞争的唯一筹码时，这个旅游目的地的发展就变得脆弱了，因为质量是可以被其他旅游目的地复制的。这意味着质量应该成为任何想要取得长期成功的旅游发展战略的重要内容。

10.6 小 结

旅游的成功发展需要灵活、细致的发展规划或战略。规划需要一定的灵活性以适应内部和外部的变化，并进行相应的调整。鉴于旅游业自身的复杂性及其发展的经济、环境和社会影响，规划同时也要细致彻底。尽管不同目的地旅游发展规划的过程有所不同，但是国家及以下层次的规划过程有一定的步骤可循，这些步骤构成了旅游发展规划的框架。

旅游发展规划的失败很可能源于设计阶段或者实施阶段的失败。这两种失败都很常见，但在很多情况下可以通过补救措施减少失败带来的问题。最后，当局需要有应急方案应对不可预见的事件，防止旅游战略因意外脱轨。

10.7 课后习题

1.旅游规划过程涉及哪些步骤？其顺序如何？

2.在设计阶段，可能导致旅游发展规划失败的原因有哪些？

3.为什么一些旅游总体规划/战略会在实施阶段失败？

4.旅游有哪些特点会影响其作为一个发展选项的吸引力？哪些特点产生了积极影响，哪些特点产生了消极影响？

10.8 案例：肯尼亚2008—2012年旅游战略规划

《肯尼亚愿景2030》（以下简称《愿景》）是这个国家2008—2030年的发展规划与蓝图。其目标是到2030年，将肯尼亚建设成为全民生活质量较高的中等收入工业化国家。《愿景》的制定有全国各地肯尼亚人的参与，是经过全面的利益相关者咨询之后形成的，同时，《愿景》还征求了国内外专家的建议，借鉴了世界上其他新工业化国家从贫穷走向共同富裕和平等的经验。

政治、经济、社会是《愿景》的3大支柱。《愿景》的出台是在《创造财富与就业经济复兴战略》成功实施之后。这个战略让肯尼亚恢复到快速增长的轨道上，GDP 的增长由 2002 年 0.6% 上升到 2006 年的 6.1%，2007 年第 1 季度末增至 6.3%。经济的稳步增长为下一步战略实施奠定了良好的经济基础。

《愿景》的经济发展目标是，截至 2012 年，每年经济增长率为 10%。为达到这个目标确定了 6 大优先发展的产业，旅游业是这 6 大支柱产业之首，除此之外还包括农业、畜牧业、批发及零售业、制造业、商务流程外包和金融服务业。

社会建设目标谋求在安全稳定的环境中实现社会凝聚力和公平性的双重发展。社会发展坚持以人为本和以目标为导向的民主社会体系：遵守法律、维护人权、保障自由。《愿景》将通过多个 5 年《中期计划》实现（第一个 5 年计划时间为 2008 年至 2012 年）。

旅游部 2008/2009 到 2012/2013 财年的战略计划包含了《愿景》和《中期计划（2008—2012）》中关于旅游的目标。这些目标包括：

1. 2007 年的国际旅游人数为 180 万人，到 2012 年要增至 300 万人。

2. 2006 年旅游者人均消费为 40 000 肯尼亚先令，到 2012 年增至 70 000 肯尼亚先令。

3. 2007 年旅游收入为 654 亿肯尼亚先令，到 2012 年增至 2 000 亿肯尼亚先令。

计划概述了主要战略目标，并提供实施战略、活动执行战略、监测和评价战略及所需的财政支持与保障，同时提出了新的旅游部结构。该计划还预计借助中央预算之外的资源，并列出了这些资金的潜在来源。据预测，旅游部在计划时期内将需要 1 160 亿肯尼亚先令来实施战略和相关活动。

旅游部的目标和用于实现目标的战略有：

目标 1：为旅游业的发展制定并实施相应的政策与法规框架

这一目标会通过以下战略实现：

- 完成《国家旅游法案》的制定并推动法案的颁布。
- 实施《旅游法令》。
- 促进并提升旅游发展与服务交付的协调性。

目标 2：开发新的旅游产品，实现客源市场多元化

实现这一目标所采取的战略是：

- 发展多样化的旅游产品。
- 拓宽客源市场。

目标 3：2007 年旅游收入为 654 亿肯尼亚先令，到 2012 年要增至 2 000 亿肯尼亚先令

这一目标会通过以下战略举措实现：

- 国际游客人数由 180 万人上升至 300 万人。
- 国内游客住宿由 180 万床晚（bednight）上升至 360 万床晚。
- 访客人均旅游消费由 40 000 肯尼亚先令增至 70 000 肯尼亚先令。

目标 4：采取并保持旅游服务的国际标准

实现这一目标的战略是：

- 复核酒店和餐厅分类标准。
- 督促企业遵守相关规定和标准。

目标 5：保证旅游者的安全

实现这一目标的战略是：

- 加强旅游警察部队和肯尼亚野生动物服务管理员的职能。
- 加强危机管理中心的职能。
- 协调海滩活动的管理。

目标6：保持并增加旅游部门的资金资源

为实现这一目标制定的战略有：

- 为旅游部门建立可持续的筹资机制。
- 调动外部资源。
- 提高资源利用率。

目标7：吸引、培养、保留称职和积极的员工

这一目标会通过以下战略实现：

- 提升员工工作技能。
- 合理分配员工职责。
- 改善工作环境。
- 推广公共部门廉洁计划。

目标8：减少旅游资源矛盾

这一目标会通过以下战略实现：

- 提倡旅游区域管理。
- 提升以社区为基础的旅游。

目标9：加强旅游信息管理和研究能力

这一目标会通过以下战略实现：

- 改进信息通信技术在旅游部门的应用。
- 建立旅游研究中心。
- 加强关于旅游的报道和信息传播。

上述目标和战略的实施将使旅游部控制资源，把握住旅游业目前的机会，应对相关挑战。旅游部也能借此提高效能，完成其使命，实现其愿景，让所有利益相关者受益。

资料来源：http://www.tourism.go.ke/ministry.nsf/doc/STRATEGIC_PLAN_2008%20-%202012.pdf/$file/STRATEGIC_PLAN_2008%20-%202012.pdf

讨论问题

1.您认为肯尼亚旅游部制定的战略有哪些长处和不足？实现战略目标过程中会有哪些机遇？可能会破坏其计划的内部和外部威胁有哪些？

2.您认为这一战略设定的目标有什么问题？

第 11 章

旅游与危机管理

11.1 学习目标

通过本章的学习，您将能够：

- 理解旅行风险和旅行风险感知；
- 理解旅行风险感知如何影响出行决策；
- 认识负面的自然或人为事件可能给目的地带来的影响，以及目的地从危机中恢复所需的时间；
- 了解应对危机的方法。

11.2 自然与人为灾害和旅游业

旅游业会直接或间接地受到自然灾害的影响，如1999年中国台湾地区的大地震，2005年摧毁美国中北部海湾沿岸的卡特里娜飓风和2011年3月日本太平洋沿岸的海啸；同时还有人为灾难的影响，如恐怖袭击、政治动乱、内战、绑架和犯罪，如美国的"9·11"事件、2011年墨西哥的贩毒组织斗争、2011年9月肯尼亚的旅游者绑架事件等。自然灾害的直接影响既有对旅游基础设施的破坏，包括交通、通信、水电、排污系统等，也有对旅游服务设施（如住宿和休闲设施）的损毁。人为灾害的影响可能与此类似，也可能只是破坏了目的地的形象。

此类事件对消费者需求的影响取决于一系列因素，包括事件的规模和严重程度、频率（再次发生的可能性），以及是否涉及旅游者。同样的事件对不同目的地的影响可能不同。这又取决于其他因素，如目的地旅游发展所处的阶段、客源地与目的地的关系、目的地与国际媒体的关系等——新闻报道会直接影响消费者的感知。旅游者对事件的反应和对旅行风险的接纳程度也有所不同。

一个目的地从负面事件的影响中恢复过来的时间既受限于基础设施和服务设施重建所需的时长，也依赖于媒体说服游客的能力（以及相关资源的投入）——确保大家相信危机再次发生的风险已经消除或减少。发展中国家恢复的速度可能较慢，因为它们缺少实施恢复战略的经济多样性和资源。如果政府想要争取国际援助，那么目的地可能处于两难境地：一方面，为了争取援助需要重点说明灾难带来的损失，而旅游业可能更希望低调一些，显示已经恢复"正常营业"，因为它们需要旅游者尽快回来以维持运营。

除了灾难的直接影响，目的地的旅游业还可能有更长期的损失，因为旅游者感觉目的地缺乏安保措施而不愿意到此旅游。对旅行风险的感知是基于访问一个目的地可能导致的负面结果的可能性形成的判断。旅行风险感知是影响目的地选择和旅游服务购买决策的重要因素。旅游是服务业的一部分，有无形性、不可分离性、异质性和不可储存性，与实物商品相比，消费者对旅游产品的感知风险更大。除此以外，旅游业还有其他风险因素，如糟糕的天气、不友好的当地人、罢工可能带来的交通不便、对当地食物的不适应、恐怖袭击、犯罪、政治动乱、疾病和自然灾害等。这些因素都可能影响旅游者对风险的评价以及做出是否旅行的决定。

如果旅游者感知的风险程度高于其可以接受的程度，他/她就会选择不出行或者选择别的目的地以降低风险。通常与实物产品相比，消费者对旅游产品的风险接受度比较低，如果洗衣机坏了可以返回厂商去修理，而旅游产品却不可以。通常风险感知不是基于真实数据或者计算出来的风险指数，而是基于目的地的形象，所以不论这一感知的风险是对是错，都会和真实的风险一样影响旅游者的决策。因此感知风险可能会比突发事件本身给目的地带来的损失更大。

潜在旅游者接触的媒体，以及媒体的措辞会直接影响感知风险的水平。比如，一场骚乱可能是由一个团体或者某一个人引发的。如果媒体指出这是由某一恐怖团体造成的，那么这一事件对公众的风险感知的影响要大得多，因为这类骚乱可能再次发生。

在某些地区，旅游者对恐怖主义风险的感知要比自然灾害更高。因为在一些地区自然灾害极少发生，而且旅游者也不是特定的受灾人群。因此，当旅游者考虑到一些政治不稳定的地区（如中东）旅游时，他们对人为灾害的担忧要远高于对自然灾害的担心。相反，当旅游者在飓风多发的季节去加勒比海地区旅游时，相对于恐怖主义，他们对自然灾害风险的关注更多。

11.3　目的地风险

与其他目的地相比，某些目的地让人感觉旅行风险更大。比如，欧洲通常让人觉得是很安全的目的地，少有严重的犯罪发生；而拉丁美洲则更让人感觉有组织犯罪频发。中东的一些国家经历了长期的政治动乱，因此去这些国家会让人觉得要承担更高的风险。还有一些国家受到自然灾害和人为灾害的双重困扰（比如印度尼西亚），它们的名字经常在媒体中出现，从而增加了潜在的旅游者对这些地方的感知风险。研究发现，感知风险对旅游者避免去一个地方旅游的影响要高于对旅游者决定去一个目的地的影响。比如，把恐怖主义看作风险的人会更倾向于避免到中东去旅行。

11.4　旅游与恐怖主义

旅游除了受到自然灾害的影响，还受到人为灾难的影响，包括战争、政治动乱和恐怖主义，如20世纪90年代的巴尔干战争、"9·11"事件等。一些恐怖主义袭击的直接目标就是旅游者，比如1997年卢克索（埃及）的恐怖袭击，2002年巴厘岛（印度尼西亚）的爆炸事件。有人认为指向旅游者的恐怖袭击带来的影响要高于无特定目标的袭击，但事实并非总是如此。比如，尽管2002年肯尼亚恐怖袭击的对象是旅游者，但这一事件被认为是针对以色列旅游者的一次性袭击，所以这一事件对肯尼亚的旅游人数并没有很大影响（Morakabati，2007）。

恐怖主义分子意识到他们的活动为寻求重大新闻的媒体提供了素材，新闻会对犯罪者详加报道，提高其曝光度。旨在大范围杀伤的基地组织风格的袭击吸引了国际媒体，受害者为西方人的事件尤其备受关注。目前的研究中有很多分析了媒体对旅游者旅行风险感知的影响。研究发现，针对旅游者的袭击对风险感知的影响尤为深远。这些事件会进入旅游者的决策过程，制造恐惧和不安全感，成为旅行的障碍。除了明确的对人身伤害的担心，还有旅游者会因此对旅行丧失兴趣，这是内心恐惧的一种体现。

近些年来，恐怖袭击事件的规模和发生频率改变了人们对此类旅行风险的感知。以前的恐怖袭击事件规模较小，而"9·11"事件（2011）、巴厘岛爆炸案（2002，2005）、马德里爆炸案（2004）、土耳其和埃及的恐怖袭击（2005）和对伦敦交通网络的袭击（2005）的连续发生使得恐怖袭击风险成了国际旅游的一部分。旅游者对恐怖主义活动的风险感知度取决于旅行的目的地、旅游者自身的特征以及发生恐怖袭击事件的时间。

11.4.1 负面事件的影响

不同的旅游目的地从灾难中恢复的时间有所不同，这和袭击发生的时间、旅游业发展的阶段、袭击的规模、频率以及事件发生后采取的措施有很大关系。图11-1显示了6个国家在经历恐怖主义袭击前后旅游者人数的变化。

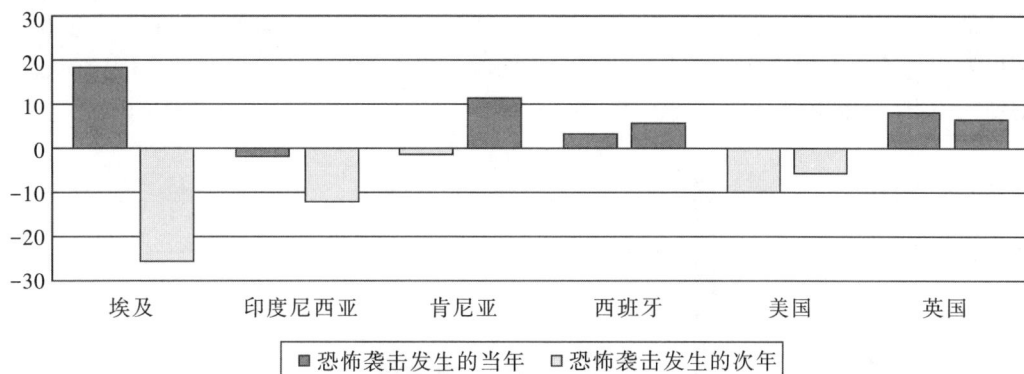

图 11-1 恐怖袭击发生的当年和次年国际旅游者人数

图11-2显示了这6个国家在3年中接待的旅游人数，-1表示恐怖袭击发生的前一年，0表示恐怖袭击发生的当年，+1表示恐怖袭击发生的后一年。如图所示，这6个国家可以分为两组：埃及、印度尼西亚和美国是一组，它们在恐怖袭击之后游客数量都有下降，而肯尼亚、西班牙和英国的游客数量比恐怖袭击发生前有增长。发生这种情况的一个解释是在埃及和印度尼西亚发生的恐怖事件针对的是国际旅游者，而在马德里和伦敦发生的袭击主要针对的是交通系统。美国的恐怖袭击是史无前例的，震惊了全世界，而肯尼亚恐怖袭击的受害者主要是以色列游客。单独来看很难把这些区别归结到具体因素上，但这些事件并非毫无关联，"9·11"事件发生不久后接着发生了巴厘岛爆炸案，然后是埃及、马德里，几年后英国又发生了爆炸案。我们要考虑的问题是：随着越来越多的事件发生，旅游者是更加能够接受恐怖袭击的风险，还是对事件发生后所采取的加强安保的措施更加有信心？危机发生后这些国家都在营销宣传上进行了很大投资，除了旅游人数以外，我们也要关注一下旅游者的消费金额。

当旅游业面对压力努力从危机中恢复的时候，旅游经营商和目的地通常会通过降价的方式来增强竞争力，吸引更多的游客。因此，旅游者消费金额降低的程度通常会高于旅游者人

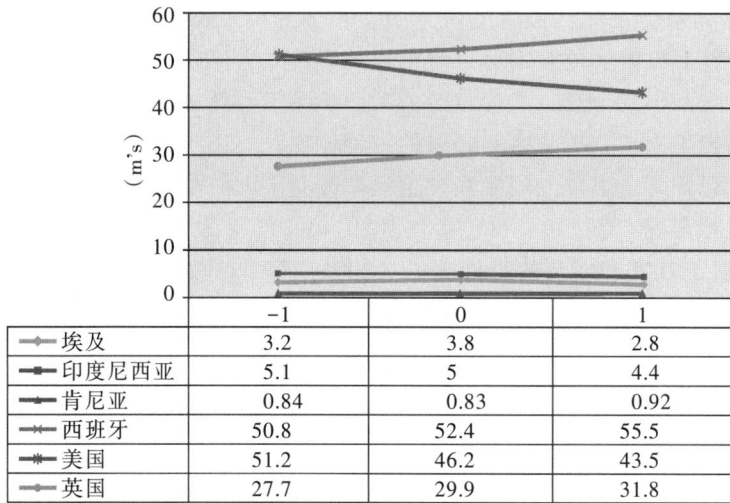

	−1	0	1
埃及	3.2	3.8	2.8
印度尼西亚	5.1	5	4.4
肯尼亚	0.84	0.83	0.92
西班牙	50.8	52.4	55.5
美国	51.2	46.2	43.5
英国	27.7	29.9	31.8

图11-2　旅游者人数：−1表示恐怖袭击发生的前一年，0表示恐怖袭击发生的当年，
+1表示恐怖袭击发生的后一年

数降低的程度。图11-3显示了和图11-1以及图11-2显示的相同国家的旅游收入的变化。从中可以看出，旅游人数降低的国家，旅游收入缩减的程度要高于人数缩减的程度；而旅游人数增加的国家，旅游收入也有提高。图11-4显示了"9·11"事件后纽约市酒店的平均房价。

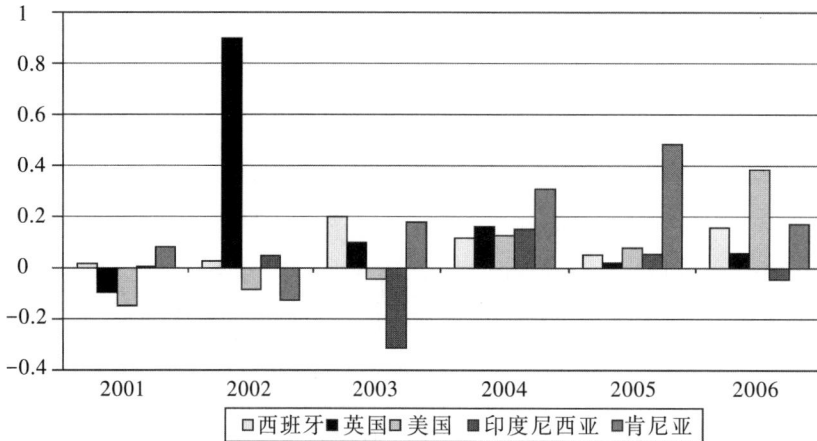

图11-3　国际旅游收入（2000—2006年的百分比变化）

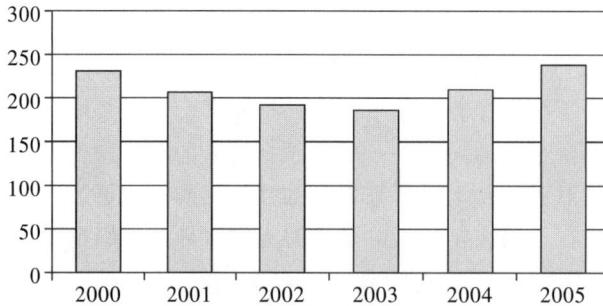

图11-4　美国纽约市2000—2005年酒店平均房价（美元）

旅游消费的降低可以从部分旅行消费的价格上显示出来，比如机票和酒店价格。"9·11"

事件后飞机票价格锐减,以吸引游客,克服对未来袭击的恐惧,再度乘机。在油价飙升的时候,廉价航空的发展也降低了旅行的成本。酒店的房价跌入谷底。比如,"9·11"事件之后纽约房价的变化非常明显。2000 年,纽约酒店的平均房价是每晚 233 美元,尽管 2001 年 9 月才发生双子塔的恐怖袭击,但这一年的平均房价跌到了每晚 204 美元,2003 年跌至每晚 193 美元。2002—2004 年间酒店不得不以低价来维持入住率,直到 2005 年酒店的房价才恢复到恐怖袭击前的水平(见图 11-4)。

当然,恐怖袭击的频率也会影响旅游者对风险的评估。比如,印度尼西亚 2002 年和 2005 年两度经历恐怖袭击事件,2004 年还有海啸。在潜在的旅游者心中,去印度尼西亚旅游风险几何呢?

11.5　风险感知

旅游者对于风险的感知受很多因素的影响,包括个人对风险的反感程度、他们对决策后果的考虑、威胁的潜在规模、事件发生的可能性,以及更重要的,媒体对之前事件或潜在危险的描述。如果当事人或者其亲友在决策之前经历过高风险的状况,那么这一经历会对其风险感知有很大影响。

旅游产品本身有很多方面存在风险,这也是旅游者风险感知形成的基础。旅游本身就充满风险,比如迷路、恐怖袭击、罢工和天气对交通的影响等。目的地也可能有和健康、犯罪、不友好的环境相关的风险,机票和酒店业可能会出现超额预订等情况。一些旅游者可能对此很担忧,而另一些可能不十分在意。

旅游决策和消费过程中的风险在于决定或行为的预期结果与实际结果的差距。风险感知的形成与事实并不一定相符,但是这一感知非常重要,因为它会影响决策。最近一项关于旅行风险感知的研究表明,旅游者的风险感知与保险公司对实际发生事件理赔的频率和规模没有相关性。表 11-1 显示了感知风险最高的 3 个国家(基于从不同国家的 730 位旅游者的调查)和一家业内领先的旅游保险公司实际理赔数量最高的 3 个国家。

表 11-1　　　　　　　　　　　　实际与感知风险度最高的国家和地区

风险类型	感知风险[1]	实际风险[2]
健康风险	印度 中国 泰国	泰国 埃及 加勒比海地区
犯罪风险(偷盗、诈骗等)	美国 意大利 西班牙	泰国 南非 加勒比海地区

资料来源:[1]Morakabati 2007;[2]Norwich Union Insurance Report,2006

11.5.1　灾难的类型

尽管危机事件会影响旅游业的各个方面,学界直到最近才开始对这方面有所关注和研究。在过去的 10 年中关于旅游和危机管理的著作不超过 10 本,相关的学术论文也不是很多。这方面的理论研究非常欠缺,除了福克纳(Faulkner,2001)以外,很少有人研究危机如何影响旅游业，以及目的地应该如何应对。

　　人为和自然灾害会对旅游活动产生直接和间接的影响，包括对基础设施和服务设施的损毁，塑造该目的地不安全的形象，这一负面形象通常会带来长期的影响。自然灾害带来的损失规模通常不是人力可以控制的，如2004年印度洋的海啸和2011年日本的地震、海啸。人为灾难带来的损失通常比较有限，比如，恐怖袭击的对象通常是交通系统。有时人为因素导致的灾难的结果也是不可控制的，比如切尔诺贝利的核事故和墨西哥湾漏油事件。恐怖袭击和后面的这类人为灾难的区别在于其意图。切尔诺贝利的核事故和墨西哥湾漏油事件的缘由是判断失误和不称职，而恐怖袭击是故意制造混乱。这两类危机的处理也有所不同。

　　恐怖袭击、战争或者其他类的政治不稳定状况不仅会影响一个国家的形象，而且会影响更广泛的地区。比如，中东地区通常让人联想到冲突、社会动荡和恐怖主义。旅游者的地理知识通常比较模糊，尤其是对中东地区。20世纪90年代初海湾战争时期，有些新闻公报是从塞浦路斯发出的，这让很多人以为塞浦路斯离战场很近，导致1991年去塞浦路斯的旅游者从1990年的338万人降到了294万人。

插图11-1

　　灾难还可以根据是否能够预警进行分类。比如，飓风和台风可以提前预报，让人们做好准备工作，而地震和恐怖袭击则没有办法实施预警措施。因此一部分灾难被称作"巨蟒事件"（来的慢但是不可避免），一部分被称作"眼镜蛇事件"（突然，猝不及防）。另一种区分是，自然灾害通常被认为是一次性的，而恐怖袭击则被归类为系列事件。

　　自然灾害发生的时候，当地人和旅游者如果都受到影响，二者在救助方面可能存在冲突。度假的旅游者期待被工作人员关照，而如果地震摧毁了当地的城镇和村庄，工作人员的焦点一定是在自己的家人身上。从雇员的角度上看，他们很难把游客置于家人之前，而从旅游者的角度看，他们举目无亲，而且可能语言不通，如果不了解当地的应急措施信息，很可能身处险境。

　　灾难管理的一个重点是要能够为突发事件做好准备，一旦事情发生，能够及时响应（见图11-5）。负责计划和响应的机构通常包含不同的单位，它们的角色可能要随着灾难的进展而进行相应的调整（见图11-6）。如图11-5所示，不同类型的灾难需要的准备时间有所不同。然而，基地组织袭击这类的灾难很难让人有时间做好准备，因为罪犯的目标就是大规模的杀伤。

插图11-2

西班牙的恐怖组织埃塔（ETA）倾向于在发动袭击之前给出预警，因为他们的目标不是伤人，而是损坏基础设施和服务设施，干扰正常服务。如果发生巨蟒式的自然灾难，人们能够预知其即将来临，但是这也取决于预警系统的成熟度。即使预警系统运转良好，糟糕的规划也会导致应对不善，比如美国的卡特里娜飓风事件。

　　灾难时间可以分为三个阶段：灾难前、灾难中和灾难后。从管理角度讲，面对灾难，旅游目的地和企业有两条路可以选择：预防性战略或者随机应变（见图11-7）。前者需要规划和预测，把可以预见的事情融合到运营系统中去（Porter 1980；Prahalad and Hamel 1990），后者的观点是我们不能预测未知的事件，分析过去并不能预知未来（Ansoff 1991；Fredrickson 1984；Minzberg 1990，1991，1994）。霍西（Hosie 2006）认为危机需要准备、响应和恢复计划。其他学者认为，面对危机没有行动计划的组织或目的地，其继续存活会有很大困难。一成不变的计划已经过时。商业环境变化的速度和频率促使企业放弃僵化的自上而下的计划方式，采取更为灵活的响应式计划。这些灵活的计划系统形成了浮现式战略的基础，即随着事件发生，边学习边计划。这样企业战略就变成了随着环境的变化和新发现随时更新的动态过程。

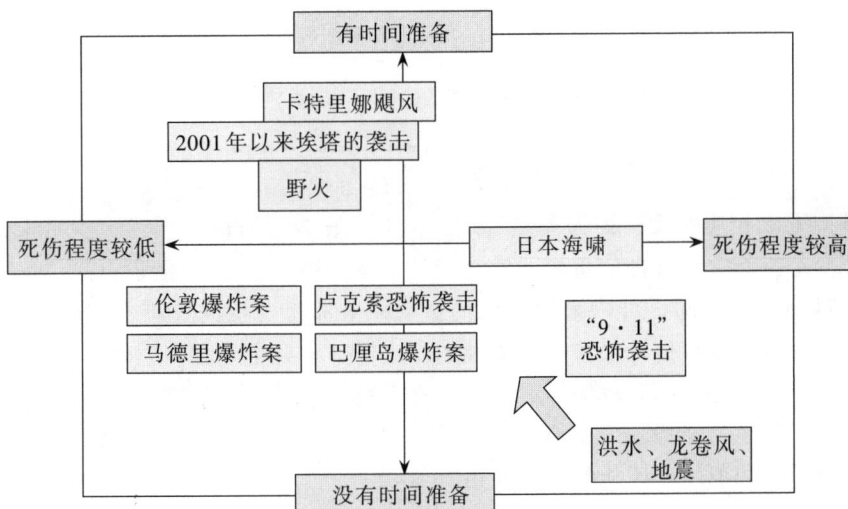

图 11-5　灾难管理——准备时间

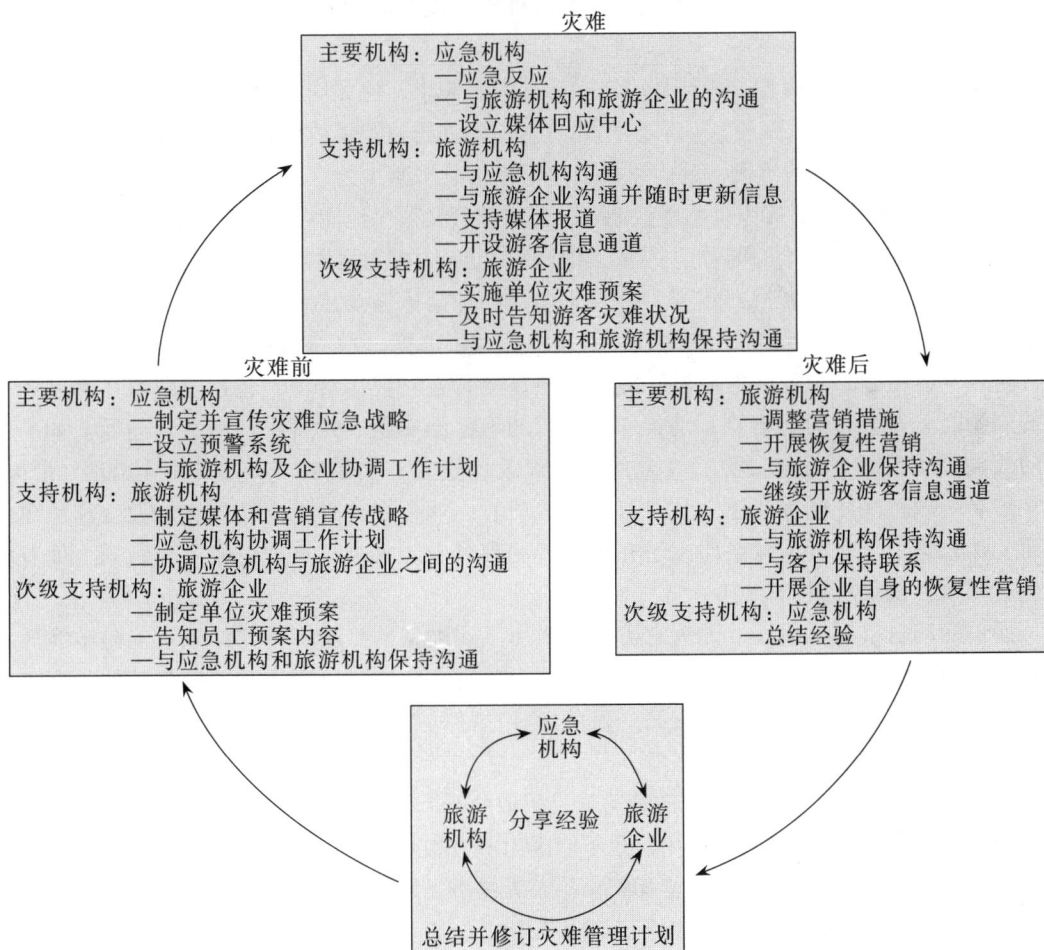

图 11-6　灾难的阶段

资料来源：Hystad and Keller 2007：159

随机应变策略的灵活性是最高的，它并非是要"看情况随时补救"，而是以对环境变化

准备		反应与恢复
预防性战略	浮现式战略	随机应变方针

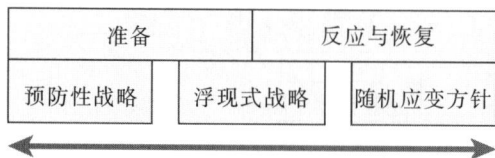

图 11-7　危机预备方法

的认知为基础采取相应对策。因为灾难管理，尤其是在响应阶段，要面对很多未知的情况，所以随机应变是所有灾难管理的重要元素，即使是预防性战略也会用到。

根据灾难类型的不同，可以采取不同的行动。对即将发生的灾难，在时间允许的情况下，规划工作者可以制订信息发布和沟通计划。这样中小型企业和规模较大的组织可以依据相关信息采取行动，协调不同机构尽量减少死伤人数。可以采取的措施包括撤离游客、阻止更多游客到访、降低基础设施和服务设施的损失（比如关闭核反应堆）、保证食品和住宿有充足供应以及手机和卫星电话能够正常使用。

但是如果事件在没有任何预警的情况下突然发生，情况就更加严重。比如，恐怖分子针对交通系统发动袭击，导致人员死伤。这类事件根本没有时间让人撤离，也来不及发出警报或者派遣救援队伍。

灾难救援可以分为两类：一种是应对灾后的紧急需求，比如应急服务和安保措施；另一种是政府和旅游企业要使公众重树信心。不同信息源提供的相互矛盾的报道给负责机构带来很大困扰。在没有社交媒体的年代，政府可以通过限制信息来减少公众恐慌的风险，但是社交媒体的发展使得信息可以即时传播且不受控制，这要求政府必须保证能够及时、准确地提供信息。

当某一国家发生灾难的时候，通常其他国家会向本国居民发出旅行警告。接着旅游经营商会安排目的地的旅游者撤回本国，并停止向目的地国家输送旅客。当灾难停止、目的地再度安全时，旅行警告就应该尽快撤销。但是出于谨慎考虑，政府会过一段时间才撤销警告。旅行警告一旦撤销，目的地的旅游企业应尽快恢复营业。宣传活动，包括邀请媒体和客源市场的旅游经营商来目的地体验，是告知外界目的地已经安全、恢复正常的有效途径。如果事件的规模较大且频繁发生，那么恢复的挑战性就比较大。比尔曼（Biermann，2001）指出，公众需要一段时间才能重新建立其对目的地的信心，如果媒体中重复播放灾难发生和重建的画面，那么这个形象会深深烙印于潜在旅游者的脑海中。灾难刚过的时候不论营销力度有多大，其有效性都很有限。

促销活动也很有挑战性，因为它可能会吸引不同类型的旅游者。其结果可能是游客人均旅游消费金额的下降或者更多负面的环境、社会和文化影响。这会影响旅游活动的长期净收益。对于经济上对旅游业依赖度较高的目的地，这样的变化对目的地居民，尤其是比较贫穷的居民，影响很大。

总而言之，应对这些问题最好的策略就是采取公开、有效的方法，让潜在的旅游者预订的时候感到安心。旅游产品既不能试用，也不能因为不喜欢而退还，所以消费者的信心非常重要，需要让他们觉得预订的假期会和期待相符。旅游者并不是评估旅行风险的最合适人选，"9·11"事件之后很多美国居民都选择自驾出行，结果公路上交通意外死亡的人数远高于"9·11"事件死亡的人数。人们对空中交通风险的感知过高，其实在空难中死亡的风险微乎其微。

宣传旅游的益处、显示满意而归的旅游者人数是感染旅游者、公布正面信息的有效方法，尤其要重视社交媒体的作用。很重要的一点是要显示应对危机的信心，展示目的地有处理任何危机的能力和准备。旅游业毕竟是一个韧性十足的产业，只要目的地足够稳定，旅游者终会回来。

11.6 小 结

本章分析了面对不可控的负面事件时旅游业脆弱的一面。因为旅游者需要到达目的地以消费旅游产品，他们将要步入的可能是超越舒适带以外的世界。他们对目的地的支持机构不太熟悉，这可能导致更高的感知风险，对突发事件更为敏感。休闲旅游的本质意味着旅游者在有选择的情况下，不会愿意牺牲自己的公民自由和安全。

影响旅游的突发事件可以分为人为灾难和自然灾难。很多研究分析了这两类负面事件的影响，一致的结论是影响的程度和事件的严重程度以及频率有关。同时，对旅游发展的阶段也有影响，新的旅游目的地比发展成熟的目的地受负面事件的影响更大。旅游者的记忆时间通常较短，除非媒体不断的提醒，否则他们很容易忘记，尤其是一次性的规模较小的事件。即使是大规模事件，它们对目的地也很难有长期的影响。

就灾难管理而言，当局通常可以有一些时间来采取行动，抵御巨蟒类事件的影响，如在飓风来临之前撤离居民；而对于突发的眼镜蛇类事件，如地震或者恐怖袭击，灾难管理可做的就很有限。后面这种情况，政府的重点是灾后恢复工作，而不是事前准备。当然，事前可以准备的是确保建筑合规、危机和救灾演练等。因此，规划可以是主动式或者响应式，前者通常要很大投入，所以资源有限的国家不太会采取这种方式。

11.7 课后习题

1. 影响旅行风险和旅行风险感知的因素有哪些？
2. 恐怖袭击对旅游目的地影响的决定性因素有哪些？
3. 当某个地区（如亚洲、中东）的一个或两个国家发生冲突时，它们会给这一地区的旅游业带来什么影响？

11.8 案例：去中东除了晒伤还有别的风险吗？

中东是个很有特色的地方，集中了这个世界上最富有和最贫困的国家。石油和阿拉伯世界的关系如此紧密，以至于人们经常将两者等同（Makdisi，2007）。这一地区的未来和疆土、石油以及水资源的纷争紧密相连。石油和水资源对这一地区的经济和环境的可持续性意义非同寻常（Morakabati，2012）。

中东地区拥有这个世界上最多的石油和天然气储备（见图11-8），其中99%的储备位于波斯湾。然而，石油和天然气是不可再生能源，随着需求不断打破纪录，这些储备被迅速消耗。一旦来自石油和天然气的收入终止，这一地区将很难再有钱投资到其他行业。但是中东还拥有非常有价值的旅游资源，包括怡人的气候和众多的遗址。

21世纪的第1个10年间，尽管冲突不断，负面形象不佳，到中东旅游的人数仍然增加了2.5倍。同一时期，去欧洲旅游的人数仅增加了1.2倍。然而，就市场份额而言，中东地区的旅游并没有很大增长，仅有6.4%，和欧洲的50.7%仍相距甚远（见图11-9）。

这些年在这一地区及周边发生的事件加深了其冲突不断的形象，媒体把中东描述成一个充满危机和恐怖主义的地方。一些国家存在的人权问题、歧视妇女问题等，进一步加剧了该地区的负面形象。

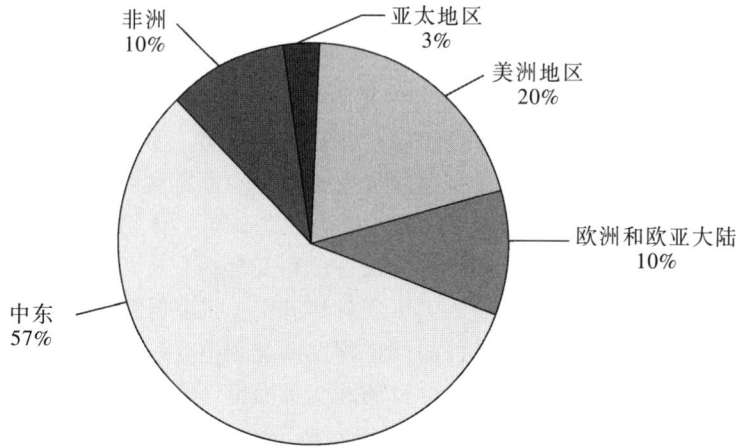

图 11-8　2009 年各地区石油储备

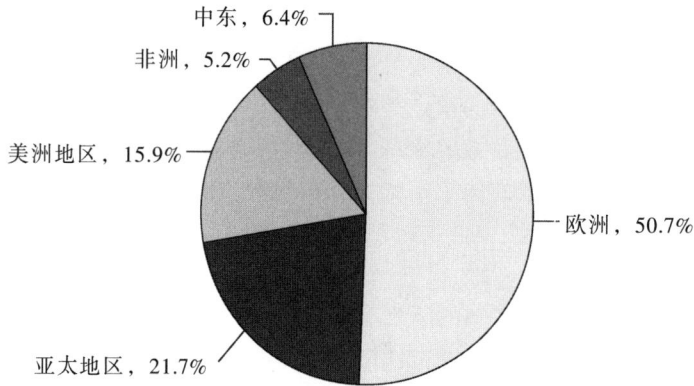

图 11-9　各地区的国际旅游人数占世界旅游总人数的百分比

旅游业不仅需要劳动力和投资，也需要一个可以在旅游批发商和旅游者心中建立起信心的正面形象。安全是旅游成功发展必不可少的因素。图 11-10 显示了中东地区负面事件与旅游人数下滑的相关性。

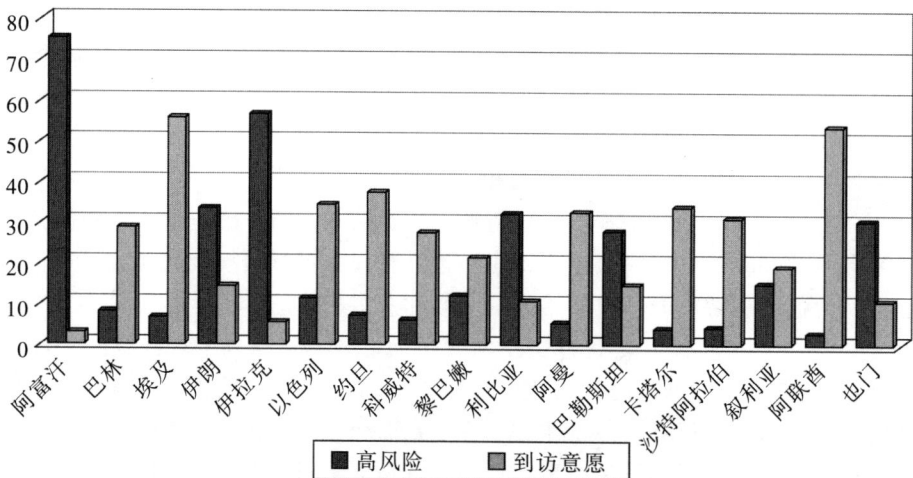

图 11-10　英国旅游者对不同国家的风险感知（2010）

资料来源：Morakabati, 2011

　　负面事件对旅游人数的影响显而易见，但2008年开始的全球金融危机的影响更为严重，因为旅游者不得不重新考虑他们的可支配收入的使用。基于英国旅游者的一项调查显示，危机事件会影响旅游者的风险感知和态度。如图11-10所示，对目的地的感知风险越高，人们越不想去这一目的地。比如，被调查者感觉阿联酋风险较低，所以去那里旅游的意愿就比较强；而他们对伊拉克的感知风险较高，所以就不愿到访伊拉克。

讨论问题

　　1.不是所有的负面事件都会影响一个旅游目的地的吸引力。您怎么看待这一观点？请举例说明。

　　2.公众对一个旅游目的地的感知是媒体所传递信息的反映。您同意这一观点吗？您认为媒体要为人们的旅行风险感知负责吗？

　　3.如何判断一个目的地是否已经从一个负面事件中完全恢复过来了？可以采取什么措施加快目的地复苏的步伐？

12.1　学习目标

吸引物是旅游产品不可分割的一部分，通过本章的学习，您将能够：

- 了解吸引物的本质、目的和分类；
- 了解公共和私营机构在旅游吸引物发展和管理中的角色和责任；
- 理解与吸引物管理相关的问题；
- 分析与吸引物相关的环境问题；
- 评价减轻对吸引物的环境影响和游客影响的战略。

12.2　吸引物的本质和目的

吸引物是人们到一个目的地进行休闲旅游最重要的原因。旅程的其他组成部分，如交通和住宿，是因为人们要在目的地参观和游玩衍生出来的需求。所以旅游吸引物是游客休闲或者学习（某种程度上）活动的中心，他们经常要和当地居民共享这些吸引物。吸引物存在的目的有很多种，有些最初和旅游并无关联。比如，吸引物经常有明显的教育目的，对于文化身份的保护和创造有重要意义，对历史遗址的保护有很大贡献。因其存在多重目的，所以管理面临着很大挑战，尤其是在公共管辖之下的吸引物，比如博物馆。既要考虑不同利益相关者的愿望和不同类型旅游者（通常来自不同国家）的期望，又要满足所有者/受托人的需要，还可能要在国际营销战略中扮演"标志"的角色，比如罗马的角斗场、南非的桌山和英国的议会大楼。除此以外，吸引物对于重振目的地可能起到关键性作用，比如西班牙毕尔巴鄂的古根海姆博物馆，新西兰惠灵顿的国家博物馆。

12.2.1　吸引物的特征

吸引物可以根据以下标准进行分类：

- 所有权
- 客容量
- 客源地
- 持久性

插图 12-1

● 类型

早期的分类是基于吸引物的类型将其分为自然资源和人造产品。人造吸引物的特征包括：

文化：宗教、现代文化、博物馆、画廊、建筑、考古遗址。

传统：民俗、动画文化[①]、节日。

事件：体育活动和文化节事。

12.2.2　自然吸引物

自然吸引物的特征在于其吸引力取决于资源的质量，而非地点。来自世界各地的人为了喜马拉雅山而奔赴尼泊尔，为了蓝岭去弗吉尼亚，为了凯里之环到访爱尔兰。一直以来以水为基础的资源，不论是海岸还是湖泊，都是最重要的旅游资源。随着度假次数的增多，乡村和山脉越来越受到欢迎。自然吸引物不仅包括风景，还有气候、植被、森林和野生动物。自然资源的供给通常是固定的，在一定时间内能够提供的服务是有限的。在很多情况下，这些自然资源可以有很多不同的用途。土地使用规划和相关法律实施的目的在于达到资源的最优化利用。因此，土地被划分成不同区域，用于旅游、休闲和城市发展。一旦出现争议，通常的做法是征求公众的意见，综合衡量不同做法的收益和成本，最终达成一个合适的决议。大多数政府对土地的使用都有着严格的规划控制。社会收益通常是土地分配的主要推动因素，比如，伦敦奥运会的规划就涉及东伦敦地区一些公司的搬迁。涉及私有土地时，政府可以通过强制购买的方式来实施决策。有时同一片土地也可以有多种用途。英国的国家公园，比如湖区，就同时用于居民住宿、农业、林业、休闲活动和小规模的生产活动。

提供大规模的户外休闲场所在商业意义上是不可行的，因为所需投资和运营成本太高（Bracalente et al.，2011）。所以如果完全依赖市场作用，用于休闲的自然资源可能就会非常有限。但是为公众提供休闲设施有很大的社会意义，并且可以控制土地，避免不合适的开发毁了自然美景。经济学家把这种现象叫作市场失灵。这种情况下通常由政府负责必要的供给。所以美国大约85%的户外休闲区是归联邦政府所有，目标在于鼓励消费，同时为下一代保护资源。

国家供给的另一个方面是公共产品。这类产品或者服务的特征是，一旦提供就不可能阻止个人消费。私有市场要供应这类产品很快就会瓦解，因为个体消费者会等到其他人为此类产品买单，然后自己坐享其成。所以如果要提供此类产品或者服务，就要向所有人免费提供。自然环境就是典型的例子，在很多国家，旅游发展已经给自然环境带来了很大压力。旅游开发商无须承担公共产品的成本，所以很容易出现资源的过度使用。因此政府一方面要通过税收来支持公共产品的供给，另一方面要通过立法约束个体行为以保护环境和设施。比如，在百慕大，旅游者不能租汽车，只能租电动自行车；在希腊的罗德岛，林多斯古城禁用所有机动车；毛里求斯的规划法要求所有的建筑不能高于棕榈树，所以那里的酒店都只有两层。

如果立法不现实或者过于严苛，可以通过教育宣传来改变人们的行为。行为规范的目的是通过信息传播告知旅游者他们应该注意避免引起对自然环境的伤害和负面的社会文化影

---

① 译者注：如驴皮影、木偶戏。

响。除了游客的行为规范，行业规范会教育员工和企业再利用可回收材料，保护环境。目的地社区的规范要求当地人理解旅游及其益处，促进良好主客关系的形成。

12.2.3　人造吸引物

很多人造吸引物是历史和文化的产物。世界上最受欢迎的旅游目的地所拥有的博物馆和画廊数不胜数，主题各异，比如阿姆斯特丹的荷兰国家博物馆和芝加哥的科学与工业博物馆。除此以外，还有数不尽的历史建筑，包括城堡、宫殿、教堂、房屋，甚至有城墙保存完好的中世纪城镇和满足人们对过去时代好奇心的早期工业遗址。

很多离市中心较近的老工业建筑、弃用的市场、火车站和码头都变成了旅游区，同时为游客和居民服务。购物是一项重要的旅游活动，尤其是特色购物，如波士顿的法内尔厅。除此之外，还有酒店、休闲设施和商务设施，比如会展中心或交易中心。这样旅游业取代了制造业和物流业原来在市中心的位置，后者搬到空间更大、价格更低的城郊。这是个促进城市再生的切实可行的经济选择，成功的例子包括巴尔的摩内港、纽约的南街海港、悉尼的情人港、英国伯明翰的加斯街码头等。

除了历史性的吸引物，还有专门用于娱乐的吸引物。这类吸引物通常是用户导向的，每天可以接待数千人，包括主题乐园、运动场馆、剧院、度假中心等。主题公园有的融入了教育功能，比如法国的"未来世界"，也有极度冒险的游乐设施，如过山车、逃亡列车、激流勇进、海盗船等。

美国弗吉尼亚州的威廉姆斯堡是世界上著名的主题公园，也是一个活的博物馆。它是在一个新的城市中建立一个老城，工作人员通过角色扮演和使用当时的技术还原殖民时期的美国。它的成功吸引了很多伙伴单位来共同宣传弗吉尼亚州丰富的文化。与威廉姆斯堡类似的还有英格兰北部的比米时开放式博物馆，它所展示的是第一次世界大战以前的英国，工作人员使用那个时代的技术，与游客交流那个时期的生活方式。科技的使用提升了游客的体验。潮流决定了这种体验的内容和方式，潮流的活力来自于探索精神和社会内部要改变消费方式和价值体系的竞争力量。

在动物园里被圈养的动物已经丧失了吸引力，人们对以静态吸引物和展品为主的博物馆的兴趣大不如从前，除非展品是国家级收藏或者静态展示是最好的展览方式（如珠宝）。主题公园和游乐园要不断引进更高级的设施和更具挑战性的娱乐项目以满足公众对消费的更高追求。与此类似，历史建筑、博物馆和花园通过改变它们的展示方式和举行特别展览以博取公众的兴趣。有些吸引物比较幸运，能够和周期性节事结合起来，吸引热情度较高的忠实客户，比如汽车拉力赛，可以保持持续性的需求。

12.3　吸引物管理

旅游吸引物类型众多、分布零散、权属各异，因此其管理颇具挑战性（Leask，2010）。国家战略能够为个体吸引物的管理提供一个良好的战略平台，然而要制定一个针对旅游吸引物的整体国家战略并非易事。米德尔顿（Middleton，2003）列出了需要国家战略的情况，包括：

- 一大笔突然介入的投资可能会动摇已经成熟的市场；
- 大型的新开项目的出现使传统的吸引物处于非常不利的地位；

- 其他类型的城市再生项目获得大笔投资；
- 当地政府每年可用于支持博物馆和画廊类的传统吸引物的资金逐年减少；
- 这一行业的绝大多数吸引物是小型企业，能够负担起专业营销和市场调查的大公司所占比例甚小；
- 管理信息匮乏，公共的非营利吸引物多于商业类私营吸引物。

如果上述的大部分情况都存在，米德尔顿建议国家战略要考虑以下七个因素：

- 针对供给和需求展开有效的比较研究，并分享调研结果；
- 对数据进行专业性分析，让小规模的吸引物管理者能够理解行业发展的趋势和影响，并能够采取相应的措施；
- 建议和支持进行游客体验质量调查，通过标杆管理提升消费者信心；
- 总结并宣传旅游吸引物管理和运营的优秀实践；
- 协调或提供培训以及管理提升课程；
- 影响供资机构审批新老吸引物资金申请的标准，为政府提供本行业的税收建议；
- 为公共机构，尤其是地方政府，提供在规划和资助吸引物活动方面的建议。

除了国家战略，旅游吸引物还需要考虑日常经营的方方面面。

12.3.1　经济因素

和自然资源一样，很多人造旅游吸引物因其历史价值所有权由政府掌握，如果是国家收藏，则属于和政府接近的类公共机构、地方政府或是公益委托机构所有。权属情况是吸引物管理的一个重要决定因素。李斯特（Least，2003：11）指出，权属是决定吸引物管理方针的重要影响因素，尤其是在收益管理、游客管理战略和控制环境影响等方面。

12.3.2　权属问题

12.3.2.1　公共权属

公共吸引物的全部或者绝大多数收入来自于税收。它们以有益品的形式提供给公众，因为个人不能调整供给的数量，所以有些强制的意味。在市场经济中，一个大趋势是国家博物馆通过收取门票的方式来节省公共开支，但是有部分人反对这种做法，包括博物馆的管理者，他们认为博物馆担负着公共义务。结果是一部分博物馆接受自愿捐助，并建议最低捐助金额，还有一些博物馆拒绝收费，以换取税项减免，而免费的博物馆还是会对特别展览收费。

12.3.2.2　志愿组织

一些博物馆或节事的成因是由于一群兴趣相投的人为了给自己和其他人提供集体产品和服务而聚集到一起，这些产品和服务的商业吸引力很有限，也不足以吸引政府的支持。这类组织其实很像俱乐部，大多没有营利的目的。与公共组织不同，它们不能得到财政支持，所以必须通过收入来平衡支出。与营利性组织不同，它们的主要收入来源并非门票或者游客在吸引物内的消费。收费的吸引物同商业类同行的收费政策也不尽相同。会员的会费、礼物和遗赠是收入的主要来源。因此，增加会员是这类组织的主要任务。

这类志愿组织规模增大时，发展成公益信托是个不错的选择。根据法律，它们存在的目的只能是教育、宗教、救济穷人或提供公共产品，这样就可以享受公共资金的支持和相应的减税政策。英国的"国家信托"是最著名的例子，它成立于1895年，旨在保护国家有重要历史和自然价值的地方。这个信托负责各式各样的历史建筑、公园和森林，成为各地效仿的典范。吸引物的来源通常是所有者的遗赠，以及大额的捐赠，这些捐赠是该组织的经济基础。因其所管辖的设施众多，该信托的一个政策是拓展会员，和其他俱乐部一样，它的目的在于鼓励志同道合的人共同消费。同时，它也通过多样化收入来源以降低需求风险，比如非会员的门票收入、商店和餐饮、基金和捐赠、资助、节事和服务（如讲座）。成本方面，和其他志愿组织相似，国家信托得益于一些免费的劳动力和资料。另一个活动类例子是英国的密封节社团（Sealed Knot Society），其活动是重演英格兰内战（1642—1651年）。美国也有一些类似的军事历史协会组织重演美国内战（1861—1865年）。

12.3.2.3 商业组织

商业组织要服从市场经济规则。它们要为投资产生回报。理论上讲，至少它们的收益要能够和投资成本持平，对新项目和风险投资项目而言，要求更高。商业类吸引物的主要经济考虑和其他很多旅游企业一样，是成本结构和需求的季节性。对于用户导向的吸引物来说，潮流和品位也不容忽视。主题公园为了保持吸引力，在原来的设备老旧之前就要更换新的。尽管历史建筑和博物馆因其自身或藏品的价值不用考虑更新问题，但是其展览和解说方式越来越重要。

12.3.3 成　本

通常旅游吸引物成本结构的特征是固定成本相对于运营或可变成本高出很多。固定成本的主要组成部分是吸引物建设初期的基建投资和随着后来发展追加的资本投资。高固定成本需要高营业额或游客人数来达到盈亏平衡点。这与地理位置也有很大关系，因为对于用户导向的旅游吸引物而言，客源市场的访问便利性非常重要。需要达到盈亏平衡点的游客人数越多，可供选择的地理位置就越少。政府对旅游吸引物发展的促进很大程度上取决于其在初始资本投资上能够给予多大支持。支持的形式可能是资金资助、补贴贷款、共享产权或实物利益，如土地、基础设施和进入通道等。比如，巴黎迪士尼的土地是以1971年的农用地价格购买的，而事实上这块地早就被划为城市用地。商业组织向来把资金资助看作最有效的金融支持方式。

12.3.4 价格政策

公共机构要考虑的是整个经济体的利益，要保证经济效率，有两种选择：一种是让公众免费使用吸引物，另一种是让门票价格与边际成本持平。前者通常是因为国家要鼓励此类消费，比如户外休闲类吸引物；后者适用于国有博物馆，因为可以控制大众的消费和使用。

对志愿组织而言，考虑其不营利的公益目的，若要最大化地为其成员服务，比较合适的方法是平均成本定价法。通常，这类组织采取固定价格，如果在容量有限的情况下需求有所增长，它们采取的措施通常是增加候补会员或者增加设施，而不会提高会费、垄断价格。志愿组织的一个普遍做法是将会费分为两部分，一部分用于支付固定成本，另一部分用于支付会议和活动成本。商业类组织的年费通常依据会员级别不同而有所差别，旨在获取最大支付意愿。

　　高昂的固定成本也会影响到价格政策。门票价格与提供游客体验的可变成本之差是抵消固定成本、取得目标利润率的人均边际贡献。如果固定成本不高，边际贡献较小，那么多一个单位供给的边际成本则相对较高，以此为依据进行定价的方法叫作成本导向定价。另外，如果固定成本很高，门票价格要远高于边际成本才能够保证有足够高的边际贡献以涵盖已经沉没到吸引物中的投资成本。这种情况下，不适合参照边际成本进行定价，企业必须采取市场导向的定价政策。在门票价格和边际成本之间企业有不同的决策选择，短期内要涵盖运营成本，长期内要涵盖固定成本。通过对不同市场的不同定价，包括对大规模采购和长期合同的折扣，商业性吸引物的管理者尽可能将其利润（即价格与边际成本之差）最大化，这叫作收益管理。对于表演场馆而言，一旦节目确定，每个座位的边际成本为零，所以收益管理实际就是收入管理，因此大城市通常在剧场附近有售票点，抛售当日演出票，因为不论票价多少都是对固定成本的补偿。

12.3.5　人力资源管理

　　近年来，旅游吸引物这一行业中很多工作的形象有很大改观，不再是以前的低工资、季节性强的形象，而是能够让人真正受益、获得长期发展的工作。逐步改善的管理、招聘、培训和评价体系以及事业规划的发展都反映了这些进步。科技的进步、法律的调整（健康、安全以及雇佣关系等方面的法律）和外部社会经济趋势的改变是驱使这些变化的动力。如果吸引物要持续发展、保持吸引力，就必须继续采取更加专业的招聘、培养和管理人才的方法。

12.3.6　季节性管理

　　因为游客体验不可储存，所以旅游吸引物要面对季节性问题。用户导向类吸引物的容量设计要考虑到每年会有固定的几天，游客会达到甚至超过吸引物的最大容量。其余时间，吸引物的容量都是过剩的。季节性会影响价格政策。要达到供需平衡，需要季节性定价，然而实际上很多吸引物的管理者反对季节性定价，因为旺季来的顾客会感觉被多收了钱。为此，管理者通常会缩小季节性定价的差别，但在淡季时会向游客提供更多的其他优惠，比如免费开放吸引物更多的区域。

12.3.7　游客管理

　　价格是调节需求的工具，但是即使是商业性吸引物也很难单纯依靠价格来调整游客人数。旺季的时候需要采取措施以避免人数过多，保证游客体验，这些措施包括营销宣传以及其他改变游客行为的手段。有些吸引物旺季的时候会采取限制性营销，但是这对国内或者国际知名的吸引物来说效果不太明显。第一次到访首都的游客总是想要去看最主要的地标，比如捷克的布拉格城堡、泰国的大皇宫、纽约的帝国大厦等。吸引物首先要应付的是车辆交通，因为要避免它们造成主路的拥堵。在吸引物内部，如果步行距离较远，可以通过内部交通系统对游客进行分流。对主题公园而言，为了避免长时间的等待降低游客体验，队列管理非常必要。可以采取的做法是确保人们排队的时候能够看到吸引物，排队的时候安排表演让等候时间充满娱乐性，在队列的不同位置能够看到剩余的等候时间等。

12.3.8 环境影响

对于环境的关注并不仅仅是保护或维持，任何旅游发展规划的环境政策都应考虑以下原则：

- 旅游与环境的相互关系，通过旅游实现保护环境的目的；
- 通过游客管理手段减轻对环境的压力；
- 改善环境，使居民和游客受益；
- 审慎发展，尊重、改善环境；
- 旅游企业采取负责任的运营实践和环境友好的交通方式。

对于旅游与环境的相互关系，媒体大多倾向于前者对后者的负面影响，而忽视了前者能够带来的正面机遇。

如何实现可持续发展呢？市场经济环境中，政策倾向是遵循污染者付费的原则，因此价格不仅要反映经济成本，还要反映社会成本。这样做的问题在于，很多自然吸引物属于公共产品，无法阻止人们的消费，而且公众会抵制对国家遗产收费，所以有些博物馆和画廊会通过本地居民优惠卡的形式区别对待国内外游客。在英国，几乎没有旅游企业因其消耗的社会和环境成本被要求交税。这部分钱是从一般税收中支出的，应对拥堵、垃圾和游客管理的费用大部分是由政府承担的，尤其是地方政府。这并不是否定"绿色赋税"。澳大利亚当局就对到访大堡礁的游客有额外的收费，因为这一目的地的环境面临很大压力，英国的航空乘客税据说旨在补偿空中交通导致的温室气体排放。

12.3.9 吸引物原真性

社会学者认为对目的地的真正认识对游客而言很重要。很多情况下，旅游者被一些假象，尤其是与当地文化毫不相干的节事活动所蒙蔽，认为自己到了史诗般的世外桃源。然而，他们并没有看到真正的风景和当地居民的生活。这意味着旅游体验原真性的缺失。然而，不同的旅游者对原真性的解读和要求有所不同。有些游客并不想要真实的体验，他们到主题公园的目的是娱乐和刺激。

理想的状态是当地人和游客都认同体验的原真性。但是，鉴于游客的规模，如果不通过设置场景，根本不可能满足所有游客的好奇心。英国很多历史建筑会还原某一时期的场景，让游客认识那一时期的生活。约克的约维克维京中心，让游客乘坐"时光列车"穿越到一个维京村落，除了物品，他们甚至还原了那个时期的气味，创造贴近真实的体验。此类历史和文化展示让游客能够了解当地文化遗产最重要的方面，同时避免了侵犯当地居民的隐私空间，而且还有可能激起当地人的自豪感。

12.4 小 结

吸引物是旅游产品的重要组成部分，有些吸引物是旅游者访问目的地的唯一动机。然而，吸引物的生存和发展离不开旅游产品的其他元素为旅游者提供必要的基础设施和服务设施。吸引物急需新型的游客管理和控制手段，以减轻大量游客带来的压力，保护和延续自然资源。因为利益相关者众多，人们对投资和资源维护的责任看法不一。公共和私营机构在吸引物投资和管理方面的角色已经成为重要的问题，因为两者既要平衡经常冲突的各方利益，又要提升游客对吸引物的体验。

12.5　课后习题

1.根据本章的学习，您认为国家公园会吸引什么类型的游客？

2.建立一个大型主题公园需要考虑的因素有哪些？

3.乐高公园源自乐高玩具。还有哪些吸引物以产品为主题？讨论这类吸引物的优势和劣势。

4.在经济萧条时期，大型的公共旅游吸引物对目的地的振兴有什么作用？

12.6　案例：主题公园的发展

主题公园的概念

主题公园的概念是：一个家庭娱乐场所，以某些人物或历史时期为主题，结合了娱乐设施、餐饮、购物等服务，旨在激发超凡想象和体验。不论形象和规模如何，主题公园的目的在于为家庭提供愉快的外出时光。市场调研结果显示，除非提供内容各异的活动，否则家庭成员待在一起超不过三个小时就要开始争吵。

通常这类吸引物使用一价式通票。与传统的游乐园不同，它们所有权单一，没有分散的特许经营方，通常位于城郊的露天场地，管理水平较高，环境有统一主题。历史悠久的主题公园可能提供免费或者便宜的门票，入园后娱乐项目另行付费，同时也提供通票。现在这一切都可以通过电子卡和或者手环实现了。

主题公园的建设

最初的阶段需要确定主题、明确形象、阐释经济可行性、组织产权团队和制定整体规划。除了规划，还要严格控制设计和施工过程以确保完工日期和资金预算，并要在开业之前做好运营计划。开业的头一天非常重要，对娱乐业来说，如果开园的第一天很糟糕，后期则很难恢复。

一个主题公园的规划最重要的是运营的第一年和第五年。第五年的时候公园运营已经步入正轨，公园的未来已经形成，风险投资要变现营利，也是在这个时候。潜在市场包括客源区域内的居民，以及到目的地的游客和团体，包括学校、公司、各类俱乐部和协会等。通常客源区域包括开车两小时以内可达、乘客车和火车3~4小时以内可达的居民。乐高公司的公园规划通常依据以下标准：

- 园区所处区域的乐高玩具销量很高，品牌认知度高；
- 公园是针对2~13岁儿童的家庭类公园，2亿~2.5亿美元的投资对应的客源市场应有2 000万居民，其中有50%符合目标家庭的特征；
- 发展成熟的旅游目的地，有稳定的游客，园区客流量能达到150万；
- 有美丽的乡村环境，可以取得休闲用地开发许可；
- 占地面积至少为40公顷；
- 当地有供应商和旅游基础设施。

计算公园的市场渗透率和估算游客人数时，需要考虑可支配收入、可抵达性、竞争吸引物、公园形象的吸引力、保证高质量游客体验的投资水平等因素——后者叫作"保证投资水平"。通常美国的公园比欧洲的公园保证投资水平更高，因此市场渗透率也更高。部分原因是欧洲的公园彼此距离较近，需要竞争同样的客源。而且，美国公园团体票能占到门票收入的 35%~50%，这一比例远高于欧洲的公园。

表 12-1 显示了主题公园的特征。公园全年开放，但是有一定季节性。7 月是最高峰，第 5 年 7 月的客流量约为 308 000 人，7 月里有 8 个非工作日（周末/假期），23 个工作日，周末的客流量是平日的 2.5 倍。那么设计日的人数就是 30 800×2.5÷（2.5×8+23）=17 907。通常季节性强的公园的设计日人数是每年客流量的 1%~2%。设计日用于计算实际园内高峰值的时间段。高峰值的计算需要在营业时间记录每小时的到达率，然后减去同一时期离园率，这个结果通常在 70%~85% 之间。如果在设计日的上午晚些时候这个数值是 75%，那么园区的实际高峰人数为 13 430，园区的基础设施、设备和公园的吸引物都需要按照这个标准建造。业内的标准是，考虑排队时间、闲逛时间和其他活动，每个顾客在一个小时内应该能够参与 1.5~2.5 个娱乐项目，水上公园更靠近 2.5，陆地类公园则偏低，在 1.2~1.8 之间。如果按照 1.5 计算，这个公园每小时的运营容量为 1.5×13 430=20 145。大的过山车每个小时可以提供 1 000~2 000 个娱乐单位（迪士尼是 1 600 个），但是仅仅提供 14 个过山车是不够的。

表 12-1   主题公园的设计特征

项目	第 1 年	第 5 年（设计年份）
客源市场	14 000 000	14 000 000
渗透率	6%	11%
游客人数	840 000	1 540 000
高峰月份（7 月）	168 000	308 000
设计日	9 767	17 907
园内最多人数	7 326	13 430
平均每小时娱乐单位	1.5	1.5
每小时总娱乐单位	10 988	20 145
平均每小时可接待人数	750	750
平均吸引物数量	14	26
如需额外 25% 的等候时间，吸引物数量应为	17	32

有些公园以高度刺激的游乐设施闻名，但是最大最好的公园会为整个家庭提供各种各样的娱乐设施和演出。过山车类的娱乐设施通常坐一次需要两分钟，而演出一般要半个小时，后者每小时可接待的人数要远低于前者。要达到每小时提供 750 个娱乐单位的标准，需要提供 26 个吸引物，其中包括 5 个重量级的、重点宣传的项目，15 个中等规模的项目和吸引小朋友的地面类项目，6 个现场表演、游戏区和虚拟现实类吸引物。虚拟现实类吸引物在成本和空间上都有优势，其成本是实体高科技设施的 1/10 左右。

由于天气导致的季节性会影响园区设施的利用率，很多人会因此质疑这类项目的可能性。一个解决的方法是减少大型游乐设施的数量，用投资较少的吸引物来代替，同时增加"软承载量"，比如表演和电影的座位。乐高乐园就设有很多工作坊，那里有模型制造展示，参观者也可以在那里取得建议。"迷你世界"是乐高的一个艺术展示区，也能够吸收一定数量的游客。除了提高公园其他区域的使用率，设置活动项目也是增加园区接待能力而无须增加长期管理费用的方法。

排队

尽管队列设计已经有很大进步，但是排在榜首的顾客抱怨仍是买了很贵的门票，结果却要排几个小时的队去坐几分钟的游乐设施。传统的做法是通过管理游客流，安排他们到达园区内不同吸引物的时间，或者增加承载量。近几年的做法是使用限时票或优先票，比如迪士尼的 Fast Pass、环球影城的 Express 和六旗游乐园的 Flash Pass。游客通过租借一个手持无线工具能够保留他们在多个娱乐设施等候队列中的位置。

主题

主题可以赋予吸引物、园区设备和基础设施新的意义，为此付出的成本可能高于吸引物本身。它可以通过故事把游客带入另一个世界。如果要达到理想的效果，就需要在每一个区域不断地重复主题信息，以加强对游客的印象，通过不同故事情节和场景设置制造幻觉来巩固娱乐价值。这样做的优势有很多：

● 主题赋予公园独特的个性和产品差异性，如果其形象认知度高并广受欢迎，主题本身就是竞争优势；

● 感知质量较高；

● 让人印象深刻的环境更容易吸引游客重游；

● 可以针对不同市场和不同时间（比如万圣节和圣诞节）举办主题活动以增加游客人数；

● 园区内的主题形象景观为年长者和有年幼儿童的家庭提供了被动娱乐，他们可能不愿意乘坐娱乐设施，但是乐意看到其他人，尤其是自己的家人玩得开心；

● 主题性的娱乐和等候区让排队不那么难熬；

● 主题区域、餐馆和商店为游客提供了闲逛的时间和二次消费的机会；

● 可以设计主题纪念品，鼓励消费。

整体规划

游乐设施的数量一旦确定，就要考虑规划布局、它们与形象景观的契合性以及不同区域提供的体验的平衡性。一种比较受欢迎的布局是轴辐式布局，轴是一个集合了餐馆、购物、娱乐、会议等设施的综合体，辐是连接游客体验的主题区域。在小吃点附近提供纪念品摊位和适合主题形象的便利设施能够制造更多的消费机会，同时也增加了供给的灵活性，适应需求的变化。为了避免公园的过度设计，一般的守则是软性消费，包括专业服务、开园前花费和其他杂费总共不要超过总投资额的30%。

实施

整体规划需要按照时间进度落实。每一个重要进展都需要有具体的时间设定，以确保公园能够在合理的时间内开业，表12-1的公园规划大概需要两年的时间。项目经理需要把任务分配给开发团队的成员，并确保他们会按照计划完成相应的目标。这些任务包括：筹款、获得规划许可、基建、购买设施和运营规划。运营规划包括员工招聘与培训、营销、安排表演和娱乐项目，以及支持服务，包括售票、餐饮、购物、顾客健康与安全事项等。

公园还要通过节事活动、重设主题、更新游乐设施以吸引游客重游。通常的做法是预留等同每年折旧的钱用于再投资。大型的公园会互相竞争，为了争取各种第一，它们每两三年就会引进大型吸引物来提高客流量。很少有新的投资能够比得上国际影城价值2.65亿美元的哈利波特魔法世界。

资料来源：Wanhill，2008

讨论问题

1.以表12-1的主题公园为例，您觉得什么类型的吸引物组合会适合这个公园？

2.迪士尼、乐高和国际影城这类的品牌主题公园一直以来都很成功，原因是什么？

3.主题公园的"混合物"特性对其拓展国际市场有何影响？

第 13 章

住宿业

13.1 学习目标

本章的中心是住宿业和影响住宿业的问题。通过本章的学习，您将能够：

- 认识和评价住宿业的范围；
- 理解住宿业的结构、品牌的角色和主要的所有权模式；
- 讨论影响住宿业当前和未来发展的关键问题。

13.2 住宿与旅游产品

在旅游业的背景下，住宿很难单独存在。很少有旅游者仅为了某个酒店或其他形式的住宿而选择来到某个目的地，通常他们选择住宿是因为后者为出游的主要动机提供了支持性服务，不论旅途是出于休闲目的还是商务目的。一些度假酒店可能超出这一范畴，旅游者可能会因为酒店所提供的住宿体验而选择待在绿蔷薇[①]或格伦伊格尔斯酒店[②]。与此同时，旅游者同时还被度假村和当地提供的更多的旅游产品所吸引。许多目的地的一个新趋势是为品位敏锐的旅游者提供一个新颖的甚至是不同寻常的住宿组合。在这种情况下，与众不同的住宿将成为游客体验的精华，而不仅仅是辅助产品或服务。

住宿是任何旨在服务过夜游客的旅游目的地的必要组成部分。住宿的质量和种类将反映和影响到一个旅游目的地的游客类型。因此，获得适当的住宿类型搭配以满足旅游目的地的战略发展目标是一项挑战。住宿被视为旅游目的地基础设施的一部分，没有它旅游者不会访问目的地。因此，它也有助于吸引更多的外来投资，开发当地的旅游产品。住宿也可作为更广泛的经济发展战略的一个组成部分。冰岛的阿库雷里镇建设并运营的酒店一直处于赤字状态，但仍然维持营业，因为它是经济发展，尤其是渔业必不可少的支持性设施。近些年，在迪拜和中国部分沿海地区，酒店如雨后春笋般建设起来，这表明住宿业是旅游发展的组成部分，但角色可能有所不同。

住宿在旅游业对地方和国家的经济贡献中起着举足轻重的作用。很难估计出住宿在旅游总支出中的大概比例，因为这在很大程度上取决于市场、住宿类型和所购买产品的性质。粗略而言，住宿消费占整个旅行消费的 33% 左右，但是这个比例在不同的细分市场差别很大。比如，在地中海度假村的全包套餐中，这个比例会降低，因为旅游中间商会低价大规模订购

---

① 译者注：绿蔷薇酒店，1778 年开始营业，位于美国西弗吉尼亚州绿蔷薇镇，是一座奢华度假村。冷战期间，当时的总统艾森·豪威尔下令在绿蔷薇酒店地下建造了一座秘密堡垒，以备紧急状况下召开国会会议所用。至 2018 年，27 位美国总统曾经在此酒店下榻。资料来源：酒店官方网站 http://www.greenbrier.com.

② 译者注：格伦伊格尔斯酒店，1924 年开始营业，位于苏格兰腹地，是一座五星级奢华酒店。2005 年的八国峰会在该酒店举行。资料来源：酒店官方网站 https://www.gleneagles.com.

公寓或酒店房间。而国内旅行中，住宿的比例可能会升高，因为国内交通的成本要低于国际交通。住宿可作为招揽顾客而低价出售的商品，以促进游客购买旅游产品的其他组成部分，如赌场和其他特色度假村。住宿业会在旅游淡季提供大量优惠，如果客人的食品和饮料消费达到要求的最低标准，酒店会向其提供免费的客房。

13.3 住宿设施类型

13.3.1 酒 店

酒店无疑算是住宿业中最重要和最突出的子部门。各国形式多样的酒店很可能是旅游业中提供就业岗位最多、创收最高的分支。传统酒店观认为酒店就是短期内为付费客人提供住宿和餐饮服务的机构。这个观点影响了很多酒店的定义。但是，随着酒店附属活动（休闲、商务等）的增加，这一描述已经落伍。

在许多国家，酒店业是随着1945年之后旅游业的发展成长起来的，以小型家族经营为主。30个床位的海滨酒店、乡村别墅酒店或各类城市酒店是酒店业的典型代表。近年来，小型酒店面临着从经济型到奢华型等各类品牌酒店的挑战，在很多地方已开始逐渐衰落。而一些已经认识到利基营销重要性的酒店成功地在现代旅游业发展中生存下来，它们通过调整其产品和服务满足了特定市场群体的特殊需求。对于独立经营的小型酒店，一个重要的生存策略便是成为国际或国内酒店营销联盟的成员。"最佳西方"和"金郁金香"是最有名的两个国际酒店联盟。

在大多数欧洲国家，连锁酒店或酒店集团占总数的10%以上，这一比例在东南亚和北美地区会更高。就大多数国家现有酒店客房供应来看，酒店集团或连锁酒店的市场渗透率相当高。英国连锁酒店占比高达40%，美国连锁酒店占比超过60%。这反映出连锁酒店通常比独立酒店规模更大。酒店行业竞争的普遍趋势是，以多元化经营为基础的连锁酒店不断蚕食和抢夺独立经营者的市场份额。

酒店的所有权与管理反映出私营酒店的经营模式日趋复杂。主要经营模式有3种：
- 酒店公司既是酒店的所有者也是其经营者，使用的是公司的名字，公司可能占有酒店的部分股权；
- 酒店的所有权和经营权归一个特许经营伙伴所有，这种商业模式增长很快，尤其在经济酒店市场；
- 酒店公司代表业主管理酒店，这在高端国际市场比较常见，希尔顿、凯悦、洲际和万豪的高端品牌酒店就采取这种形式。

近年来，股市投资者对经营方在酒店效益方面的要求越来越集中，这对上市酒店产生了极大影响。以前，尤其是在欧洲，酒店业平均投资回报率明显低于其他工业和服务业。热情好客是酒店文化理念的核心。但有观点认为，利润与优质服务是无法协调的。然而，亚洲许多酒店集团却能够有效地将获取利润与提供优质服务完美地结合起来，这也在一定程度上引导欧洲酒店做出了改变。

13.3.2 精品酒店

精品酒店是最新的住宿形式，最开始在美国和英国比较流行，通常有独特的主题，个性明显，质量精湛，服务全面。位于英格兰南岸伯恩茅斯的巧克力精品酒店就是一个例子，客人到了这里就如同进了巧克力世界（http://www.thechocolateboutiquehotel.co.uk/）。尽管精品酒店规模各异，但它们通常都位于主要城市，因其独具特色与千篇一律的商务酒店区分开来。一些大的酒店集团在意识到这类酒店对市场的吸引力之后也开始发展精品酒店类型的品牌。

13.3.3 家庭旅馆、床和早餐旅馆、农场旅馆、客栈

在家庭环境中为顾客提供食宿是这类住宿设施的共同特点。这些旅馆提供的设施可能和小型酒店类似，有些客栈的经营可能比较简单，客人需要共享一些设施，甚至要和主人共进早餐。

在不同国家，这类住宿设施的运营有很大差别：

● 在英国，床和早餐旅馆与招待所区别不大，只是前者运营所受的限制更少。很多这类酒店季节性很强，在需求较高的时候为市场提供了灵活的住宿资源，其固定成本不高，劳动力支出很少。

● 美国的床和早餐旅馆则更加成熟，提供的服务也比较全面。它们和欧洲的客栈和小酒店类似，通常是国家或地区营销联盟的成员。

● 加拿大的客栈比较相似，可以根据某一主题或者所处地区联合进行营销。"大西洋东岸历史客栈"就是个例子，成为它的成员要符合数条标准，其中之一是酒店的历史，要求所有酒店的建筑都是1930年以前建的。

农场旅馆是国际农业旅游的重要组成部分，不仅是爱尔兰和新西兰等国家旅游发展的重要特征，同时也是东欧与亚洲许多国家发展规划的组成部分。农场旅馆与床和早餐旅馆的经营模式大体相似，只是环境不同。这类旅馆通常在农场里，客人可以在这里体验各种日常的农业劳作。农场旅馆的营销也可以通过国家或国际联盟实现。

随着经济型酒店的不断增多，独立经营的小旅馆面临着巨大的挑战，尤其是在欧洲。以提供的服务产品来说，独立经营的小旅馆与经济型酒店的客房非常相似，后者其实有更明显的竞争优势。这迫使英国的家庭式旅馆或者更新设施或者停业。因此现在很多这类酒店开始提供独立浴室、多频道电视和茶饮设施。

插图 13-1

13.3.4 自助式住宿——公寓、别墅、乡村住所等

形式多样的餐饮自理的自助式住宿设施是旅游业的重要组成部分。这类设施的共同特点是提供了更多的休闲区域，且方便顾客自己制作餐食。在地中海地区公寓是主要的住宿形式，除此之外，这类住宿还包括：

● 独立别墅和乡村房屋，通常是由民居改建而成；

● 为商业目的而建的别墅群，有统一的开发和品牌，比如1968年成立的"租间爱尔兰别墅（Rent an Irish Cottage）"；

餐饮自理的自助式住宿可作为度假套餐的一部分通过中介或由业主直接租给旅游者。在一些国家，如挪威，无论是富人还是穷人都可能拥有乡村别墅或海滨别墅，这是非常普遍的现象。有些地方的度假别墅在正常的房屋交易市场出售，极大扰乱了当地的房地产市场，催

升房价，招致当地人的反感。许多年轻人很难买得起房子。

当地人的房屋转变成自助式度假住宿很普遍，实现的途径有很多：

交换房屋计划：比如一个来自瑞典的家庭和一个来自加拿大的家庭（业主通常在同一领域或行业工作）交换房屋一个月，交换内容还可能包括汽车的使用以及对宠物和房屋的照管。

大型节事活动也可能促使当地人腾出自己的住房，租给参与活动的房客——伦敦邮编为SW19的地区在温布尔登网球赛举行的两周，银石村在英国一级方程式赛车的周末都会有这样的情况发生。

13.3.5　校园住宿设施

在多数时间里，绝大部分校园住宿设施可谓是学生的半永久住所。但许多高等院校在学生放假期间利用这些空闲住宿设施营利。校园住宿设施不仅被用于会议，还会被用于休闲度假，尤其是某些与风景区或度假区相邻的校园更是如此。除此之外，一些学校还会为参加课程的来访者提供住宿。校园住宿设施的发展趋势是升级硬件设施以提高与其他住宿业商家竞争非学生市场的能力。

13.3.6　分时度假与部分所有权

分时度假或部分所有权是一种受时间约束（通常为每年一周或两周）的自助式度假住宿所有形式，通过交换联盟为顾客提供遍布世界各地的类似的度假房产。许多分时度假酒店还会提供一系列辅助性的服务与设施，包括饮食、体育与休闲服务，因此它与度假酒店有许多共同之处。

13.3.7　青年旅舍

青年旅游者是旅游客源市场的重要组成部分，但其并未受到很大关注。各国在满足青年旅游者需求与专门设施供应方面存在很大不同。年轻人较倾向于选择低价位的住宿设施——床和早餐旅馆与青年旅社，此类设施一般由青年旅舍联盟（YHA）、基督教男青年协会（YMCA）、基督教女青年协会（YWCA）以及一些类似机构来经营。网上关于这类住宿的信息也越来越多，为潜在顾客提供了可以了解住宿体验的直接信息源。

在许多国家，住宿业已开始关注年轻人市场，如青年旅舍联盟、基督教男青年协会、基督教女青年协会以及澳大利亚的背包客旅馆已经从提供简单宿舍式住宿转向提供更舒适、更先进、更全面的产品与服务。在一些地方，青年旅舍所提供的设施标准与同等价格的旅馆没有很大区别。这些情况反映出随着年轻人经济条件的改善，青年旅游市场的需求、期望与体验也在不断发生变化。

13.3.8　露营和房车营地

在许多国家，游客自带住宿设施（如帐篷、房车、旅行拖车）前往目的地的旅游方式已经成为国内和国际旅游业的重要组成部分。这种住宿的标准已比早期露营设施有了很大提高，不过在空间和隐私方面还相对比较欠缺。随着露营与房车旅游者的增多，营地供应商便成为住宿业中一个重要的组成部分。营地供应商为旅游者提供的可能仅有场地与一些基本设施，但有些营地也可能位于度假胜地，设施完善。旅游者可享受舒适的服务，以及休闲、餐饮和零售设施。一些营地可为旅游者提供永久性帐篷或房车，旅游者可在目的地停留一至两周。永久性的房车营地既有可以短期出租的房车，也可以接待旅游者的房车。

13.3.9 医疗住宿设施

这类住宿设施通常不被归在旅游业内，尽管医院，尤其是私立医院的住宿设施和旅游业的住宿设施相差无几。一些专业性强的医疗机构也可为患者的亲属和朋友提供高质量的住宿，比如高级儿童医院。很少有人把养老院与其他供老年人长期居住的设施与旅游业联系到一起，但一些酒店集团已开始关注这一细分市场，如雅高与万豪集团已为老年人提供了可长期居住的高档护理酒店，酒店不仅提供休闲服务，而且还配有医疗服务。

13.3.10 邮轮与渡轮

在飞机出现以前，旅游者跨大西洋或洲际旅行的主要交通方式为长途邮轮。这些邮轮为所有旅游者在旅行过程中提供了功能性住宿。头等舱除了基础设施外还有其他便利条件。渡轮相对于邮轮而言，仅能提供功能性的、有限的住宿设施。现在专门的邮轮改变了服务的焦点，从交通工具转为目的地本身。现代邮轮与全包度假村更为接近。从住宿的角度看，它们的设计所提供的舒适程度、设施和服务能够与度假酒店媲美。渡轮也发生了相似的改变，尤其是像往返于英国和西班牙之间这样的长途渡轮。

13.3.11 火车与飞机住宿设施

火车配备住宿设施由来已久，但因空间的限制，列车也只能提供最基本的夜间睡眠设施。不过也有一些运营商为列车配备了豪华的住宿设施，如往返于曼谷与新加坡的东方快车，以及印度、南非、澳大利亚等国的一些列车。这些列车有的是在老式列车的基础上改造的，有的是新的、专为此目的设计的，在有限的空间内尽可能地为旅游者提供最舒适的住宿环境。

在为旅游者提供住宿方面，飞机也同样受空间的限制。即便是为远程游客提供卧床式座位的头等舱，也与公共宿舍类似，仍缺乏真正的空间与隐私。空客380是目前世界最大的客运飞机，最多可以容纳800位乘客，机舱配置和布局可以有多种选择，以提高乘客的舒适程度。大部分飞机的设计是555个座位，分布在3个机舱内。

13.3.12 探亲访友

探亲访友的旅游者一般会住在朋友或亲戚家里，而不会选择当地商业性的住宿设施，所以这部分游客对当地的经济贡献十分有限。然而在一些国家，以探亲访友为目的的旅游者是本国旅游业的重要组成部分，尤其是国内游。在许多发达国家，由于家庭亲密度的不断减弱，探亲访友的旅游者越来越少。大部分回乡寻根的访客，如非洲裔或者爱尔兰裔美国人回到故乡，会选择住在主人安排的商业性酒店中。

13.4 住宿业的特征

除了上面提到的异质性之外，与其他行业相比，旅游住宿业还具有以下特征。第一，招待业与住宿业既包含有形要素，也包含无形要素。有形要素包括酒店周边环境、住宿配套设施、装修装饰、地理位置以及游客所消费的餐饮。住宿业有形要素的管理非常复杂，顾客会将住宿设施的外观和环境与预先期望作比较。酒店的食物供应虽然能够满足顾客的基本需求，但就餐环境所带来的体验却是影响顾客住宿满意度的一个重要方面。住宿业的无形要素更为复杂。它包括酒店的环境氛围和顾客所感受到的服务体验。多数良好的住宿体验是有形产品与无形服务的高效结合。例如，一位顾客在酒店的就餐体验就涉及众多有形和无形要素的综合作用，不仅包括食物的采购、烹饪，也涉及如餐厅建筑、装修风格、厨房设施、桌椅、餐具和食物本身等有形因素，这些都是顾客产生良好就餐体验必不可少的要素。

招待业与住宿业的第二个特征是生产与消费的不可分割性。住宿服务的生产与顾客的消费是同时进行的。这与实物产品不同，如洗衣机可以在中国生产，在英国消费，而住宿产品则不可以。这种不可分割性也意味着住宿业产品和服务对顾客只有短暂的价值。顾客在购买一台洗衣机若干年之后仍拥有其使用权，而顾客购买的住宿产品仅能够为其带来美好的住宿体验与回忆，顾客并不拥有对其物理形态的永久使用权。与此类似，顾客在餐厅就餐后会暂时满足，四五个小时之后又会有饥饿感。

住宿产品的第三个特征是不可储存性。如果客房当日没有卖出去，它就永远丧失了当日的销售机会，即使之后因需求增多客房全部卖出，也不会弥补之前空房所带来的收益损失。因此，顾客的需求对住宿产品的生产和提供有举足轻重的作用。

13.5 商业住宿管理

商业住宿管理是一项复杂的工作，本节重点讲解商业住宿的超额预订和收益管理：

超额预订在商业住宿中比较常见。为确保酒店客房的入住率，酒店一般出售的客房数多于实际可用的数量，即超额预订。由于取消预订和预订后不入住的情况越来越多，超额预订在酒店业越来越普遍。例如，单从预订系统来看，酒店客房已被预订完毕；然而，顾客计划的改变随时会导致他们取消预订。在一年中，顾客取消预订和预订后不入住的比例可能高达 15%，为了解决这个问题，酒店将参照这个指标定期采取超额预订手段。

然而，超额预订是一项具有风险的策略，如果所有预订的客人都按时到店，此时必有一些客人得不到房间，那么酒店就违反了与该客人达成的合同。考虑到相应的法律责任和对酒店的声誉的损害，一些酒店已经完全取消了有意超额预订的做法。但也不乏一些酒店为确保酒店满房，仍选择继续这么做，为了保险起见，他们会把未得到预订客房的顾客安排到合作的酒店，通常通过房型升级弥补给顾客带来的不便。

越来越多的酒店通过收益管理改善对预订系统的管理，同时最大化房间的预订数量。多纳菲（Donaghy，1995）认为收益管理是一种以净收益最大化为目标，根据不同的细分市场的需求确定最佳房价的方法。如今，收益管理（Schwartz，2003）已经被许多酒店所采用。从本质上讲，收益管理意味着住宿提供者以适当的价格和时机向合适的人出售客房。住宿提供者在历史预订基础上确定低需求时段，并在此期间通过促销和折扣刺激需求。住宿提供者根据可用房间数和需求采取灵活定价策略。事实上，越接近客房入住日期，房间价格会越高。因此，对同一酒店同一日期的相同类型的客房，不同的客人支付的价格却不尽相同。在高需求时段房价也会随之升高，从而实现收益最大化。

13.6　住宿业质量管理与等级评定

对住宿业各分支行业和不同国家、地区的商家进行横向比较是很困难的。目前几乎不存在合适的框架或标准可以对爱尔兰贵族风格的阿什福德城堡酒店和新加坡现代风格的里兹·卡尔顿酒店进行有意义的比较。二者在各自的位置和背景下都非常出色，但是提供的实物产品却截然不同。虽然可以对酒店的服务质量进行对比，但仍存在评价主观性的问题。

质量比较可借助对各种住宿设施的分级分类来实现。这项工作一般由国家级或地区级的政府部门（如旅游局）或私营部门（如汽车协会）来进行。因不同国家住宿业发展现状各不相同，所以，曾经试图在欧盟内建立统一标准的努力未能成功。虽然住宿业的分等定级会涉及众多部门，但这一套评定体系仍主要适用于酒店、家庭旅馆、农场旅馆、床和早餐旅馆以及露营地。住宿业分类和定级的重心和目的有所不同。

- 分类是指根据房产类型、硬件以及便利设施对酒店进行分类（Gee，1994）。
- 定级的重点是质量。在现实中，大多数国家或商业性评定更注重分类，其中，质量只是作为附加项，不影响酒店的星级评定。

住宿业分级的目的有所不同，包括：

- 标准化：建立一个标准化的、统一的服务与产品质量评价体系，有利于为买卖双方提供有序的分销系统；
- 营销：通过向顾客建议目的地的各类住宿设施进行目的地营销，鼓励住宿业市场的健康竞争；
- 保护消费者：确保住宿单位的设施和服务符合本类别的最低标准，以保护消费者权益；
- 创收：评级和出售评级指导都可以创造收入；
- 控制：为住宿业提供了质量控制系统；
- 投资激励：分等定级有效地激励了住宿业经营者的再投资，鼓励其提高服务与产品质量以达到升级的目的。

住宿业的分等定级也存在许多问题。对住宿体验中无形和有形要素的评价可能存在很大主观性。因此，分等定级的体系多以量化的具有可操作性的特征为依据，包括：

- 客房面积；
- 客房设施，尤其是是否有独立卫生间；
- 可提供的服务项目，如洗衣、送餐服务、24小时前台服务等。

但是这样往往忽视了这些设施和服务的质量和服务交付的一致性。分类标准还存在其他问题，比如：

- 政治压力使大部分酒店都被授予较高星级，致使酒店业的星级结构头重脚轻；
- 复杂的分等定级体系操作成本较大，尤其是涉及无形方面的主观评价时；
- 住宿业对国家强制的分级做法持反对意见；
- 分等定级的评价体系鼓励住宿设施的标准化，不利于独具特色的酒店的发展。

13.7　住宿业与环境保护

人们通常认为住宿业并不会给环境带来污染与破坏。然而，住宿经营企业却广泛地分布于自然环境最脆弱的区域或历史古城中，这意味着住宿业无论是在宏观层面还是微观层面都会对环境产生显著的影响。事实上，游客对最脆弱的自然、历史和文化环境的向往会创造对目的地的住宿需求。住宿业对环境的影响复杂多样，主要包括以下几方面。

13.7.1　水资源的使用

旅游者是水资源的高消费群体，许多主要的旅游目的地都位于潜在或实际缺水的地区。旅游者在住宿过程中会消耗掉大量的水资源，如盆浴、淋浴、游泳池、洗衣房，维护绿地、花园、高尔夫球场等体育设施的用水量也很大。通常旅游者不太可能访问对用水量有所限制或水质不好的旅游目的地和住宿单位。但游客不加节制地大量用水势必会对环境造成影响。比如，西班牙南部地下水位降低，已经开始影响到其他经济活动，尤其是农业。泰国的普吉岛为了保证旅游者用水，限制当地水稻农户的种植时限。面对有限水资源的供给压力和付费压力，住宿业开始启动各种节水措施。很多酒店会提醒顾客区分哪些毛巾需要洗涤，哪些可以重复使用。一些酒店（如普吉岛的假日酒店）自带污水处理系统，可将生活污水转化成花园与休闲设施用水。

13.7.2　能源的使用

无论是冬季取暖还是夏季消暑都要尽量减少能源的使用，这样既能改善环境又能节省酒店开支。《香港手册》列出了酒店各部门可以节能的实践做法。电脑智能系统的应用使酒店的供暖、空调或灯光等得到有效的调控，在无人的情况下可以自动关闭以降低能源消耗。

13.7.3　资源的循环利用

住宿业循环利用物品的做法有很多，比如重复使用接待和行政部门的办公用纸，在盥洗室用洗发液分配器代替独立包装的洗发液，避免使用一次性餐具等。

13.7.4　废物处理

住宿业在经营中会产生大量需谨慎处理的液体与固体垃圾。在一些情况中，尤其是马尔代夫这样的岛屿地区，废物处理是主要问题，固体垃圾的处理可能需要用船运出岛外。在一些国家，某些酒店毫无顾忌地直接将废水排入大海或河流，这会严重危害到人类的健康与生态环境。

13.7.5　脆弱的自然

位于脆弱自然环境中的酒店和其他住宿单位会对当地的动植物产生巨大的威胁。对此类脆弱的生态环境要进行严格的管理与精心的维护，在保证旅游者体验的同时，保护吸引他们前来的自然资源。要重视对住宿业员工和客人的生态教育，使其意识到保护环境的重要性和责任感。住宿业在环境保护方面的作用并不总是消极的。世界上很多历史建筑和城堡被改建成酒店，促进了这些建筑的保护和留存，因为除了改为住宿单位外，它们可能没有更合适的用途。

13.8　信息技术与住宿业

与许多服务行业一样，住宿业越来越受到信息与通信技术发展的影响。在很多方面，科技让很多不需要接触客户的业务（如预订、营销和财务）中心化，节省了劳动力和资金，让酒店可以集中于有限但能够保证质量的产品。科技不仅影响住宿单位个体，也会影响整个行业的营销和财务。

对住宿单位而言，科技对其资源的有效管理意义非凡，包括能源、存货、人力和财务。但很多小型住宿单位没有认识到对员工进行科技培训的重要性。

在宏观层次，全球分销系统逐步成为大型住宿品牌保证市场份额、占据营销优势的主要途径。加入全球分销系统的成本让小公司和独立酒店望而却步，除非它们能结成像"最佳西方"那样的联盟。

互联网让小型住宿单位绕过全球分销系统，通过自己的网站、电子邮件或者本地预订中心安排预订。近年对住宿业影响最大的可能是 lastminute.com 这样网站的出现，它使得住宿供应商能够管理和清空存货以最大化其接待容量的使用率，同时兼顾平均每间可供出租客房的收入（RevPAR）。

尽管对很多人来说，上 Facebook、Twitter 和 YouTube 主要是为了社交乐趣，但这些社交媒体的商务用途增长迅速。在营销领域，在线社区使得顾客之间可以交换关于产品和服务的信息并对比竞争者的价格，这让营销工作者失去了很多对产品和服务展示的控制。通过 YouTube 植入视频，消费者可以在预订之前看到酒店的状况，如果顾客对酒店满意，还能够和朋友分享他们的住宿经历，形成在线的口碑推荐。

社交媒体也可以通过关注消费者网站或者获取消费者反馈成为市场调查的工具。住宿供应商可以通过在线论坛与顾客进行积极对话，这有助于和竞争者进行对标。但是企业必须确保所有员工都了解使用社交媒体的指导原则，因为未经授权的评论很容易被广泛传播，造成巨大损失。社交媒体还能够为销售提供一个低成本渠道，因为一旦消费者点了"喜欢"按键，住宿供应商就可以和他/她开始对话。喜达屋已经在 Facebook 上为其旗下所有品牌超过1 000 个酒店建立了主页。

13.9　人力资源和住宿业

住宿业中服务密集型的企业也是劳动密集型企业，而且未来可能一直会这样，即便科技、培训、系统效率和管理都比以前有很大进步。有些部门很难大幅度减少用人，比如客房部。经济型住宿业把员工数量控制在最低水平，在减少服务的同时提供质量相当的产品。尽管这一行业对劳动力的使用发生了巨大的变化，但住宿业仍然为掌握各种技能的工作者提供了就业机会，这不仅反映了住宿业所包含企业类型的多样化，也反映了这一行业对技能需求的多样性。在很多地方，住宿业通过为人们提供就业做出了很大的社会贡献，因为这些人很难在其他行业找到工作。住宿业是新移民和刚进入职场的工作者较容易进入的行业。当然，在认识这些积极方面的同时也要考虑工作环境、工资、行业形象等方面存在的实际问题和感知状况，尤其是在发展中国家。关于这些问题和人力资源的探讨可以参考其他文献

（Baum，2006；Janta et al.，2011，2012；Joppe，2012）。

13.10 小 结

本章介绍了旅游业中最大、也许是最重要的领域——住宿业。我们介绍了不同类型的住宿设施，展示了这个行业的多样性——它几乎能够满足所有旅游市场的需求。我们还讨论了标准化、标准管理以及住宿业的环境责任。住宿业的发展变化一日千里，在新产品的竞争压力和新的产品和服务标准的要求下，很多企业举步维艰。这个行业的变化速度在未来只会更快，企业需要保证能够跟得上顾客日益增长的对体验的追求。

13.11 课后习题

1. 住宿企业类型多样，如何才能建立有意义的质量比较体系？
2. 回顾和讨论住宿业面临的关键问题及其对未来可能产生的影响。
3. 对小型独立酒店来说，参与营销联盟有什么好处？
4. 中小型住宿供应商可采取哪些策略与大型连锁经营商进行有效竞争？
5. 住宿业有哪些与众不同的特点是其他服务业不具备的？

13.12 案例：希尔顿全球酒店集团

1919年，康莱德·希尔顿（Conrad Hilton）购买了位于得克萨斯州思科的莫布利酒店，这是他购买的第一家酒店；1925年，第一家正式以希尔顿命名的酒店在得克萨斯州的德拉斯正式开业。2012年希尔顿国际酒店成为一家举足轻重的全球酒店公司，属黑石集团所有，在88个国家经营着3 843家酒店，共有633 238间客房，被评为美国第36大私营公司。仅在2011年，希尔顿全球酒店集团就新开了170家酒店，并与320多家酒店签订了管理或特许经营协议，成为增长最快的大型酒店公司。其旗下品牌包括华尔道夫酒店及度假村（分布于8个国家共21家）、康莱德酒店及度假村（分布于13个国家共17家）、希尔顿酒店及度假村（分布于77个国家共553家）、希尔顿逸林酒店（分布于24个国家共281家）、希尔顿尊盛酒店（分布于7个国家共212家）、希尔顿花园酒店（分布于13个国家共538家）、希尔顿欢朋酒店及套房、希尔顿欣庭酒店和希尔顿分时度假俱乐部。因此，希尔顿全球酒店集团是世界酒店业的领导者之一。

早期的创新者

从早期开始希尔顿就一直是酒店业创新的先行者。虽然为公共房间配备自来水和空调在今天看来不算什么，但是在1927年这被认为是一个重大的飞跃。同样，纽约市的罗斯福希尔顿酒店成为全球第一家在客房内安装电视机的酒店，这在当时被认为是酒店产品的"阶梯式"改变，并迫使竞争酒店不得不跟上这个脚步。1948年，希尔顿酒店预订系统的推出也是如此，这一创新很快成为现代预订系统发展的催化剂。不久之后，随着位于波多黎各的加勒比希尔顿酒店开业，希尔顿国际集团正式诞生，一个国际王朝开始不断发展壮大。

希尔顿酒店的成功使得康莱德·希尔顿成为《时代》杂志封面上出现的第一位酒店业人物，也是后来第一个两次荣登该刊的人物。这很大一部分归功于希尔顿酒店为客户的竭诚服务与持续创新。1970年，希尔顿购买了弗拉明戈酒店和拉斯维加斯国际酒店，成为第一家进军美国博彩业的纽约证券交易所上市酒店。1973年，希尔顿利用计算机技术开发了第一个囊括了所有希尔顿酒店的中央预订系统HILTRON。令人难以置信的是，这个当时业内最先进的计算机化酒店预订系统为希尔顿一直服役到20世纪90年代末。继预订服务推出后，希尔顿于1987年又推出首个顾客忠诚度计划，即希尔顿荣誉会。该计划的会员超过3 000万，仅2011年1年就有350万新入会会员！

随着希尔顿首个网站http：//www.hilton.com（1995）和新预订系统HILSTAR的推出（1999），希尔顿进入了创新迅速发展的新千年。例如，它于2002年推出了希尔顿全球度假村，首次将高级度假村与异国度假体验相结合；2006年，希尔顿酒店集团和希尔顿国际集团又重新合并，并推出了首个移动设备应用程序。这项创新使顾客能够在移动设备上预订客房、办理入住登记、搜索酒店、查看荣誉会活动、预订荣誉会奖励住宿和额外服务等。希尔顿借助当时社交媒体狂潮，成为第一家在Facebook上拥有5万名粉丝的酒店！此后，希尔顿酒店正式成为希尔顿度假酒店，并在希尔顿酒店集团更名为希尔顿全球酒店集团后推出了新的品牌标识。

希尔顿全球酒店集团

在未来10年推动希尔顿全球酒店集团发展的四个战略重点包括：文化与企业融和；最大化整个企业的绩效；加强和拓展品牌以及商业服务平台；增加世界各地旗下酒店的数量。在美国和加拿大以外，希尔顿全球酒店集团2012年在建的酒店有900家，客房数量约13万间，企业管理者迈向全球的雄心显而易见。他们把重点放在了亚太地区、欧洲、中东地区和拉丁美洲市场，与美国相比，希尔顿在这些市场的渗透率相对较低，但增长速度会极为可观。例如，在拉丁美洲、加勒比海和欧洲地区，希尔顿全球酒店集团已经设定了2倍的增长计划，在亚太地区的酒店数量将增加3倍，在中国将增加9倍！

中国市场的机会已引起酒店企业的兴趣。希尔顿已意识到供给要适应当地市场的需求，正在考虑推出一个专门针对中国顾客的品牌，以便在这个有望成为世界最大的酒店市场跟上竞争者的脚步。目前洲际酒店集团是中国市场中的佼佼者，拥有约160家酒店，同时还有160家在建酒店。为迎合中国市场的特定需求，洲际酒店集团计划在2013—2014年推出新建酒店"华邑"，酒店设有茶室"举茗邑"、中国式花园和提供中式面食的餐厅。洲际酒店的目标是预计在15~20年内将"华邑"扩张至100个城市，之后拓展到亚洲的其他经济繁荣的国家。然而，目前希尔顿国际酒店并不特别关注其竞争对手，而将重点放在了中国市场提供的机会上。到2025年中国的酒店业将拥有约600万间客房，在2039年这个数字将翻一番，成为全球最大的酒店市场。

企业责任

虽然在世界范围内的扩张是希尔顿全球酒店集团的一个关键战略，但其仍然致力于绿色环保和更广泛的可持续发展。现在希尔顿全球酒店集团拥有多个重要的合作伙伴，力求在社会责任方面取得显著进步。例如，与Good360合作，向慈善组织捐赠高品质旧货，通过"全球肥皂"项目将希尔顿酒店的回收肥皂提供给发展中国家的弱势群体。在成本方面，企业能源使用量降低了6.6%，碳排放减少了7.85%，废物产量减少了19%，用水减少了3.8%，共节省成本7 400多万美元。

资料来源：http://www.hiltonworldwide.com（accessed 28 may 2012）

讨论问题

1.希尔顿全球酒店集团在竞争异常激烈的市场中显然是一家成功的全球性公司。您认为近年来支撑其发展的具体优势是什么？

2.国际扩张虽带来了许多机遇，但也确实带来了很多挑战。面对即将成为世界最大酒店市场的中国，希尔顿全球酒店集团在扩张的过程中面临哪些特殊的挑战？

3.希尔顿全球酒店的品牌组合战略非常成功。采用这种伞状品牌组合战略可能会带来哪些好处和弊端？

4.发展强烈的企业责任感是一个值得赞许的目标，也是许多大型企业正在努力的方向。希尔顿全球酒店集团是通过什么方式将这一目标植入顾客心中的？这种方式会对顾客的购买行为模式产生怎样的影响？

第 14 章

节事旅游

14.1 学习目标

通过本章的学习，您将能够：

- 了解节事管理的本质及其发展历程；
- 了解节事的类型以及它们的分类方式；
- 了解节事管理研究的方向；
- 了解节事管理的当代发展情况；
- 了解节事遗产和节事管理中的可持续性问题。

14.2 节事活动的发展历史

"节事是指发生在资助方或组织方正常活动日程之外的一次性或者不常发生的事件。对顾客而言，节事是一次与平日不同的休闲、社交和文化体验的机会"（Getz，1991：44）。

几个世纪以来，世界各地的人们会为各种节事进行庆祝活动，从月盈月亏、生命诞生、结婚、死亡，到历史和文化庆典（Bowdin et al，2011）。在英国，早期的民间节日包括首耕周一、五一、仲夏和丰收日等，季节变化和乡村生活促生了众多节事。然而，随着农村一些传统和休闲方式的消失，这些节事活动还有多少可以延续仍有待商榷。

现代的庆祝活动包括除夕、篝火节、万圣节和圣诞节。以英国为例，许多外来者带来了新的习俗与传统，已成为英国文化遗产的一部分。英国的庆祝活动越来越多，如光明节、排灯节、中国新年、逾越节等，这使英国文化多元化程度越来越高。几个世纪以来，文化在仪式和庆典中一直扮演着重要角色，不同的节日和文化活动随着人口迁移遍布世界各地，社会变化虽然影响了这些节事活动，但仍有许多没有被改变。

伍德（Wood，2002）认为节事是大众庆祝活动商业化的结果，随着工业化发展，人们往往太忙或太累而无法庆祝。因此，庆祝活动逐渐与工作分离，成为独立的事件。人们希望通过庆祝来铭记他们生命中的重要时刻，如成年礼、结婚和周年纪念日等关键时刻的庆祝。重大的公共事件成为人们标注个人生活的里程碑，如使用"皇室婚礼之前""曼彻斯特联邦运动会之后"等词语描述某段时间。此外，间或举办的重大活动也有助于时代的纪念与划分，如1966年世界杯、1997年香港回归、2002年韩国世界杯、2010年上海世博会、2012年伦敦奥运会等。

14.2.1 节事行业的诞生

节事的结构及其运作在不同的行业中有所不同。每个节事活动对于客户来说都是一次性的、独一无二的经历。因此，节事策划者要认识到这对客户的重要性。客户是节事旅游的首要利益相关者，他们的需求与预算各不相同，需要与节事策划者详细商议。之后，双方要经过一系列的讨论与协商，形成最终节事方案。为保证客户和策划者对活动形式的一致理解，方案通常以书面合同或备忘录的形式呈现。这些合同的内容可能有所不同，但基本结构大体一致。随后，将最终合同的细节（包括任何更改）转换为"运行表"，运行表反映了合同的内容，以书面表格的形式详细列出活动的具体安排。

14.2.2 节事活动的类型

由于节事活动纷繁多样，因此需要将具有不同特征的节事进行归类。根据范德瓦根（Van der Wagen，2001）的观点，节事可以根据规模进行分类，包括奥运会这样世界级的重大节事（mega events），以及特定旅游目的地或地区的标志性节事（hallmark events），还有吸引了大量参与者的地方性节事，这些节事都给举办地带来了更多经济收入。其他则都属于小型节事。节事越大，对经济的影响就越大，尤其是对贸易、运输和旅游（Yeoman et al.，2004）。

节事按活动类型进行分类，可分为体育、特殊事件、娱乐、艺术和文化、商业、营销和促销活动，以及会议和展览。体育赛事包括大至奥运会、小至地方性的体育比赛或庆祝活动。2011 年新西兰举办的橄榄球世界杯是提升当地旅游业、媒体关注度与经济影响的一个主要因素，就像 2000 年奥运会，其影响覆盖了整个澳大利亚，而非仅仅是主办城市悉尼。

里奇（Ritchie，1984）是早期对节事活动进行分类的作者之一，其根据活动的宗教、文化、商业、体育或政治倾向对节事活动进行了分类。很少有作者根据节事的社会或经济重要性进行分类，因为重要性的判断会因人们的立场不同而有所差异。虽然如此，里奇进一步写道，不同的文化和东西方的态度也会影响对节事重要性的感知。世界各地的人们根据自己的宗教和文化价值观来庆祝他们的传统，这促使节事活动成为当今最具文化多元性的活动。特别节事可为客户提供有别于日常生活的休闲和社会文化体验（Getz，1997：5）。特别节事包括从婚礼到娱乐、文化和艺术类的节庆活动，通常是以社区为基础的，可以吸引参与者的数量从 50 至 50 万不等。

除了重大节事外，会展在节事活动中占最大比重，它对提高许多旅游目的地的酒店入住率有很大作用，故此，会展活动迅速成为接待业的主导业务。住宿业可能在旺季出现供不应求的情况，在经济不景气时又有床位过剩的问题。节事活动的举办可以补充和支持当地的休闲业，缓解酒店的经营压力。盖茨（Getz，1997）在他的模型中（如图 14-1 所示），使用了一个简单的节事类型分类方法，此分类在很长一段时间被节事行业认为是最有用的分类模型。

在"节事管理知识体系"（EMBOK）国际项目中，茱莉亚·希尔维斯（Julia Silvers）开发了另一种节事分类表格（见表 14-1），表中对每个类别进行了详细的描述。该分类表是迄今为止最全面的框架，还包括了慈善机构用来宣传和筹集资金的活动。但表中有个别节事实际上可同时属于多个类别。例如，体育赛事可以是筹款活动，也可以是体育运动；奖励性会议可以属于商业和企业活动，也可以属于会议活动。

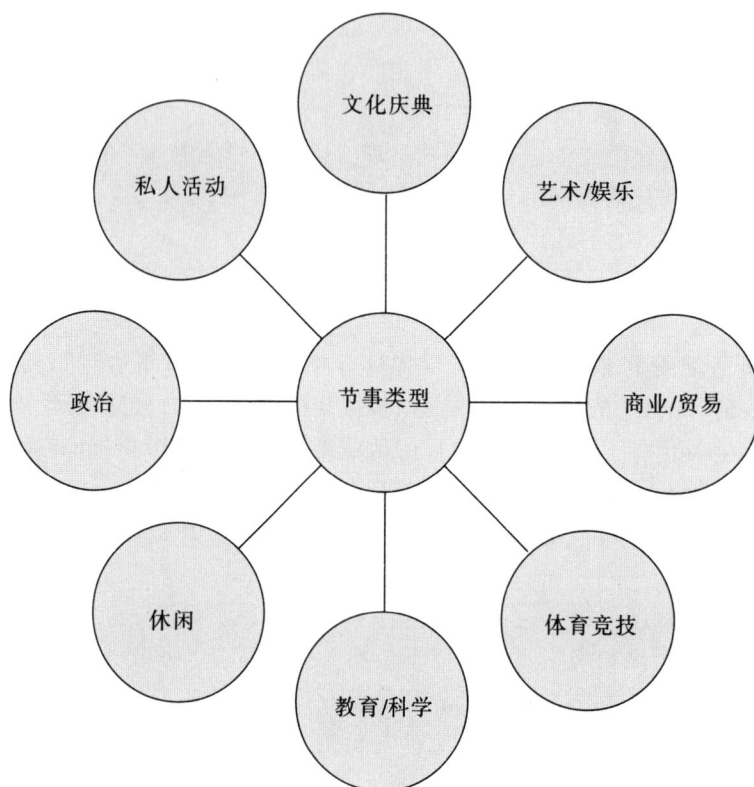

图14-1 节事类型

表 14-1	节事类型
商业和企业活动	任何支持企业目标的活动，包括服务于管理职能、企业沟通、培训、营销、奖励、员工关系和客户关系等的单独或联合性活动
倡议或筹款活动	为了获得收入、支持或唤起人们某方面的意识，由慈善机构或倡议组织创建的单独或联合性活动
展览会、博览会、商品交易会	为某一行业或公众提供的平台，集结了买方、卖方和其他相关者，使之能够增进对产品、服务和其他资源的了解并促进销售，可单独举办也可与其他活动联合举办
娱乐和休闲活动	一次性或定期的，免费或售票的表演或展览活动，以娱乐为目的，可单独举办也可与其他活动联合举办
节日庆典	为公众举行的世俗或宗教性的文化庆典，可单独安排或与其他活动相结合（许多节日庆典活动中也有买方和卖方的参与）
政府和公民活动	由政党、社区、市政府或国家政府单位出席或组织的活动，可单独安排或与其他活动联合开展
标志性节事	这种节事的意义和/或范围使它的形象或地位能够得到国内和国际层面的认可和兴趣
营销活动	以商业为导向的活动，集结买卖双方以增加对某一产品或服务的了解，可单独安排或与其他活动联合开展
会议活动	以交流信息、辩论与讨论、建立共识、做出决策、教育和交流为目的的大会，可单独举办或与其他活动联合开展
社交/生命周期活动	私人活动，受邀请方可参与，是庆祝或纪念某一文化、宗教、社会或个人生活里程碑事件的活动，可单独安排或与其他活动一起安排
体育活动	观赏或参与性的休闲或竞技类体育活动，可单独举办或与其他活动联合开展

资料来源：http://www.juliasilvers.com/embok/EMBOK_structure_update.htm

14.2.3 节事管理教育

节事管理教育在过去20年中一直处于快速发展的状态，原因在于市场需要更多具备专业素质与技能的从业者以支持这一行业的成长。节事越来越多地出现在商务战略计划和政府项目中。节事使人们能够以更有意义的方式集合到一起实现共同目标，如提高某方面的意识、促进销售、共享信息、教育学习、建立关系等，这在一定程度上要感谢科技与日常生活的融合。这些目标都可通过节事活动协调实现。节事管理领域需求的增加决定了很多商务环境对该领域专业化的要求。因此，世界各地许多国家都出现了专门的节事管理教育（Goldblatt，2000）。美国的乔治·华盛顿大学在1994年开始提供节事管理证书（Bowdin et al.，2011），英国的利兹都市大学在1996年首次开始了节事管理的学位教育。

节事管理教育涉及了许多领域。相关学位和文凭授予机构提供的课程可能包括：市场营销、消费者行为、财务管理、节事管理、战略与领导、健康与安全、可行性研究、人力资源与志愿者服务、节事招标、创意媒体、社交媒体、客户提案、经济学、设计与制作、展览与会议、重大节事规划、节事政策和风险管理等。

群体管理和健康与安全等专业技能可以通过一些机构和专业组织考取一次性资格证书。英国在提供相关学分课程、授予学位方面可能要领先于其他国家。2012年，英国有70多所高等教育和继续教育机构开设了有关节事管理的课程，涵盖了从预科到硕士学位等不同层次。其中一些学位就叫作"节事管理"专业，另一些则与戏剧、艺术、表演、媒体制作、旅游、酒店、体育、新闻和地理等专业相结合。目前在印度、中国、新加坡、阿联酋和美国等国家也出现了类似课程。

节事作为旅游经济活动的重要组成部分，现已成为服务研究的一个重要分支。节事研究是在节事管理专业化过程中逐渐发展起来的。盖茨（Getz，2007）将其定义为"致力于研究节事举办相关知识和理论的学术领域。核心是节事的体验及其意义"。盖茨的定义涵盖了所有具有一定计划性的节事，包括节日、宗教、体育、政治、商业、教育、艺术和娱乐等节事活动。许多文献对节事的经济和营销功能进行了讨论，但节事的社会和文化影响同样具有研究价值，从亚洲到美洲、从欧洲到南太平洋的研究人员都对节事管理以及节事在我们日常生活中的意义展开了积极研究。

节事管理专业的学生在毕业时通常应具备以下技能：
- 对节事活动的举办原则和方法有深入的了解；
- 具备批判性评价、分析和综合认知能力；
- 能够掌握与节事相关的实际管理技能；
- 成为能够在跨学科环境中工作的独立、自律的学习者；
- 能够在国内或国际环境中应对职业挑战；
- 具有学术好奇心以及能够进一步发展的良好学术基础。

14.2.4 当代节事发展——奥林匹克运动会

虽然节事管理研究涵盖了各种规模和类型的节事，但世界上最大的节事管理项目无疑是现代奥运会。它不单是体育赛事，更是一个全球性的盛会。奥运会有助于创造就业机会，吸引媒体报道，涉及巨大的基础设施投资，需要规模与复杂性空前的项目管理，是节事管理的典型代表。了解与研究奥林匹克运动中那些独特的仪式、神话、历史和象征意义非常重要。它们虽然是从最初的奥运会发展而来的，但在今天仍然适用。奥运蕴含的社会、文化与政治价值观在当代仍然存在，很多传统在奥运体系中沿袭下来，古今的差异则凸显了社会的变化，尤其是近年来奥运会商业化的现象。

奥运不仅仅是一场体育盛会，更应该被视为一个文化节日，奥运文化是每个举办方在筹备工作中都必须考虑的因素。然而，随着体育运动要求的改变，体育的精英化往往掩盖了奥运真正的奥林匹克精神。现代奥运之父顾拜旦的愿望反映了19世纪的全球愿景，即体育的国际化和以规则为基础的体育管理，通过身体与意志的训练探索人类的潜能。

规划一场奥运会可能会在全球范围内产生一系列积极和消极的影响。研究者们已对奥运会的经济影响进行了大量的研究；1994年利勒哈默尔冬奥会之后，奥运会的环境影响越来越得到重视。近年来，人们开始关注社会影响，但研究结果不尽相同，有些学者提出了衡量无形变量的方法。包括奥运会在内的所有节事都是在一定的社会文化背景下举行的，它们的影响往往与节事的规模和复杂性成正比，因此有人认为奥运会的影响是所有节事中最大的。

14.2.4.1 节事活动的影响

在对节事的研究和评估中，既要考虑短期影响，也要考虑长期影响，后者的作用可能是间接和不明显的（Getz，2007）。许多节事研究者（Anderson et al.，1999；Getz，1991；Hall，1997；Ritchie，2000）讨论了节事活动可能产生的影响，并承认它们并不总是积极的，还可能产生消极后果（Sadd and Jones，2008；Sadd，2010）。节事活动产生的真正影响或因难以衡量（如社会影响），或被积极的实际利益（如经济影响）所掩盖而不明显。理解节事的社会影响非常重要，一般通过居民调查来实现。但若只进行一次性调查，研究的意义并不大；除非在节事发生之前、之中和之后进行长期的调查以考察发生的变化。这些影响感知是非常主观的，可能因调查对象的不同而不同，所以建议在任何节事活动举办之前进行一次社会影响审计，并尽力将积极的社会影响最大化，将消极影响最小化。积极的社会影响包括公民自豪感和社区凝聚力的增强，消极的社会影响有搬迁、基础设施损坏和犯罪率提高等。道柯西在1975年提出的模型通常被用来纵向衡量目的地居民对当地旅游发展的反应，现在也被用来衡量居民对定期发生的节事影响的态度。随着居民对成本与预期收益感知的变化，他们对节事参加者的态度依次经历了"友好""冷漠""反感"，最后到"敌视"。

14.2.5 社交媒体在节事活动发展中的角色

21世纪初出现的MySpace，Facebook，Twitter等社交媒体对节事活动的重要性越来越凸显。随着世界互联网用户的增多，社交媒体在某些情况下成为一些活动的基础（例如快闪）。一些公司和组织机构在公共场合（如机场、公园、火车站站前广场等）组织快闪，以此作为向公众推广产品与服务的一种营销手段。除此之外，许多节事都使用Facebook来推广活动和传递有关组织方的正式和非正式信息。用户可以通过Facebook创建节事活动页面并对参会者发出邀请，并能够分享宣传信息，同时可以在非正式的聊天空间回应对节事问题的咨询。

Twitter是推广和评论节事的另一个媒介。同样，作为一种在线工具，Twitter作为与参与者进行交流的一种方式，也常常用于传递节事的实时信息，位于全球各地的远程参与者也可以使用它在群组中进行互动。社交媒体也是计划和执行其他活动的平台。例如，政治抗议或示威团体能够通过社交媒体有效和迅速地动员它们的支持者。英国在 2011 年 8 月爆发骚动的信息便是借由社交媒体和移动通信得以大肆传播。

无论是现在还是将来的节事活动，无论是公关噱头，还是与消费者进行大量直接互动的以体验为主的活动，好的内容是一切的基础。现在，信息可以通过多种途径跨平台传播，如果一个节事能够创造用户乐意主动在社交媒体上分享的内容，这本身就是个好故事，更重要的是，这会给客户带来很大的投资回报。Facebook，Twitter，Tumblr 等网站显然是消费者、客户和节事管理者首先想到的内容分享平台，但移动平台才是未来发展的方向，已成为节事活动规划的一个不可或缺的部分。移动平台是市场营销/广告领域的新兴市场，人们使用手机可以办理几乎所有事情，比如酒店入住、付款等，节事管理者需要考虑如何利用这些新发展。移动平台也是用户查看内容的平台，公关故事和新闻报道是品牌取得快速（且可衡量）投资回报的主要方法，因此节事组织者需要能够对媒体中的流行趋势和热点做出及时回应。

14.2.6　节事活动未来发展预测

2000 年，澳大利亚悉尼举行了一次名为"2000 年以后的节事——设定议程"大会，聚集了当时世界在节事研究领域中最杰出的大部分学者和研究者。乔·杰夫·戈德布莱特（Joe Jeff Goldblatt）发表了题为"节事管理的未来：影响这一新兴行业的主要趋势分析"的主旨演讲。他预测了未来 25 年内，影响节事行业发展的主要趋势。现在我们已经过了他预测时间表的一半，那么究竟哪些预测实现了呢？他将自己的预测分为环境、技术和人力资源三类，并预测了每五年的变化情况。到 2015 年，他认为在人力资源方面，更多的女性会在节事行业中扮演管理角色（可验证的趋势），工作时间缩短（在节事领域没有发生），葬礼活动增加——随着人口的膨胀，人们开始更重视对生命的庆祝，而不只是传统的宗教仪式（仍有待观察）。在技术方面，他预测我们将大量利用电子商务（的确在 21 世纪日趋先进），通过宽带提供实时播报（即虚拟节事），并由 24 小时整合系统实现涵盖节事举办之前、之中和之后的顾客全程参与（已经出现）。关于环境问题，最大的变化就是国家环境管理标准的制定，尤其是与全球变暖相关的标准（的确如此，英国 BS 8901 标准就是一个例子）。

然而，他对这个行业的未来预测是什么呢？关于环境问题，他认为缺水会导致节事举办需要更多的水循环和净化系统；医疗保健的进步让各个年龄段的人都能参与和享受节事。在人力资源方面，他认为机器将承担一些传统的节事功能，使得节事工作人员更加专业化；老年人精神上活跃的时间变长。最后，从技术角度来看，他预测到 2025 年我们将看到星际节事和有机器人参与的节事——这是一个有趣而令人兴奋的预测。不管您是否相信这些说法，事实上，从 2000 年到 2015 年，他的许多预测都已经实现。技术和社交媒体在节事管理行业中的作用已经非常明显（前文也证实了这一点）。

14.3　小　结

节事作为一个行业，它的发展和管理吸引了许多学者的关注。在节事研究中许多理论基础都来自其他学科，尤其是旅游学。节事研究的领域也很广泛，包括招待业、零售、体育、休闲、科学、心理学、人类学等。节事的发展和从业人员的数量，包括教育部门在内，都体现了对这个行业进行研究的重要性。

14.4 课后习题

1.节事的主要分类方法有哪些？

2."标志性节事"和"重大节事"之间有什么区别？

3.影响节事未来发展的五个主要趋势是什么？

4.为什么节事管理现在被视为一个专业领域？

5.社交媒体在与节事管理相关的领域有哪些重要的发展？

14.5 案例：伯恩茅斯航空节

引言

伯恩茅斯航空节是分析节事旅游社会文化影响的典型案例。节事活动在提升地区形象和服务游客与当地社区方面发挥着重要作用。位于英格兰南部的英国海滨度假胜地伯恩茅斯每年吸引的一日游游客超过500万。在20世纪80年代，由于英国城市的重组，伯恩茅斯被认为是一个缺乏归属感的城镇。为了改善这一状况，当地政府通过举办节事活动来培养居民的归属感和自豪感，并借此把伯恩茅斯变成了一个娱乐性目的地。伯恩茅斯是英格兰多塞特郡的一个大型沿海度假小镇，根据2011年的人口普查结果，伯恩茅斯拥有16.81万居民，是多塞特郡最大的人口居住地。伯恩茅斯与历史悠久的普尔镇和克莱斯特彻奇相邻，共同组成了多赛特东南部的城市集群，人口总数接近40万。伯恩茅斯于1810年由刘易斯·特雷格威尔创立，随着铁路的迅速发展，1870年成为独立的城镇。在维多利亚时代，许多有钱人在这里建造富丽堂皇的避暑别墅，随着时间的推移以及铁路和汽车的发展，伯恩茅斯成了有名的目的地，一是人们为了逃离工业城镇的生活环境，二是呼吸系统有问题的病人为了来这里休养。随后，酒店和旅舍的供应逐渐增多，伯恩茅斯成为国内旅游的热门度假胜地，至今仍是如此。此外，该镇的金融服务业发展蓬勃，教育服务也有声有色。

自1997年以来，该镇一直由单一的权力机构管理，有独立于多塞特郡委员会的自治权。伯恩茅斯的地理位置不仅使其成为热门旅游目的地，也使其成为该地区的商业中心，聚集了伯恩茅斯国际中心、利物浦维多利亚社会保障有限公司、全美互惠保险公司和摩根大通等金融公司。2007年由第一直营银行

插图14-1

（First Direct）进行的一项调查中发现伯恩茅斯是英国最幸福的地方，有82%的当地人表示感觉自己的生活很快乐。传统上，伯恩茅斯的经济主要依靠旅游、教育和金融三大产业。2008年伯恩茅斯旅游管理委员会提出了一个目标，要举办一个吸引游客到该地区的重大活动，他们考虑了航空节。为此，委员会成员到桑德兰、伊斯特本和绍森德的航空节进行调研（MRG，2008）。他们发现航空节能够吸引大量旅游者，因为"在英国，军事和民用航空展在吸引观众方面仅次于足球"（MRG，2008）。2009年超过130万人参加了伯恩茅斯航空节。此案例研究的重点是探析航空节对伯恩茅斯及周边地区居民生活质量的影响。航空节在沙滩持续举办四天，活动内容包括黄昏空中展示、16小时飞行表演、烟花、现场音乐会和马戏表演，吸引超过100万的观众，同时也为当地带来3 000多万英镑的经济收益。英国皇家海军与空军的支持使这个节事变得越来越盛大。

虽然举办此类活动的影响很大，但本案例着重分析了社会影响，并提出了最大化积极影响、尽量减少消极社会影响的建议。

社会文化影响

对连续三年航空节的研究表明，其最大的积极影响是：

1. 自豪感

当地居民的自豪感被认为是主要的积极社会文化影响。伍德（Wood，2006）强调了节事对公民自豪感的重要性，并指出地方当局应通过衡量消费者对节事的态度、节事对地方当局的价值，以及消费者对该地区的感知来评价该节事的影响。迄今为止的研究（MRG，2008）显示，举办这种大规模的活动时，当地居民不仅自豪感增强，而且很高兴节事给地方带来额外收入，这些收入之后会在地方经济中得以再次投资利用。

2. 伯恩茅斯的形象

伯恩茅斯航空节旨在提高伯恩茅斯作为旅游目的地的形象，并通过地方、国家和国际媒体的报道吸引更多游客到该地区旅游。

3. 旅游和休闲设施

航空节提高了当地旅游与休闲服务设施的质量，包括餐馆、景点和娱乐场所，这些也使当地居民受益。新设施和现有设施的改善，提高了居民对城镇的正面感知。

4. 有大众吸引力的免费活动

伯恩茅斯航空节的宣传口号是"在海边且完全免费"，鼓励当地人积极参与。研究发现，航空节吸引了当地和附近地区大量的参与者，涵盖了不同性别和各个年龄层，该活动的大众吸引力确保了从社会文化角度对当地居民的广泛吸引力。

负面影响

1. 负面媒体报道

2010年伯恩茅斯航空节受到浮云影响；2011年发生严重洪水，同年，"红箭"飞行表演队的一架飞机失事，这些都引起了全国媒体的关注。媒体和社交网站对信息的迅速传播完全超出组织者控制，这对想要参加活动的潜在旅游者产生显著影响。2011年组织者积极利用媒体，共同努力为2012年节事做宣传。

2. 噪声污染

由于节事的性质，航空展期间四天的噪声可能会对该地区的居民和动物造成负面影响，尤其是对一些弱势社会群体。组织者可以与当地社区进行协商与沟通，合理安排噪声较大的航空展的时间，尽可能减少对社区的影响。

3. 拥堵

对于活动组织者来说，明确城镇对活动的承载能力是非常重要的，同时还要考虑基础设施、停车场和便利设施的供应。当游客数量大于社会环境承载力时，旅游节事便会产生负面影响，这就是所谓的"可接受的变化极限"。

社会文化节事缓解策略

社会文化资本在近年来变得越来越重要，它指的是嵌入社会结构中的规范和社会关系，使人们能够协调行动以达到预期的目标（Narayan，1999）。社会资本与伯恩茅斯航空节对当地社区产生的积极影响有关。

将积极影响最大化的策略

● 加强与当地居民的互动，使其融入未来节事的规划中，继续为节事带来的社区凝聚力而感到自豪。以举办地周边15千米范围内的居民为对象，扩大对当地居民的研究范围，可以获得更多的代表性反馈：

- 继续发展伯恩茅斯航空节的形象，并确定其游客承载力。
- 确保居民对该地区新设施的使用。
- 采用社会影响评估框架，对节事的未来可持续性发展进行有效管理。

相关机构必须努力减少负面的社会影响：

- 制定应对社交媒体的策略。
- 制订对恶劣天气的应变计划，以防其影响节事的顺利举行，并提出可行的替代方案，以确保节事的可持续性。
- 制定群体管理策略，确保航空节能够应对越来越多的游客，同时避免降低伯恩茅斯当地居民的积极性。

结论

地方当局可以采取成本效益战略来确定投资于该节事的资金是否超过活动带来的负面影响。在当前政府支出压力增大的情况下，考量机会成本尤为重要。伯恩茅斯航空节对于小镇来说是一个令人兴奋的节事，但是需要仔细管理以确保未来的可持续性。因此衡量经济、社会和环境三方面的影响是非常重要的。海德（Hede，2007）指出将三重影响纳入特殊节事的规划对未来的成功是非常重要的。他建议伯恩茅斯航空节团队制订一个衡量社会影响的方案，并加以比较和分析，以确保未来节事的可持续性和当地社区的支持。

资料来源：Case study written with Pearl Morrison，Bournemouth University.

讨论问题

1. 航空节能够带来哪些社会影响？
2. 节事活动能否在不对社会和环境造成负面影响的情况下持续增长？
3. 节事活动鼓励当地社区积极参与的方式是什么？
4. 如何衡量节事对当地居民的社会影响？

第 15 章

旅游中间商

15.1　学习目标

通过本章的学习，您将能够：

- 熟悉旅游中间商的性质和结构以及关于旅游分销渠道去中介化的正反方论点；
- 了解旅游中间商的集中化发展趋势；
- 了解旅游中间商的在线发展以及社交媒体对中间商和旅行预订行为的影响；
- 熟悉旅游经营商和旅游代理商的经营特点、作用和职能；
- 理解分销流程；
- 了解制约中间商运营的财务因素及其导致的障碍。

15.2　旅游中间商的本质

在所有行业中，中间商的任务是将商品和服务从一种消费者不想要的形式转变为他们想要的产品。对日常用品而言，中间商的主要任务是从供应商处购买大量货品，将之分解成个体消费者需要的份额，再放到市场上进行交易。在旅游业，情况有所不同，因为消费者完全可以从生产者那里直接购买旅游产品（如住宿、交通、一日游、娱乐项目等），并不需要中介。然而，在现实中，这种情况很难发生，因为旅游产品的供应商与潜在客户之间的联系（即分销渠道）是不通畅的。因此，旅游中间商所起的作用可被称为搜寻产品，因为它提供了一个机会，让消费者省去搜索产品所要付出的精力。然而，正如本章所述，近几年由于信息通信技术的发展，低成本航空公司的出现以及供应商网站与在线社交网络的使用，有经验的旅游者可以越来越轻松地自己设计旅行路线，并通过他们的用户生成内容左右行业的发展方向。

因此，从经济学角度，中间商的作用是改善分销渠道，有效地连接买卖双方。有观点认为分销渠道影响消费者行为的方式有两种：一是建立产品品牌，从而提供"信用品"；二是中间商决定了行业对消费者需求做出回应的效率，提供"搜寻商品"。由此可见，分销渠道对供应商和旅游目的地竞争力的影响非常明显。这项工作大部分落在旅游经营商或批发商的身上，他们将旅游行程的主要构成部分包装成套餐产品，并通过零售代理商出售。因此，旅游经营商的身份是委托经济主体，并非依靠佣金生存的代理商。后者的角色由旅游代理商担任，向公众出售旅游产品、门票和旅行服务（如保险、外汇）。

15.2.1　旅游中间商的益处

旅游中间商制造了市场，给旅游产品的生产者、消费者和旅游目的地提供如下利益：

生产商

● 生产商可以售出大量产品，把风险转嫁给旅游经营商。当然，旅游经营商也通过各种协议和解约条款保护自己的利益，解约条款的时限从七天到四周不等，也可以更长。

● 生产商只需专注于对旅游经营商的宣传，而非更加昂贵的针对消费者的营销，从而减少了促销成本。

旅游者

● 旅游者通过直接购买中间商提供的包价旅游产品，节省了搜寻和交易的时间与金钱成本；

● 旅游者得益于旅游经营商的专业知识，而且把旅行的不确定性降到最低；

● 强大的购买力使旅游批发商拥有较强的议价能力，所以能够向旅游者提供价格较低的旅游产品，接待大量游客的度假村尤其如此，旅游经营商提供的价格可以低至正常价格的60%。

旅游目的地

● 尤其是发展中国家的一些旅游目的地，会得益于旅游经营商的国际营销网络。但这并非这些公司的责任，互联网让国家旅游组织进行目的地宣传的工作变得越来越容易。

15.2.2 旅游中间商的结构

图15-1显示了旅游产品分销渠道的结构，展示了旅游产品生产者、中间商和旅游者三者之间进行产品交易的过程：

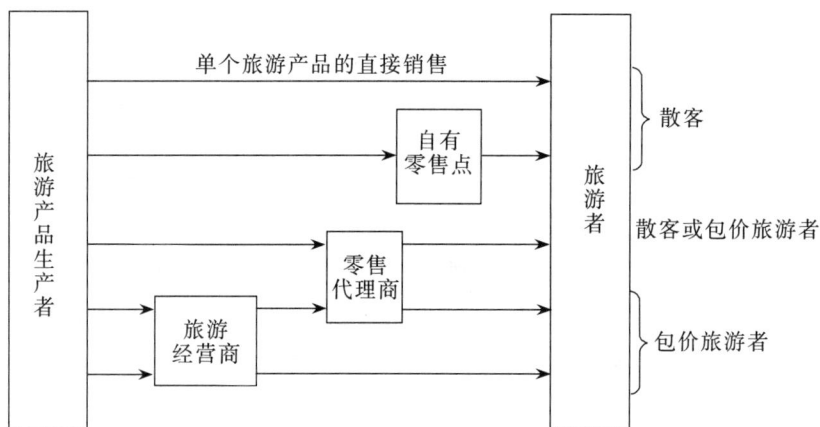

图15-1 旅游产品分销渠道结构

旅游者可直接从供应商的自有零售点或网站直接购买住宿、交通等产品，也可从旅游代理商的高街店铺或网站购买旅游产品。旅游者对国内旅游产品一般比较了解，因此可直接通过电话或网络预订。英国为了促进国内度假产品的销售，国家和地区旅游局通常制作相关的旅游宣传册，并通过多种渠道分发，如直接通过邮件或网站下载的方式，回应潜在消费者的咨询；或通过游客信息中心分发；或说服中间商将宣传册陈列在其店铺的产品货架上。这些宣传册为公众提供了多种可供选择的产品。

一般来说，航空公司、公共汽车公司和航运公司在大城市都有自己的销售点，公众可直接向其购买产品，但随着信息通信技术（尤其是互联网）的发展，实体销售点越来越少。航空公司一般通过在首都城市的黄金地段设立办事处来确保其在市场上的显著性。这样既可以为旅游企业服务也可以为公众服务，对拥有大量商务旅客和海外度假旅游者的城市（如曼谷、柏林、伦敦或纽约等世界城市）而言尤其重要。国际连锁酒店和酒店营销联盟也利用集团不同地点的办事处销售其产品。但随着现代预订系统的出现，这些销售点的存在不过是例行公事。

首家旅游企业托马斯·库克和美国运通既是旅游代理商也是批发商，它们直接从生产商那里购买旅游产品，然后销售给旅游者。代理商通过签订代理协议出售旅游产品的各个组成要素，例如交通、住宿和一日游等。它们也可能制定自己品牌的旅游产品，根据其他旅游经营商的宣传册建立新品牌，或者让专门的批发商为它们特别制作产品宣传册。代理商创立自有品牌的情况在北美较为普遍。

传统上，旅游代理商的大部分销售额都是通过出售包价旅行和机票来实现的。面对来自低成本航空公司的竞争，大部分全服务航空公司取消了给旅游代理商和全球分销系统的佣金以削减它们的分销成本，降低成本底线。鉴于此做法，旅游代理商的措施是向消费者收取手续费。

插图 15-1

尽管互联网、社交媒体、数字电视和呼叫中心的普及为旅游产品的直接销售提供了平台，但在欧洲，度假旅游产品的最常见销售方式仍然是通过旅游代理商购买由批发商打包的包价旅游产品套餐。曾经有人一度认为，一些国际航空公司对佣金额的限制、廉价航空公司的出现、电子客票等的迅速发展，以及消费者对计算机的熟悉以及信心的增长将导致传统旅游代理商的消亡。但迄今为止许多消费市场依然存在，特别是老年人，宁愿从中间商而不是供应商处直接购买旅游产品（Buhalis，2003）。尽管如此，欧洲的许多旅游经营商都拥有直销品牌，其营业额约占总营业额的40%，而且预计未来几年将上升到70%。在北美地区，国内旅游产品的性质决定了大多数旅游公司的在线预订份额已经超过了70%。

尽管国外旅游产品的在线直接销售仍未受到社会公众的普遍关注，但也有人提出，旅游消费者的日益成熟，将导致包价旅游产品的消亡和旅游分销系统的去中介化。尽管独立的旅游者数量越来越多，但如上所述，迄今为止传统的购买模式将在许多市场（特别是银发市场和低预算市场）继续存在，因为旅游经营商可以依靠其强大的购买力提供更低的价格，根据公众需求在包价产品中提供更多选择，同时因为其受经济法规的约束，能够保证产品质量，为消费者提供安全感。信息通信技术革命之后，我们见到的并不是去中介化，而是旅游业在调整其战略定位后不断进行自我重塑，出现了再中介化。

15.2.3 一体化、合并和集中化

一体化是一个经济概念，指一个机构与另一机构的正式联合。纵向一体化是指生产过程中的企业之间的联合，例如航空公司建立自己的旅游运营公司，这是纵向一体化中的前向一体化战略。在旅游中间商中，面向市场的纵向一体化很常见，即旅游批发商通过合并或者收购连锁旅游代理商实现纵向一体化。

旅游经营商增设自己的航空公司是后向纵向一体化的例子，而航空公司也会与多国连锁酒店和地面交通运输公司联合，以提高自己的竞争优势。法国雅高集团可谓是一体化范围最广的企业。雅高集团最初以经营酒店而闻名，现在雅高集团的经营范围涵盖了旅游业的方方面面，如图15-2所示。

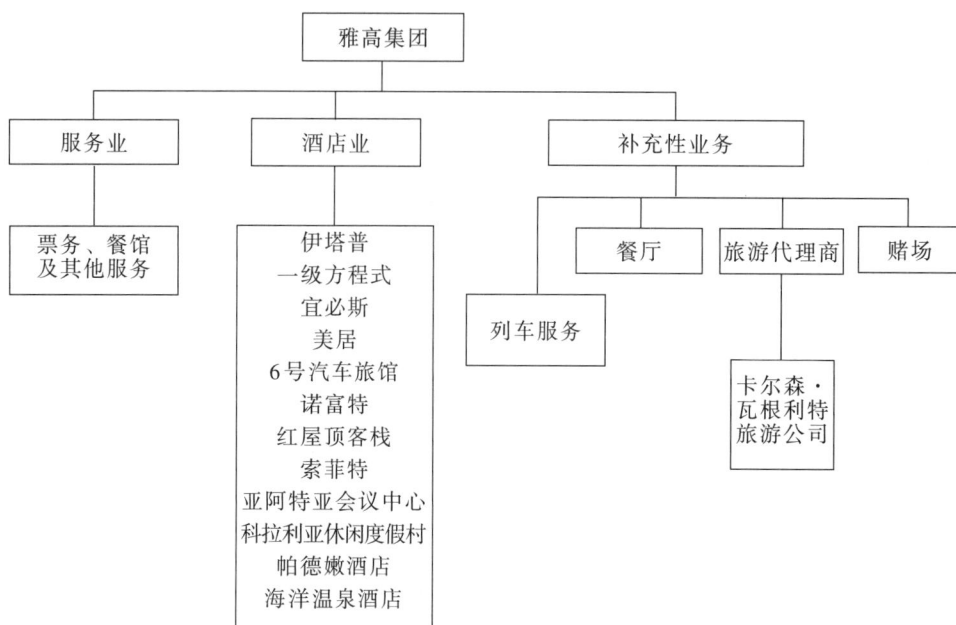

图 15-2 雅高集团的业务结构图

资料来源：WTO，2002

回顾以往的发展历程，纵向一体化程度与旅游产品的生命周期阶段密切相关。如图15-3所示，在发展的早期阶段，因产品供应商很少，所以纵向一体化程度较高；但随着需求的增加，专业化提高了分销渠道的效率。旅游经营商因彼此利益的一致性共同协助市场的成长。当市场发展成熟时，抢夺市场占有率的竞争压力促使经营商走向纵向联合。纵向一体化所带来的益处有以下几点：

● 实现多方面的规模效益，包括与补充性业务的结合、新技术的引进，以及管理的改善（例如外汇交易、预测和市场营销）；

● 在同一个组织框架下做到成本和质量的有效控制，实现去中介化；

● 确保供给，增强购买力；

● 保证高街的黄金位置有本单位的零售店，保护公司的市场地位。

但需注意，前向一体化并不意味着一定要拥有其所有权，可通过特许经营的模式实现控制。特许经营是指经营权拥有者以合同约定的形式，允许被特许经营者有偿使用其产品和品牌，后者不能出售前者竞争对手的产品。

横向一体化是旅游业的另一种组织形式。一般指两个旅游经营商或两个旅游零售商通过合并或收购的方式联合起来。旅游中间商横向一体化的原因和纵向一体化的原因相似，同时，也是为增加零售网点在地理空间上的分布，确保本品牌占领所有地区市场。

对于代理商而言，横向一体化加强了他们面对批发商的购买力。为达到这一目的，各分支机构的设计和运营方式都保持一致，建立统一的公司身份，以提高公司辨识度。当然，这种联合会令失去市场份额的独立代理商产生不满。

大型旅游批发商和代理商经常受到来自目的地，尤其是欠发达国家目的地的指责。后者认为旅游中间商一体化所产生的强大产品购买力使其所获得的价格低于正常市场竞争状况下

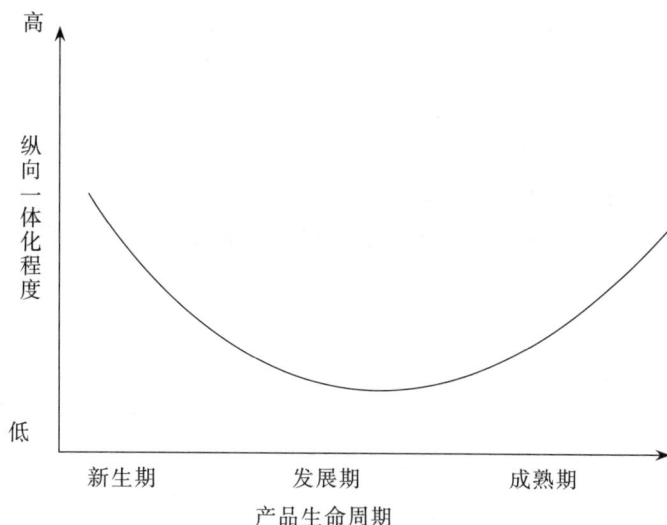

图15-3 纵向一体化程度

可能出现的水平。另外，旅游批发商的专业知识使得他们能够左右客源市场消费者的选择，让他们转而购买能够为批发商带来最大收益的产品。随着纵向和横向一体化的持续发展，越来越多的合并与收购进一步加深了旅游中间商的集约化程度。

合并的主要受益者是消费者和股东。在各个市场中，商家的价格战越激烈，消费者受益越多；股东也可以从上涨的股价中受益。然而，这里需要注意的是一些公司因合并的成本过高，可能会威胁其未来的生存。

对于为数尚多的独立企业来说，未来发展需进一步加强差异化战略，同时要有能力应对因合并而产生的挑战，最显著的便是价格战。无论是拓展服务范围，还是专注于利基旅游目的地或产品，独立企业在未来面临的竞争压力只会越来越大。

15.2.4 在线旅游

在信息通信技术、互联网和电子商务快速发展的背后是在线旅游交易的不断壮大，这种交易方式使旅游业发展获得了巨大成功，尤其是中间商（Berne et al.，2012；Buhalis and Law，2008；Ho et al.，in press）。在不久的将来，在线旅游类产品交易量预计会超过所有电子交易量的一半，这对旅游中间商和其旅游业的竞争者，尤其是仍然主导旅游产品分销的四大全球分销系统（萨伯公司、沃德斯潘公司、伽利略公司和艾玛迪斯公司）影响深远。电子客票购买量激增的最大原因是廉价航空公司的增多，尤其是在美国与欧洲，在亚洲一些地区和澳大利亚也出现了类似公司。对于航空公司来说，虽然它们与旅游代理商一样要遵守规则，但它们经常可以提供特惠价格，激励消费者直接在网上购票，绕过旅游代理商。短时间内令人难以置信的销量增长反映了部分旅游领域对科技进步的充分利用和消费者的接受能力。为了应对廉价航空公司和在线中间商带来的激烈竞争，许多国际航空公司已联合起来，正面应对新加入者的挑战。例如，2001年12月，由九家欧洲航空公司联合成立的虚拟中间商奥坡多公司（Opodo），最初的目标市场是德国、法国、意大利和英国。法国航空、英国航空、汉莎航空、意大利航空、伊比利亚航空、荷兰皇家航空、爱尔兰航空、芬兰航空和奥地利航空使用艾玛迪斯（Amadeus）科技开发了一个市场上强有力的竞争者。值得注意的是一些航空公司取消了给在线代理商的佣金，虽然这可能是一个暂时性的举措，旨在寻求接触消费者最有效和最具成本效益的方式，但它确实为生产者和中间商之间未来的关系带来了不确定因素。

事实上，部分旅游企业对于虚拟中间商的使用持非常谨慎的态度，因此很多商家采取了"鼠标加水泥"的战略，既有传统的实体旅游代理商也有呼叫中心，既提供线上服务也提供线下服务。许多传统企业也开始重视网站建设以与其传统业务形成互补。

除此之外，虚拟市场也正在发生整合。显然，随着在线旅行的迅速发展，合并对行业结构产生影响的速度更快，仅在七八年的时间里，一些新的进入者已改写重量级企业集团制定的竞争规则。

15.2.5 社交媒体

近年来，无论一般而言还是就旅游业而言，最引人注目的趋势便是社交媒体的出现（如Facebook，Twitter，YouTube）。社交媒体作为许多中间商改革的催化剂，通过与客户的沟通以及 TripAdvisor 和 Priceline 等网站上的用户生成内容，中间商可以了解包括质量、满意度和定价的整个过程，从而更加明了市场的需求和预期。

15.3 旅游代理商

15.3.1 旅游代理商的职能

旅游代理商（又称旅游零售商）的首要任务是代表供应商或委托方向公众提供旅行服务。除此之外，他们也可能向旅游者提供旅游保险和外汇兑换服务。代理商通过提供以上服务，从委托人处得到一定数量的佣金。传统佣金的比率是售价的10%，酒店和火车票的佣金一般会低1个或2个百分点。但如前文所提，大的航空公司开始采取零佣金模式，因此代理商会向顾客收取手续费。如果能够达到一些供应商设定的销售目标，代理商还能够得到相当于销售额2.5%的额外酬金。在这个电子中间商的时代，这一行业的变化速度意味着不论是传统中间商还是在线中间商，其佣金率和未来可抽佣金的服务都要经过反复的协商和讨论，佣金率只会下降不会上升。

人们关于旅游代理商的主要职能存在不同意见。代理商作为批发商的销售代理，并不具有生产与储存产品的职能，无须承担相关风险，这意味着代理商的主要职责是选个有利于产品销售的良好地理位置，尽可能提高产品销售量。代理商可通过预订系统及时了解委托方产品的库存情况，这里效率是非常重要的。顾客希望预订能够得到立即确认，代理商的工作人员也不想浪费时间反复与供应商通过电话确认。计算机屏幕上显示的即时库存让传统旅游代理商的工作人员能够和顾客共同经历预订过程，让顾客对自己的购买决策更有信心。这样看来，代理商的角色像是旅游加油站的代理，制造需求是供应商的责任。有了需求之后，代理商保证利润率的最好方法就是控制成本。

另一种观点认为，了解产品知识与衡量需求的规模和性质是代理商的职责。代理商应担任旅游咨询顾问的职责，为旅游者的旅游决策提供合理建议，并努力为当地市场争取生意。很多国家都有旅游代理商国家组织，通过它们的行业行为规范鼓励这种做法，如英国旅游代理商协会和美国旅游代理商协会。旅游代理商的咨询顾问角色在北美较为常见。在欧洲，旅游经营商的宣传册、广告和促销，以及网络的使用对消费者选择目的地的影响更大。图15-4中的概念模型显示了代理商对目的地推荐的过程和影响因素。有人质疑旅游代理商提供建议的公正性，因为他们一方面要满足顾客的需求，另一方面还会考虑不同供应商提供的佣金比率和分红。集团中的连锁代理商还可能出现导向性销售，即旅游代理商会优先向顾客推荐与其联合的旅游经营商的包价产品（MMC，1998：4）。这种不合理竞争的做法有违规范机构要求的公平性，消费者可以通过投诉来约束这种行为。然而，顾客不能阻止旅游代理商把店内宣传册陈列架的有利位置留给本集团的产品。

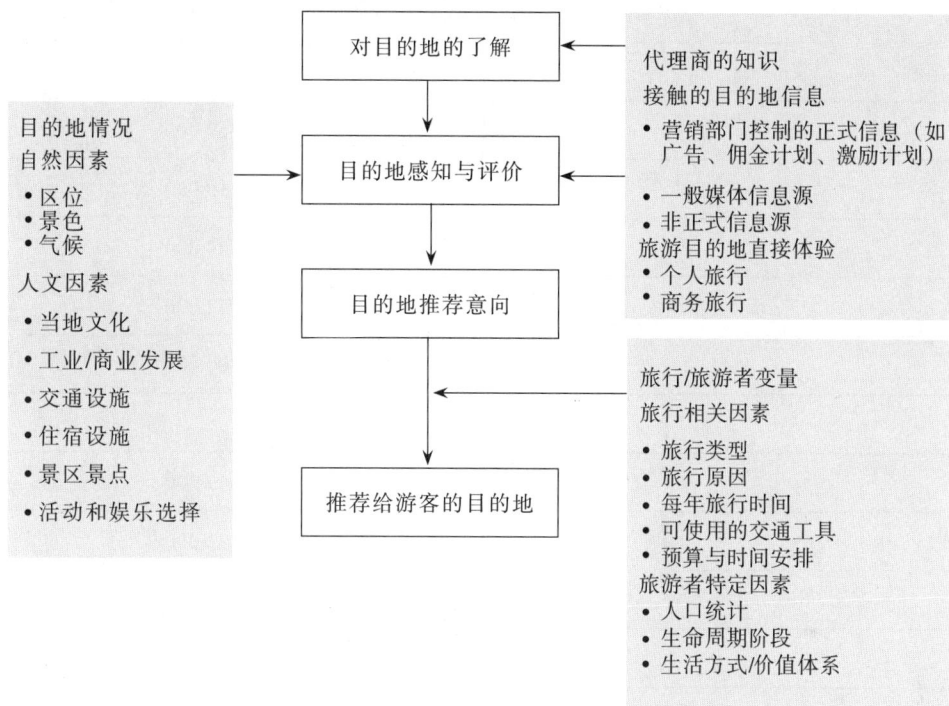

图15-4　旅游代理商对目的地推荐的过程和影响因素模型

资料来源：Hudson et al.，2001

15.3.2　旅游代理商的运行

传统上，旅游零售业的特点是进入门槛低。因为代理商没有存货，所以资本化水平相对较低。所需的只是一个合适的店面，以及旅游产品代理权；除这些条件之外，在当地开展业务的情况就看旅游代理商的营销技巧了。如果代理商希望提供对商务旅行至关重要的国际机票业务，那就需要获得国际航空运输协会（IATA）的执照。为此，国际航空运输协会会对该机构进行彻底的调查，特别是工作人员的资质和经验。

在美国，几乎所有的旅游代理商都是在国际航空运输协会和航空公司报告公司的成员，只有这样才能出售国际和国内机票。航空公司报告公司隶属于一家航空公司，在美国、波多黎各和美属维尔京群岛为旅游业提供金融服务、数据产品和服务、机票销售以及结算服务。航空公司报告公司的执照对于美国零售代理机构非常重要，通常可以让代理商毫不费力地获得其他许可证。

表15-1列出了一个大中型旅游代理商经营账户的代表性项目。这个例子是基于欧洲的

情况，营业额以100万货币单位为标准。从表中可知包价旅游和售票收入（其中大部分仍然是机票）在销售额中占比最大。除机票销售外，其他交通收入的来源有铁路、航运和长途客车。杂项收入包括独立住宿、一日游、地勤服务、影剧院演出票等的预订，外汇交易和出售旅行用品（如行李、运动用品、急救包和旅行服装）的收入。

表 15-1 旅游代理商经营账户

项　目	货币单位（百万单位）
销售	
包价旅游产品	640 000
交通售票	269 000
保险	10 000
汽车租赁	4 000
杂项	77 000
小计	1 000 000
收益	
佣金	69 000
其他收入	32 000
小计	101 000
成本	
薪酬支付	46 500
通信	11 000
广告	4 000
能源	2 000
行政管理	7 000
维修与维护	500
办公场所租金	12 500
折旧	2 500
小计	86 000
净收入	15 000

资料来源：Trade information

佣金是旅游代理商最重要的收入来源，在一些市场获取佣金要面临很大压力，所以代理商的创收能力至关重要，特别是独立代理商。因为随着连锁和虚拟中间商增加，独立代理商面对的是更为激烈的市场竞争与挤压；同时，度假产品成本下降，但代理商的管理成本却在增加，再加上航空公司的零佣金政策，这些都使独立代理商举步维艰。收入表中"其他收入"的主要项目包括订票手续费，也包括靠客户押金赚取的利息。后者是一个净利润项目，与销售仅仅是间接相关，可以不归在这里，而在后面加到净收入中。

旅游代理商最大的成本是员工薪酬（包括向董事或所有者支付的报酬）。增加营业额过程中经历的困难使独立代理商往往走向以成本为导向的经营方式。控制成本是较小代理商短期的生存方法，这导致工作人员的薪水只能保持在较低水平，这让代理商很难吸引经验丰富的工作人员和保留现有工作人员，更没有多余的钱投资于新技术和员工培训。行政管理费用包括：印刷费、文具费、保险费、保证金、法律和其他专业服务费用、银行费用、账户费用，以及可能发生的差旅费。办公场所租金是使用店面房产的费用。

独立代理商在个性化服务方面可以与连锁和虚拟中间商进行竞争，提高其佣金水平的呼声一直很高。但在竞争激烈的环境中，独立代理商的高佣金额也不足以支持其与提供较大折扣的连锁和虚拟中间商相抗衡，因此独立代理商必须着眼于个性化服务的创新和独有产品的存货以维持生存。在廉价航空公司增多的形势下，连锁中间商已经取消了高街的零售点，转而通过互联网进行直销。

15.4 旅游批发商/经营商

15.4.1 旅游批发商/经营商的角色

尽管 20 世纪 80 年代以来城市旅游有所增长，但国际休闲旅游的主流仍然是到海滨度假胜地的短途游。因此，提供以单一目的地为基础的包价旅游产品成为旅游经营商和批发商的主要业务。多个度假中心的产品多见于超过 3 周的长途旅行。在 20 世纪 50 年代廉价航空旅行潮流到来之前，以长途汽车为主要交通方式的包价旅游是度假的主要形式，这一市场目前仍然很活跃。

旅游运营是把机票与住宿进行打包，以有吸引力的价格出售给潜在旅游者的过程。旅游批发商通过购买大批量产品以便获得规模效应，进而让利给消费者。尽管越来越多的人使用经营商的网站，但旅游经营商的产品宣传册仍是这个过程中的关键一环。宣传册的基本内容包括：

- 描述目的地和度假产品的图片；
- 对度假产品的描述，帮助顾客寻找适合自己生活方式的产品；
- 价格和出发信息表格，包括度假产品的时间、天数和不同的出发地。

大型旅游批发商与经营商通常有各种不同的旅游产品，因此宣传册也各种各样。比如，夏季避暑、冬季避寒、滑雪、长途游和短途游等。有的经营商会制作针对某一热门旅游目的地或地区的产品宣传册。宣传册就是为了鼓励顾客购买而设计的，可能是顾客到达度假村之前能掌握的仅有的信息。然而，越来越多的人会从网上获取信息，尽管他们并不通过网上直接预订。宣传册并不是一份全面的旅游指南，由于页数和尺寸的限制，它不可能囊括所有相关信息。旅游经营商利用有限的空间努力介绍住宿和度假胜地的细节，同时要确保宣传册符合客源国家有关消费者权益保护的规定。另外，又要保证宣传册的内容必须与经营商所要树立的品牌形象保持一致，因为它们要和竞争者的宣传册竞争消费者的注意力。

15.4.2　旅游批发商与经营商的运营

从本质上来说，大众旅游经营商或批发商凭借大批量购买所产生的规模经济为顾客提供优惠的价格。尽管他们会采取战术性的风险规避策略，如解约条款、附加费①以及合并等，而一旦旅游经营商/批发商开始投入一个项目，其承担的财务风险是很大的。因为项目的运营成本是不可避免的，属于固定支出。每出售一个度假产品的边际成本或可变成本非常小，因此游客在临近出发前（有时只是几天）购买产品可以得到更大的折扣。

15.4.2.1　财务杠杆

旅游经营商的财务结构如图15-5所示。R是随着产能利用率增加而增长的收益线，C_1是经营项目产生的总成本线。从图中可看出，总成本线C_1的起点并不位于原点，这是因为旅游运营固定成本的投入要远高于可变成本。财务术语称之为"高运营杠杆"，是旅游运营的基本特征。相比之下，总成本线C_2的运营杠杆率比较低，与急剧攀升的可变成本相比，固定成本相对较小。

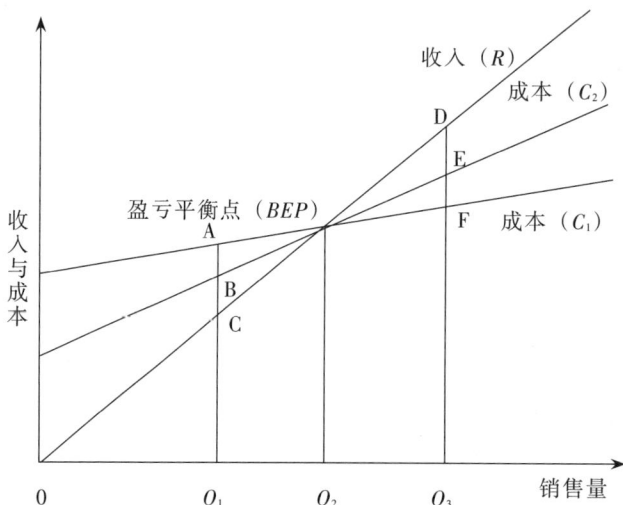

图15-5　旅游经营商财务结构

假设O_2是旅游经营商为达到盈亏平衡需要实现的产能利用率，而按照市场需求，实际销售的旅游产品量为O_3；显然，O_3远高于盈亏平衡点（BEP）所对应的O_2，此时经营者可获得可观的利润，即R和C_1之间的差额DF。从R和C_2之间的差额DE可看出，一个经营杠杆率低的公司不会获得很高的利润。相反，如果旅游经营商的产品销售量没有达到盈亏平衡点所需的水平，如O_1，那么企业的损失AC会非常大，很有可能导致破产。如图15-5所示，AB要远小于AC，也就是说，运营杠杆率比较低的企业的损失会比较小。

因此，大规模旅游经营带来的巨大财务风险形成了市场进入壁垒。一旦旅行项目已经安排，出发日期临近，此时可变成本也变成固定成本，所以运营商愿意在最后时段进行大规模打折，以便充分补偿已投入的固定费用。特色产品运营商通过服务利基市场应对这

---

① 译者注：如果旅游产品的成本在消费者支付全款之后因为汇率、油价和税率等原因上升，旅游企业可能会向消费者收取附加费以抵消这部分支出，附加费通常在产品价格的10%以内。

些风险，他们与航空公司和高级酒店合作，如果没有达到产品要求的最低预订数量，可以很容易地取消预订。大型旅游经营商通过前向和后向一体化策略来确保他们的市场地位。

虽然信息和通信技术的发展使得一些小型旅游经营商可以暂时购买包价旅游产品的部分组成要素，但处于中间地位的批发商如果没有自己的飞机（因此必须包机）和零售网络，其面对的财务风险往往是最高的。这些旅游经营商在面临需求下滑时最有可能倒闭。为保证公众免受旅游经营商倒闭所造成的损失，或避免在国外旅游时陷入困境，政府规定旅游经营商必须要取得执照，且通过银行或经批准的保险公司为旅游者提供保证金，虽然这些资金并不总是足以弥补旅游者所遭受的损失。

15.4.2.2 销售组合

在20世纪50年代，传统假日旅游主要集中在夏日的海滨度假胜地，但随着人们收入水平的提高、假期的延长和旅游愿望的增加，旅游市场细分度越来越高。旅游经营商和批发商通过提供多样化的产品组合来满足消费者不断变化的旅游偏好。这不仅有助于分散风险，还可平衡旅游淡旺季的产品销售。

表15-2显示了适合欧洲大型运营商销售的地中海度假产品组合。尽管随着度假频次的提高、短途游和廉价旅游套餐的出现，冬季度假旅游产品的市场占有率也有所提升，但欧洲大部分的度假活动仍然集中于夏季的海滨旅游。廉价旅游套餐其实只涵盖了交通成本，目标客户是自己拥有度假住宿的旅游者。廉价航空公司一直是廉价旅游套餐的强劲竞争者。

表 15-2	大型旅游经营商的销售结构
销售项目	所占比例（%）
夏季包价旅游产品	45
冬季包价旅游产品	30
短途游和其他	20
一日游和保险	4
押金存款利息	1
总计	100

资料来源：Trade information

15.4.2.3 定 价

批发商旅游产品宣传册中包价旅游产品的价格最高不能超过市场可接受的上限，最低不能低于产品成本。随着时间的推移，大多数运营商会逐渐建立起自己的定价模型和结构。独特的或量身定制的产品定价会相对较高，而价格一般被当作是质量的反映，这也给旅游经营商提供了获得更高利润的机会。规模市场的包价旅游产品价格通常较低，因此成本和产能利用率很重要。运营商在确定产品价格时应考虑以下因素：

- 季节性影响——淡季价格与旺季价格之间的变化幅度通常在20%~30%；
- 汇率变动；
- 竞争对手的价格和产品差异化程度以及品牌价值；
- 载客系数；
- 组合要素的成本及其复杂性；
- 促销价格，包括鼓励提前预订的价格和清仓价格；
- 市场细分定价，针对老年人、年轻人和有低龄儿童家庭的特殊优惠；
- 为团体旅行提供折扣。

15.4.2.4　航空机位

对于有自营的航空公司或者包了整机以及按期包机的批发商来说，决定旅游价格的一个重要因素就是航空座位的成本。以下是单个机位成本的计算公式：

$$s = \frac{dR}{(d-1)LN} + t$$

式中：s——往返机位成本；d——飞机飞行次数；R——飞机单位航程成本；L——载客系数；N——每架飞机的机位数；t——机场税。

假如一架有350个机位的飞机，根据按期包机合同要执行30次飞行，飞行往返成本按45 000个货币单位计算，载客系数为90%，机场税为20个货币单位。将这些条件代入上述公式，单位往返机位成本为：

$$s = \frac{30 \times 45\,000}{29 \times 0.9 \times 350} + 20 = 168$$

请注意分母中起飞次数要减1，以计算空载飞行的航次。

15.4.2.5　战略定位

历史经验表明，尽管进入旅游批发商行业不存在重大制约因素，但任何一个国家的大众旅游产品市场都会被少数几家经营商所主宰。旅游经营商对航空机位或酒店床位不具有垄断性，旅游产品的标准也很容易被模仿。在这种情况下，成功的经验表明，经营商的战略市场定位应考虑以下因素：

- 批量采购与分销可实现的规模经济；
- 覆盖全国的低成本分销网络，尤其是利用信息科技进行直销；
- 开发新产品和新市场，采用新技术；
- 有竞争力的价格；
- 通过多品牌吸引不同的细分市场；
- 产品差异化，避免仅仅靠价格竞争。

与大型零售商和连锁超市一样，大规模生产与全国性网络对于大众旅游经营商的成功至关重要。在欧洲，大众市场的度假旅游产品销售数量若低于100万，任何批发商都不可能有效地进行竞争，特别是在价格上。考虑到组织结构和约占营业额10%的保证金（欧盟高达25%），进入规模销售市场的成本确实是个很大的障碍。然而，一旦能够渗透规模市场，投入的大量固定成本很容易转移到竞争性经营中。

一方面，旅游经营商行业的销售集中化是成功战略之一；另一方面，小型经营商通过差异化产品创造自己独特的市场。在竞争性的市场，大型经营商通过多种途径保护自己的市场地位：可以是产品多样化，甚至进入某些特色细分市场；可以通过多品牌战略在一些市场迅速达到经济销售水平；也可以进行价格战。当然任何做法都要遵守客源市场关于竞争政策的法规。

15.5　小　结

这一章介绍了如何把旅游产品的各个组成部分进行打包，再有效地分销到市场上。在世界不同地区这一过程的操作存在一定差异。因为旅游的游客流动方向通常是由北向南，所以北方国家已经开发出了最先进的分销网络，以满足规模市场的需求。

然而，重要的是要记住，分销是旅游系统中近年变化最快的部分，由于新技术对市场的渗透，直接购买旅游产品变得更加普遍。鉴于此，旅游业已经重塑自身以适应这些变化。

15.6　课后习题

1.回顾和讨论旅游代理商和旅游经营商的角色。

2.讨论旅游分销渠道进一步合并和集中化的利弊。

3.分析威胁旅游代理商和旅游经营商主导地位的因素，并评估技术进步对分销可能产生的影响。

4.传统旅游经营商和网络旅游经营商之间的关系在未来将会如何？

5.社交媒体网站的使用在未来会如何改变这一领域？

6.导向性销售对旅游中间商和消费者意味着什么？

15.7　案例：托马斯·库克集团有限公司——不断变化的风景

托马斯·库克（Thomas Cook）的起源可以追溯到19世纪中叶，从单枪匹马的短途游组织者发展到欧洲第二大旅游经营商。托马斯·库克在1855年夏天组织了第一次欧洲旅游，在两方面做出了重大创新：第一，酒店代金券的使用，使旅客无须携带大量现金以支付酒店住宿和膳食；第二，流通券，即旅行支票的前身，旅游者可以用托马斯·库克发行的流通券兑换当地货币。在经历了20世纪初的动荡时期后，托马斯·库克的发展受益于战后的度假潮，1950年英国人出国旅游数量达到100万人。虽然托马斯·库克一直是该行业最大和最成功的企业，但在20世纪60年代越来越多的新公司进入市场，试图削弱托马斯·库克的地位，导致竞争越来越激烈。托马斯·库克在1972年被前米德兰银行、信托福特集团和汽车协会组成的企业联合会收购，为了抵御竞争威胁，公司在1974年实施了一系列激进的变革与创新，如退款保证计划。托马斯·库克后来成了米德兰银行集团的全资子公司，并开始专注于长途旅游市场。

1991年托马斯·库克庆祝公司运营150周年，1992年德国第三大银行西德意志银行（WestLB）和德国领先的包机航空公司LTU集团从米德兰银行收购了托马斯·库克。最终托马斯·库克成了西德意志银行的独资子公司，随后，公司进入快速增长期，连续迅速收购了太阳世界①（Sunworld）、休闲时间②（Time Off）和全胜集团③（Flying Colours）。这一时期托马斯·库克又与卡尔森休闲集团（Carlson Leisure Group）的英国旅游业务合并，并于1999年成立JMC。

2001年3月，德国旅游公司康德和内克曼股份公司（C&N Touristik AG）在欧洲共同体的批准下正式收购了托马斯·库克。鉴于全球品牌托马斯·库克的传统和地位，康德和内克曼更名为托马斯·库克股份公司，并从这一全球最受认可和最受尊敬的品牌中获益颇丰。几年之后，托马斯·库克股份公司与20世纪70年代早期创立于英国北部的任我行集团（MyTravel）合并。2006年，新集团的价值接近80亿英镑，服务1 910万旅客，有零售点2 926个，飞机97架，员工人数接近3.3万人。此时新公司没有负债且资金储备充足，有能力主动参与进一步的欧洲市场整合。

现今，托马斯·库克已经成为世界领先的休闲旅游集团之一，销售额近100亿英镑，拥有2 360万个客户，运营范围涵盖22个国家，在所有核心市场的位置都是数一数二的。在这些市场中，托马斯·库克的分销控制水平不断提高，互联网的使用也在不断增加，其营业利润率保持在1%~9%。

然而，最近，托马斯·库克品牌（以及股价）遇到一些非常具有挑战性的困难。自2007年和2008年金融危机以后，包括英国在内的许多西方国家的经济举步维艰。这种经济动荡的后果之一就是宅度假现象（staycation），这些人在正常的经济状况下很多会毫不犹豫地选择托马斯·库克的产品去旅游，而在这个时候选择了在家度过假期，以节省到海外旅行的费用。这对国内旅游业的发展有很大好处，但出境市场的大幅度下滑已经给托马斯·库克带来了毁灭性的后果。准确地诊断出问题所在并非易事，宅度假仅是促成因素之一，与此同时，突尼斯和埃及动乱频发，以前并购的成本和问题越来越凸显，计算机系统和在线平台已经实现了无缝对接，为消费者所用。

最让人担忧的问题是托马斯·库克股价的暴跌，公司整体价值跌至1.2亿英镑，与2006年的市值形成鲜明对比。2011年的冬天，托马斯·库克不得不外借超2亿英镑的资金来维持公司的运转，2012年初，多家大型银行提供的14亿英镑贷款让托马斯·库克在应付9亿英镑的债务时稍作喘息。两年的时间里，托马斯·库克关闭了200多家分支机构。自2011年3月以来，该公司的股票损失为市值的90%！更令人担忧的可能是民航当局怀疑托马斯·库克是否能够履行其航空旅行组织者执照（Air Travel Organizer's Licensing）相关的责任，并考虑撤销其航空运营证书（Air Operator's Certificate）。

未来，托马斯·库克的战略重点是加强其核心业务，并向未来可增长的领域投资，包括散客自由行和与旅游相关的金融服务，并将继续寻求兼并、收购和合作能够带来的其他机会。尽管在这样严酷的经济环境中，托马斯·库克仍不忘初心，致力于帮助客户实现梦想。

资料来源：Horner and Swarbrooke，2004，http://www.thomascook.com/ about-us/ （accessed 28 may 2012）

讨论问题

1.尽管托马斯·库克有着丰富的旅游遗产和全球标志性的地位，但面对市场的变幻莫

---

① 译者注：英国和爱尔兰的第四大短途游运营商
② 译者注：专注欧洲城市旅游的运营商
③ 译者注：英国一家中型旅游经营商和航空公司

测，仍疲于应付。您认为这只是一时之困，还是出境游市场的根本性变化带来的持续性挑战？

2.托马斯·库克在未来的自由行领域进行了大笔投资。这反映了大众出境旅游时代的结束，还是仅仅反映了自由行在科技和社交媒体促进下的快速发展？

3.您认为托马斯·库克未来的增长市场在哪里？在未来3~5年内，哪些市场将逐渐没落？

4.托马斯·库克这般规模的旅游经营商面临的最大威胁是购买行为模式的改变、经济动荡、外部危机，还是技术进步？

第 16 章

旅游交通业

16.1　学习目标

通过本章的学习，您将能够：

- 了解主要的旅游交通方式及其相对重要性，各种旅游交通方式的竞争优势与劣势；
- 了解交通管控法规的目的和影响；
- 了解交通运输所带来的外部效应及其对旅游业的影响；
- 理解交通运输在温室气体排放方面的影响；
- 理解交通作为旅游吸引物的魅力。

16.2　旅游产品重要组成部分——交通

交通作为旅游产品基本要素的作用体现在以下三个方面：

- 是旅游者到达目的地的方式；
- 是旅游者在目的地活动的必要手段；
- 在少数情况下，交通本身就是旅游吸引物或者旅游活动。

16.2.1　旅行交通

对于旅游业，交通的功能便是运送游客，作为旅游者从客源地前往旅游目的地的方式，客运功能占到了旅游交通的90%，是一种派生的旅游需求，是人们到达目的地的工具。因此，交通运营商很难对这种服务的需求进行控制。最繁忙的旅游线路是主要客源地（居民平均收入水平较高且拥有较多闲暇时间）与旅游目的地相连接的线路。比如北欧的经济发达国家与南欧地中海沿岸的度假胜地之间交通流量一直很高。这些线路的未来更多取决于前者的经济状况和后者的吸引人之处，而非交通运营商采取的任何行动。

交通运营商不仅无法控制旅游交通的需求数量，也不能控制需求的方式。气候、带薪假期、宗教节日、学校假期等因素都会导致交通需求的变动。旅游业是一个脆弱的行业，自然灾害、冲突以及政治动乱都会立刻对旅游客流量产生巨大影响。例如，在美国"9·11"事件之后，跨大西洋的航空交通需求量明显下降。交通业跟其他服务行业相同，其产品同样具有生产消费的共时性和不可存储性。这给交通经营者带来了许多困难，随着旅游淡旺季的不断交替，交通需求量也会出现高峰期与低谷期的循环。为了满足旅游者在高峰期的交通需求，交通运营商要额外增加运力，而这部分运力在非高峰期并不会得到充分利用。经营者要想营利就必须确保其总收入能够涵盖在高峰期增加的运力的成本和全年所有的固定成本。最大运力通常和机队规模有关。长途汽车公司、火车公司和航空公司都有根据旺季需求调整机队规模的潜力。然而，运营问题也关系到交通系统的其他因素，比如客运终端。帕尔马机场（马略卡岛）每年的旅客吞吐量超过2 100万人次，有4个航站楼，但只有夏季才全部投入使用。

交通运营商提高旅游需求、影响旅游需求模式的能力非常有限。价格调控是其最有力的方式。一方面，在交通低谷期，可以通过低价刺激需求。一月份到马略卡低廉的票价可能会增加人们在这个非高峰月份对航空服务的需求，但仍然不会催生出与高峰时段相当的乘客数量，在低票价的情况下，总体收益率也不高。另一方面，在交通高峰期，可以通过提高价格来降低需求量的大幅度变化。英国铁路公司会在星期五提高火车票价格，而且同一天不同时段的票价也有所不同。很多欧洲的包机航空公司对周六的航班收取更高的价格。

尽管交通是一种派生需求，它仍是休闲旅游体验的一部分，对一些旅游者来说旅程本身是一项重要的休闲活动——可以享受车窗外的景色或者坐飞机的兴奋。但对商务旅游者而言，交通只是到达目的地的工具，毫无趣味可言。旅行在多大程度上是休闲体验的一部分取决于以下几个方面：

- 所选用的交通工具，有些交通方式本身就比其他方式更舒服；
- 旅游者性格；
- 旅游者使用该交通工具的频率；
- 旅伴——照顾小孩显然会增加压力。

交通需求量的增加通常会导致交通堵塞，从而引起不可预见的严重延误，大大降低驾车或乘飞机等交通模式的乐趣。尽管发生频率不高，但在机场和公路闹事的情况还是有所增长。

16.2.2 目的地交通

旅游目的地的交通方式有出租车、自驾车租赁、公共汽车、长途汽车、火车、客轮等。对于长途旅游者来说，目的地的范围是整个国家，目的地内的交通还包括国内航空，火车的重要性也相对更高。目的地内的交通费用仅占旅行总交通费用的10%。游客在目的地所使用的交通工具还包括非专门服务于游客的公共交通。有时，旅游者和当地居民这两个市场正好可以互补。一些主要旅游城市，如阿姆斯特丹、赫尔辛基、波士顿和布里斯班，旅游者使用公共汽车和地铁的时间通常是在9：30—10：00之后，正好错过了当地居民上班的高峰期。这样，旅游者让交通运营商利用闲余运力赚取了更多的收入。运营商还发售非高峰期车票，允许乘客在早高峰时段后无限次乘车。这种票帮助运营商对市场进行了细分，但下班高峰期居民与游客的冲突却难以避免。有些运营商，尤其是英国的铁路运营商，正在限制这种车票在晚高峰时段的使用。

一些交通运营商还向旅游者推出连接周边吸引物的全天或半天的短途游服务。在许多旅游目的地，特别是一些旅游城市，双层无顶观光巴士已成为一道熟悉的风景线。观光巴士最初出现在像伦敦这样的首府城市，之后这一形式得到了广泛传播。2012年，全球最大的观光游运营商"城市观光"（City Sightseeing）在六大洲29个国家的96个目的地经营提供此类巴士，以英国（30个目的地）和欧洲其他地区（19个国家的50个目的地）为主。观光巴士经停旅游目的地的主要景点，方便游客游览，巴士车票全天有效，人们可以随时上下车。对很多人来说，观光巴士本身就是一个旅游吸引物。另一项始于美国的"鸭子之旅"（Duck Tours），使用第二次世界大战时的水陆两用登陆艇为旅游者提供观光游，中间包含一段水上观光行程。

16.2.3　交通作为旅游吸引物

越来越多的交通方式（包括国内和国家间的交通）本身就是旅游吸引物。最大的大众市场就是邮轮。其他例子有：

- 铁路产品：印度的"车轮上的宫殿"（the Palace on Wheels）、南非的"蓝色列车"（the Blue Train）、欧洲的"威尼斯-辛普朗东方快车"（the Venice Simplon Orient Express）和亚洲的"东方快车"（the Eastern& Oriental Express）；
- 航海产品：渡轮一日游；
- 运河游船。

16.3　交通系统的构成要素

在任何交通系统中我们都可发现四个基本要素，即路径、运终输端、交通工具和交通动力。这些要素在每种交通方式上都有所不同，交通效果取决于这四个要素的相互作用。每种交通方式的速度、容量、安全和服务质量取决于系统中最薄弱的要素。

16.3.1　路　径

路径是交通工具运行的媒介。相比铁路和内河航道的局限性，公路网络具有更大的灵活性。天空和海洋似乎提供了无限的自由，但国际条例对其使用却有严格的规定。一个国家的领空很大一部分是用于军事用途，民用航空被限制于指定的航道，并由空中交通管制系统利用先进的计算机系统和雷达进行控制，如英国的国家空中交通服务。同样，水域里也有航道限制。在考虑交通方式时，保证各道路的可用性非常重要。

路径容量不足将会导致交通服务质量的下降、道路拥堵和不定时的延误。目前，英国铁路系统的拥堵迫使运营商减少了一些路线上的车次以保证准点率。与此相反，在欧洲大陆，新高速铁路的增多加强了铁路运输能力。而公路交通的堵塞问题无论是在发达国家还是在发展中国家都很常见。

16.3.2　运输终端

公共交通运输终端为乘客提供了进入路径的通道，以及在不同交通工具之间换乘的枢纽。并不是所有的交通工具都需要复杂完备的站点，公交车和长途汽车的站点就在路边，但城镇和市中心的客运站往往规模较大。机场可谓是最复杂的运输终端。全球航空运输的急剧增长见证了近年来（中国香港、吉隆坡和雅典）许多新机场的发展和原有机场的扩建（如希思罗的第五航站楼）。

事实上，大多数客运站点正在成为综合交通枢纽，旅客在此可以换乘不同的交通工具。瑞士已出现一些将铁路和航空运输相连接的站点，苏黎世和日内瓦机场已实现与主要铁路线路的连接，之后还有公共汽车连接至目的地。美国最初开发的轴辐式航线网络通过与其他交通方式（汽车、长途客车和火车）的结合实现了良好的运输效果。

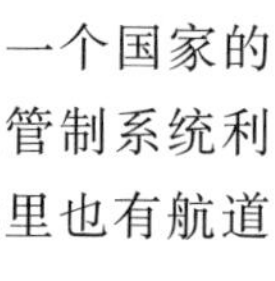

插图16-1

客运站点的设计及其所提供的设施在很大程度上取决于所服务的旅程类型和交通方式，还有旅客在站点逗留时间的长短。旅客在机场花费的时间是最长的，通常要在飞机起飞前1~2小时抵达机场。就火车而言，对于非经常的长途旅程，旅客倾向于更早到达站点候车，而对于常规和熟悉的旅程（通勤），旅客抵达站点时间通常较晚。站点基本构成要素一般都包括厕所和简单的餐饮设施。顾客在这个封闭的环境中停留的时间为零售业创收提供了机会，机场60%的收入来自零售活动。自1999年6月欧盟取消了对欧洲国家间旅客的免税品销售，欧洲机场的零售收入份额似乎在下降（Graham，2008）。城际火车的市中心站点（如伦敦的利物浦街和维多利亚站）也努力挖掘零售业的创收机会。

对于诸如小汽车之类的私人交通工具，虽然不存在特定的实质站点，但仍需为用户设立上车和上路的地点。这种运输终端的重要性经常被忽视。其实，旅客旅途的舒适和便捷度同时受到运输终端体验和乘坐交通工具体验的影响。航空公司希望通过贵宾休息室，赢得针对高收益市场中头等舱和商务舱乘客的竞争优势。机场规模也显示了该运输终端在整个交通网络运力中的重要程度。所有的站点都需具备足够的空间供交通工具与人员流动。在机场中，这二者是分开的。飞机运行的区域叫空边，主要通过航空交通量来衡量。飞机跑道的数量、滑行道的使用与可用性、停机位的数量、跑道退出点（小型飞机不需要整条跑道）的数量都界定了机场每小时的航空交通量。若空中交通管制容量和跑道容量不相匹配，可能导致部分飞机不得不在繁忙的机场长时间盘旋等待降落。

乘客容量取决于运输终端设施服务乘客的能力。机场提供的必要设施包括登机手续办理柜台，行李托运和领取处，护照、移民和海关检查以及购物和餐饮设施。自1985年以来，伦敦机场容量的增加都是通过增建航站楼实现的。然而，这样做会带来很多问题。飞机跑道的最大化使用只能通过让飞机排队（在陆地上等待起飞，在空中等待降落）来实现，而这样会影响其可靠性（Graham，2008）。航空公司一般会公布较长的飞行时间，以便为延误预留出时间，这样可以让航班保持准时到达目的地。尽管如此，马德里、罗马、巴黎和伦敦等多个欧洲机场仍有超过25%的航班晚点超过15分钟，美国也是如此。对目的地而言，要保持增长率，就要增加飞机跑道容量。

16.3.3 交通工具

交通工具是人与物流动的运输媒介。其特性受诸多因素的影响，包括旅游需求、科技发展以及其他因素，尤其是动力。在过去的几十年中，交通工具已经发生了一系列变化，运行速度的加快提高了运输效率，也改善了旅客乘坐的舒适度。舒适度提高的例子有很多，比如提供餐饮服务的商务长途汽车、可以调节靠背角度的火车座椅、火车的观景车厢、飞机公务舱的可躺式座椅等。

不同类型交通工具的尺寸有所不同。建造和运营的规模经济使得邮轮的规模越来越大。空客A380可以承载555位旅客，主要服务于繁忙的航线，尤其是容量有问题的机场，这样航空公司可以减少单位成本，承载更多的旅客。但是，这项科技进步也有局限性，容得了波音747起降的机场超过200多个，而能够让A380起降的机场远远少于这个数字。

16.3.4 交通动力

动力是交通发展的关键因素。马车和帆船依靠自然力量为交通运输提供最为原始的动力。蒸汽动力的应用为轮船和铁路的发展提供了机会，而这两种交通方式正是欧洲大众旅游背后的驱动力。之后，内燃机刺激了公路和航空运输的发展。最后，喷气飞机的发明使航空价格更具竞争力，并使航空运输在飞行速度与飞行范围上得到进一步提高与扩展，机型尺寸也得以增加。速度的加快和飞机体积的增大显著降低了每千米的运营成本（Doganis，2010），从而以较低的票价使消费者获益。并不是所有的技术进步都能提高效率。在2003年，协和飞机撤出空运服务，原因在于协和飞机速度虽然很快，但其运载量却很低（大约100个座位），只有以高价服务于商务旅客才能持续经营。同样，气垫船也提供了较高的海上运行速度，但高油耗和恶劣天气下的低安全性使其很难发展成为大众交通模式。

在过去的10年中，在没有重大技术进步出现的情况下，交通工具的速度逐渐稳定下来。任何交通方式的速度都是由各种因素的相互作用决定的。汽车的行驶速度可以超过70英里/小时（约每小时100千米），但由于道路的限制，要考虑其他交通参与者（司机、行人、骑行者等）的安全，所以需要有最高限速。铁路运输业更是证明了道路对运输速度的限制。英国国家铁路网大部分路线的建造可以追溯到19世纪。法国的高速铁路公司（Trainá Grande Vitesse）率先开发出新高速列车，但现有轨道并不适用于这种列车。解决办法唯有修建新的高速铁路系统，法国采取的就是这种解决方案，接着英国等欧洲大部分地区也纷纷效仿。2003年穿越英吉利海峡隧道的第一期高速铁路通车；连接伦敦和伯明翰的高速铁路HS2，将在2025年通车。

近年来，交通运输发展的特征是科技创新，目前人们对交通的关注点已转向环境影响。发动机技术的应用在很大程度上降低了温室气体（二氧化碳）的排放。汽车发动机的燃油效率每年提高1.5%左右，科技进步的速度越来越快。一些政府通过对汽车制造商实行严格的新排放法规以鼓励技术进步。在过去的20年中，发动机噪声也逐步降低，尤其是在飞机上。欧盟也逐步开始实施关于噪声的法规。

推动提高燃油效率技术发展的关键因素有两个：

一是燃料成本的不可预测性。原油价格波动很大，往往受到特殊重大事件的影响，包括：

- 1978—1979年，伊朗危机；
- 1991年，海湾战争；
- 2001年，阿富汗战争；
- 2003年，伊拉克战争。

2008年4月，油价达到历史最高水平，尽管航空公司试图通过燃油附加费收回部分增加的成本，但仍损失惨重。尽管油价有波动，但长期趋势是整体上升的。例如，石油价格的升高是航空公司运营成本增长的主要原因，2000年油费占到运营成本的14%，2007年涨到25%（Doganis，2010）。

石油是有限资源。虽然对全球石油剩余储量的估计众说纷纭，而且人们还在持续寻找新的油田，但大家都一致认为石油产量将在2020—2030年间下滑（Becken and Lennox，

2012)。因此，随着石油的稀缺，其价格将在未来急速上涨。

二是需要减少交通运输引起的温室气体的排放，尤其是二氧化碳。目前欧盟97%的交通运输依赖于化石燃料（COM，2009），欧盟委员会提出将扩大对可再生能源的使用，争取这部分比例达到10%。不同交通方式对实现这一目标所采用的方式不同。但主要的替换选择仍然是生物燃料和电力，而使用电力的环境效益还取决于发电所用的能源在多大程度上是非碳资源，如可再生能源或核能。火车很明显是一项低碳的选择，尤其是在电力推进广泛应用的地方。但电动汽车的大规模使用仍然存在很大障碍。目前在英国只有大约1 000辆电动汽车，价格大约为40 000欧元，续航里程为300千米，其价格大约是传统轿车的两倍。电动车普及的另一个障碍是相关基础设施的缺乏，尤其是充电点，由于续航里程的限制，电动汽车并不适合长途旅行。在一些国家，公共汽车和长途客车通过采用生物柴油以降低温室气体的排放，生物燃料在航空业的应用上也取得了一些进展。2008年2月，维珍公司一架从伦敦（希思罗机场）飞往阿姆斯特丹的飞机，四个发动机中的一个是由巴西棕榈仁油生产的生物燃料提供动力，实现了首次生物燃料驱动的飞行。之后，新西兰航空、荷兰皇家航空、美国大陆航空和日本航空公司也开始积极尝试一系列能够作为生物燃料的原料，包括藻类、棕榈、柳枝稷和麻风树，将它们与常规飞机燃料结合使用。生物燃料科技还处于起步阶段，成本较高。虽然欧盟已经制定了航空业使用可持续低碳燃料的目标——2050年要占到总额的40%（COM，2011），但航空生物燃料的长期影响将取决于其在持续试验期间的效果、现实的产量以及量产后的价格。

16.4 旅游交通方式

目前公路、航空、水路和铁路是旅游的主要交通方式。交通方式的选择不仅因人而异，还受旅游目的地的影响。游客类型及其选择越来越多样化，现在一些休闲旅客倾向于选择商务舱，而低成本航空公司的很大一部分乘客是商务旅客。表16-1显示了游客类型与交通方式选择的关系。影响游客交通方式选择的因素有：

- 旅游距离；
- 停留时间；
- 地位和舒适度；
- 安全性；
- 价格；
- 客源地与目的地的地理位置，尤其是偏远或边缘地区；
- 可用性；
- 可靠性；
- 服务的频率；
- 方便性；
- 灵活性。

交通运营商试图根据细分市场的需求提供对之有吸引力的服务。在欧洲，长途汽车提供了前所未有的舒适度和服务，英国的高速长途汽车提供无线网，轮渡公司还提供各种自驾游线路。

表 16-1

交通方式和游客类型

游客类型	公路		航空			水路		铁路
	汽车	长途客车	定期航班	包机	低成本航空	轮渡	邮轮	
度假——包价旅游	汽车租赁；飞机加自驾	观光大巴	长途或短途包价游	长中短途包价游		轮渡包价游	国际邮轮	东方快车
度假——散客旅游	私家车	定点长途客车	自助游	仅含机票	短途旅行和城市度假	私家车		7或14天套票；城际铁路
商务与会议旅游	公务车	商务客车	完全弹性票价航班		频繁的短途旅行（占旅客总数30%）	高速游艇		高速列车
探亲访友	私家车	定期车次客车	最廉价航班	团体旅游	廉价机票	私家车		优惠票价；团体票价
特别和一般兴趣旅游，如宗教	租赁汽车；私家车	包车	廉价或弹性价航班					
一日游游客（短途游）	私家车	定期车次优惠票价	定期航班优惠票价	特别航班	国内航线	客车/自驾短途游	当地一日游	优惠票价

16.4.1 陆路交通

汽车是陆路交通的主要形式，对旅游而言几乎是完美的工具，它的吸引力在于：

- 可以控制路线和中途停留地点；
- 出发时间灵活；
- 不必换乘，直接到达；
- 方便全家出行；
- 方便携带行李与设备；
- 车辆可作为住宿设施（房车）；
- 私密性好；
- 达到目的地后开车行动自由；
- 成本较低。

在一些国家，汽车是人们外出旅游与娱乐的主要交通工具，这反映了一个国家的经济发展水平，因为汽车拥有量和经济水平相关；同时，交通工具的选择也取决于旅行距离、气候以及可替代交通工具的花费、质量和可用性。在发达国家，驾车出行占相当高的比例，在加拿大和美国，90%的休闲和商务旅行都是驾车出行；在欧洲，60%的度假旅行是驾车出行；在英国，驾车旅行占国内假日旅行的70%以上。

20世纪下半叶，闲暇时间与可自由支配收入的增多极大刺激了旅游需求，汽车的使用量也随之增多，1955—2010年，英国的车辆千米数增长了8.5倍。与休闲和旅游相关的交通占总数的比例不可小觑。13%的乘客千米数是由度假旅行产生的，算上一日游和探亲访友，这一比例接近30%。皮特斯等人（Peeters et al.，2007）估计在欧洲范围内，旅游占到了地面交通总乘客千米数的15%~20%。

许多发达国家的政府认为汽车的大量使用是不可持续的，因为汽车使用者给别人带来了很大的损失，却没有对此直接负责（即外部性）。虽然发动机的效率提高了，但在英国，小汽车的温室气体排放量仍然占到排放总量的18%左右。汽车会影响空气质量，其排放的颗粒物会加剧哮喘和其他呼吸系统疾病，庞大的汽车使用量还会造成交通拥堵、交通意外、视觉干扰，降低旅游目的地的吸引力，特别是像国家公园这样位于乡村的目的地。

对于小汽车拥有量较低的发展中国家来说，受经济和人口大幅增长的推动，交通增长率将快速升高。颇具讽刺意味的是，政府把小汽车拥有量当作是衡量经济发展取得成功的标志，而汽车使用的外部性依旧问题重重。

英国政府制定了一系列降低对汽车依赖性的政策。道路收费是其中之一，即在公路网络最拥挤的路段在高峰时段向过往车辆收取一定费用。2003年2月，伦敦中心的核心区域在工作日的07：00—18：30收取拥堵费，这一举措得到了国际关注。虽然此前新加坡就采取过类似措施，但规模远不及此。政策实施初期，效果超过了人们的预期，第一年实施期内，交通流量下降了18%，拥堵下降了30%。斯德哥尔摩在2006年试行了一个类似的计划，为期六个月，之后经公民投票决定，此计划于2007年8月开始长期实施。

其他道路收费形式主要针对行驶于高速公路/州际公路的长途旅行汽车。这种公路收费形式很早便在欧洲和美国实施，2003年在英国首次推出（M6公路收费），收费是抑制交通流量增长的手段。道路收费的优势在于通过提高小汽车使用成本降低其相对于其他交通运输方式的价格优势。目前，小汽车的使用成本非常低（汽油和维护费用），对3~5人的家庭团体而言，价格优势更明显。然而，如果自驾游成本急剧上升，那么旅游增长速度可能会放缓甚至下滑。

16.4.1.1 客运汽车

在许多发达国家，公共汽车和长途客车的乘客数量显著下降。但长途客车在旅游市场上仍然扮演着重要角色，主要分为三种运营模式：第一是长途客车，定点长途客车通常是铁路和小汽车的替代工具，在美国，长途客车是航空公司的有力竞争者。长途客车比较适合中长途旅程。传统上，这一市场的主要顾客是对价格比较敏感的消费者，主要包括学生、低社会阶层或年龄在50岁以上的老年群体。超过一定距离后，较低的舒适度和速度只有通过价格优势弥补了。此外，客车运输的网络密集度远高于火车，可抵达的目的地更多，有些地方新建公路的投资较大，客车与老旧的铁路系统相比，能提供更加快速的服务。有些目的地，公共交通除了客车以外别无他选。

第二是观光大巴，主要吸引对象为50岁以上的老年人，他们通常来自较高社会经济阶层，且拥有私家车。无须开车、乘车观景、同车游客间的交流等都是此类交通工具的吸引人之处。

第三是租赁客车。这种方式主要满足团体包价旅游者的需要，解决团体旅客从机场到目的地或从客源地到目的地之间的交通问题。此外，观光游览通常也使用一般客车或中型客车。在野外动物园进行的观光活动（如在肯尼亚）会使用改造后的小型客车作为交通工具。客车的重要性不容忽视。据估计，2000年，美国的客车旅客达8.6亿人次，其中90%使用的是租赁客车。

16.4.1.2 火　车

火车在假日旅游中的使用率并不高，但在某些线路（尤其是高速列车线路）的市场占有率稍高，因为其中还有商旅和会议乘客。火车车站通常位于市中心的位置，而机场一般都建在距离市中心20~30千米的地方，这增加了火车的吸引力。其主要的竞争力在于提供从一个城市中心到另一个城市中心的快速交通服务，但超过一定距离，乘客会感觉旅程冗长且劳累，其吸引人之处只剩下探险的感觉和一路欣赏风景的机会。在欧洲，在很多距离在500千米以内的线路上，火车的竞争优势不如低成本航空公司，原因之一是价格。铁路的固定成本很高（轨道、信号和机车制造），导致高票价（如英国）或高补贴（如法国和德国），或二者兼备。另一个与航空旅行相比的劣势是不能够在线购买国际火车票（Dickinson et al., 2010b），一些铁路运营商开始面对这个问题，开发了整合的购票系统。"铁路团队"（Railteam）是欧洲几家高速铁路运营商的联盟，旨在通过更好的中转衔接服务和整体在线售票系统为旅客提供更好的体验。

相对于汽车，现代火车在节能与废气排放方面相对环保，虽然老旧的柴油车要另当别论。以单位乘客千米计算，电气化火车比汽车更节省能源。同时，火车的安全程度远远高于汽车。乘火车可以放松、休息，也可以利用旅途中的时间工作。然而，高质量的服务通常难以覆盖所有铁路网络，因此高速铁路和支线铁路的服务往往存在一定落差。舒适豪华的列车通常服务于距离200千米~500千米之间的主要城市，欧洲的一些航空公司开始进入这部分市场。火车的传统市场通常是独立访客，尤其是探亲访友的乘客，还可能吸引一部分害怕飞行的旅客。

16.4.2　航运交通

从广义上讲，我们可以把水上交通分为短途渡轮和远洋邮轮。此外，还有内河船只和小型娱乐船只等。但它们更多地被看作旅游目的地产品，而非交通工具。邮轮既是一种交通工具，也是一种旅游产品。渡轮为各岛屿和岛上游客提供服务。快艇往往比常规船舶更快，但商务旅游者一般倾向于选择其他的交通方式。渡轮交通通常是由地理因素决定的，有些目的地非常依赖这种交通方式，比如，希腊大陆与爱琴海诸岛之间以及这些岛屿之间，海峡两岸（如英吉利海峡，新西兰的北岛和南岛）之间等。轮渡为汽车和货品的短途海运提供了经济、安全、可靠的服务。同样，对于位置偏远没有机场的小岛，渡轮是唯一可依赖的交通方式。希腊就是这种情况，希腊 95 个住人的岛屿共有 15 个机场，海岸线总长 14 854 千米，有 750 个港口和停泊处。大型轮渡往返于大陆港口和岛屿，以及岛屿之间，提供航运服务。比雷埃夫斯[①]每年乘客吞吐量达 2 150 万人次，其中 1 150 万人次为国内乘客，是旅游交通的重要设施。同时，较小的区域性轮渡提供岛屿间的交通服务，尤其是在夏季的高峰时段。

在很多情况下，航空是岛屿和大陆之间交通的另一个可行工具。与航空运输相比，渡轮的主要优点是除价格低廉外，还可运载乘客的车辆供其在目的地使用。自驾游和相关套餐产品的盛行，以及让港口能够处理更多汽车的滚装船的引入，见证了市场对渡轮服务需求的增加。

近几十年，一些航线开始使用新型海上交通工具，如穿浪双体船、水翼船，主要是为了提供比传统渡轮更快的服务。它们的速度可达一般渡轮的三倍，同时非常灵活，在港口掉头时间短，需要很少的码头设施。但这些交通工具比渡轮更加昂贵，难以抵御强风和恶劣海况，噪声较大，二氧化碳排放量高，而且它们对海浪的作用会带来海岸侵蚀。

16.4.3　航空交通

航空旅行可能是 20 世纪最重要的交通创新。航空交通可以节省乘客的时间，这刺激了长途旅行需求的增长。航空方式使人们在 24 小时之内可以到达世界任何地方。定期航班为乘客提供了安全、方便、可靠、频繁的服务；它既能满足商务旅客对速度与灵活性的需求，又能够让度假的乘客快速到达目的地，节省途中的时间和花费。航空交通需要复杂而全面的地面服务和机场设施。航空公司为提高游客的忠诚度通过常旅客计划提供了一系列激励措施。

为了最大程度地扩大航空需求，同时降低乘客变更旅行安排的可能性，航空公司提供了更为多样的票价。例如"提前购买票价"（APEX），以及其他形式的"即时购买票价"（IPEX）。但由于严格的航空运输管理，这种低价票的数量有一定限制。随着航空市场管制的自由化，航空公司在航路结构和票价结构方面获得了更大的自由度以实现商业化运营，通过平衡潜在需求和供应力图实现收益最大化。在互联网预订和电子票务的协助下，更先进的收益管理模式已经出现。继美国之后，欧洲已经出现了低成本航空公司，这种模式正逐渐被其他市场采纳。

---

① 译者注：位于希腊东南部，为希腊最大港口。

16.4.3.1　低成本航空公司

低成本这一用词经常和廉价航空公司或最简单服务承运商相关。美国自1978年放松航空管制之后，西南航空公司率先探索并实践了这一概念，20世纪90年代，这一实践传到了欧洲，1995—1998年间，欧洲相继出现一些模仿西南航空公司的低成本航空公司。这种模式在欧洲和美国之外的接受程度较慢。自1999年以来，澳大利亚、加拿大（尽管市场份额很低）、东亚和太平洋地区、南非和拉丁美洲也相继出现了低成本航空公司。维珍集团于2000年成立了独资子公司维珍蓝（Virgin Blue），现更名为维珍澳大利亚，是澳大利亚的第二大航空公司，载客量近1 850万人次（国内航线为1 600万人次）。其他低成本航空公司包括加拿大的西捷航空（WestJet）、南非的库鲁拉航空（Kulula.com）和巴西的高尔航空（Gol Transportes Aerosand）。2001年，亚太地区有五个低成本航空公司，以国内航线运营为主，但到2008年已经增加到30家，其中一些也开始经营国际航线。

西南航空公司成立于1971年，主要运营得克萨斯州内的航线。它的总部基地是达拉斯的辅助机场爱田机场，它比达拉斯的主要机场沃斯堡更接近达拉斯市中心。西南航空公司的主要经营策略是在得克萨斯州的短途航线上提供低廉的高频率的点对点航班服务。在1978年美国国内航空市场管制放松之后，西南航空公司的服务范围扩展到竞争较少的州际航线，多是2~4个小时的短途航班，可以由波音737这一单一机型承担运输任务（Lawton，2002）。西南航空公司现在是美国载客量最大的航空公司，截至2010年1月已连续营利37年，与其他美国航空公司形成鲜明对比。这一成功背后的驱动力是低成本。多加尼斯（Doganis，2006：176）指出，相比较其他航空公司，低成本航空公司在中短程航线（2~4小时）的成本是全服务航空公司的40%。其平均飞行距离是653英里（Southwest Airlines，2010）。廉价航空公司有以下降低成本的方法：

1.使用主要城市的次级机场或区域性机场，原因在于：

●起降费和运营成本更低。很多机场提供折扣，低成本航空公司为小型机场带来了巨大客流量，有些机场甚至开始提供补贴；

●机场无拥堵问题，可以实现迅速的周转（通常在30分钟以内），从而最大限度提高飞机利用率。

2.机队标准化，统一机型，原因在于这样可以：

●降低维护成本以及备用配件的储存成本，虽然在大多数情况下维护是外包的；

●减少飞行员和机组人员的培训成本。

随着航空公司的发展，航线逐渐多样化，航程长度和特点有所不同，机型规格可能拓展到2~3种。

3.最大化飞机容量：

●经营单一舱位；

●采用低座位间距（29~31英寸），此标准是短途旅客可以接受的；

●不提供免费食物，节省厨房空间，增加额外座位。

4.最小化舱内成本：

●不提供免费食物与饮料，餐饮都需要付费；

●在符合安全条件下，使用最少的拥有多种工作技能的机组人员；

●在办理登机手续时不提供预先安排座位的服务；

- 严格限制行李携带数量，并对行李托运收取一定费用；
- 最大限度地减少向客户补偿的项目。在航班延误和取消的情况下，航空公司将根据其法定义务提供最低限度的补偿、退款或安排下一航班的改签。

5.降低销售和分销成本：
- 使用在线预订；
- 无代理商佣金。

16.4.3.2　包　机

包机是包价旅游的主要交通方式，虽然只购买机票的旅客也能占到20%。大多数包机航空公司通常属于纵向一体化的大型旅游经营商，如英国的汤姆森航空公司就属于汤姆森假日。包机航空公司提供一次性交通服务，在旺季时有固定航班时刻，尽管不公开发布，但是旅游经营商都了解。包机服务的特点有：
- 航班变动的可能性极小；
- 在不便利和低峰时段飞行，24小时内飞机的使用率很高；
- 减少座位间距以尽可能地扩大载客量；
- 将未满容量的航班合并。

包机的载客率为90%，远高于定期航班的70%，低单位运营成本是包机价格低廉的主要原因。20世纪80年代，包机航空公司在欧洲短途市场中占相当大的份额（几乎占50%），主要是将北欧游客送到南部的度假村和旅游目的地。然而，由于低成本航空公司的直接市场竞争，自从20世纪90年代中期以来，包机航空公司已失去了大量的市场份额，但其占有率仍不可小觑，在英国占到航空市场的29%。包机航空公司的每千米座位成本低于廉价航空公司，但后者在过去10年中增长迅速。独立安排的假期、第二居所和在线预订都使包价度假旅游产品的吸引力降低，包机需求也随之下降。包机航空公司为其未来的生存和发展制定了一系列战略。君王航空（Monarch Airlines）等一些公司已经多元化成为混合型航空公司，它们使用低成本航空公司的模式提供定期航班服务，尽管在一些航线上，它们仍然主要服务于包机旅游乘客。这一策略也使它们能够更好地为只买机票的散客旅游者提供服务。一些包机航空公司航队有多种机型，同时也运营长途航班，与全服务航空公司展开竞争。

16.4.4　商务与休闲旅游

商务旅行者的旅行目的是进行商务活动，由雇主支付机票，他们对航班的灵活性有更高的要求，需要能够在短时间内改变旅行安排。服务、机场和飞机必须有为繁忙的商务旅客提供便利的能力。据估计，商务旅客约占国际航空运输量的30%。

过去几十年中，休闲旅客在航空交通中所占份额迅速增长。休闲旅客有更多的时间，他们并不一定需要非常高品质的服务。他们可以提前自由地安排行程，对飞机的灵活性要求并不高。与商务旅客不同的是休闲旅客需自己支付票价，因此对价格有很高的敏感性。定期航空公司以及欧洲的包机航空公司推出的休闲优惠票价貌似充分满足了这部分市场的需求，但低成本航空公司的出现证明并非如此。

16.5　政治对旅游交通的影响

政府活动会影响国际旅游的流向。除了距离，交通障碍还包括边境控制、签证或过境签证，以及海关检查。对铁路和公路而言，国家的边界是边境控制所在地；对海上交通而言，陆地和海洋的交界处或港口是边境检查点；对航空交通而言，坐落在各地的机场是边检处。

领空主权和公海自由权一直是影响旅游航空交通发展的因素。穿越国境或者国家间的火车旅行，如果没有轨道不同的问题，一般都比较顺利；而过境或入境的客车则要受到定额的限制。自驾游通常会被要求购买保险取得绿卡，且要有国际驾照。欧洲部分地区取消了边境控制和保险检查。

由于其特殊属性，航空业非常复杂，颇具政治意味。航空公司对国家经济非常重要，因为涉及外汇和外国旅游者的支付，历史上大多数的国际航空公司由国家政府所有，美国和拉丁美洲有少数例外，北欧航空公司和非洲航空公司也是例外。很多"载旗"航空公司有政府补贴，被认为是地位显著的航空公司。航空公司的规模不一定与该国的潜在交通量成正比，比如荷兰皇家航空公司。尽管从20世纪80年开始，国有航空公司主导市场的局面开始改变，但在2004年，仍有超过70家航空公司是完全国有或者国有控股（Doganis，2006）。

16.6　竞争管控

从一开始，交通就在政府的管制之下。管制环境通常包括两套控制手段：质性控制和数量控制。质性控制的焦点在于安全和优秀实践，出于安全和技术原因是必要的。数量控制是法律和经济控制，旨在把控竞争、运力和票价。这种控制保护国有运营商或率先投入资金开发线路的"先驱"运营商。铁路通常是国家垄断，归政府所有并享有政府补贴。但是在欧洲委员会指令91/44//EEC颁布后，一些国家开始进行铁路私有化，而事实证明铁路运营商之间的竞争并不切实际，这一行业还在管控之下。

管控政策倾向于集中在航空交通，因为国际航空从一开始就作为一项重要的经济活动受政府管控。国际航空法控制航空公司运营的范围。美国的反垄断法旨在防止竞争者们固定价格，建立卡特尔联盟，发生串通行为。在欧洲，根据《罗马条约》，交通业要遵守自由竞争的法则。有些国家的航空公司为提高收入合并运力签订了合作协议，但被欧洲委员会宣布无效。

管控与自由化的冲突体现了不同哲学和思想。支持管控者认为它让交通服务更加稳定、有计划性、交通网络更全面。竞争会导致一些线路消失，包括社会必需的线路，而受保护的运营商可以从其他营利的线路里补偿这些不营利的线路，维持其运营。自由化的支持者认为自由市场竞争能够比管控和规划者更加有效地分配资源，进行供需配比，而管控会阻碍规划的网络及时回应需求的变化。

另一个担忧是，在管控的市场下，运营商形成的垄断会导致效率低、运营差。工资成本高、冗员、票价高、客户服务差等都是受管控市场的特征。而自由市场中的竞争压力会让消费者受益，因为竞争会让运营商更加有效地控制成本，进而降低价格。因为多家运营商要竞争顾客，所以竞争也会让服务质量有所提高。

16.6.1　航空自由化的影响

美国在卡特总统时期制定了《1978年解除航空管制法案》，并由此建立了开放天空的政策。民用航空局作为制定政策的管控机构逐步退出。该机构以前的职能包括制定服务条例，如服务的频率和容量、进入和退出航空运营的流程，以及费用和价格等。这些内容后来在美国国内市场都由自由竞争决定。直到20世纪70年代末期，国际航空运输协会仍是世界范围内的实质航空管制机构和航空公司行业协会，其实也代表着政府。然而，美国针对国际航空运输协会享受反垄断法豁免问题发布"陈述理由法令"（Show Cause Order）。从此以后，该机构丧失了制定价格策略、保护高成本航空公司会员的能力。国际航空运输协会的影响力因地而异，在非洲和拉丁美洲的部分地区仍然很大。

国际航空服务的管理框架是在1944年的芝加哥会议上确立的。当时确立的五项空中自由权赋予航空公司技术和交通的权利，至今对国际航空仍意义重大，详见图16-1。芝加哥会议之后，又确立了第六、第七和第八空中自由权。然而，芝加哥会议并没有达成一个真正的多边协议，而是一系列的政府间双边航空服务协议，用于明确具体的国际服务规则。各国政府同意并允许指定的航空公司在本国和国外目的地之间飞行，票价参考国际航空运输协会会议的规定或根据政府间的协议确定。各国间的航空服务协议数量众多，2003年，欧盟国家的航空服务协议约有1 500项，英国自己就有149项（House of Lords，2003）。

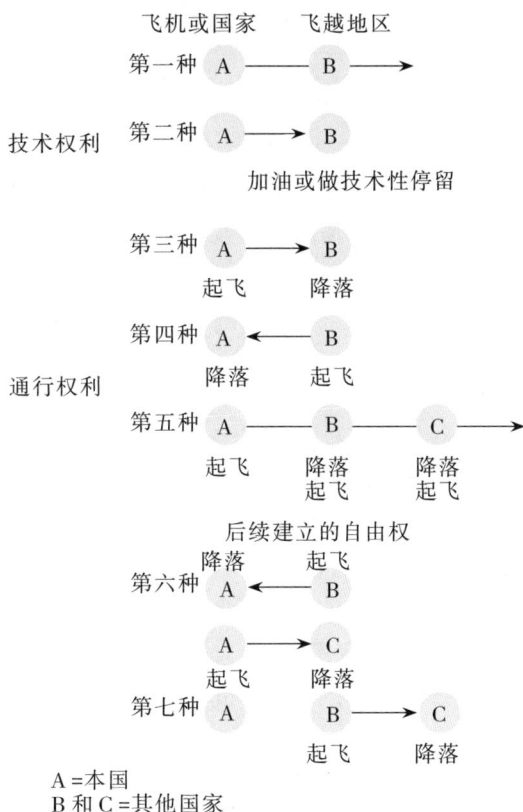

图16-1 1944年芝加哥会议通过的五项空中自由权

美国的国内政策在海外的应用比较有限。由于美国国内的竞争激烈，初期大量航空公司进入市场，票价降到了最低点。几年以后，只有少数几个航空公司能够存活下来，大多数弱小的航空公司被强大的公司并购，具有讽刺意味的是，现在航空业的集中程度比1978年更高。虽然效益不好的支线被市场淘汰，但整体上客流量有所增加，票价降低。西南航空公司的出现和低成本模式是显著成果之一。有意思的是飞行路线也发生了变化，大多数航空公司（除了西南航空公司）采取了轴辐网络。1978年，80%的美国国内乘客可以直接飞到目的地，无须转机，这个比例到 2000 年降到了 64%（Page，2009）。

欧洲对于航空业的完全自由化持怀疑态度。这在部分程度上是由于政府部门在航空业中的影响和航空公司的社会作用，它们出于社会利益维持了一些飞往周边地区的不营利的航线。在欧洲委员会发布了三项指令后，1997 年 4 月 1 日，以欧洲作为单一航空市场的境内运输权（即第八空中自由权）才真正建立起来。其主要影响是低成本航空公司的出现带动了航空运输量的增长。

历史上，美国和欧洲不同的国家间有各自的双边协议，但是 2002 年欧洲法院宣布欧盟有权代表整个地区与外国（如美国）商讨并签订协议。2008 年，欧盟与美国签署了开放天空协议，内容包括：

- 解除航线限制，任何欧盟航空公司的飞机可以从任意欧盟城市飞往任意美国城市；
- 任意美国航空公司的飞机可以飞往任意欧盟机场，并可以从那继续飞往第三个目的地；
- 欧盟航空公司的飞机可以在任意美国城市与任意位于"欧洲共同航空区"的非欧盟成员城市之间飞行；
- 美国航空公司可以拥有欧洲航空公司 49% 的投票权，欧洲航空公司仅能在美国航空公司中占有 25% 的投票权。

现行的协议于美国航空公司有利。它让美国的航空公司享有欧盟内的境内运输权，而欧洲航空公司却无法服务于美国的国内市场。关于航空公司所有权的条款也不对等。

16.7 未来发展趋势

16.7.1 全球化和一体化

全球化是国际旅游业的主要发展趋势，各地市场的偏好和产品越来越趋同。在全球化的进程中，跨国公司大批量标准化产品的生产使世界旅游市场出现同质化。从本质上讲，在全球范围内，跨国公司的业务量增加，交通运营商不再局限于地理位置，公司逐渐趋向虚拟化。

正如一些人预测的那样，真正的全球运营商并没有出现。部分原因是政府和其他贸易集团想要保留国家主权，使用本国的航空公司，并通过相关法规实现这一做法。航空公司正在建立战略和市场联盟，整合服务和运营，以扩大市场、控制成本。形成战略联盟的推动因素包括：

- 国内交通市场的成熟；
- 对航站楼空间的竞争；
- 全球化网络需求；
- 航空公司运营对规模经济的要求；
- 对新分销渠道（计算机预订系统）的控制；
- 世界运输业的管制逐步放松。

星空联盟（Star Alliance）始于 1997 年，创始成员包括泰国航空、加拿大航空、联合航空、汉莎航空和北欧航空，2009 年成员数量增至 23 个。天合联盟（Skyteam）有 9 个成员。其目标包括：

- 整合产品和转接服务；
- 提供共同的值机和预订服务；
- 共享机场休息室服务；
- 共享营销、宣传和奖励服务。

许多公司尝试通过合并走向全球化，但迄今为止很少有成功的案列，尤其在欧洲，主要是出于对政府所有权和国家主权的考虑。在 21 世纪初期，比利时载旗航空公司（Sabena）和瑞士航空公司（Swissair）宣告破产，瑞航后来又以"瑞士国际航空公司"的名称重组。2004 年，法航与荷航的合并最终得到了布鲁塞尔和华盛顿的监管机构的批准，英国航空公司和伊比利亚航空公司的合并在 2010 年也获得批准。虽然在经济压力下，欧洲航空业的集中化趋势越来越明显，但鉴于政治影响，其集中化程度不会赶上美国。

16.7.2 慢旅游

"慢旅游"这一概念是 1986 年由意大利的缓慢进餐运动发展而来的，强调旅游体验的质量。慢旅游是一个规模较小但日益增长的利基旅游市场。关于"慢旅游"的定义大多有三个组成部分：

- 旅途的愉悦是旅游体验的一个重要方面；
- 放缓旅游的节奏，以全面享受目的地的体验，与当地居民和文化深入交流，创造更有价值的旅游经历；
- 使用低碳交通方式（Dickinson et al.， 2010a；Dickinson and Lumsdon， 2010）。

虽然低碳排放是"慢旅游"对环境的一个有利影响，但并不是许多参与者的主要动机，作为一个潜在的增长领域，这个概念正在吸引越来越多旅游者的兴趣，也是高碳排放旅游模式的潜在替代品。

16.8 小 结

随着旅游需求的增长，交通，尤其是交通基础设施，将变得越来越重要。新技术将对交通的各个方面产生影响，未来的交通行业将为游客提供无票旅行，智能卡科技不仅能够用于支付，也可能用于某些国家的签证和护照。

然而，随着全球游客数量的增加，旅游交通行业面临着许多问题。各种交通工具对环境都有污染，有些交通形式永远无法发展成零污染模式。航空公司仍然会消耗燃料并产生噪声。火车可以使用电力，但最终依靠仍然是核燃料或化石燃料。小汽车和客车使用化石燃料，海上交通工具也大都如此，只有休闲船是风力驱动的。旅游产品要素的其他供应商陆续推出了更环保的政策和实践，在可预见的将来，交通运营商势必会被视为环境的污染者——对污染性交通经营的限制是否会影响旅游交通的价格和可用性仍有待观察。

16.9 课后习题

1.对比不同交通方式的环境影响。
2.列出交通运输系统的组成部分，并说明各部分的优劣势如何影响该系统的整体表现。
3.探讨旅游者在目的地的交通需求如何给公共交通运营商带来收益，并讨论这是否也会导致冲突或问题。

4.航空公司加入航空联盟有哪些益处？

16.10 案例：邮轮行业

邮轮行业在过去30年已经发展成为一种真正的大众旅游形式。通常衡量邮轮旅游采用的是邮轮旅客数量（见表16-2），这种衡量依据可能会引起一定误差。乘坐3～4天短途邮轮的游客和乘坐14天或更长时间邮轮的游客在消费和经济影响方面存在非常显著的差异。表16-3列出了乘坐邮轮的巡游天数，这更具说明意义。不论使用何种衡量标准，过去30年邮轮市场都呈现出惊人的增长速度，1980—2009年期间的年增长率为7%，2008年以后有所放缓（CLIA，2006，2010）。

表 16-2   总邮轮客运市场（'000）

年 份	北 美	英 国	欧洲其他国家	世界其他国家	总 量	增长率（%）
1990	3 640	179	330	345	4 495	
1991	3 979	187	354	414	4 980	10.7
1992	4 136	219	407	490	5 460	9.6
1993	4 480	254	420	467	5 940	8.8
1994	4 448	270	502	1 196	6 280	5.7
1995	4 378	340	694	1 481	6 440	2.5
1996	4 656	416	785	NA	6 850	6.0
1997	5 051	522	928	NA	7 580	10.7
1998	5 428	663	902	850	8 210	8.3
1999	5 894	746	994	1 160	9 067	10.4
2000	6 882	754	1 096	NA	10 138	10.1
2001	6 906	776	1 130	1 380	10 192	0.5
2002	7 470	824	1 296	1 608	11 198	9.9
2003	8 195	963	1 709	1 474	12 340	10.2
2004	9 107	1 029	1 764	1 463	13 383	8.5
2005	9 919	1 071	2 054	1 413	14 457	8.0
2006	10 336	1 204	2 205	1 662	15 410	8.1
2007	10 596	1 335	2 667	1 824	16 442	6.6
2008	10 352	1 477	2 945	2 327	17 101	4.1
2009	10 459	1 533	3 409	2 439	17 840	4.3

资料来源：CLIA，2006；Peisley，2006，2010

表 16-3　　　　　　　　　　　部分目的地邮轮运力（CLIA 会员）　　　　　　　　　单位：（%）

目的地	1989	1995	2001	2002	2006	2010
加勒比海	44.5	42.8	36.6	42.1	39.2	34.8
阿拉斯加	6.5	8.4	7.9	8.0	7.8	5.7
巴哈马群岛		7.7	7.9	4.5	7.5	6.5
墨西哥		4.9	1.9	5.3	6.4	4.7
南美			2.4	2.2	1.8	2.2
东南亚			0.7	0.5	0.7	1.0
地中海	7.6	9.7	12.7	10.2	12.9	17.8
北欧	3.1	4.4	8.1	10.9	8.4	8
总数（过夜天数）	24 699	35 661	53 862	59 581	81 454	104 109

资料来源：CLIA，2006，2010

为了适应需求的增长，大量新船被建造出来。在 1981—2005 年期间，邮轮运力的平均增长率为 7.6%（CLIA，2006），整体入住率几乎没有变化。该行业投资规模巨大，仅 2010 年就有 13 艘新船交付。邮轮的入住率高达 96% 左右，因此需要继续扩大船队以适应需求的增长。一些旧邮轮正在被新船所取代，如 2008 年退役的伊丽莎白 2 号。然而，经济衰退导致新建邮轮数量大幅减少。在 2013—2015 年新船订购量只有 10 艘，与近年交付数量相比大大降低。

船体正在变大（见表 16-4）。2010 年交付的新船平均运力超过 3 000 人。1985 年只有一艘船的总吨位超过 7 万吨，没有超过 10 万吨的邮轮。但到 2006 年，总吨位超过 10 万吨的邮轮有 24 艘。

表 16-4　　　　　　　　　　　　　　　最大邮轮

年　份	邮　轮	总吨位（gwt）	运力（乘客数）	邮轮公司
1988	海洋君主号	73 000	2 852	皇家加勒比
1996	嘉年华命运号	11 353	2 642	嘉年华
1999	海洋航行者号	137 300	3 114	皇家加勒比
2004	玛丽女王 2 号	150 000	2 620	邱纳德（嘉年华）
2005	海洋自由号	158 000	3 643	皇家加勒比
2009	海洋绿洲号	225 000	5 400	皇家加勒比
2010	海洋魅丽号	225 000	5 400	皇家加勒比

资料来源：作者搜集

需求模式

美国市场在邮轮需求中占据主导地位（见表16-2），2006年占邮轮市场总数的70%。然而，自2006年开始，美国邮轮市场陷入停滞期，而英国市场（世界第二大市场）仍继续保持温和增长，欧洲其他地区的增长更为迅速，北美的市场份额降至59%。在欧洲范围内，德国已经显示出最大的增速（2008—2009年增长超过10%），邮轮乘客首次超过100万（Peisley，2010）。

虽然邮轮旅游的目的地已经多样化，但加勒比海地区仍占据主导地位，约占邮轮航行日的35%。表16-3显示了2006年的主要邮轮目的地。然而，年度运力数据隐藏着一个重要的规律。10月至次年3月间，加勒比海地区的邮轮数量远远超过4月至9月间的邮轮数量，国际邮轮协会（CLIA）的统计数据显示，10月至次年3月间加勒比海地区提供的邮轮运力约占年度总运力的62%。

加勒比海对全球邮轮业的未来发展和繁荣意义非同小可，因为其他重要目的地市场的需求有强烈的季节性。地中海从3月至9月属邮轮旅游旺季，而其他重要的目的地，如阿拉斯加和北欧（波罗的海和挪威峡湾）同期的旅游旺季较短。想要找到在10月至3月间能够替代加勒比海的邮轮目的地越来越难。邮轮旅游航线的开发虽步伐缓慢，但仍有一些进展，如从欧洲到大西洋岛屿的航线，还有一些邮轮从12月或1月出发开始进行为期3个月的"世界巡游"。近年南美市场发展迅速，而东南亚市场的增长速度并不像预期那么快。另一个拥有开发潜力的地区是中东，迪拜作为邮轮港口得到了大规模投资。尽管如此，许多邮轮还是从季节性较强的市场回到加勒比海地区，以取得较高的年利用率。

加勒比海地区在经历了10年的市场份额下降之后，在2002年邮轮运力显著增长（见表16-3），因为美国邮轮公司在"9·11"事件后将邮轮旅游目的地从地中海地区重新转移到加勒比海地区。这证明了该行业对外部政治因素影响的敏感性。

行业趋势

- 邮轮旅游的市场越来越宽泛，吸引了来自更多社会经济阶层、收入水平和年龄层的乘客。北美市场的渗透率随着巡航周期的缩短而有所增加。在1980—1991年间，2~5天的邮轮旅游是北美市场增长最快的部分，但这种趋势已经逆转，平均邮轮旅游周期逐渐增长（见表16-5），短途邮轮旅游的市场份额约占北美市场的1/3。廉价邮轮旅游线路开始出现，包括由旅游经营商提供的邮轮旅游。1995年英国的航空旅行公司（Airtours）率先提供邮轮旅游，后来被萨贾（Saga）和汤姆森（Thomson）等公司广泛采用，廉价邮轮扩大了英国的邮轮市场，其乘客占英国邮轮乘客总数的35%。据国际邮轮协会报道，目前世界各地有100多万名儿童参加邮轮旅行。

- 如上所述，船体的增大为邮轮运营带来了规模效应，也改变了邮轮旅游产品的性质，具体表现在停靠港的减少，因为邮轮本身更多地成为休闲体验的场所（体验经济）。绝大多数大型邮轮都停靠在加勒比海地区，为应对这一额外需求，六个邮轮企业购买了无人居住的加勒比海岛屿。

- 嘉年华收购了P&O邮轮公司后，就出现了寡头垄断。目前嘉年华、皇家加勒比邮轮和丽星邮轮集团这三家最大的邮轮公司占邮轮总运力的80%，这一份额会随着新船的增多和进一步收购而持续增长。

表16-5	美国邮轮平均巡游时长
年 份	天 数
1981	6.7
1990	6.2
1991	6.2
1995	6.5
2000	6.5
2005	6.9
2008	7.8

资料来源：CLIA，2010

未来的发展前景

邮轮行业未来的发展前景非常被看好。国际邮轮协会估计，仅有20%的美国人曾有邮轮旅游的经历。英国市场情况与此类似。英敏特（Mintel，2003）估计，英国人口中只有13%坐过邮轮，而世界其他地区这一比例更低。由国际邮轮协会进行的市场调查显示，北美有5 100万人表示有意在未来3年进行邮轮旅游。他们认为这样巨大的潜力市场将让邮轮旅游业保持最近20年的增长速度。调查进一步显示，邮轮乘客的重游率很高。鉴于过去发展的趋势，"潜力巨大的未开发市场"可能确实存在，邮轮公司的进一步投资也显示它们对未来发展信心十足。然而，这些调查结果也需谨慎对待，因为调查的依据是向消费者就未来消费提出假设性问题。由于新船建造速度放缓，对未来增长率的预测略有改变，预计在2023年参与邮轮旅游的人数将达到3 000万人次（Peisley，2010）。

持续增长的障碍

有证据表明，近几年邮轮旅游的急剧增长是由供给导致的，而不是由需求引领的。业内人士称在北美和欧洲市场出现的价格大幅折扣是增长的主要原因。邮轮公司打折的意图不难理解。大量投资用于建造新邮轮，新邮轮势必要大量乘客。邮轮旅游消费主要集中于三部分，即邮轮上的酒吧、赌场和岸上短途游。事实上，邮轮公司认为，产品宣传册上的低价是有其营销意义的。乘客将投入大量的精力在产品价格上实现相对较小的节约，然而实际在邮轮上，他们对消费远没有如此在意。随着新船交付使用，运力增加，主要邮轮公司进行大幅打折，严重降低了邮轮公司的收益和营利能力。金融市场对邮轮业营利能力的下降以及市场未来产能过剩的担忧导致了所有主要邮轮公司的股价在21世纪初开始下跌。

近年来，邮轮公司的收益从2003年的低点开始回升，尽管在可预见的未来，邮轮的折扣还会继续，但在2005年两家最大邮轮公司的收入和利润都有所增加。嘉年华公司利润达22亿美元，收入为110亿美元，而皇家加勒比公司的利润则为7.16亿美元，收入为49亿美元。尽管如此，许多金融和企业分析师仍在质疑，综合市场的增长率是否能维持在7%左右，大范围的折扣是否证明这一市场已经走向成熟，或者饱和。

邮轮目的地的饱和

在加勒比海地区大约有24个邮轮品牌旗下的约70艘船只。预计到2006年，邮轮的舱位容量将超过酒店床位数量（Wood，2000），加勒比海地区的政府开始对邮轮活动在这一水平持续增长的价值产生质疑。大部分巨型邮轮都以加勒比海为目的地，而其可供巨型邮轮停泊的港口数量正在减少，每次停靠对小型港口目的地的社会、文化和环境产生的影响都非同小可。邮轮停靠确实为目的地带来了经济收益。船只对淡水、污水处理设施、燃煤和新鲜食品的需求都为当地提供了就业机会。然而，乘客的消费水平仍然相对较低，每位乘客的花费大概限于50美元，用于购物、简单餐食（午餐）和短途游，如果是在船上预订的，大部分收入则被邮轮公司赚取。

邮轮企业试图购买小型无人居住的加勒比岛屿，这也许可以降低邮轮对目的地的社会文化影响，但也降低了该地区的经济收益。邮轮企业认为，邮轮大型化的趋势有助于在不增加停靠次数的情况下满足增长的需求。然而，当地政府正在考虑限制邮轮在该地区的停靠次数。如果加勒比地区不能够容纳未来增长的主要份额，最重要的是寻求其他目的地来吸收每年10月到次年3月间的国际邮轮需求。

环境压力

目前的持续增长可能并不代表可持续发展。一艘大型邮轮每周产生约210 000加仑的污水、数百万加仑的灰水、25 000加仑的仓底污水以及固体垃圾和有害废物。尽管船舶废物和污水的处置比以前更加严格，但加勒比地区邮轮密集，势必会对环境造成损害（Lester and Weeden，2004；Wood，2004）。港口还面临着进一步疏浚以容纳更大吨位船只的压力。

佩斯利（Peisley，2010）认为，未来5年将出台新的国际环境法规，其中对含硫添加剂燃料使用的条款将大大提高运营成本。

安保

安保是邮轮所面临的问题。上一次重大恐怖袭击事件——阿基莱·劳伦号劫持事件，已经过去了20多年，但安全问题仍被持续关注。它已经影响了一些邮轮航程，例如，由于对海盗问题的担忧，邮轮公司修改了前往肯尼亚和中东的行程。

健康

邮轮上偶尔爆发的疾病有可能在非常封闭的环境中迅速蔓延。为防止疾病的发生，邮轮对卫生标准的要求非常高，并且在船上的重要位置配备了肥皂和消毒剂分配器。不过，诺如病毒的爆发还会不时发生。这除了导致航程的提前结束，还可能会带来严重的负面宣传。邮轮行程被打乱，需要立即停止使用以进行彻底清洁消毒。

安全

邮轮旅游的公众形象近几年来受到2012年1月歌诗达协和号触礁事故的影响（搁浅和部分沉没）。这一事故导致34人死亡，另有64人受伤，包括一些重伤者。总体而言，这类事件并不多见，邮轮行业的安全记录极佳。但这一事故对邮轮行业产生了重大短期影响，母公司的股价下跌16.5%，部分原因可归咎于事故救助成本与邮轮收入的损失。然而，更令人担忧的是这一事件对公众信

插图16-2

心和未来邮轮需求产生了怎样的影响。围绕事故原因的新闻报道以及在出发前没有进行过船员紧急逃生演习的事实，进一步损害了该行业的形象。雪上加霜的是，2012年2月歌诗达爱兰歌娜号邮轮在印度洋发生了着火事件，导致邮轮停电并失去动力，被拖往塞舌尔。预计今后可能需要更高的折扣才能吸引游客回到邮轮上。当然，这一事故是否会影响该行业的长期增长还不确定。

结论

邮轮业对未来盈利增长充满信心。公主邮轮的前首席执行官皮特·拉特克利夫对该行业进行了总结：

"尽管近期事件会在短期内产生影响，但我们的行业仍具有可持续增长的特征。人口统计学因素、市场渗透率、客户满意度和休闲消费趋势的关键指标都指向了该行业的长期增长和全球化趋势。"

时间会告诉我们这种持续增长的乐观看法是否正确。

资料来源：http://www.cruising.org

讨论问题：

1.邮轮公司是如何拓宽市场，吸引不同年龄和社会经济阶层的乘客的？

2.邮轮停靠给加勒比海地区带来的主要利弊有哪些？

3.邮轮业持续增长的潜在障碍是什么？

第 17 章

公共机构与政策

17.1 学习目标

本章主要介绍了公共部门在旅游业中扮演的角色和相关的政府旅游部门。通过本章的学习，您将能够：

- 了解对旅游业有显著影响的国际组织；
- 理解国家旅游组织的主要功能、结构与职能划分；
- 了解政府部门的作用；
- 了解政府如何对旅游业的供给与需求进行调控和干预。

17.2 公共政策框架

旅游是 21 世纪经济发展的主要动力之一，随着国内人口对休闲需求的增长，很少有政府能够忽视旅游业这个发展机遇。旅游业与其他行业不同，旅游产品的消费要在产地进行，因此势必涉及当地居民，给当地传统、价值系统和文化带来一定程度的商业化。如今，旅游作为经济发展机制中一个重要因素，对任何国家而言都是一个不容忽视的投资机会。旅游业与其他行业不同，它不能控制构成旅游目的地吸引力的全部要素，而且旅游对当地居民的影响也很大。因此，政府的最高管理层需要对旅游发展的模式进行选择，并制定合理的公共政策框架。在一般情况下，旅游对于一个国家的经济发展越重要，政府部门对旅游业的介入就越多，有些会设立国家级的政府机构专门对旅游业履行职责。国内外旅游企业的"碳足迹"所引发的一系列问题同样不容忽视，因此本章中提及与旅游业相关的问题或多或少都会与可持续的问题有所关联。虽然在目的地层面旅游可以在政策引导下通过规划考虑可持续性问题，但到达目的地所需的国内和国际交通才是碳足迹的主要生产者，尤其是廉价航空兴起之后。航空公司表示，它们采取的措施是提高燃料的使用率，并将采用可回收的轻量复合材料和重复利用的材质以降低对空气质量造成的威胁。

除此以外，政府还组织了各种国际性的旅游机构。世界旅游组织就是国际旅游的官方代表机构。作为由联合国建立的权威组织，其职能包括促进旅游业可持续发展、负责任的旅游和无障碍旅游等。还有许多与旅游业发展相关的国际组织：世界银行集团（World Bank Group）的分支机构之一——国际金融公司（IFC），主要运作私营部门投资的项目；国际复兴开发银行（IBRD），主要向政府提供资金以帮助结构调整、促进基础设施建设；其他联合国组织，比如国际民航运输协会（ICAO）、世界卫生组织（WHO）和联合国教科文组织（UNESCO）、国际航空运输协会（IATA）以及经济合作发展组织（OECD）的活动也会影响旅游业的发展。

在国际层面之下有各种地区性旅游机构，如美洲国家组织（OAS）、亚太旅游协会（PATA）、欧洲旅游委员会（ETC），这些组织主要是致力于宣传和营销，同时也提供技术援助，倡导尊重目的地和当地人生活的旅游行为规范。

17.3　旅游行政管理架构

政府旅游行政管理部门的组织架构差异很大，这取决于旅游业的规模和政府出于各种原因对旅游业的重视程度。图17-1展示了一般情况下的层级模型，从最高层的管理委员会到最基层的实施政策和规划的目的地。

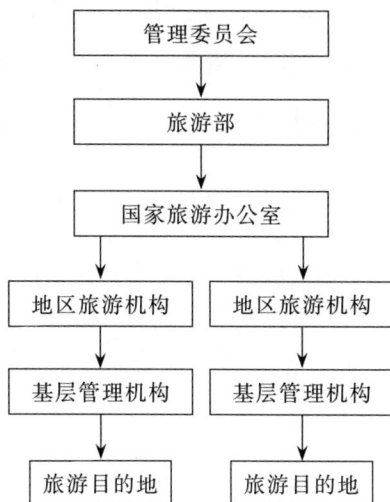

图17-1　旅游行政管理机构

以下为政府介入旅游业的普遍原因：
- 赚取外汇收入和保持国际收支平衡；
- 创造就业，提供教育和培训；
- 旅游业规模大，分散性强，其开发和营销需要谨慎协调；
- 使旅游地的净收益最大化；
- 公平分配利润和成本；
- 塑造国家作为旅游目的地的整体形象；
- 规范市场，保护消费者权益，防止不公平竞争；
- 提供旅游产品所必需的公共产品和基础设施；
- 保护旅游资源和环境；
- 规范诸如赌博等不良社会行为；
- 通过调查统计监控旅游发展的水平。

旅游在有些地方是经济活动中的重要因素，这些国家通常设有旅游部，尤其是作为世界著名旅游目的地的岛屿国家。在这种框架下，国家旅游组织既可置于旅游部之内，也可置于旅游部之外。在后面这种情况下，国家旅游组织可能是政府机构或半政府机构，通常依照相关法律法规设置独立单位，负责人由非政府官员担任，原则上独立于政治系统之外。国家旅游组织负责执行旅游部制定的政策，大多数国家旅游组织的资金来源是财政划拨的公共资金。

　　通常一些被称为会议或访客局（CVB）的组织是民间协会，由其成员建立，成员可能包括政府代表。协会的活动经费可通过多种渠道筹集。它们和其他商家一样，其存在取决于市场对它们所提供的服务的需求。在经济衰退时期，这些组织难以从私营部门筹集资金维持运营，需要注入公共资金以维系长期项目。

　　20世纪80年代以来，随着市场经济的增长，越来越多的政府鼓励旅游组织从旅游业中筹措匹配资金。实现这一目标的方法包括：开展联合营销活动，以及对提供的市场调研报告或者金融服务等收取相应费用。然而，从私营领域赚取收入的主要障碍在于国家旅游组织所承担的大部分工作是长期且非商业性的。此外，当国家旅游组织从事商业活动时，可能会被私人企业视为不公平竞争，因为国家旅游组织的资金来源主要是税收。

17.3.1　国家旅游组织的机构设置

　　图17-2展示的是一般国家旅游组织的结构，图中描述了主要的部门划分。此类国家旅游组织与旅游部保持一定距离，有自己的董事会和主席。国家旅游组织也可能下设在一个管理除旅游业以外更广泛事宜的部委中，旅游事务负责人通常向部里的高级首长而不是向董事会报告工作。很多国家旅游组织仅负责市场营销，而旅游发展则归属于国家或地区的规划部门。如果这样的话，图17-2中的国家旅游组织部不应有发展部门，旅游调研有可能归营销部门，但就行业角度而言，市场与发展应归属于一个部门。

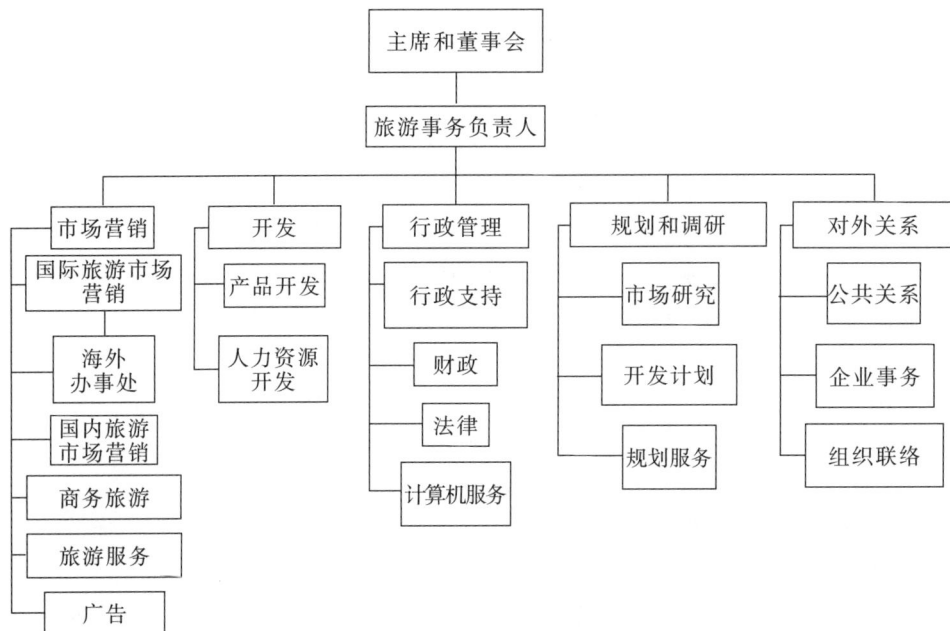

图17-2　国家旅游组织的结构

17.3.2　国家旅游组织的营销职能

　　市场营销是国家旅游组织的主要职能，通常也是最大的功能性部门，尤其在海外设立了办事处后更是如此。国家旅游组织的市场营销部门提出市场营销策略，并负责网站维护、广告策划、宣传资料设计，以及通过媒体和业界进行旅游促销。旅游促销一般通过以下方式进行：提供赴旅游目的地访问的体验之旅，让媒体了解所宣传的目的地；定期发布简讯和新闻；参加各种旅游交易会，其中最重要的有柏林国际旅游交易会和伦敦世界旅游交易会等。海外办事处通常执行市场营销部门所担负的职能，它们必须充分考虑到所在国家和地区的旅游企业和潜在旅游者的偏好。作为"对外窗口"，海外办事处为所在地的潜在消费者提供本国旅游信息和宣传册。许多政府并不积极地推动国内旅游发展，在其国家旅游组织机构中不设国内旅游部门。

国家旅游组织中通常设立专门的商务旅游部，原因是会议会展旅游和团队奖励旅游的消费者在消费能力、服务需求等方面都不同于休闲旅游者。广告作为市场营销的重要活动要求有自己的专业团队策划广告宣传，并和外部广告公司合作。旅游服务包括诸多任务，比如：

- 通过网站或者服务商运营预订系统；
- 酒店、餐厅和其他旅游供应商的营业许可证发放和等级评定（可能包括价格控制）；
- 旅游投诉处理；
- 策划节事活动和旅游线路；
- 管理由国家旅游组织单独或联合提供的游客设施，如游客信息中心或海滨浴场。

17.3.3 国家旅游组织的发展职能

国家旅游机构的开发部门只有有足够的资金，能够在私营领域进行项目开发和实施培训计划与活动时，才能真正履行其运营职能。否则开发部门仅能起到协调和战略规划的作用。协调职能是指采取"一站式服务"方式，发挥中介作用，协助未来的开发商取得规划许可证和营业执照，并从政府相关部门获得财政资助和奖励性补贴。战略职能指图17-2中规划和调研部门的规划功能。图中将开发与计划部门分开的原因是运营开发部门要处理大量的日常管理项目而无暇顾及长期发展规划。长期战略规划涉及调研，因而最好是由熟悉此类工作、训练有素的部门来承担。规划服务是国家旅游组织一项重要的附加职能，旨在充分利用组织的专业知识，为私营企业和其他公共机构提供建议和承担研究项目，例如为当地社区制定旅游发展规划。

图17-2中所示的其余部门的职能基本是一目了然。行政部门负责国家旅游组织内部的运营，并负责与旅游法规相关的裁决，在某些国家还要承担旅游法律诉讼事宜。对外关系是国家旅游组织相当重要的职能，原因是国家旅游组织在国内外经常代表政府处理来自公众、媒体和商家的咨询，并在公共活动中积极支持由市场营销部门进行的广告和促销活动。正是由于后一个原因，外联事务也可以被划归市场营销部门负责，虽然其职能通常大大超越了市场营销的范围，包括协调与各类公众机构和志愿者团体的联合活动等。

由于旅游产品的复杂性，最近国家旅游组织的角色重在建立伙伴关系促进社区旅游发展，从而将多方面的利益相关者统筹在一起。想要组织与社会和谐运行，必须要让当地人参与开发过程，探讨未来发展的方向。为避免文化冲突，发展需要循序渐进，同时通过宣传和沟通渠道让游客做好准备，确保更好的度假体验。从欠发达地区的旅游业发展情况来看，接待国当地人民与游客差异越大，前者接触的游客越少，所需要的适应时间越长。

17.4 公共部门的影响

公共部门可以通过各种方式介入旅游业，或通过负责旅游管理的部委和国家旅游组织直接介入旅游业，也可以通过外事政策、法规控制、提供基础设施等方式间接介入旅游业。政府还可以使用各种手段来管控旅游流量，以实现其政策目标。政府部门主要通过以下两种方式对旅游业施加影响：

- 需求和收益管理；
- 供给和成本管理。

17.4.1 需求和收益管理

政府部门通过以下五种方法对需求进行管理：

- 市场营销和促销宣传；
- 提供信息和发展网络；
- 价格管理；
- 旅游目的地的进入限制；
- 安全。

17.4.1.1 市场营销和促销宣传

上面已经谈到过市场营销是国家旅游组织最基本的职能，它需要建立并保护国家或目的地的"品牌形象"。有效的市场营销有以下几项关键的必要条件：明确的目标、对市场和产品相关信息的全面了解、资源的合理分配。而十分典型的情况是，很多项目都需要政府的财政预算，财政部门通常对市场营销的预算较为苛刻，因为资金使用的有效性较难衡量。一般而言，政府部门和其他公众机构花费在旅游目的地促销活动的经费数量与私营企业在这方面的支出总额相比所差甚远，主要的原因是私营企业要在目的地市场竞争自己的占有率，而政府部门主要致力于为目的地拓展整体市场。

17.4.1.2 提供信息和发展网络

旅游需求的产生取决于旅游者对现有旅游设施的了解，特别是对构成休闲旅游重要组成部分的旅游吸引物的了解。多年来政府十分支持研发全国性的计算机预订系统。许多国家当地的游客信息中心为游客提供预订服务，但还是人工服务，需要工作人员致电住宿单位确认是否有空房。随着预订电子化的发展，理想化的解决方案是使用完全基于网络和计算机的预订系统（CRS）。渗透客源市场的关键在于通过计算机预订系统把住宿和目的地可看可玩的事情串到一起，出售一个完整的假期，而非仅仅是住宿产品。这并不意味着要把其他产品一起做成套餐，常见的做法是让相关产品供应商一起加入营销，并在网站提供可靠的相关信息。有人更看好目的地管理系统（DMS）的作用，认为它是旅游行业的中立协调者和预订平台，让小型企业和大型供应商有同等的机会。

在旅游规划阶段合理设计游览路线可以帮助提升旅游者体验和调节客流。游客信息中心分布网络化，在各个交通枢纽站和著名旅游景点设立的游客信息站既能帮助游客，也有助于游客分流。造成人流拥挤和交通阻塞的通常是在目的地不知道往哪去和看什么的游客。一般情况下，旅游者首先参观主要旅游景点，然后再根据所逗留的时间参观次要景点。信息管理可以用来缓解旅游敏感地带的游客压力，具体做法包括突出景点的多样性、限制广告、告知一日游运营商交通阻塞的时间等。

在某些国家，国家旅游组织运用所提供的信息来影响旅游者行为。它们将相关信息融入旅游经营商的宣传册中，避免让游客对旅游目的地产生不切实际的期望，同时也让游客了解当地社区的文化。另一种方式是通过张贴广告和传单直接告知旅游者什么"可以做"，什么"不可以做"。例如，有些海岛旅游胜地提供海滨度假产品时在制作的传单上列明了游客的着装要求，说明不可在商店和银行穿着泳装。

17.4.1.3 价格管理

政府部门可以通过一些措施来调控游客在目的地的花费。政府对价格的直接影响来源于国家所有权，尤其是旅游吸引物的所有权。目的地的许多著名旅游景点均为国有。市场经济体制国家的趋势是国有景点开始收费。虽然私有化的趋势逐渐加强，但目前世界上仍有许多航空公司归政府所有。在一些经济不发达国家，国有的酒店和纪念品店并不少见。在这些国家中，影响度假旅游花费的关键因素直接来自于政府部门。在以前实行中央计划经济体制的东欧国家中，旅游业完全控制在政府手中。

政府可以通过以下几个经济手段实现对价格的间接影响：外汇兑换限制、销售税的不同比例、专向旅游者开放的免税店和价格控制。限制外币兑换的国家通常缺少外汇，旅游者经常不得不用高价兑换外汇，这样便导致旅行费用的提高。实施价格控制可以促进旅游业的长期增长并防止通过收取高价对旅游者进行垄断盘剥，致使旅游目的地的声誉受到损坏。

价格规律的理论如图17-3所示。首先，目的地接待的旅游者数量为 V_1，旅游者在停留期间支付的平均价格为 P_1，该市场均衡点位于需求曲线 D_1D_1 和供给曲线 S_1S_1 的交叉点上。当需求量增加到 D_2D_2 时，供给者将旅游产品价格提高到 P_2，B 点成为市场供需均衡点。这种情况的出现是因为旅游业的商家，包括航空公司和酒店采取了收益管理，市场更倾向于通过价格而非数量进行调节。在产品同质性和易逝性强、需求有季节性、产能固定的情况下，收益管理系统旨在提高效能。简而言之就是"能赚钱的时候赶紧赚"，伦敦奥运会期间酒店房间基本是全价售出。然而，当需求在长期内对价格变化的敏感程度高于短期时，这种做法就会适得其反，如需求曲线 D_{L2} 的斜率所示。如果将价格保持在 P_2 的水平上，市场上现有的供应商只能以牺牲目的地的市场份额为代价来获取超额利润。当市场平衡点达到 A 时，游客数量从 V_2 回落到 V_3。目的地让人感觉价格不合理。

毫无疑问，旅游目的地了解自己的价格竞争力，一些国家旅游组织为本国编制了旅游价格指数，用以评估该国在市场上的相对地位。当政府控制价格时，目标是将价格设定在 P_3 的水平上，该价格可以鼓励供给长期发展，如 S_{L1} 曲线所示；随着旅游者的人数增长到 V_4，市场均衡点将相应扩张到 C 点。同时，限制了供应商在短期内赚取暴利。

当实施对价格的控制后，政府通常会继续推进对总体市场调控的一系列措施。首先是对企业注册和营业执照的颁发进行规范；对酒店业而言，包括酒店的分类和质量评定体系。当政府管理产能、限制竞争时通常都会对价格进行调控。从世界范围来看，最常见的例子就是对出租车营业执照和计价的管理。竞争出现时，有人会质疑供给比需求调整得快还是需求比供给调整得快。地中海地区的许多旅游胜地都有类似的例子：当床位数的增长超过需求时，管理当局需要对质量标准而不是对价格进行控制，并设法阻止酒店经营者之间的恶性竞争。市场经济体制的一个基本的观点是反对价格管制，当供给方在短期内取得超额利润的机会增

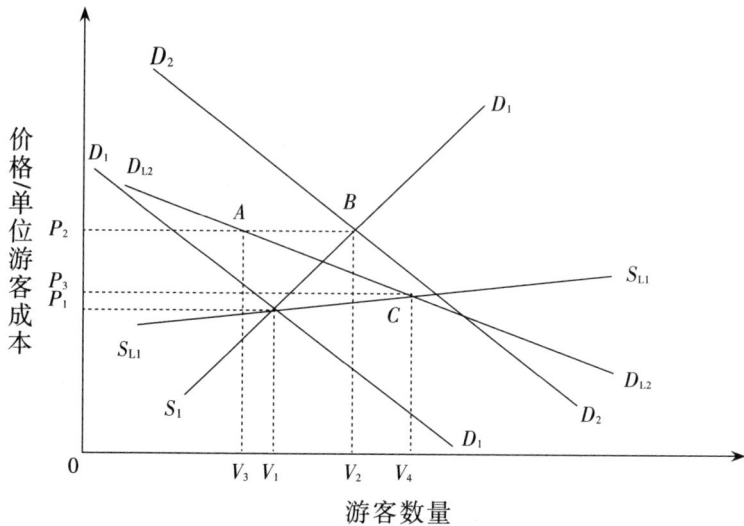

图 17-3　价格控制

加时，控制的手段是通过非正式的方法告诫供给者，以避免出现恶性竞争而损害目的地的长期利益。从企业的角度来说，收益管理的艺术就在于不断适应各个细分市场的价格敏感度，避免和竞争者展开价格战，并有效地管理分销渠道。在线预订的旅游者越多，企业就越不需要公布固定的价格，就越容易通过最优价格出售产品。

17.4.1.4　旅游目的地的进入限制

旅游目的地的进入限制是一种控制游客数量和流向的手段。国际旅游中，一个国家限制旅游需求最方便的途径是控制签证的签发。一些国家通过限制包机向市场传递高端个性的形象，在一些情况下也是对本国航空业的保护。对于目的地来说，进入限制通常关系到文化遗址和自然资源的保护。游客管理技术可以用于在高峰期缓解拥堵情况，同时，通过相关规划法规可以限制自然景区附近游客基础设施的开发（尤其是住宿设施）。

17.4.1.5　安　全

针对游客的犯罪活动一直都存在，尤其是在贫富差距较大的国家。老年人是较为脆弱的群体，更为雪上加霜的是，许多旅游环境为开放型设计，有些环境年份已久，当时访客的安全并未得到重视。因此，越来越多的旅游企业加强了安保措施，并提醒游客们在街上要多加小心。有些政府还特别设立了旅游警察，比如埃及和巴西，还有的国家建立了旅游受害者支持服务，比如爱尔兰和荷兰。

旅游供应商的运营通常涉及大量的现金流动，使之成为犯罪团伙洗钱或个人避税的方便渠道，也有些人对国内的金融系统缺乏信心，试图把钱放到相对安全的国外。赌博、房地产交易和购买珠宝等奢侈品都是洗钱的热门途径。

不幸的是，恐怖主义更难对付，因为它与旅游业关系甚微。恐怖活动与政治和宗教狂热、内战纷争以及贫富收入差距息息相关，并可能导致政治动荡和大规模抗议（如反全球化运动）、骚乱和枪击事件，无辜的游客可能成为这些事件的目标。另外，应对恐怖主义威胁的措施也给旅游业发展带来了一定的阻碍，9·11 恐怖袭击后，入境政策和程序更加严格，造成了美国对外来游客不友好的目的地形象，导致美国在全球旅游市场中的份额下降。

17.4.2 供给和成本管理

政府在供给侧的活动主要是通过影响设施和服务的供给方实现的。如前文所述，旅游发展应该由私营部门和公共部门合作进行，政府在合作中介入的程度取决于该国经济、政治和社会的主导政策。当政府部门希望旅游朝着某个方向发展或让旅游业加速发展时，可能会建立旅游发展公司，并委托旅游发展公司建度假村，最为著名的例子就是墨西哥度假区。许多国家在不同的时期都成立过旅游开发公司，例如希腊、印度、马来西亚、新西兰和许多非洲国家。理论上讲，一旦度假区建成，旅游公司的开发功能就结束了，资产将有偿转给私营部门和当地政府，这是市场经济体制下的通常做法。但在一些中央计划经济体制国家，旅游开发公司通常还担负经营酒店和旅游产品的任务。除此之外，政府也会建立发展银行，负责向旅游项目提供借贷资金，或由多国援助机构提供转贷资金。这在当地资本市场相对萎靡、资金不充裕的欠发达国家比较常见。

政府部门影响旅游供给的常见方法有：

- 土地使用规划和环境控制；
- 建筑法规；
- 市场调控；
- 市场调研和规划；
- 税收；
- 所有权；
- 教育与培训；
- 投资激励。

17.4.2.1 土地使用规划和环境控制

控制土地使用是最基本的管理方法，有人认为这种方法对旅游设施供给的影响最大。所有国家的政府都建立了城乡规划法，据此法规来批准每块土地的开发、扩大或用途变更。通常，对土地使用的控制是为了保护当地的风景观赏性和便利性，例如，很多地方都严格限制海滨地区的建筑与海岸之间的距离。这样做的原因在于环境的自身价值远大于其作为旅游资源的价值。因此不能只看眼前，还要考虑它的长期发展，以及后代人是否可以同样享用这一资源。认识到旅游与环境的相互关系，就可以通过旅游实现对环境的保护。

土地分区和强制征购是常见的促进旅游发展的方式。土地使用控制的关键是，在所有详细开发规划和旅游用地要求公开之前，相应的行政管理机构和法规必须到位，以避免投机、分割或围圈土地现象的发生。导致旅游总体规划失败最主要的原因正是那些先于法规控制发生的土地交易和投机活动。

17.4.2.2 建筑法规

建筑法规可以作为土地使用控制的补充，通常涉及建筑物的规模、高度、形状、颜色和停车场布局等内容。比如，毛里求斯要求海滨建筑不能超过两层，和棕榈树差不多高，这样建筑向海的那一面可以有足够的树荫遮挡。缺少停车场在许多度假区是值得注意却没有引起重视的问题。私营企业的经营者经常因为停车场无法带来利润而不愿意提供相应场所，游客只能将车辆停放在附近的街道上，造成严重的交通阻塞，影响居民生活。除了建筑法规外，许多国家还建立了对文化资源，如历史建筑、考古遗址、宗教建筑、保护区，甚至整个城镇的保护法规。

17.4.2.3 市场规范

政府部门通过颁布法规来规范企业的竞争行为，并通过限制旅游行业中某些领域的所有权来防止垄断势力的泛滥。政府部门也可以通过施加供应商对消费者的责任来规范市场。这不一定通过立法的形式实现，也可以是行业行为规范，以此作为申请国家旅游行业协会会员的必要条件。

标志市场最佳运行状况的一项经济指标是：消费者掌握所有选择的完整信息。如果消费者在人身安全、信息获取、产品选择和损失赔偿方面没有充分的权益，企业的行为不规范，会导致资源的浪费和低效使用。消费者权益保护政策的经济意义如图17-4所显示：当保护程度提高时，浪费和赔偿支付就会降低，同时保护成本也随之上升。保护的最佳状态位于横坐标轴上的 L 所对应的两条斜线相交的 A 点上。这表达了一条经济原理，即从社会和政治角度来看，国家可以通过立法来确保消费者权益的保护程度接近100%，但导致的经济后果是产品和服务供给的价格提高，市场需求大规模降低。

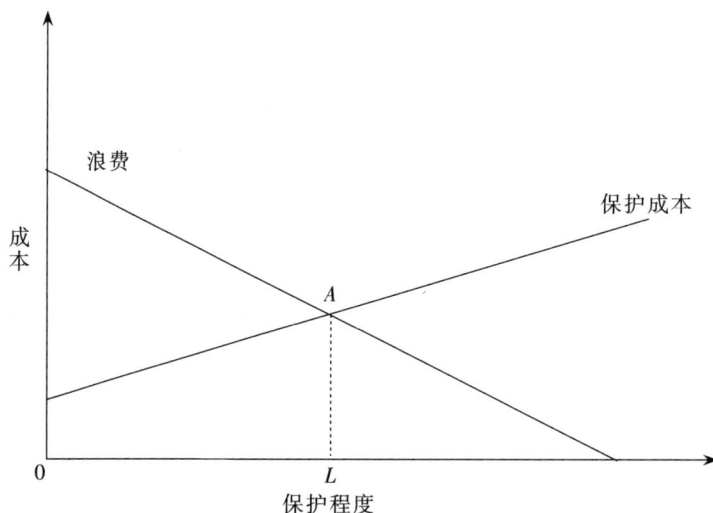

图17-4 消费者权益保护的经济性分析

17.4.2.4 市场调研与规划

旅游业通常期待政府部门收集统计信息，进行市场调查。一些国家响应联合国世界旅游组织的倡导，逐步创建旅游卫星账户，但与其他传统行业，如冶金和制造业的统计数据相比，旅游业的统计数据相差甚远。它无法精确地衡量旅游政策的影响或监控市场中的趋势，导致很多潜力没来得及被发掘就丧失了机会。国家旅游组织需要理解客源市场人口特征和生活方式的变化，例如，与日俱增的环境意识，以及它们对目的地国家形象的影响。在国内，政府通过监控行业变化，进行市场调查以明确旅游的社会和环境收益与成本。新兴的研究课题有：人口特征及生活方式的改变对旅游需求的影响，产品管理及分销创新，通过发展具有可持续性的旅游产品提升目的地吸引力，加强政府部门与私营部门的合作。

17.4.2.5 税 收

政府对旅游企业征收特别税的主要原因有两个：第一是征收旅游税的经典说辞，即通过征税将接待地旅游公共设施的外部成本分摊到供给价格上；第二是为了提高财政收入。从政治的角度看，旅游者被看作整体税收对象的组成部分，但他们并不是目的地的选民。税收带来的福利负担主要关系到国内人口，和旅游者无关。

随着旅游在世界范围内的发展，许多国家开始增设旅游税并提高税率，这显示政府普遍将旅游税收作为财政收入的一项来源。认为旅游业不应该纳税是不合理的，但世界旅行与旅游理事会认为，旅游税收应遵循以下几项原则：

公平性：给予旅游业与其他经济部门同等的公平待遇。

有效性：税收政策的制定应不影响旅游需求，除非有特殊的目的，如控制环境脆弱地区的游客流量等。

简易性：税收的支付和管理程序应尽量简化，避免对旅游系统的正常运行产生干扰。

政府从旅游业获取税收的形式通常是机场税、门票税和酒店床位税。赌场也是一个利润十分可观的来源，有些政府可以从赌场出售筹码所获的赌资中抽取50%作为税款。但扩张博彩业，从中提高财税收入涉及很多规章和道德问题。

虽然旅游税收可以让游客在酒店支付，然后再从酒店的经营者处收取，但由谁来承担税收则取决于供需双方对价格变化的敏感程度。如图17-5所示，征税提高了供给的价格，使供给曲线从S_1S_1上升到S_2S_2，同时也造成了需求量的减少，使客房需求量从Q_1降到Q_2。但是，税收的增加量P_2ACD部分并非完全以旅游者支付更高价格的形式实现，价格只是从P_1提高到P_2，大部分P_1BCD的税收是来自于供给者利润的降低，而旅游者支付的税收仅是P_2ABP_1。如果旅游者对价格敏感性较低（可以用一条较为陡立的需求曲线DD表示），供应商通过提高价格的形式转嫁税收的能力越强，旅游者所承担的税收份额就越大。

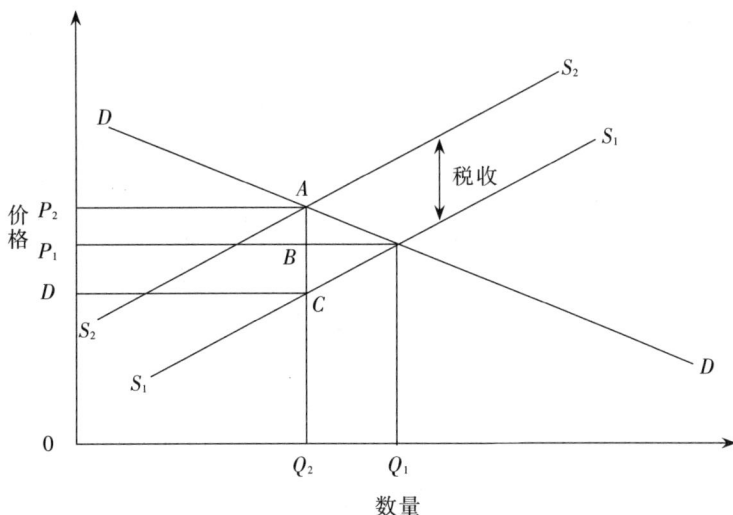

图17-5　税收对旅游的影响

17.4.2.6　所有权

上文已提及一些国有性质的旅游景点、自然景观和一些主要创收的企业，如酒店、交通运输企业（尤其是航空公司）和旅游纪念品商店。除此之外，国有产业还可能包括会议中心、展览馆、运动和休闲场所（赌场），以及一些公共基础设施。公共基础设施包括：银行、医院、公用设施（水电供应）、电信网络、公路网络、交通枢纽、教育和培训部门。这些公共设施可为任何经济部门的发展提供重要的基础性服务。事实上，外部投资者在生产过程中也希望国家或政府可以提供这些设施并具有一定的规模效益。传统上，公共基础设施和交通网络被认为是自然形成的垄断行业。其生产规模的性质决定，它们即使不归国家所有，也需要国家进行调控。

17.4.2.7 教育和培训

满足现代经济需求，培养受到良好教育、具有专业技能的人才是政府的责任。与其他规划相同，这也需要对现阶段旅游就业分配的情况进行评估，进而分析各个职业群体的教育水平。可以根据旅游业的整体经济活动预测得出旅游就业需求情况，将其与教育系统中现有的供应情况相比较，估算劳动力的盈缺，由此可以制定教育和培训战略，尽量保持供需平衡。除此以外，还可以通过为度假区的核心工作人员提供低价房和放宽移民政策等措施提高人力资源的质量。

17.4.2.8 投资激励

世界各国政府都为开发商提供一系列投资激励政策，主要有以下三类措施：

1. 降低资本成本。

降低资本成本包括资本性拨款或贷款利率优惠，减免利率，延长还贷时间，提供基础设施，以优惠价格出让土地使用权，免除建筑材料关税和股权参与等。

2. 降低经营成本。

为提高企业的经营活力，政府部门可以设定免税期（5~10年），提供劳动力或培训补贴，为进口材料和供给免除关税，提供货币贬值的特别补贴，确保重复课税减免或单方税额减免。单方税额减免政策是政府间达成的协议，旨在避免投资商为同一利润重复纳税。

3. 投资安全。

其目的在于提高投资商对政治和经济环境敏感行业的信心，采取的相关措施包括：确保资产不会国有化，自由交易外汇，允许资本、利润、红利和利息回笼到原国，提供贷款担保，为骨干人员提供工作许可，提供技术性建议等。

用于旅游业的基金和贷款可由国家旅游组织、政府资助的投资银行或旅游开发公司来管理。税务事宜通常由政府的金融或财政部门管理。某些欠发达国家能从多国援助机构吸引低成本的投资，这些资金可用于增加这些国家的现有资源，为发展提供资金。采取确保投资安全的政策是吸引旅游开发商的基本条件，投资激励的目的是提高投资回报以吸引开发商和投资商。

投资激励政策对投资总量的影响如图17-6所示，SS曲线代表资金供给量，D_1D曲线代表投资回报量。随着投资机会的不断被占有，投资的边际效益逐渐下降，D_1D曲线从左往右向下倾斜。第一个平衡点出现在与投资额I_1和投资回报率i_1的交点上。

市场失灵的状况意味着社区从旅游投资中获得的收益并没有完全体现在需求曲线D_1D中。最佳经济效益体现在包含了外部影响的需求曲线D_2D中。目前政府实行一系列财政激励政策将单位投资回报率提升到i_2，将投资边际效益曲线移到D_2D。新的投资回报i_2等于（1+s）i_1，这里s指的是政府津贴效益。如果可投资旅游的资金总量被限于I_1，则投资激励的影响将平衡点提高到B点，提高了投资者的投资回报。政府财政的损失是i_1ABi_2，等于私人投

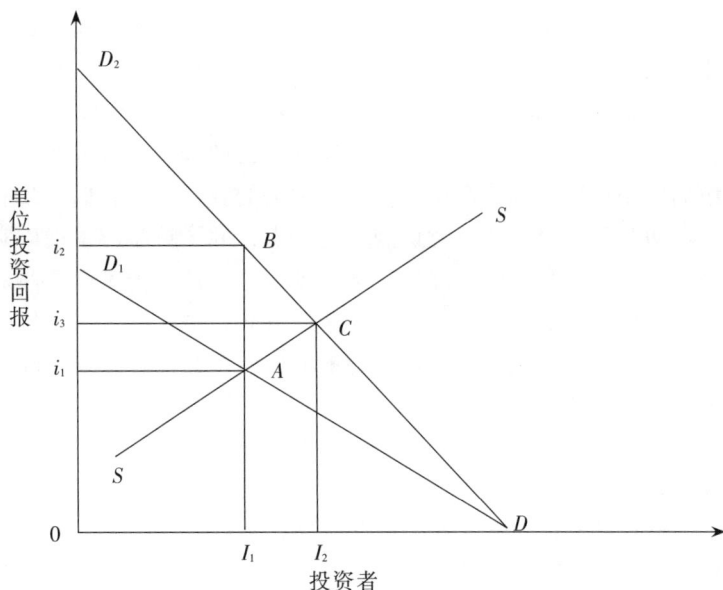

图 17-6 财政激励的影响

资者所赚取的回报部分。

毫无疑问，许多国家迫于竞争压力，为了引进外资而陷入与图 17-6 相似的处境。许多国家为了抢夺客户陷入了竞价的陷阱，各种投资激励政策层出不穷，收益率急剧增长，但却没有评估这些政策对经济发展的必要性和真实成本。假定资金的供给是敏感的或有弹性的，财政激励政策的净效应将旅游项目投资额扩展到 I_2，并将投资回报率提高到 i_3，平衡点则处于 C 点。私人投资的机会成本处于资金供给曲线下 I_1ACI_2 的区域，政府部门为纠正市场失灵而愿意支付的费用为 I_1BCI_2 区域，将这两部分相减得出的 ABC 区域是所能够取得的投资净利润。

需要着重指出的是，在经济衰退期间，投资者不愿投资的原因并非是市场潜力有限，而是因为巨大的不确定性。在这种情况下，政府干预的主要作用是给投资者更多的信心。可以通过政府对旅游业的投入来发挥政府资金对私人投资的杠杆调节作用，实现这一地区市场的潜力。

政府在实施旅游投资政策时要考虑激励政策是通过法规形式成为自动享有的权利，还是酌情而定的奖励。前者可能会耗费大量资金，为了确保财政部所拨的资金收益的最大化可以采用"项目额外性"原则，即政府提供的财政支持恰好能够让开发商推进该项目。额外性原则是指一种理想的状态，即所有的财政激励措施都是酌情而定并能有选择地提供。

各项激励政策的适用性很大程度上取决于商业风险性质、旅游业的行业回报率，以及该国的负担能力。一些发展中国家并不能提供资本拨款或低息贷款，这也就凸显了援助机构的重要性。旅游企业的主要经营风险是资本支出与经营费用比例较高。因此，出于企业生存能力的考虑，投资者都比较偏好减少资本成本的激励措施。

17.5 小 结

世界各地的政府都介入私营领域以起到对之辅助和规范的作用，因为旅游产品的复杂特性决定了私有市场不太可能满足一个国家所有的政策目标。政府机构在影响旅游供给和需求方面的作用对旅游系统举足轻重。本章我们介绍了公共机构在旅游产品供给侧所起到的协调和供资方面的功能。20世纪80年代兴起的纯粹市场经济趋势使得政府介入开始减少，有人质疑政府介入的机制可能扭曲而非纠正市场运作。旅游的溢出效应人所共知，旅游业对自然资源和文化资源的使用比任何其他产业更广泛。过去的教训告诉我们，政府要放弃对旅游发展方向的把控是不明智的。很多政府意识到了这一点，并支持旅游发展以实现经济复兴，尤其是文化旅游城市。旅游是真正的全球性经济活动，这降低了国家政府逃避外部事件影响的能力。所以，它们需要的是实际可行的介入与调控方式，重视通过国际机构进行政府间的合作。旅游业对法律和资金比较敏感，但世界各地的旅游产品多种多样，政府通常会采取一系列工具，并根据反响适时调整方法。

17.6 课后习题

1. 为什么国际旅游组织对旅游业发展具有重要意义？
2. 政府的激励措施中，哪些对开发商最有吸引力？为什么？
3. 列出你们国家对旅游政策有重要影响的非政府组织。

17.7 案例：欧盟旅游扶持项目

本案例旨在增进对欧盟结构基金分配框架的理解，介绍了项目评估和资金分配的一系列标准以及现行系统。

引言

欧洲范围内，除了各国政府提供的投资扶持，成员国还可以申请泛欧区域援助项目的结构基金。它们奉行"一致性"的治理原则，致力于区域整体发展，缩小区域发展的贫富差距，促进欧盟范围内各成员国之间经济活动的交流。欧盟各成员国对此普遍认同，并在政治上遵循了这一原则。

区域扶持项目可获得三种基金支持，其中之一专门为农业提供帮扶：

1. 欧洲地区发展基金，致力于落后地区的生产性投资、基础设施和当地企业发展，是区域扶持的主要工具；

2. 欧洲社会基金，通过在教育系统、职业培训和就业协助领域的投资促进就业；

3. 欧盟凝聚基金，旨在促进发展，缩小地区间差异，为欠发达成员国和地区提供帮助，比如，扶持公共交通和环境基础设施建设；

4. 欧洲农村农业发展基金，致力于提高农业竞争力、管理环境、改善农村生活质量和农村经济多样化。

欧盟认识到这些基金极大促进了欧盟旅游业的发展，并增进了欧盟内部的经济和社会凝聚力。欧盟利用旅游作为区域经济发展的手段，利用了旅游业的诸多优势，包括：

- 世界范围内旅游业的持续增长；
- 欠发达地区通常有自然旅游资源的相对优势；
- 旅游吸引来自区域外的消费；
- 旅游和文化促进人与人的交流，缩小分歧；
- 旅游为区域经济带来溢出效益（乘数效应）；

- 旅游发展可以在相对较短的时间内制造就业岗位。

旅游树立了地区的形象，同时也是经济活动和就业岗位的来源，因此也是结构性介入的重要领域。很多项目专门致力于旅游相关基础设施建设，保护当地遗产古迹，宣传节庆活动等。

插图17-1

资金政策

欧洲地区发展基金是欧盟干预区域发展的主要工具，资金总数远超于其他结构基金。它会向符合条件的项目提供有条件资助，并要求项目发起人提供配比基金。通常拨款数额可达到公共支出的50%，对于极其偏远地区补助可达到85%。大多数项目得到的支持达不到极限值。针对旅游投资项目的拨款一般不会高于45%，通常更低。

旅游项目通常是公共机构主导的，申请欧盟援助时须符合以下条件：

- 项目的使用者须包含50%非本地人；
- 项目要能够增加过夜住宿量；
- 项目须为当地增加就业机会；
- 项目对当地的经济影响须经过考察；
- 项目须是当地的旅游发展战略的一部分，符合成员国和欧盟批准的地区战略和国家战略指导框架；
- 国家或区域旅游组织的支持会增加申请的分量。

项目评估

成员国有很大的自由决定如何呈现自己的申请。项目评估的主要衡量标准如下：

- 项目切实可行，所得收益应高于运营成本，以维持自身运转；
- 在资金扶持下，经营盈余能够涵盖投资成本；
- 证明切实需要结构基金的扶持；
- 尽量避免从运营项目地区或其他欧洲扶持地区抢夺游客；
- 应考察就业的乘数效应。

影响分析

政府干预的关键政治目的是发挥其社会公益职能，将旅游消费、当地收入和就业联系起来。这是决定项目是否被批准的重要因素，因为结构基金的首要任务是解决区域发展的不平衡。我们发现旅游和招待业项目通常都很符合欧洲基金的要求，因为它们需要大量劳动力，还会产生较高的经营杠杆效应，即固定成本高、运营成本低。只要资本融资到位，项目会在三年以后开始营利，并且可自行维系日后的发展。

旅游者访问一个旅游目的地的原因有很多，如果要明确欧盟援助投资项目的经济价值，首先要建立一个反映游客对旅游消费影响的模型。

研究方法

假设一个旅游目的地有两处旅游吸引物和一个海滩，我们需要在这几个地方对游客展开调查，明确他们的旅游动机。旅游目的地的总花费（T）等于游客在旅游吸引物 X 的开销（T_x）加上在旅游吸引物 Y 的开销（T_y）加上其他开销（R）。对吸引物 X 的拉动因素（到访原因）设为 a，对吸引物 Y 的拉动因素设为 b，那么海滩的吸引力为 c，$c=1-a-b$。游客被吸引而来进行的消费用公式可以表示如下：

吸引物 $X=aT$

吸引物 $Y=bT$

海滩$=cT$

$T=T_x+T_y+R$

吸引物 X 项目要申请欧盟基金的援助，则需要评估它对于游客消费和当地就业带来的贡献。旅游吸引物 X（B）带来的收益（B）等于项目存在和不存在时的区别，不存在时的情况：

吸引物 $X=0$

吸引物 $Y=b$（T_y+R）

海滩$=c$（T_y+R）

$T_w=$（$b+c$）（T_y+R）

因此，

$B=T-T_w=T-$（$b+c$）（T_y+R）   (17-1)

将 T 代入，得

$B=T_x+a$（T_y+R）   (17-2)

就业影响

公式（17-2）表示旅游吸引物带来的效益，右面第一项是吸引物内的消费，右面第二项是吸引物外的消费。和该吸引物有关的吸引物外消费金额取决于它能给吸引物 Y 和其他地区带来游客的能力，这被称为游客增量能力。将每消费单位带来的就业乘数应用于公式（17-2），就可以计算旅游吸引物 X 带来的就业总量。这些乘数可以用来衡量旅游吸引物带来的直接就业影响、间接影响，以及对旅游目的地经济所产生的诱发影响。具体表示如下：

$E=T_xe_x+aOe_o$ (17-3)

式中：

e_x——旅游吸引物的就业乘数；

O——吸引物外的消费（T_y+R）；

e_o——所需的就业乘数的总和。

然而，公式（17-3）忽略了需求转移的影响，即取代作用。吸引物的面积越大，越可能从其他地方转移消费和就业，因此，界定旅游吸引物的边界十分必要。国家金融部门表示，从整体经济角度出发，所有的消费和劳动力都是互相取代，除了平衡地区发展外，其余效益都是零和游戏。现代增长理论强调技术进步的重要性，因此帮助改进产品的介入政策会通过提高供给侧的效率促进发展。

如果 d 表示公式（17-2）中当地被转移的需求，根据公式（17-3），就业净值可表示为：

$N=E-dE=$（$1-d$）（$T_xe_x+aOe_o$）   (17-4)

公式（17-4）是基础评价模型的核心部分，可用于衡量一个企业在享受了各种激励政策后对公共资金的就业回报。

案例

表17-1展示了对旅游项目就业影响的评估方法。表17-1得出，根据游客消费调查，该项目的预期消费总和约为30 034 950欧元，包括吸引物内和吸引物外的消费。

这里涉及游客增量花费问题，吸引物内的消费可以直接归功于该吸引物，但吸引物外的消费就难下论断。游客吸引物外的消费在多大程度上可以归因于该吸引物，取决于该吸引物在人们旅游决策中的重要性。这需要通过调查游客的旅游动机来测量。不难预见，这一比例在一日游的游客和当地居民中较高，因为他们通常会为了某一特定吸引物或节事活动而到访一个地方。运用表 17-1 中的游客增量花费指标可以计算可追溯的吸引物外消费，那么该吸引物的总消费收益可以表示为：

$$B=10\ 191\ 500+0.1\times15\ 491\ 080+0.85\times2\ 637\ 800+1.0\times1\ 714\ 570$$

$$=15\ 697\ 308（欧元）\tag{17-5}$$

经预测，该吸引物将为旅游目的地直接创造 70.5 个全时当量（FTE，full-time equivalent），需要额外计算的是由吸引物内消费带来的间接和诱发就业。使用表 17-1 中的就业乘数，就业量为（0.0344+0.0050）×10 191 500 欧元/10 000=40.2FTEs。吸引物外工作的数量为 0.0899×5 505 808/10 000 欧元=49.5FTEs，其中，5 505 808 欧元是全部的吸引物外可追溯消费收益。

因此，该项目带来的全部的就业数量 E 为：

$$E=70.5FTEs+40.2FTEs+49.5FTEs=160.2FTEs\tag{17-6}$$

表 17-1　　　　　　　　　　　　　　　　旅游吸引物的影响评估

项　目	吸引物内消费（欧元）	吸引物外消费（欧元）
游客市场		
过夜	2 649 790	15 491 080
不过夜	2 955 535	2 637 800
当地居民	4 586 175	1 714 570
总计	10 191 500	19 843 450
游客增量花费		
过夜	不适用	10%
不过夜	不适用	85%
当地居民	不适用	100%
分流游客		
过夜	0%	0%
不过夜	30%	30%
当地居民	100%	100%
每 10 000 欧元的就业乘数		
直接影响	0.0638	0.0524
间接影响	0.0344	0.0325
诱发影响	0.0050	0.0050
总　计	0.1032	0.0899

到目前为止，我们只分析了旅游吸引物能带来的总全时当量，而要计算净值则需要考虑表17-1中的游客分流因素。游客分流是指吸引物从当地的竞争对手处夺取的旅游消费的比例。据估计，被竞争对手抢走的过夜游客消费量为0%，旅游吸引物为过夜游客提供了更多可观赏和体验的项目，这些游客的预算也有很大的灵活性。约有30%的非过夜游客消费是因取代了游客可能在竞争者处的消费而来，按照保守估计，当地居民的所有旅游花费都是从当地其他经济部门分流出来的。这是一个过于悲观的假设，因为家用预算不可能没有灵活掌握的富余量。

通过根据表17-1中的指标计算不同类别游客花费的分流值，总分流金额大约为7 860 045欧元。D值为7 860 045÷15 697 308=0.5007。因此，旅游吸引物带来的净劳动岗位数量为：

$$N=160.2-0.5007\times160.2=80.0FTEs \qquad (17-7)$$

在审批欧盟援助基金申请时，有关部门将根据这一数值来评价该项目的价值，并将本项目与其他项目进行比较。

项目管理

经过委员会决策之后，成员国和所处地区则需要担负起实施项目的任务，包括对数以千计的项目进行选择、监控和评估。监管工作由各自国家的项目管理机构履行。项目管理机构由中央和地方政府代表、公共组织和其他利益群体代表构成。委员会拨款给成员国，项目开始运作。

对于每个项目，目标在批准阶段就已经确立了，执行部门需要按季度提交项目反馈，对每一个阶段的进展进行汇报。所有的支出项目在向欧盟委员会提交之前都要经过成员国的认证。同时，成员国需要提供一个审计机构，确保管理和监督系统的高效运行。委员会和成员国在指定的计划年提交战略报告。成员国有进行实地考察和评估项目表现的责任，同时要保证资金的妥善使用、项目依照评估标准得到良好收益。成员国的这些责任受欧洲审计法庭监督，该法庭有权监察并证实项目是否达到了如下要求：

- 符合欧洲援助基金提出的具体要求；
- 根据欧盟有关规定对项目进行管理，包括技术和财务上的控制；
- 援助基金使用得当。

欧洲审计法庭通过每年1～2次的现场考察，按照上述标准对项目进行检查，并可能选择几个项目进行详细审查。

结论

自1975年后，欧盟为增加联盟内的经济一致性，开始实施区域发展政策，打破成员国对本国内地区政策垄断的状况。当时，欧盟内一个明显的趋势是，最贫困地区都位于欧洲的边缘地带，而经济繁荣的地区都位于欧洲的中心，市场可进入性好。自1987年的《单一欧洲法案》通过后，欧盟试图通过统一市场和统一货币加强经济和社会的凝聚力，减少地区间差异。1992年通过的《马斯特里赫特条约》和2009年通过的《里斯本条约》明确了旅游业在这些措施中的角色。

结构基金为缩小区域差异提供了资源，其实际数额一直在不断增长。基金的使用具有明确的目标，其对旅游业的扶持表现在很多领域，包括旅游业发展比较成熟的地区、跨国合作、农村发展，以及工业衰退地区的旅游发展。本案例介绍了结构基金分配的原则和项目评估方法，重点讲解了旅游在带动就业方面的功效。欧盟的意图很明确：要让旅游以可持续的方式发展，以此保证旅游活动的持续进行。

成员国和欧盟之间对旅游行业干预的分工是存在争议的，但是鉴于旅游产品的多样性，欧盟必须与各成员国和地区政府紧密合作。在政治层面，这个问题已在《马斯特里赫特条约》的第3b条中做了明确的说明：

欧共体只有在以下情况下才可以基于辅助性原则采取行动：成员国没有足够的能力实现其行动目标，且鉴于项目的规模和影响，欧共体能够更好地实现这些目标。

讨论问题

1.欧盟关注区域发展不平衡的原因是什么？

2.旅游对欧盟成员国的国内生产总值的贡献和欧盟内的就业具有怎样的意义？

3.处于总体战略中的旅游项目与机会主义的开发项目相比有哪些优点和缺点？

4.欧盟援助基金的本质是一种有条件的配比基金。其他形式的资助机制采取一次性全额支付的方式，这种资助可能有条件地提供给特定的项目，或者无条件地提供给整体项目。这两种不同的体系相对而言各有什么优势？

5.您认为应该如何制定地区旅游发展战略？

6.衡量直接收入、间接收入、诱发性收入和就业乘数的本质意义是什么？

7.表17-1中旅游吸引物的资本投入是8 600 000欧元，欧洲委员会决定资助相当于总投资额30%的援助基金，那么吸引物内直接创造的每个全时当量的援助资金成本是多少？该项目创造的总就业量和净就业量各是多少？

8.假设欧盟将分配给每个工作岗位（净就业量）的援助基金限制在20 000欧元以内，这个项目所获得的基金援助在总投资额中能占多大百分比？

第四部分
旅游营销

旅游市场营销

18.1 学习目标

本章的中心是旅游市场营销。通过本章的学习，您将能够：

- 理解市场营销的概念及其发展历程；
- 认识营销计划对保护旅游企业和提升其市场地位的重要性；
- 了解营销计划的结构和内容；
- 了解营销组合的元素及其在旅游产品中的应用；
- 理解目标市场对营销组合的重要性。

18.2 旅游市场营销的概念

旅游活动可以追溯到几个世纪以前，但是在过去几十年间，产品和市场条件发生了巨大的变化，所以企业的经营方法也要发生相应的改变，旅游营销便应运而生。有些人认为，营销主要是促销和宣传，这是对营销非常片面的解读，营销绝非仅是推销产品，后者只是前者的一个方面。

人们常说，我们生活在一个营销的时代，但什么是市场营销呢？虽然很容易解释"营销"一词的含义，但要描述营销的实践却困难得多。这是因为市场营销的中心原则是由一系列概念组成的，这些概念共同为组织提供管理思想、计划与行动的整体指导。因此，要全面了解市场营销，就必须了解这些基本概念。

所有对某一商业领域的定义都是以精简的形式对其活动的价值、技术和实践进行有限的抽象总结。因此，没有一个定义能够全面地描述营销的真正本质或复杂性。早期被广泛接受的一个定义强调营销就是在适当的时间和正确的价格下，针对适宜的市场提供正确产品的管理过程。这个定义是机械的，它单一地强调产品，没有考虑到营销过程所涉及的参与者及其作用。

插图 18-1

菲利普·科特勒对市场营销所做出的定义在营销理论界获得了最广泛的认可。科特勒和凯勒（Kotler and Keller, 2006）将营销定义为：个人和群体通过创造、提供和自由交换有价值的产品和服务来获得他们需要和想要的东西的社会过程。任何市场营销定义的核心都应是消费者的需求，消费者是所有商业活动的驱动力，也是组织努力的起点。营销理念可以通过许多简洁的方式表达出来，比如汉堡王的宣传语"我选我味"和联合航空公司的"您是老板"。企业的成功不仅要求对不同消费者需求有清楚的认识，还要能够提供比竞争对手更令消费者满意的产品体验，这是现代市场营销理念的基础。此外，必须注意提供满意体验的成本效益，因为评价营销的基础是营销花费的使用效率。

18.3 营销计划

计划是营销管理最重要的活动。它应该为组织的管理活动提供一个通用的框架和重心。旅游业提供的产品和活动多种多样，从出租车、招待所到航空公司和酒店集团。变化是当代商业生活的常态。任何组织能否长期生存取决于企业对环境的适应性。这就需要制订前瞻性计划，确保组织、目的地或者产品能够为未来做好准备。

18.3.1 营销计划的目的

营销计划一般为 1～3 年的短期计划，5 年计划通常属于战略规划，没有营销计划详细。战略规划旨在面对不断变化的环境，协调企业的能力、资源和市场机遇之间的关系，而较少关注营销活动的细节。

制订营销计划能够为组织带来多方面的好处：

• 系统的书面行动计划为营销活动提供明确的方向。制订计划要求设定书面使命和目标，这为员工提供了清晰的领导方针，让员工知道他们的努力对实现目标的重要性。这有利于协调组织资源，消除困惑与误解，以实现最大限度的合作，通过设定员工的任务与职责以明确组织的方向和目标。

• 设定可测量的指标以评估进程。规模或收入的量化为客观衡量个人、部门或公司的业绩提供了标准。

• 通过分析内外部环境来降低组织经营风险。管理者在制订计划的过程中通过分析组织的优劣势，扬长避短，同时评价机遇与威胁。

• 评估不同的营销组合策略，针对不同的细分市场采取不同的营销方式。

• 记录组织的市场营销政策和计划使管理人员能够了解并评估以前方案的有效性，也为新加入的管理者提供参考。

• 关注长期的经营目标：使组织能够在长期目标的指导下，保持思路和行动的连续性。

18.3.2 营销计划的结构

制订市场营销计划可以分为几个阶段，每个阶段对应一个问题：

• 我们想要什么？

• 我们现在处于什么位置？

• 我们想到达到什么目标？

• 我们怎样实现目标？

• 我们离目标有多远？

如图 18-1 所示，这些阶段并不总是线性排列的。营销过程常常由于各阶段的相互作用，需要灵活地向前或向后调整。随着我们对各阶段相互关系理解的深入，计划会越来越细化。

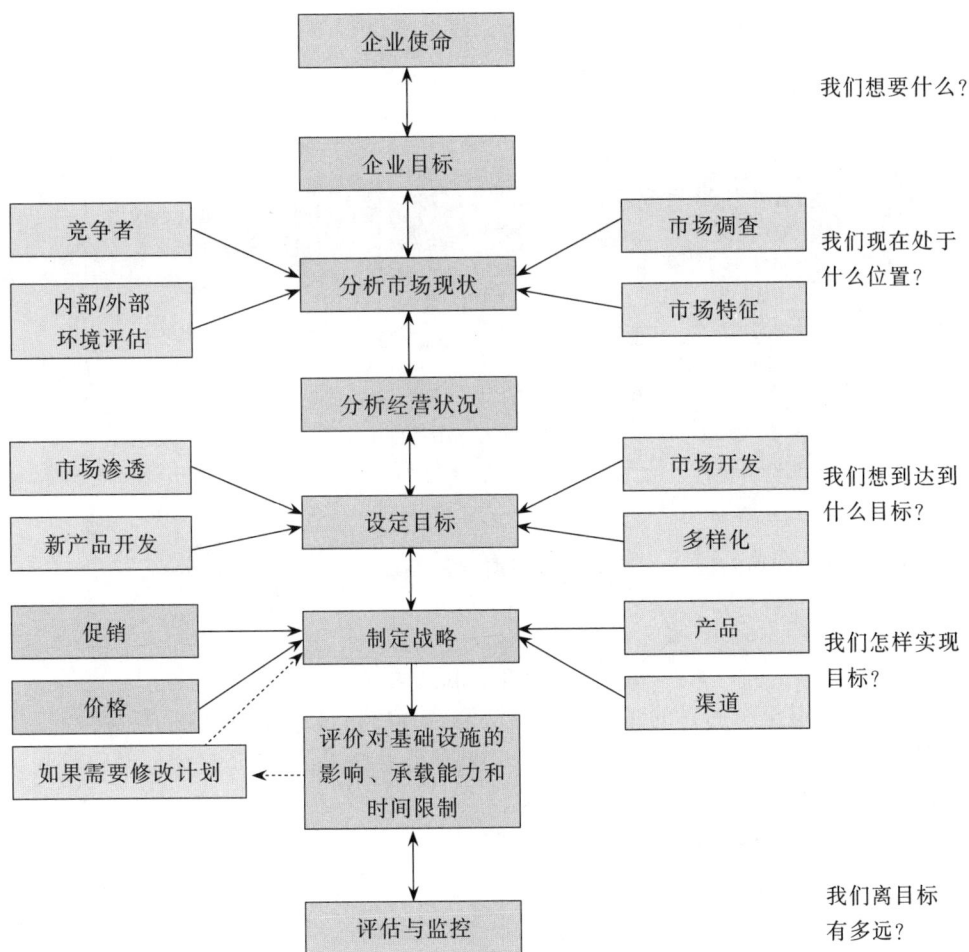

图18-1 营销计划模型

18.3.2.1 计划与人力资源

不同部门的参与将有助于减少对未来变化和任务的抗拒。对人力的持续关注可为营销计划的成功提供更大的可能性。计划人员或计划团队应该意识到他们只是为集体提供技术服务，但同时也要注意团队组织不可过于开放，这样容易造成混乱状态，失去重心。另外，组织制度也不可过于封闭，这会导致官僚主义和漠不关心的状况。

良好的计划以创造性和逻辑分析为基础，结合了定性和定量两种因素。任何能够影响公司运行的计划都必须与组织文化相容。同时，组织必须确定员工参与计划的程度，这和计划公司的市场一样重要。另一个重要的影响因素是参与计划的人的能力。通常因为经理人时间有限，计划复杂，真正看计划书的人比应该看计划书的人要少得多。为了克服这些问题，计划需要有个言简意赅的管理总结，包括目的、主要目标市场、机遇与威胁、关键战略和时间安排。

18.3.2.2 企业使命与目标

理解计划对于公司的长远目标的作用非常重要，这些目标可能是基于主要股东、董事或高级管理人员的价值观和利益确定的。在某些情况下，只有在评价营销方案之后，才能确定目标。最有效的计划是在企业发展方向和员工参与程度之间建立平衡（如图18-2所示）。目标的设立可以依据自上而下的功能性的方式，或者通过自下而上和自上而下相结合的协商方式。

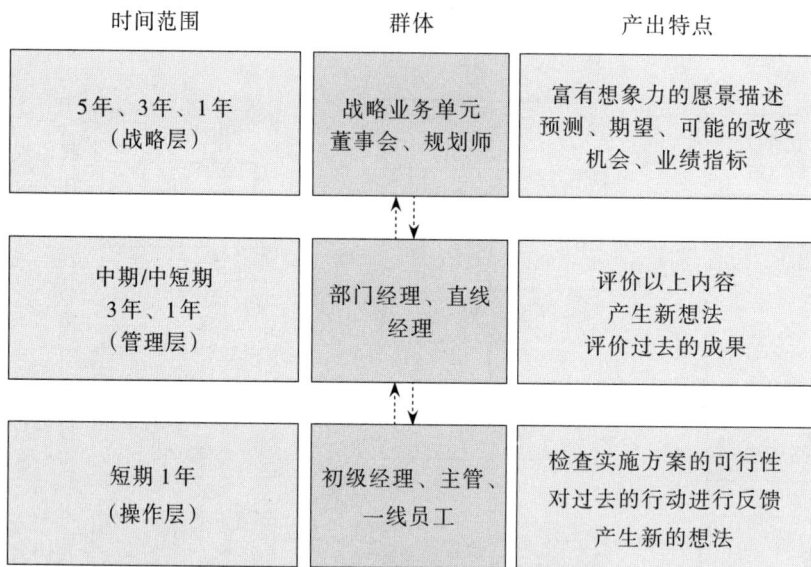

时间范围	群体	产出特点
5年、3年、1年 （战略层）	战略业务单元 董事会、规划师	富有想象力的愿景描述 预测、期望、可能的改变 机会、业绩指标
中期/中短期 3年、1年 （管理层）	部门经理、直线 经理	评价以上内容 产生新想法 评价过去的成果
短期 1年 （操作层）	初级经理、主管 一线员工	检查实施方案的可行性 对过去的行动进行反馈 产生新的想法

图 18-2　营销计划的参与程度

使命让员工知道组织的目的是什么。而从消费者的角度，使命反映了组织所经营的业务。英国国家旅游局 2010—2013 年的愿景是"鼓励世界探索英国"，使命是"与行业、国家和地区合作，增加旅游对英国的价值"。

18.3.2.3　企业内外部环境评估

要了解企业与市场现在和未来面对的压力和趋势，就必须收集足够的企业外部和内部环境的相关信息。收集的信息可依据 PESTEL 框架进行分析，PESTEL 是政治、经济、社会、技术、环境和法律 6 个词的英文首字母缩写。信息收集是内外部环境评估的一部分，应收集的信息见下文。除了要把这些因素包括在营销方案之内，还要关注这些信息对组织的影响，尤其要考虑竞争对手的因素。

18.3.2.3.1　PESTEL 分析和市场环境

PESTEL 工具有助于发现影响企业成功的外部环境因素，为了解企业宏观环境的各个部分提供了分析框架。该框架包括以下内容：

插图 18-2

政治：税收，包括增值税、旅游业津贴、旅游政策法规、机场管理条例。

经济：通货膨胀、失业、燃料价格、汇率、平均工资、消费模式。

社会：人口统计、文化差异、语言障碍、休闲时间、价值观、生活方式、性别角色转换、晚育、教育、劳动力改变、家庭网络使用增加。

技术：创新、新系统（预订、收益管理、客户关系管理）、互联网、3G 移动技术。

环境：全球变暖、自然资源消耗、污染问题、生态旅游发展、碳排放收费。

法律：规章制度、贸易法、对公司和政府的约束。

18.3.2.3.2　其他重要环境因素

总体市场：规模、增长、发展趋势、价值观、产业结构、竞争对手、进入壁垒、供给过量与不足的程度、营销方法。

企业：投资水平、收购、促销经费、储备、收入、利润。

产品发展：趋势、新产品类型、服务提升、其他企业产品的竞争力。

价格：水平、范围、条件、实践。

分销：模式、交易结构、政策。

促销：经费、类型、传递的信息、品牌优势、当前促销模式的效果。

18.3.2.3.3　了解竞争状况——波特模型

计划的制订要考虑影响企业成功的因素，其中一个很重要的因素就是竞争。波特（Porter）认为，激烈的竞争是自然的，竞争的状况取决于五种基本力量之间的关系。他认为行业获利的潜力在于这五种力量的集合。该模型也被称为"五力竞争模型"（如图18-3所示）。

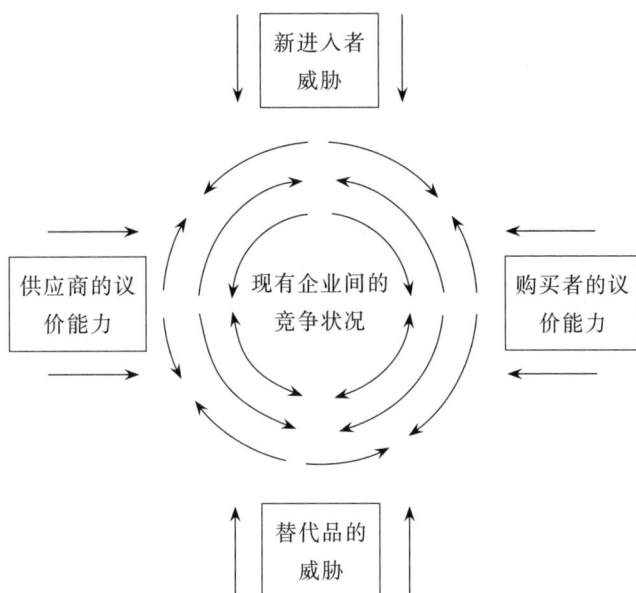

图18-3　波特五力竞争模型

现有竞争者之间的竞争焦点是：（1）现有企业间的竞争状况；（2）供应商的议价能力；（3）购买者的议价能力；（4）新进入者的威胁；（5）替代品的威胁。每种力量可以分解成若干组成元素。

1.现有企业间的竞争状况

可能影响竞争性质和地位的因素有：

- 行业的集中度、竞争者的数量和相对规模，不同行业之间也有竞争，如火车与航空旅行；
- 如果行业增长缓慢，市场份额的争夺将会加剧；
- 产品差异化的程度和性质，差别越小价格竞争越激烈；
- 许多旅游业的产品都有固定成本高或易逝性强的特点；
- 承载力与需求的季节性特征；
- 高退出壁垒迫使企业必须竞争下去，尽管它们可能已经处于低营利或不营利状态。

2.供应商的议价能力

与供给相关的因素和与消费者相关的因素很相似，包括：

- 生产行业供应商的结构；
- 产品差异化和可替代程度；
- 供应商前向一体化的潜力；
- 产业需求对供应商的相对重要性；
- 生产商更换供应商的可行性和成本。

3. 购买者的议价能力

影响购买者议价能力的因素有：

- 购买者集中度；
- 产品或服务对购买者的相对重要性（包括质量、支出和服务等方面）；
- 更换新供应商的便利程度和成本；
- 购买者拥有的信息数量；
- 购买者后向一体化的能力；
- 购买者的财富水平；
- 购买者追求差异化产品的程度。

4. 新进入者的威胁

新的生产商进入行业的困难程度会影响到产业结构的可变程度，因为新的竞争者会加剧竞争，争夺市场份额。新进入者的威胁程度取决于进入壁垒的类型以及现有竞争者的应对方式：

- 新进入者的经济规模；
- 获取顾客忠诚和创造品牌识别所需的资本金额；
- 现有的公司因经验丰富所占有的成本优势；
- 顾客的转换成本；
- 政府的规章制度以及法律的限制与障碍。

5. 替代品的威胁

主要包括：

- 是否存在替代品，以及购买者使用具有相同功能的替代品的意愿；
- 替代品对利润的影响；
- 替代品的相对价格和质量。

上述的行业分析方法可以让公司了解行业面对的压力及其对企业短期和长期成功的影响。由此企业能够充分考虑自己在市场竞争中的位置，并找出在此竞争状态下企业的优势和劣势。接下来企业需要考虑如何进行市场规划，为自身争取竞争优势。

18.3.2.3.4 竞争优势

旅游公司在选择能够取得市场成功的战略时，需要考虑取得竞争优势的基本路线。波特（Porter，1980）描述了三种基本竞争战略：第一种是成本领先战略，企业寻求并利用各种成本优势，比如美国的西南航空公司提供的标准基础航空服务，后来被英国的易捷航空和其他低成本航空公司效仿。第二种是差异化战略，企业通过产品特色与竞争者进行区分，并取得高额利润回报，比如旅游批发商库尼公司是凭借产品的非凡质量与竞争者区分开来。第三种是集中化战略，公司选择专攻某一细分市场，比如专门针对徒步旅行产品。

18.3.2.4　经营状况分析

一旦收集了足够的信息，就有必要对行业状况进行分析，最好能够确定一个组织所面临的主要优势（Strength）、劣势（Weakness）、机会（Opportunity）和威胁（Threat），即"SWOT"分析，同时还需要审视经PESTEL分析所提供的结果。这一阶段进行的系统分析为过去的经营状况、未来发展设想、产品机遇、资源和服务重点提出了一系列假设，为旅游组织提供了一系列可能的战略选择。

18.3.2.5　创建目标

目标是股东或董事对组织的期望，在计划过程的第一阶段就要对各种目标进行选择评估。目标不仅与销售额和财务目标有关，而且还涉及更广泛的营销目标。大型企业在计划过程中往往只设定财务目标，如每股收益的增长速度和投资回报率等，而忽略了营销目标的设定，如选择特定的细分市场作为目标市场，针对目标市场不断改进产品，树立品牌形象与知名度等。目标还应包括预期市场占有率，因为只有预算到位这项目标才有可能变为现实。

目标需要在现实与理想中取得平衡，使组织在可接受的风险下提升自己在市场中的位置。目标设定应符合SMART的基本标准：

- 具体性（Specific）：提出要实现的具体结果；
- 可衡量性（Measurable）：每个目标都是可测量的；
- 可实现性（Achievable）：要对市场趋势和局限进行全面判断；
- 现实性（Realistic）：要根据资源、时间和金钱的条件确定目标；
- 时间限制（Time limits）：确定达成目标的时间进程。

18.3.2.6　制定有效的营销组合策略

选择合适的营销组合策略对营销计划的成功意义重大。通常人们认为营销组合（如图18-4所示）是管理者对4P做出的决定，这4P是产品（Product）、价格（Price）、促销（Promotion）和销售渠道（Place）的英文首字母缩写。

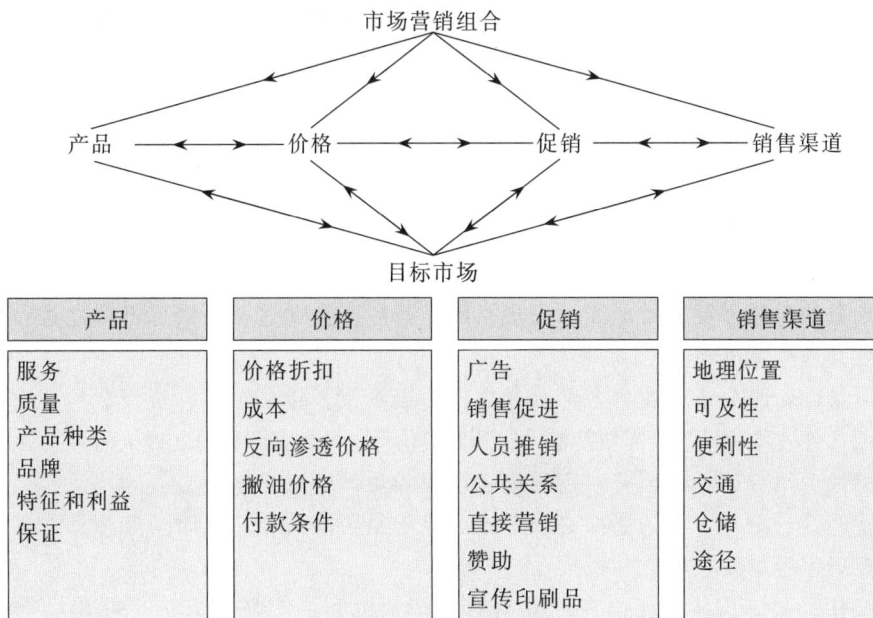

产品	价格	促销	销售渠道
服务	价格折扣	广告	地理位置
质量	成本	销售促进	可及性
产品种类	反向渗透价格	人员推销	便利性
品牌	撇油价格	公共关系	交通
特征和利益	付款条件	直接营销	仓储
保证		赞助	途径
		宣传印刷品	

图18-4　营销组合

要确保营销组合的合理性。例如，如果目的地的发展战略是通过价格优势吸引游客，那就要考虑进行影响或者环境分析。图18-5显示，目的地在旅游人数增加后并没有获得更多收益，因为社会成本的增长率与收益的增长率相同。请注意，Q_1和Q_2在图18-5的（a）和（b）中的位置完全相同。图18-5表明了产品价格与需求的关系，从图中可知，若产品价格从P_1降到P_2，需求量相应地从Q_1增加到Q_2。

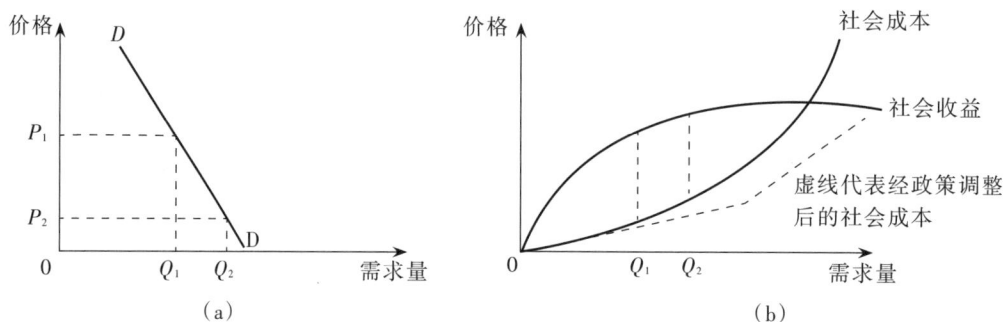

图18-5 旅游需求问题

旅游目的地可以通过政府政策，如允许更多的包机抵达，或者减少旅游税来降低平均旅游价格。图18-5（b）中的社会成本和收益曲线显示，Q_2获益并不比Q_1多，因为提高的社会收益被增加的社会成本抵消了。其结果是，随着旅游人数的增加，目的地的社会收益并没有增多，因此在实施增长战略之前，还要考虑其他的标准，改变相应政策。

市场细分

市场细分是将企业面对的整个市场划分为多个子市场的过程，每一个子市场中的潜在消费者都具有共同的特征，他们对产品或服务有相似的需求。营销管理者需要决定目标市场的覆盖范围，可以从广泛的大众市场中选出一个，也可以选择两个或多个细分市场作为目标。

插图18-3

大众旅游产品的批发商通常向非常广泛的消费者群体销售同样的欧洲和其他遥远目的地的产品。他们的成功在于以较低的价格为旅游者提供多个热门目的地产品。相反，一个专业的旅游批发商经常选取某个细分市场，或选择某一市场定位（高端市场或低端市场）。当前人们的生活方式朝着更健康的方向发展，医学界的一些杂志和报刊也改变了人们对休闲的态度和饮食习惯。这两方面影响了酒店和度假村的休闲中心、运动型假期、水疗和保健产品的供给，并为新产品的开发提供机会。

选择目标群体时，可以考虑消费者的一系列特征，见表18-1。

市场细分的过程需要非常严谨。发现目标市场后，要通过一系列标准对之进行检验以保证其可行性，这些标准包括：

● 可测量性：细分市场的各个部分都需要可以衡量，包括组成、规模、购买力等。

● 可抵达性：个体消费者需要能够接收到促销信息，且商家能够为之提供购买或服务的机会。

● 规模性：细分市场必须有一定规模，以保障足够的交易水平。

● 可持续性：细分市场的选择必须考虑到需求是否能持续。以时尚和生活方式为标准划分的细分市场很容易发生变化并消失。

● 可操作性：考虑实施组合营销是否存在障碍，目标市场要有一个明确的产品定位策略，并确保符合消费者需要、愿望和行为特征的促销信息能够传达给消费者。

表 18-1 市场细分依据

特征	典型分类
地理特征	国际区域，国家，国内区域，城市，城郊，农村，市，镇，邮政编码，房屋类型或气候类型
人口特征	年龄段，性别，教育，家庭生命周期，民族，基于A、B、C1、C2、D、E为分类依据的社会经济阶层
心理特征	生活方式，性格类型：内向/外向，高/低自我驱动，独立型，强迫型，社交型，团队工作者
用户类型	非用户，当前用户，过去用户，潜在用户，忠诚类型，大量购买用户，中量购买用户，少量购买用户
购买类型	特殊场合（蜜月旅行、周年纪念），一年一度的假日旅行，商务旅游，购买方法（代理或直接购买等）
态度	对产品所在地区的态度，对品牌的态度，对使用的态度，对使用场合的态度
利益诉求	社会地位，方便，豪华，经济等

• 抗风险性：若竞争对手选择相同的目标群体，那么企业在目标细分市场中是否能抵御来自对手的竞争？

18.3.2.7 计划监控

应该设定监控营销计划成果的方法，这样可以针对情况采取策略性行动以挽回计划或者抓住新机遇。同时，需要了解可以接受的与初始目标的差距。这样就可以对计划进行持续的修订。旅游与招待业的预订系统可以持续提供财务和预订规律方面的数据，形成各种业绩指标。通过这些指标可以预测游客接待量或酒店入住率，同时可以评估一个国家或地区的销售业绩、促销效果、价格变动和销售代表的活动等。现在，航空和酒店业把这些系统应用于收益管理系统，以评估需求、最大化收益。

18.4 营销组合的应用

通常我们认为营销组合是和4P相关的决策，这4P分别代表了产品（Product）、价格（Price）、促销（Promotion）和销售渠道（Place）。科特勒和阿姆斯特朗（Kotler and Armstrong，2005）认为营销组合是现代营销理论的关键性概念。他们将其定义为"企业用于在目标市场取得期待反响的一系列可以控制的、策略性营销工具"。

18.4.1 目标市场

目标市场明确是制定成功营销组合策略的根本出发点。尽管目标市场不是营销组合的一部分，但它在决定营销组合方式方面起着极为重要的作用，目标市场是所有营销组合活动的重心，并与我们在前面讨论的细分市场的最终选择有关。

产品的市场由实际和潜在的消费者组成。我们需要分析整个消费者群体，进行市场细分，然后决定目标市场。目标市场定位有助于：

• 更全面地了解目标市场群体的特点和需求。目标市场特点是制定营销决策的参考与依据，对营销组合的计划尤为重要。对目标市场的了解能够提高营销组合的有效性和方案的成功率。

• 对公司竞争对手的状况有更好的理解，有可能发现已经做出类似目标市场选择的企业。如果一个企业并没有明确定位其目标市场，那么它可能会将其所在行业的其他企业都视为一样的竞争对手。而如果确定了主要竞争对手，就可以更加密切地关注其营销举措，然后做出适当的反应。

• 更好地了解目标市场需求的变化和发展。企业对目标群体的行为及其对不同营销组合的反应有更深刻的认识。

目标市场可以基于以下几个因素：

• 社会经济群体；
• 地理位置；
• 年龄；
• 性别；
• 收入水平；
• 访客类型；
• 追求的目标；
• 消费者行为与态度。

市场细分和目标市场定位是营销活动的核心，它们有助于企业制定不同营销组合策略，以满足不同客户群体的特定需求。

18.4.2　产　品

营销组合的有效性既取决于选择正确目标市场的能力，也需要设计让消费者满意的产品。我们必须认识到，客户总是在寻找能够满足他们需求的合适的产品。因此可以采用产品组合的方法。很多人认为地中海俱乐部只提供一种产品，但实际上它在不同的国家拥有80多个特色各异的度假村，并已经拓展了其他类型的旅游业务。最近地中海俱乐部将质量作为减少产品种类和提升定位的手段。旅游产品的构成（如图18-6所示）相当复杂，包含四个不同层次：核心产品、辅助产品、支持产品、附加产品。

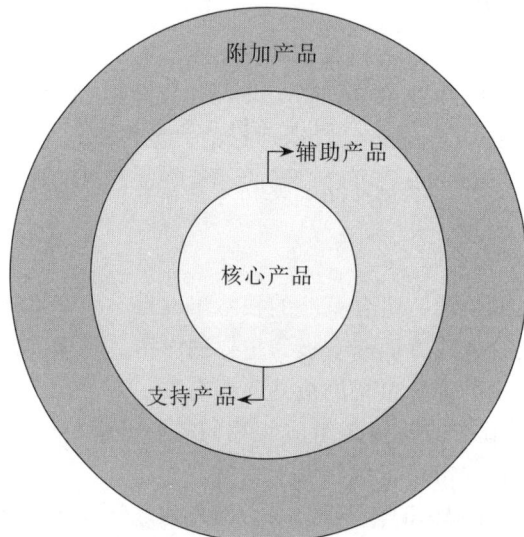

图18-6　旅游产品的构成

核心产品是产品提供的益处和特征。到旅行社的消费者寻求的是在阳光下放松、安享旅途的感觉。他们把安排行程的工作留给了旅游代理商去做。我们知道消费者购买产品是为了享受产品带来的益处，因此我们可以给产品融入一些特征，以便和其他竞争者区别开来。这些特征可以是酒店大堂、目的地设施或飞机座位的舒适度。辅助产品是顾客使用核心产品服务的必要条件，比如高层酒店里的电梯、前台接待、信用卡支付设备、景区的标识等。核心产品需要辅助产品，但是不一定需要支持产品。廉价航空需要办理登机和行李托运等辅助产品，但是只提供非常有限的支持产品以实施其成本领先战略。附加产品是帮助产品在市场竞争中占据有利地位的附加部分。比如新加坡樟宜机场在候机区制造了公园的氛围，既有鸟鸣，也有光照。附加的特别益处让产品对消费者更有吸引力。

18.4.3　价　格

旅游产品的定价政策对未来的需求有直接影响。合适的定价与旅游企业的营利能力息息相关。我们认为营销组合中，价格决策是最有挑战性的。因为旅游产品的价格要考虑需求的季节性和产品本身的易逝性。主要定价政策包括：

18.4.3.1　成本导向定价
成本导向定价是指把成本作为定价依据的方法。

成本加成定价

成本加成定价是指根据边际成本或总成本（包括间接费用）进行定价，在成本基础上加上一定比例的利润制定产品价格的方法。这种定价方法通常用于旅游吸引物的零售商店。它的局限性在于没有考虑产品的需求、市场能够承受的价格，以及竞争者的价格水平。了解产品的成本组成非常重要，尤其是在需要计算一个酒店房间或者航班座位的运营成本的时候。只有掌握这些信息，营销者才能够认识策略性降价可能带来的影响。

收益率定价

收益率定价让组织能够保证投资的收益率。这种方法关注投资能够带来的利润，不适合旅游企业，因为它忽视了定价政策与销售量之间的关系。

以上两种定价方法都不适合旅游产品，因为旅游市场的竞争激烈，企业需要考虑不同细分市场的边际贡献以平衡长期成本。

18.4.3.2　需求导向定价
需求导向定价是依据需求而非成本进行定价。比如，一个会议中心给摇滚音乐会的门票定价可能是古典音乐会门票的两倍。

歧视定价

这也称为灵活定价，即产品有两个或以上的价格，旅游业中较常见。通常景点或节事活动对学生和老人的票价比其他顾客群体更低。歧视定价与时间有关，在"畅饮时间（Happy hour）"饮品的价格较低，在高峰期之前的时段餐食的价格也比较优惠。歧视定价的关键在于发现没有价格优惠就负担不起产品的顾客群。

为了增加销售额，酒店需要为大规模采购的单位提供价格优惠。因此，商务旅游者可能得益于公司协议价格，度假游客则享受旅游批发商的价格。另外，更高的潜在需求可以抬高产品价格。比如，酒店里的房间都是一样的，但是有的房间有海景，就可以有更高的价格。

反向定价

这种以市场为基础的定价方法关注的是消费者的支付愿望，并由此反推出价格。首先，要确定可接受的利润；接着，严格控制成本，以确保最终价格可以被目标市场所接受。其目的在于制定一个消费者乐于接受的价格。如果有必要，可以调整产品质量以满足这种方法对成本控制的要求。

以价格为竞争优势的旅游批发商通常与酒店签订购买批量的非海景客房，这样就降低了产品总价中的房间价格。另一种方法是安排较为便宜的夜间航班，还可以节约第1晚的住宿费用。要成功地使用这种定价方法，需要了解对价格敏感的消费者的心理。然而，如果度假体验和企业被认为质量低下，度假产品也许不会让人满意。

市场渗透定价

如果一个企业要快速在市场站稳脚跟，可以采用市场渗透定价法。为了让产品迅速铺开市场，价格要低于竞争对手。旅游批发商在一个新的目的地开辟业务时，通常会在前两年采用市场渗透定价方法，业务成熟后会逐步提高价格。

心理定价

企业经常把产品标价设成接近整数的数字。比如把菜价从10英镑下调到9.95英镑，让顾客感觉没有超过他们愿意支付的阈值。与此类似，488英镑的度假套餐让人感觉是在400多英镑的水平，比500英镑要便宜很多。但是这种定价策略对利润的影响仍无定论。

撇油定价

这种方法用于产品供不应求或者需求不会被高价影响的情况。地理位置好的奢华度假村因供给有限可以比其他住宿产品有更高的价格和利润。撇油定价法只适用于需求强劲或目的地形象绝佳的情况，比如法国南部。

不管采取哪种定价方法，企业必须考虑潜在消费者的评价。消费者在决定购买一个产品时，愿意为享受这个产品带来的满足感和利益而付出一定代价。这个概念看似简单，实际很复杂。大部分旅游者在购买产品时都寻求价值，价值是质量、价格，以及形象或品牌的附加值共同作用的结果。可以表示为：

价值=质量/价格+形象

如果消费者认为产品的形象和质量很好，他/她将更愿意付出较高代价购买该产品。这解释了不同类交通工具（包括火车、飞机和邮轮）的一等座持续成功的原因。价格、质量和价值的相互关系在消费者的购买行为中扮演了重要角色。

为了最大限度保证定价策略的成功，需要了解图18-7中的步骤。该图显示了定价策略需要考虑的重要因素。

18.4.4 促 销

促销是旅游组织或旅游局为了影响公众的购买行为而进行的沟通宣传活动。要影响的对象不仅包括目标市场的现存和潜在客户，还包括业内人士，如旅游代理商、供应商以及记者和旅行作家等。同时，促销还可能需要影响国际、国家、地方政府和重要行业协会。

```
┌─────────────────────────────────────────────┐
│              确保定价策略适应组织的目标              │
└─────────────────────────────────────────────┘
                       │
           ┌───────────────────────────────────┐
           │              总需求                 │
           │     选择的价格要最大限度地满足市场需求     │
           └───────────────────────────────────┘
                       │
           ┌───────────────────────────────────┐
 ┌──────┐  │              产品需求               │
 │份额太小/│←─│    确保产品价格对扩大市场份额具有竞争力    │
 │不能接受 │  └───────────────────────────────────┘
 └──────┘              │
 ┌──────┐  ┌───────────────────────────────────┐
 │ 价格  │←─│              竞争环境               │
 │ 竞争战 │  │          判断竞争对手的反应           │
 └──────┘  └───────────────────────────────────┘
                       │
 ┌──────┐  ┌───────────────────────────────────┐
 │ 不利的 │←─│              公共关系               │
 │价格反应 │  │       消费者、中间商、政府部门等        │
 └──────┘  └───────────────────────────────────┘
                       │
 ┌──────┐  ┌───────────────────────────────────┐
 │无法实现 │←─│              财务目标               │
 │ 目标  │  │         检验价格与财务目标一致         │
 └──────┘  └───────────────────────────────────┘
                       │
 ┌──────┐  ┌───────────────────────────────────┐
 │不协调的 │←─│             市场营销组合             │
 │ 策略  │  │       确保价格与市场营销组合相协调       │
 └──────┘  └───────────────────────────────────┘
                       │
 ┌──────┐  ┌───────────────────────────────────┐
 │不可接受的│←─│              利润计划               │
 │成本/利润│  │     评价所有已知的成本,包括在已确定的销售   │
 │ 水平  │  │          水平上的市场营销成本          │
 └──────┘  └───────────────────────────────────┘
                       │
           ┌───────────────────────────────────┐
           │            制定价格策略/战略           │
           │     时间选择和责任计划以及监督计划        │
           └───────────────────────────────────┘
```

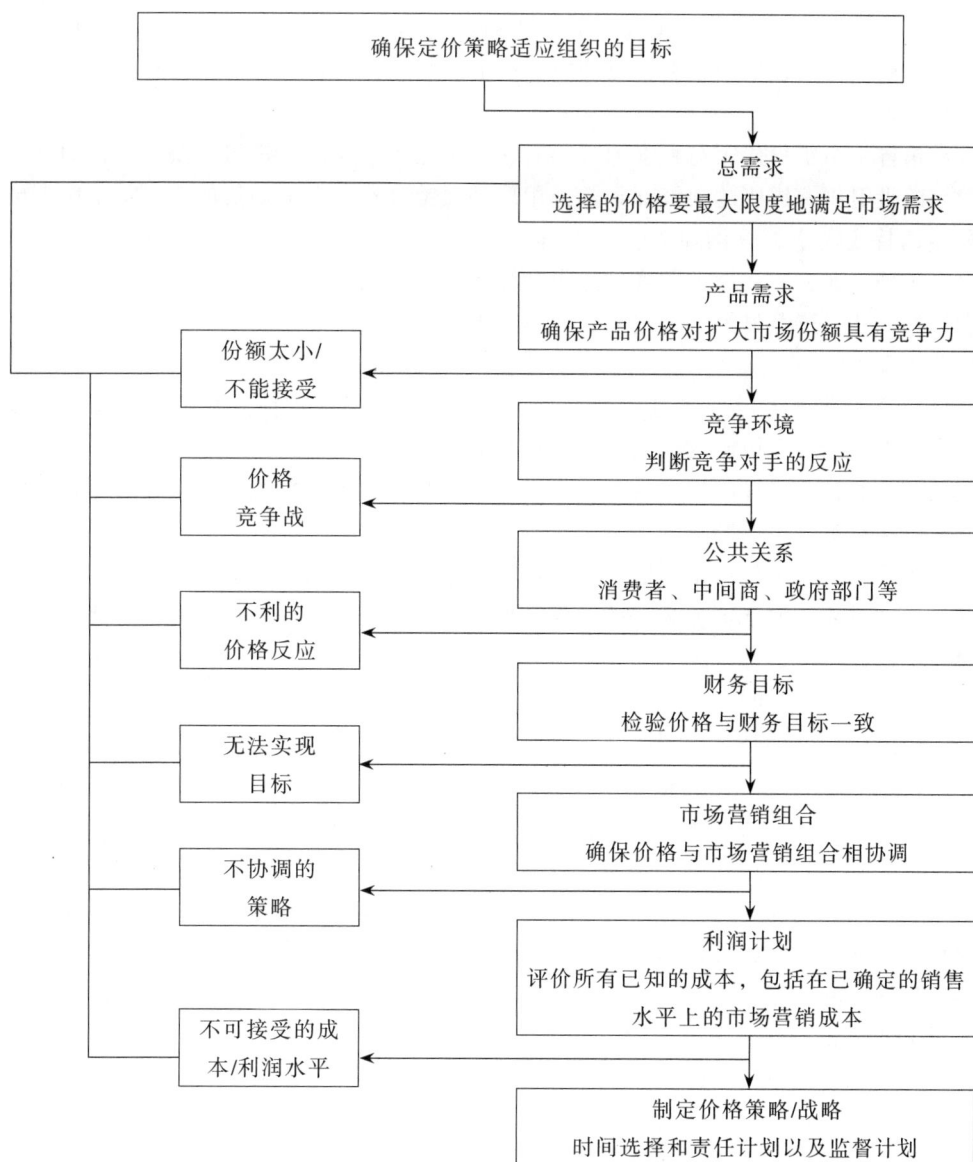

图18-7 定价策略需要考虑的因素

广告

广告是通过一定形式的媒体向公众介绍产品的付费宣传手段,媒体可能包括旅行指南、报纸、杂志、广播、电视、邮件、网页和广告牌。广告可以用于实现不同的目标,包括改变消费者的态度、建立形象和增加销售额。

销售促进

销售促进是通过奖励性措施诱导潜在顾客、中间商或销售团队以取得理想的结果。销售促进会增加产品的价值,因为平时产品并不附带奖励措施。比如,酒店的餐厅为了提高某一时间段的需求,会在销售促进活动中向顾客提供免费的葡萄酒或免费住宿。大多数奖励活动都是短期的。

插图18-4

商品推销是销售促进的一部分,包括旅行社或企业内部放置的用于刺激消费的材料。对酒店而言，这些材料可能包括卖鸡尾酒或甜品的餐牌、菜单、客房内资料、招贴画和陈列品。商品促销的作用在于向顾客介绍商家提供的产品和让顾客产生购买冲动。

人员销售

人员销售是指销售代表与顾客通过面对面或者电话沟通促成销售、获取利益的方式。非营利的旅游吸引物和酒店的会议部经常使用这种促销方式。人员销售的优势是销售人员可以根据顾客的特定需求调整沟通内容。了解顾客的需求可以让销售人员随时灵活调整销售方法。由于这种接触方式提高了顾客的意识和注意力，使销售工作更加容易。但是，工作人员需要把握好分寸，避免显得太过迫切，让顾客不适。

公共关系

公共关系是非个人信息传递，可以改变人们的观点，或者在大众媒体进行非付费的报道。报道可以包括一定篇幅的新闻报道或积极的评论性文章。公共关系的重要性不仅在于获得新闻报道，而且可以抑制潜在的负面报道。一个与媒体有良好关系的企业有更多的机会阻止或修改可能对其有负面影响的消息。

公共关系最主要的优势是能够树立和提升企业的形象。这对于服务型企业非常重要，因为这些企业的成功依赖于更加实际的正面形象。公共关系是可信度比较高的宣传方式，因为人们愿意看新闻报道，并认为这其中的信息要比广告更为中立、可靠。然而，编辑可以控制信息的内容、发布的时间、位置和范围。

公共关系活动可以是有计划的，也可以是无计划的。有计划的活动意味着公司力图控制活动和新闻发布。在无计划的情况下，公司一般会积极争取正面的报道或者阻止负面信息。规模较大的企业设有公共关系部门或者代理，旨在影响公司的公共服务对象，包括顾客、股东、员工、供应商、当地社区、媒体，以及地方和国家政府。有计划的公共关系活动包括向媒体提供新闻稿和照片，组织新闻发布会，向期刊编辑或者当地报纸投稿，制造有创意的噱头给媒体提供素材，就旅游话题发表观点以显示公司的地位等。

其他促销活动

赞助和直销的使用越来越广泛。赞助是企业对非自身业务提供的物质或资金方面的支持，资助活动包括但不限于体育、教育或艺术。直销是与事先选好的目标市场进行的直接沟通，旨在取得立即回应或建立更密切的关系。旅游批发商赛捷假日（Sage Holidays）和波特兰公司（Portland）就使用直销。

由于旅游产品是无形的，很多促销需要印刷宣传册或宣传单。这些材料的设计、编辑和印刷承载着最重要的促销功能。纸质的宣传材料成本高昂。事实上，宣传册的印刷和分发费用占了绝大部分的旅游营销预算。这笔开销对旅游批发商和旅游组织而言是必需的，因为它们是主要的销售工具。

手机是一种新的宣传平台。科技增加了联系用户的方式和服务的方式。手机让顾客有机会获取景点、停车场和餐饮商家的位置，并能够辅助自然或人文景区的解说和介绍。先进的景区正在开发基于手机的游戏和导览线路。

18.4.5 渠　道

旅游产品的特征决定了它们需要特殊的销售渠道。旅游产品不涉及所有权转移，服务只能被租用或者消费。但在消费之前，必须能够向市场提供旅游产品，这就需要分销系统，分销系统是把旅游服务提供给潜在购买者的各类渠道或手段。

计算机预订系统（CRSs）和全球分销系统（GDSs）的不断发展为旅行代理商提供了航空预订、酒店预订、汽车租用和邮轮产品预订的快速通道。人们能够借助互联网通过这些系统按照自己的要求定制假期，这促使越来越多的顾客直接预订旅游产品。计算机预订系统是由几大航空公司发展起来的，伽利略系统（Galileo）在英国占据了主导地位，并在欧洲和美国占据优势，艾玛迪斯（Amadeus）在欧洲广泛使用，萨伯（Sabre）系统主宰美国；旅游港（Travelport）在2007年合并了阿波罗（Apollo）、沃德斯潘（Worldspan）和伽利略之后在预订系统方面有很多创新。

18.4.5.1　不同分销需求

有些类型的旅游产品，如博物馆、主题公园或自然景观是不需要预订的，因为它们的供给几乎总是超量的，在高峰时段，排队就是分配供给的方法。对其他旅游产品而言，超量的需求、复杂的产品包装和财务风险要求使用复杂而先进的预订系统。预订系统能够分散需求，因为消费者通常能够改变出行时间。

为了使旅游企业能够提前销售产品并保存预订记录，企业需要通过一个库存系统出售可卖产品。不论是小客栈还是大酒店，不论是乡村旅馆还是豪华游轮，掌握分配产品容量、生成订单、同时保证不超额预订的方法是非常重要的。预订的时间可以是火车开车前的几分钟，也可以是会议召开时间的几年以前。鉴于这些原因，计算机预订系统在旅游中的应用已经十分普遍。这些系统将计算机的储存能力和电子信息交换设备结合在一起，可以快速提示旅游代理商现存产品的数量，并根据顾客需求最大化企业收益。

分销的另一个考虑的因素是经营的地理位置。一个地理位置好的酒店、剧院或者景点可以获得大量客源。这种情况下，消费者很容易买到产品，很少需要特别的独立分销渠道。

市场竞争日趋激烈，大多数企业都需要考虑建立不同形式的直接销售渠道。企业可以从其所在地直接销售，也可以使用直接营销的方法。很多酒店设有周末项目提高周末的客房出租率。这类产品经常通过本地报纸或者电子邮件宣传，需要顾客直接与酒店预订。

18.4.5.2　电子零售

对消费者的电子零售（B2C）始于20世纪80年代。零售业和旅游组织意识到通过这些新渠道销售产品的重要性之后，电子零售迅速发展。电子零售系统不需要直接的个人接触，因此有诸多好处：质量保证、成本低廉、消费者使用方便，而且覆盖面广。电子零售背后的原因有很多，消费者时间有限，希望能够对购买的时间和地点有更多的掌控，科技的进步使得改变成为可能，人们也越来越多地体验到新平台的各种益处。

电子商务公司可以分为三类：

●虚拟分销商：他们在高街、商场或城郊没有实体店铺，交易只在互联网或者电视上进行，需要寻求新方法吸引顾客并满足其需求。travelocity.com和lastminute.com就属于此类公司。

●双渠道分销商：一般是发展比较成熟的公司，开辟了电子零售的渠道作为其业务的主要或次要组成部分。比如，托马斯·库克公司就建立了thomascook.com网站，通过特别的打折促销或免费保险进行宣传推广。

●多渠道分销商：发展成熟的公司通过不同方法满足顾客需求，包括实体店铺、电话/手机、互联网、商品目录和电视等。

尽管最开始很多人认为电子零售业会被虚拟分销商主宰，但现在看来以上三者在市场上平分秋色。对于供应商而言，互联网比旅游代理商有更多优势，可以降低成本、扩大客源范围、增加客户对供应商的忠诚度，而且便于收集客户信息用于将来的关系营销。

Priceline.com

　　Priceline.com 的定位是为顾客提供互联网上最便宜的价格。Priceline 有个系统，叫作"请您出价"，顾客购买机票，租车，住宿，打长途电话，甚至是买新车，都可以自己出价，Priceline 会尽力找到一家能够按协议价格出售该产品的供应商，Priceline 靠赚取买卖双方的差价营利。为此，Priceline 需要实时监测航空公司的价格和余票数量。消费者可以买到物有所值的机票，航空公司可以卖出原本可能剩余的座位并增加收益。Priceline 的商业模式最大的优点在于不需要存货，因为它只是在顾客提供信用卡信息之后协助完成交易。

18.5　重新审视营销组合

　　有些作者，如布姆斯和彼特尼（Booms and Bitner，1981）认为原始的营销组合更适用于制造业，但并不适合服务业，因此他们在 4P 的基础上增加了 3P，即人员（People）、物质条件（Physical evidence）和过程（Process），见表 18-2。他们认为原来的 4P 营销组合对于旅游和接待业来说不够全面。他们认为人的行为具有无形性，因此质量及其控制非常重要。

表 18-2　　　　　　　　　　　　　　　服务营销组合

产品	价格	销售渠道	促销	人员	物质条件	过程
类型	折扣率		广告	职员：	环境：	策略
质量	回扣	地理位置	人员推销	培训	陈设	程序
水平	佣金	可及性	销售促进	判断力	色彩	机制
品牌	付款条件	分销渠道	出版物	义务	布局	雇员判断力
服务链	顾客感知的价值	分销区域	公共关系	奖励	噪声程度	顾客参与
担保	质量/价格			外貌	便利商品	顾客判断力
售后服务	差别			人际行为	可视线索	活动流程
				态度		
				其他顾客：		
				行为		
				参与程度/与顾客的联系		

　　我们认为，在修改 4P 之前需要对旅游业及其营销做更多的研究。有人认为目前的 4P 框架足以包容行业间的不同。旅游与接待业营销的主要任务是理解所计划、控制和管理的产品的特征，这会让管理人员努力控制营销组合中对消费者满意度影响最大的要素。

　　制造业产品和服务产品差异明显。由于物质条件、人员或者过程是产品或产品交付的一部分，营销计划可以依照 4P 框架进行。这四个因素并没有将服务产品的特征置于次要地位。相反，这四个因素应确保在产品构成中更加重视对不同服务管理因素的整合。

营销组合的决策必须和公司或者组织的目标相一致，并应考虑整个组织的接受能力。市场部门通常是营销组合战略的制定者，但不应忽视其他部门的投入，而且应从操作的角度明智地判断这些策略是否可行。

营销组合为营销工作者提供了一系列影响需求的不同策略。虽然旅游营销可选的范围很相似，但选择是不同的。比如，国家旅游组织通常不会负责产品开发和定价。每个组织的营销组合的制定和平衡过程都是独具特色的。

一个组织的营销组合要取得成功，就必须突出其独特的优势，将自己的产品与竞争者的产品区分开来。只有当组织具备消费者寻求的优势，才更容易创造更高的利润。优势可以建立在质量、形象或者产品理念的基础上。英国的帕卡斯中心（Center Parcs）通过完备的设施、森林式的环境和各色的活动建立起的优势使其全年都顾客盈门。

18.6 目的地营销

目的地营销比较复杂，因为它不仅涉及自然地理、人造环境和吸引物、住宿和交通设施这样有形的实物，还涉及无形的社会和文化因素。尽管目的地是营销的核心，但是不一定所有地区都设有专门负责营销的地方性或国家级机构。通常的情况是，一个组织被赋予目的地营销的任务，但是其权力和资源通常都比较有限。公共机构通常通过国家、省级或者地区的旅游组织参与目的地营销的工作，但是很多城市开始由公私合营的市场营销机构或会议与访客管理局来开展目的地营销。

传统的市场营销重点仅限于促销策略，旨在改善目的地的形象或者在潜在和现实的旅游者心中制造正面的印象。这通常涉及选择合适的细分市场，并能够通过广告、直接邮寄、印刷品和公共关系等渠道对这些目标市场进行渗透。另一个重点是在目的地通过海报或游客信息中心向游客提供信息。

目的地需要着重突出能够对不同旅游者产生吸引力的产品属性，并且确保促销活动能够传递一致的信息。目的地还需要创造差异性的特征或品牌以建立定位，赋予目的地区别于竞争者的独特品质。

想要达到这一目的，可借助曾经生活在此的名人的影响力，比如画家（康斯太勃尔）、作家或诗人（海明威或华兹华斯），也可以电视剧、电影、历史时代（庞贝古城）或季节（新英格兰的秋季）为主题。主题的选择多种多样，但都需要考虑潜在访客的品位和媒体的可接受度，在此基础上进行创新性的开发。

国家和地区级的旅游局通常扮演了协调促进的角色，为组成旅游业的住宿、交通和景区提供支持。其目标可能包括：

- 某一旅游地区或某一旅游产品的开发；
- 锁定客源市场中某些细分市场；
- 提高消费水平；
- 开展一系列促销活动（公共关系、广告、展会和宣传片制作等）；
- 要求私营部门的投入和经费配合。

旅游业是由很多小型企业组成的分散的多样化行业，这些小型企业在很多方面需要帮助，比如：

- 研究数据的收集和使用；

- 展销会的组织；
- 海外办事处代表；
- 制作行业指南、目录和宣传册（为较小的公司留出购买空间）；
- 开发全球预订系统，在全球范围内提供地方信息。

这一协调过程可以帮助目的地建立一个整体品牌形象。然而，市场营销可以通过不同方式的促销手段制造一个特定的品牌形象。如果目的地能够有一个强大的品牌形象，它将享有诸多优势，包括：

- 比单纯以产品为基础的品牌赚取更多的利润，设定更高的价格；
- 更容易与竞争者区分开来；
- 创造产品价值增加的感觉，从而更容易吸引顾客购买；
- 对潜在旅游者形成一种标志和吸引力，暗示对其期望的满足；
- 建立顾客忠诚，鼓励重复访问；
- 提升其定位，树立地区的地位。

目的地具有与地方相关的形象，这种形象通常以客源地和目的地之间的差异为基础。这种差异可能是真实的，也可能是想象的。目的地的宣传活动是以旅游营销工作者选取的形象为基础展开的，这些形象由他们传递给客源市场，通常体现的是一个充满异域风情、无忧无虑的东道主文化。事实上，这可能掩盖了目的地普通居民的正常生活和社会文化现实。

选择性形象的影响力取决于一个旅游者是否访问过目的地，以及他/她从电视、电影、书籍或朋友处获取的信息数量。一个目的地一旦建立起与众不同的形象，在出现价格上涨、需求过剩、人流拥挤或汇率变动的情况下，仍然能够保有相当的需求。

西班牙旅游局曾面临丧失其度假胜地形象的危机，于是开始重新对本国的目的地形象进行定位和形象塑造。在此之前，西班牙的历史、文化、传统和内陆地区都没有得到充分的宣传。1992 年的宣传开始强调了西班牙的特质"西班牙——充满激情的生活"。画家米诺被邀请创造一个反映西班牙精神的标志。他采用西班牙国旗的黄色和红色创造了一个活力十足的标志，这个标志被用到所有的宣传材料中。

18.6.1　消费者的"自我形象"概念

当消费者选择品牌时，他们会理性地考虑各个品牌的功能性等实用特征，同时，也会评价不同品牌的个性特征，形成对品牌的看法，进而辨别哪个品牌能够与自己希望的形象最为接近。在旅游的背景下，当众多目的地的外在条件相似或相同的时候，最能提升消费者自我形象的品牌更可能被选中。消费者挑选品牌时，不只考虑他们能做什么，也考虑这一选择向同伴们传递的信息。比如，人们选择蒙特卡罗之旅不仅是因为其出色的功能性，更是因为这样的选择反映了他们的品位。

实际上，消费者通过购买和展示他们使用的某些品牌来传递一些隐含的信息，希望他们的参照群体能够以正面和接受的态度解读这些信息。消费者有"自我形象"，会购买符合自身形象的品牌。如同人们乐意和志趣相投的人相处一样，他们更愿意接受符合自身形象的品牌及其个性。当朋友和同事羡慕其目的地的选择时，旅游者很高兴这一目的地品牌加强了其自我形象，因此很可能会再次光顾。

消费者自身的经济和社会地位在一定程度上决定了他们想要展示的形象。他们会预见并评价在目的地遇到的人，进而选择能够反映他们在那个情境下想要展示的自我形象的品牌。

18.7　小　结

本章解释了市场营销的概念和实际应用的方法。营销计划可能是所有旅游组织最重要的活动。一个组织要长期存活，就必须能够评价其自身环境，设定合理目标，选择相应战略以取得成功。营销组合奏效的前提是要充分理解目标市场和每个细分市场的需求。我们从4P的角度讲解了营销组合，即产品、价格、促销和渠道。尽管有人提出，鉴于旅游和接待业产品的服务特征，营销组合应该在此基础上进行拓展，但是其他元素是可以归纳到现有的4P当中的。

18.8　课后习题

1.PESTEL和SWOT代表什么缩写，何时会用到这两种分析？
2.列出制订营销计划时可能遇到的主要问题。
3.解释市场定位的概念及其与目标群体的关系。
4.互联网作为分销渠道的优势有哪些？

18.9　案例：巴黎迪士尼乐园度假区

迪士尼公司对欧洲主题公园市场进行评估时，最初认为西班牙阿利坎特地区土地平坦，气候良好，与佛罗里达很相似，但这个地区同样遭受着西北风的肆虐。所以公司最终决定在法国的马恩拉瓦莱（Marne-la-Vallée）地区建造度假公园，这个位置靠近巴黎，能够吸引欧洲游客，距离公园开车车程4小时范围内有大约6 800万居民，飞机航程和火车车程2小时范围内有3亿居民。

然而，巴黎迪士尼度假胜地，原为欧洲迪士尼（位于法国巴黎郊外的大型主题公园），1992年在法国开业不久便出现了经营危机，主题公园的初始成本为44亿美元，除英国和法国之间的英吉利海峡隧道项目外，它是欧洲历史上最大的建设项目，这一反差不免使迪士尼公司陷入尴尬境地。

1993年底欧洲迪士尼累计亏损超过10亿美元。在一年多的营业期间，迪士尼接待游客总数仅有900万，而非原计划的1 100万。1994年，公司情况并未出现好转，至9月底，该财年亏损已高达3.17亿美元，游客数量比1993年下降10%。迪士尼公司宣布，若银行不同意重组因园区建设和经营而积累的10亿美元债务，它将关闭此公园。这将使银行面临巨大的负债，因此银行同意免除迪士尼接下来两年几乎所有的贷款利息，并允许其延期3年还款。迪士尼公司重组了公园的股权和贷款结构。

迪士尼的规划到底出了什么问题？主要问题在于未能对欧洲经济或消费者支付水平做出正确的预测。规划者以美国的平均季节性需求曲线为预测依据，导致实际的需求水平和模式从来没有达到他们的预期。

另一个问题是与欧洲市场的同质性有关。迪士尼的美国策划者最初把欧洲看作一个国家，低估了现有市场在需求和营销方面的固有差异，在美国取得成功的策略无法顺利移植到欧洲。因此，美国母公司必须了解习惯差异很大的客源市场。就门票而言，迪士尼乐园票价对法国游客来说定价过高。

迪士尼公司计划建造设备齐全的高档酒店和其他设施，将其出售给其他企业，赚取可观的利润以弥补财政亏损。迪士尼规划者不想面对他们在美国经历的土地使用问题，还要再次购买额外的土地扩张园区；同时还要避免在东京的情况——在财政条款限制下，日本投资者获得了巨额利润，而迪士尼仅获得了游乐设施总收益的10%和食品与饮料收益的5%。因此，规划者们试图从一开始就把利润机会最大化。

迪士尼规划者忽视了20世纪90年代初欧洲普遍恶化的经济形势已致使房地产市场严重衰退。规划者进行了大规模的房地产开发，包括酒店、商店、办公室和住宅，却忽略了这对美国母公司财务造成的巨大压力。可想而知，在萎靡的经济形势下，酒店未按原计划出售；同时，英国和意大利的货币贬值对购买力进一步抑制，人们对国外旅游的需求也随之降低。

其他方面计划的标准化与同一化也是失败的原因之一。例如，酒店餐厅的设计没有考虑到客人的不同口味，而且规模较小，因为规划者认为很少有欧洲人会吃一整套早餐。结果排长队问题随之而来，长时间的等待导致客人产生不满和抱怨。该公园的餐厅是为提供小吃和简餐设计的，但下午一点钟的时候，游客对像样的正餐的需求还是很大的。此外，迪士尼的销售网点受到"禁酒"政策的限制，这意味着法国人在吃饭时不得不暂时抛弃喝酒的习惯。

迪士尼公司对一些方面的规定进一步加重了以上问题，即员工必须遵守迪士尼统一的仪表标准，规定涉及女性指甲的长短、适当的内衣和严格的发型要求等。以迪士尼价值观为基础的全球性规范被法国人看作是一种侮辱，法国人认为它侵犯了法国文化中尊重个性和隐私的基本原则。因此，《费加罗报》等报纸出现了有关文化问题的评述："欧洲迪士尼是金钱至上、文化水准降低的代表。"

此外，迪士尼里的角色被认为会玷污法国的文化。迪士尼做出让步，将重点放在白雪公主和皮诺乔等欧洲童话人物身上，淡化小鹿斑比和小飞象丹波。同样，为了反映法国文化，公园的塔楼以法国15世纪一本书里的插图为原型，而不是像其他迪士尼公园那样参照巴伐利亚的新天鹅堡建造。

在遭受1993年和1994年严重损失和需求低迷的窘境之后，迪士尼引进了法国高级管理人员，他们为欧洲迪士尼的发展进行了重新策划。将主题公园改名为巴黎迪士尼乐园度假村，并于1994年对产品进行了重新评估和削减，纪念品的数量从30 000减少到15 000，餐馆菜品也从5 400减少到2 000。

策划团队对营销策略以及广告信息进行了重新评估与修改。新广告旨在让父母和祖父母满足孩子的童年乐趣，同时也突出了成人的冒险精神。在非高峰的冬季期间为客户提供特别优惠，激发潜在客户的消费欲望，使之转变为现实消费者。此外，与欧洲之星（一条连接英国伦敦圣潘克拉斯车站与法国巴黎北站、里尔，以及比利时布鲁塞尔南站的高速铁路服务）的合作促销有助于增加英国游客的数量。

定价策略也进行了调整，如降低晚上的门票价格。公司鼓励员工灵活的安排工作，为客户提供温馨的人文关怀服务。这些改进措施使巴黎迪士尼乐园在1995年首次出现盈余。这也与酒店入住率的改善有关——从1993年的55%稳步上升到1995年的68%，而那时巴黎地区及周边地区的酒店入住率平均约60%。

目前经营情况对园区债务的偿还和净损失的补偿至关重要。经营者希望2002年增加的参照佛罗里达州环球影城建立的沃尔特·迪士尼影城能够吸引更多的游客。对于负债严重的欧洲迪士尼集团，最近的计划是基于市场需求增加新景点，进一步吸引游客。2010年，欧洲迪士尼获得法国政府许可，在马恩河谷地区建立第三个公园以扩大巴黎迪士尼乐园。巴黎所有迪士尼乐园在2009年的入场人次达到1 540万人次，酒店入住率达到87.3%（仍低于2008年的90.9%）。然而，金融危机使游客支出大幅度降低，导致2009年乐园五年来首次出现亏损，亏损额达6 300万欧元。截至2010年3月底，迪士尼公司在六个月内净亏损1.145亿欧元，酒店入住率下降6.5%。

总之，要想使乐园在欧洲市场保持盈利和繁荣，专业的财务和营销计划至关重要，尤其是巴黎迪士尼乐园还要面对来自欧洲其他主题公园日益激烈的竞争，如德国的欧罗巴公园（Europa Park）、丹麦的蒂沃利花园（Tivoli Gardens）、西班牙的波塔文图拉（PortAventura），以及法国巴黎北部的阿斯特克主题公园（Parc Asterix）。

讨论问题：

为巴黎迪士尼乐园提供一些营销解决方案。

1.打开此网址http：//www.coastergrotto.com/theme-park-attendance.jsp，分析这些信息，总结主题公园的发展趋势以及不同类型公园经营成功的原因。有哪些成功的经验是巴黎迪士尼乐园可以借鉴的？

2.是否需要针对不同细分市场设计专门方案，如果需要，如何设计？

3.分析和评估巴黎迪士尼乐园的营销活动。乐园是否需要针对潜在的消费者和/或过去的消费者改进整体营销策略？请参阅YouTube：http：//www.youtube.com/watch？v＝4bFzw5YJLmo。

第 19 章

旅游信息技术

19.1 学习目标

通过本章的学习，您将能够：

- 了解信息通信技术和旅游电子商务的概念；
- 了解旅游行业中信息通信技术的应用；
- 了解计算机预订系统和全球分销渠道的基本概念；
- 了解全球互联网应用的主要趋势；
- 了解社交媒体使用情况；
- 了解互联网和信息通信技术对旅游系统结构和组成要素的影响；
- 了解信息通信技术和互联网对旅游行业中每个利益相关者未来战略的重要性。

19.2 信息通信技术的商务应用

在 20 世纪 90 年代末，信息通信技术（ICT）和互联网再次引发了工业革命。计算机系统的加速开发和应用使其能够更广泛地用于商业活动。信息通信技术能力的提升以及设备尺寸和成本的降低，提高了众多终端和应用的可靠性、兼容性和互联性（Gupta，2000）。互联网的出现和主流化使全球计算机网络得到充分的发展，使处在任何地理位置的个人和组织都能够免费获取大量的多媒体信息和知识。迪恩等人（Dean et al.，2012）表示，自1985 年第一个域名注册以来，互联网的发展从未停止。虽经历过多次衰退，互联网的应用、规模、覆盖率和影响都在不断增加。它已经融入了我们的日常生活，成为不可或缺的必需品。

电子商务是将数字化工具应用于商业活动和流程。在新兴的、全球网络化、互联网赋权的商业环境中，电子商务是组织经营成功的先决条件。许多组织需利用新兴技术改变其业务流程和数据处理，提升在全球新兴市场上的运营和竞争能力（Laudon and Laudon，2007）。在宏观层面上，任何经济体都可通过电子工具进行交流和交易，从而赢得其在全球经济中的竞争能力。

然而，有些学者（Minghetti and Buhalis，2009）发现信息通信技术在旅游业的传播并不平衡，使得社区不能改进旅游的社会和经济影响。一些因素导致旅游者和目的地对信息通信技术的接触和使用不尽相同，要让发达国家和发展中国家的公民和组织从科技革命中获益，让市场和目的地在全球旅游环境中有效地接触和互动，就必须全面考虑科技、社会和动机等因素。

19.2.1　信息通信技术向电子商务的演变

信息通信技术不仅包括所需的硬件和软件，还包括开发、编程和维护设备的组件、网件和智力（即人件），见表 19-1。这些系统产生的协同效应意味着人们在任何地点都可以通过各种媒体广泛获取信息。便携式计算机、移动电话之类的移动设备，数字电视以及自助终端/售货亭可以与用户进行互动，发挥各种各样的作用。信息通信技术有效地将硬件、软件、组件、网件和人件整合在一起，模糊了设备和软件之间的界限（Werthner and Klein，1999）。Web 2.0 和社交网络的出现大大改变了组织与利益相关者的互动方式，激励组织寻求新的方式与他们交流。

表 19-1　　　　　　　　　　　　　**信息通信技术**

硬件	实物设备，如机械、磁力、电气、电子或光学设备
软件	预先编写的控制计算机系统或操作电子设备的详细说明。软件通过信息系统协调硬件的工作。软件包含标准软件，如操作系统或应用程序、软件程序、人工智能和智能代理以及用户界面
电子通信	远距离传输信号，不仅包括数据通信，还包括使用无线电、电视电话和其他通信技术对图像和声音的传输
网件	开发和支持网络或计算机、终端、通信渠道和设备互连所需的设备和软件
组件	通信工具，如电子邮件、语音邮件、传真、视频会议等促进团队之间电子通信和协作的工具
人件	开发、编程、维护和运行所需的智能。人件包含了社会的知识和技术
社交媒体	社交媒体是一组基于互联网的应用程序，建立在 Web 2.0 的思想和技术基础之上，允许用户创建和交换内容

信息处理、多媒体和通信的整合创造了"万维网"（WWW），这是一种使用互联网的多媒体协议，使得丰富的媒体文档（例如文本数据、图表、图片、视频和声音）得到即时分发，让计算机用户和服务器之间的交互性发生了革命性改变。Web 2.0 是由欧雷利（O'Reilly，2005）创造的词语，指的是基于公民/消费者生成内容的第二代网络服务，如社交网站、博客、维基、通信工具和大众分类法等，强调在线协作和用户之间的共享。互联网越来越成为数据/观点/知识创建和共享的平台，利用网络为所有用户提供更好的信息。

博客、Twitter 和 Facebook 等社交媒体的用户数量每天都在增加，它们在客户互动领域的作用也日益增强。社交媒体对主要市场的影响使之成为旅游目的地的营销工具。世界各地的组织可以在社交媒体上发布有价值的信息、产品视频、图片、客户评价，创建论坛等。更重要的是，用户生成的内容为商家提供了证明，也使消费者能够讲述自己的观点。社交网络为客户关系管理策略提供了新的方式，这些互动可以直接影响公司的信誉、影响力和口碑。社交平台简化了与消费者联系的程序，同时，也让信息宣传更难以控制（Hays et al.，2012；Fotis et al.，2011）。

就组织而言，互联网的动态发展为高效、实时、即时的交换想法和产品创造了一个新的平台，同时为所有服务供应商提供了前所未有的交互式营销机会。在组织内部发展的"内联网"（"安全"、"封闭"或"防火墙"网络）通过使用单一受控的、用户友好的界面支持公司的数据处理和办公流程。越来越多的企业需要为了商品和服务的生产与价值链上的其他成员建立密切的合作关系，因此出现了"外联网"，利用计算机网络来提高组织与其可信赖合作伙伴之间的交互性和透明度。这有利于组织之间数据和流程的连接和共享，以最大限度地提高整个网络的作用。

信息通信技术和互联网的普及显著改变了我们生活、工作、购物和娱乐的方式。它甚至影响到政府和民主的运作，如埃及、突尼斯和中东的政治动荡。全球数以百万计的人依靠互联网进行家庭购物、远程娱乐、远程工作、远程学习、远程医疗支持和电话银行业务。电子/互动/智能/虚拟家庭和企业逐渐出现，交互式计算机网络不仅扩大了个人与外部世界的交流范围，也对个人日常和职业生活的所有活动予以支持。日益增多的宽带连接以及快速扩展的 WiFi 和 4G 无线网络使消费者和供应商能够不断接触，进而产生新的机遇和挑战。

19.2.2　信息通信技术、竞争力与战略

信息通信技术对组织的运营、结构和战略产生了重大影响。它不仅降低了组织的沟通和运营成本，而且提高了组织的灵活性、交互性、效率、生产力和竞争力。虽然信息通信技术不是万能的，并不能保证组织一定会取得财务上的成功，但对信息通信技术的忽视必然会导致显著的竞争短板。这是因为信息通信技术有助于确保组织内部的效率、与合作伙伴的有效沟通以及与消费者的互动。要获得成功需具备一些"先决条件"，即：

- 长远规划和战略；
- 硬件和软件的合理管理与开发；
- 重新设计业务流程；
- 最高管理层的重视；
- 对整个组织的人员进行培训。

这些先决条件有利于取得可持续的竞争优势。如果不解决这些问题，就会危及旅游组织的竞争力和发展，甚至生存。

将信息通信技术作为一项独立的举措是远远不够的，必须将其与组织流程、结构和管理控制系统的重新设计相结合。只要持续不断地进行合理的、创新的规划和管理，信息通信技术就可以为企业成功助力。根据"业务流程再造"理论，以往的做法、传统的等级和组织结构以及习惯性程序几乎是毫无意义的。企业应该充分利用已有的资源和专业知识及时地重新设计流程，以应对当前和未来的挑战。由于信息通信技术的快速发展，企业需要将其业务功能转换为业务流程，并重新构建其分销战略，更重要的是重新塑造企业价值观和文化（Tapscott，1996）。组织面临的最大挑战是找出并培养能够有效使用信息通信技术，并能够依据技术做出决策的领导者和管理者。因此，知识是一项重要资产，持续的教育和培训有助于信息通信技术的创新应用和提高旅游组织的竞争力。

19.3　电子旅游商务：旅游和信息通信技术

信息通信技术革命已经对旅游业产生了深远的影响。布哈里斯（Buhalis，2003）认为电子旅游商务反映了旅游、旅行、餐饮和住宿业所有流程和价值链的数字化。在战术层面，它包括电子商务，应用信息通信技术最大限度地提高旅游组织运作的效率和效果。在战略层面，电子旅游商务使全部业务流程、整个价值链，以及组织与所有利益相关者的战略关系发生革命性变革。电子旅游商务通过利用内联网重组业务流程，利用外联网与可信赖的合作伙

伴开展交易，利用互联网与所有利益相关者互动，从而提高组织的竞争力。电子旅游商务的概念包括所有业务功能（电子商务和电子营销、电子金融和电子会计、电子人力资源管理、电子采购、电子生产）以及旅游行业所有领域（包括旅游、交通、休闲、接待、中介和公共组织等）的电子战略、电子规划和电子管理（Egger and Buhalis，2008）。

信息是旅游业的生命线，因此技术是行业运作的基础。与耐用品不同，旅游产品几乎完全依赖旅游行业和其他中间商的描述来吸引消费者。了解与消费者需求相关的及时且准确的信息往往是满足旅游需求的关键。几乎没有什么行业像旅游业一样需要大量信息的生成、收集、处理、应用和交流，因此信息通信技术对旅游业至关重要。旅游供求的快速发展使信息通信技术成为旅游业市场营销、分销、推广和协调的必要工具。信息通信技术对旅游业产生的巨大影响还表现在它迫使整个行业重新考虑其业务组织、行为价值和规范以及从业人员的教育方式。

19.3.1 电子旅游商务需求

游客数量的快速增长以及对个性化、复杂化、专业化和高质量产品的需求令信息通信技术的使用尤为必要。旅游者对产品的质量与价值要求越来越高，经验丰富的旅游者严重依赖互联网寻求有关目的地和体验的信息，如价格和库存，并将其需求和愿望传达给旅游供应商。世界各地的网上消费者日益增多，即使在发展中国家，互联网也将很快实现高普及率。

互联网使旅客能够获得可靠和准确的信息并进行预订，所需的时间、成本和便利性远远超过传统方法，极大提高了旅游企业的服务质量和游客满意度。互联网向旅游者提供有关目的地、度假产品、交通、住宿、休闲服务的实时价格、库存和其他信息，为顾客比较产品和服务提供了平台。消费者越来越多地利用商业和非商业网站对旅游行程进行规划、预订、购买和修改。越来越多特定领域的搜索引擎和元搜索引擎（如 Kelkoo 和 Kayak）的开发让市场完全透明，使消费者能够快速访问所需信息（Wöber，2006）。此外，评论网站（如 TripAdvisor）、多媒体分享网站（如 panoramio.com）和博客的消费者生成内容在全球范围内极大地提高了信息水平。

智能手机也在改变人们与信息交互的方式。智能手机的发展将电话、个人数据助理和其他功能（如音乐播放器）集成到一个移动计算平台。智能手机让用户能够通过4G网络使用互联网，并提供一系列应用满足消费者在旅游之前、途中和之后的需求。有了先进的无线网，旅游者可以通过网络电话、智能电话、平板电脑在任何时间和地点通过多个设备获取信息。

社交媒体作为旅游者的信息来源将发挥越来越重要的作用，因为其平台内容越来越多地出现在与旅行相关的搜索结果中（Hays et al，2012）。因此，传统的旅游信息提供商必须注意在进行网络营销时不要忽略社交媒体（Xiang and Gretzel，2010）。

19.3.2 信息通信技术与旅游供给：旅游业分销的重新设计

在旅游供应方面，信息通信技术对私营和公共部门的生产、营销、运营和分销都产生了显著的影响。电算化系统的发展促进了旅游企业的生产和管理，使其能够高效地处理库存和执行业务职能（Egger and Buhalis，2008）。因为资源雄厚，大型组织比小型组织更早采用新兴技术，而信息通信技术又帮助它们实现进一步扩张。旅游企业利用信息通信技术可以远程与分支机构、目的地、负责人、代理商等进行有效的沟通与合作，使其能够在降低成本、提高竞争力的同时扩大经营范围（Buhalis and Law，2008）。信息通信技术使企业的运营（时间安排、定价、库存处理和预订）和辅助（工资、会计、市场营销）功能都得到了显著改善，使众多旅游企业建立了全球业务。

在网络时代，企业内联网的发展使组织能够通过在内部共享丰富的多媒体数据和流程来提高各个层次的管理水平。此外，外联网通过提高一定的透明度和互动性，增强了伙伴企业之间的合作，从而提高了效率和生产力，同时又不损害其安全性和机密性。外联网也可以提高旅游产品生产商和经销商之间的互动性，支持其进行更密切的合作以便提供无缝产品体验。互联网还使组织能够直接与消费者进行沟通，这在一定程度上削弱了中间商的作用（Baggio et al.，2010）。

信息通信技术和互联网对旅游产品的分销有关键性的作用。自20世纪70年代初以来，计算机网络和电子分销给旅游业带来了巨大的结构性变化，并成为分销组合和分销战略的核心。计算机预订系统（CRS）本质上就是一个数据库，它使旅游组织能够管理库存并允许其合作伙伴进行访问。旅游企业利用计算机预订系统有效进行库存的管理与分配，使其能够在全球进一步扩张。计算机预订系统能够根据供给和需求波动实现灵活定价，并收取一定的佣金。航空公司率先推出了这项技术，连锁酒店和旅游经营商随后也开发了中央预订系统（CRS），使之成为旅游产品的"流通体系"。

从20世纪80年代中期开始，航空公司的中央预订系统逐渐扩展到全球分销系统（GDS），并通过与其他航空公司的横向联合，以及与住宿、汽车租赁、火车和渡轮票务、娱乐等的纵向联合进一步扩大其地域范围。萨伯（Sabre）、伽利略（Galileo）、艾玛迪斯（Amadeus）和沃德斯潘（Worldspan）是目前市场上非常强大的全球分销系统。供应商已经意识到，企业成功的关键在于通过全球分销系统进行产品展示，使消费者能够在世界任何地方了解和购买产品。

分销是营销组合中能够有效提高企业竞争力和业绩的少数几个要素之一。信息通信技术通过提高产品的独特性、提高产品生产和分销流程的效率降低成本，实现竞争优势。信息通信技术使分销转入电子市场，这里可以随时随地获取信息，供应商与消费者的互动让机遇无处不在。预订系统所提供的动态组合

插图19-1

使消费者能够按照他们个人需求将适合的产品和服务组合，并获得更优惠的价格。互联网的急剧发展促使整个旅游产品的生产与交付过程得以重新设计，并让商家可以根据顾客需求设计个性化产品和促销，为顾客提供最大化的产品附加值。

19.3.3　旅游信息通信技术的概念综合

信息通信技术在旅游业概念上的综合产生了一个多维的沟通和运作框架，这一框架将决定市场主体与目的地的未来竞争力。框架中所反映的模式转变和业务流程再造已经开始给旅游业带来了极大的变化。表19-2列举了信息通信技术在促进组织内部和组织间功能的例子，展示了技术如何在行业内实现多元整合。这个框架不仅表明了需求和供应对信息通信技术的依赖性，还表明旅游业的生产和消费将越来越具备网络型和互动性的特征。这显然意味着不参与电子市场的组织将被排除在产业的生产和消费之外，其未来的发展也将岌岌可危。

表 19-2	信息通信技术支持的旅游业多维框架
组织内沟通与职能	组织间沟通与职能
●旅游企业内	●旅游产品供应商与中间商
■管理与市场营销	■旅游前安排
战略规划	直接营销
竞争分析	一般信息
财务规划和控制	库存/价格查询
市场调查	协商和讨价还价
营销策略和实施	订约
定价决策和方法	预订和确认
中期规划和反馈	辅助性服务
管理统计/报告	■旅游相关文件
运营控制	团体/散客名单
管理功能	收据/文件
■部门间沟通	印制票据
网络和信息交换	■旅游后管理
工作人员的协调	付款和佣金
运营计划	反馈和建议
财务/结算	顾客满意度调查
薪酬	投诉处理
供给管理	直接营销
■与远程分支机构的沟通	
运营协调	
库存/价格/信息	
总部/行政部门的命令	
分享共同的资源数据库以获取客户和运营信息	
消费者与旅游行业的沟通	旅游企业与非旅游企业的沟通
●旅游咨询/一般信息	
●问询存量/价格/信息	●其他供应商和辅助性服务、接种疫苗、旅行手续和签证
●预订和确认	
●变更预订	●保险公司和服务
●定金和全款支付	●天气预报
●电子票务	●银行/金融服务/信用卡
●特殊兴趣请求/询问	●为旅客提供远程互联网服务
●反馈/投诉	●其他商务服务
●讨论组/俱乐部	

19.4 电子旅游商务与旅游业的主要领域

互联网和信息通信技术的发展使所有实践和流程发生了巨大的"范式转变",给旅游业的结构带来了巨大影响。电子旅游商务为企业在地理范围、营销和运营方面的拓展提供了机会。信息通信技术是所有旅游组织的战略不可或缺的组成部分,这主要体现在:

- 经济上的必要性，激烈的全球竞争需要效率的最大化；
- 技术的快速发展提供新的营销机会；
- 进入壁垒低，市场新进入者较多；
- 信息通信技术的高性能/价格比提升了其投资资本的生产率；
- 消费者的期望越来越高，因为他们已经习惯了先进的产品，期望更好的展示和服务质量。

由于互联网的发展，许多新的企业进入旅游市场，最显著的变化是使用互联网作为主要分销渠道的廉价航空公司的激增。这种发展趋势提示消费者，只有在网上直接进入航空公司的网站才能买到最便宜的票价，廉价航空公司的出现威胁到传统航空公司及其整个分销系统（全球分销系统和旅行社）。同样，Expedia，Travelocity，Lastminute.com，Orbitz 和 Opodo 等主要电子旅游中间商的发展为消费者提供了强大的"旅行超市"。它们提供综合旅游解决方案和各种增值服务，如目的地指南、天气预报和保险。通过采用动态组合，即以包价折扣的方式组合个性化的旅游产品，这种电子中间商对其他旅游经营商和包价产品供应商构成了威胁。

19.4.1 电子航空公司

由于运营的复杂性，航空公司很早就意识到其库存和内部组织需要得到高效、快速和准确的处理。最初，预订只能通过把旅客的名字手写在显示板上进行。旅游代理须在手册中查找最佳路线和票价，然后通过电话确认航班座位情况并进行预订，最后再手动出票。航班的增加与航空运输自由化刺激了计算机预订系统发展成巨型计算机网络。随着价格、航班时刻表和航线的全面解放，航空公司可随时改变价格和时刻表，新航空公司也可自由地进入市场。计算机预订系统使航空公司能够根据需要调整时刻表和票价。为了提高竞争力，航空公司开发了轴辐系统，使其定价变得更为复杂和灵活。"票价大战"不仅使票价结构更加多样化，也增强了对计算和沟通的需求，而大多数旅游代理商都安装了计算机预订系统以促进分销。另外，航空公司会在自己的计算机预订系统的屏幕上将本公司的航班信息置于显著位置以提高竞争力。信息通信技术为旅行证件的远程打印提供了极大便利，例如机票和登机牌、行程和发票以及航空公司和旅游代理商之间的销售结算单据等，同时，还让航空公司通过常旅客计划进行关系营销活动。计算机预订系统已逐渐发展为全球分销系统（GDS），并对航空公司的整个营销和分销流程进行了重新设计。由于全球分销系统的创收能力和从竞争对手处抢夺销售额的能力，它们其实是战略业务单位。许多航空公司出售了它们在全球分销系统的股份，转而进行独立的分销活动。

分销是航空公司战略和竞争力的关键因素，因为它决定着接触消费者的成本和能力。分销成本越来越高，让航空公司感觉越来越难控制。目前，信息通信技术和内部计算机预订系统被广泛地应用于机票的网络销售。这些系统是航空公司运营和战略的核心（Buhalis，2004），尤其是小型区域性航空公司以及廉价航空公司，因为它们无法承受全球分销系统的费用，还要以具有竞争性的价格出售其座位。这迫使英国航空和爱尔兰航空等传统/全业务/载旗航空公司认识到重新设计分销流程与价格结构的必要性。因此，它们使用互联网来实现下列目的：

- 增强互动性，建立与消费者和合作伙伴的关系；

- 提供在线预订；
- 提供电子票务；
- 进行收益管理；
- 进行座位的电子清仓拍卖；
- 去中介化，重新设计代理佣金项目；
- 最大限度地提高新型电子分销媒体的生产力（Buhalis，2004）。

同时，航空公司加大了在手机和社交媒体方面的投资，以为顾客提供更好的服务，并减少分销成本。航空公司越来越多地使用社交媒体与顾客进行交流，并在航程之前、之中和之后发出通知。荷兰皇家航空公司是使用社交媒体的先驱者，它通过社交媒体整合了多项服务以提升客户体验。

插图19-2

19.4.2　电子招待业

科技从根本上改变了酒店的运营和营销。酒店通过信息通信技术改善运营，进行库存管理，使其营利能力最大化（O'Connor，2008a）。酒店管理系统通过预订和库存管理协调前台、销售、计划和运营功能。此外，酒店管理系统将酒店管理的"后台"和"前台"相整合，以改善会计、财务、市场调查和计划、预测和收益管理、工资和人事以及酒店采购等一般行政管理职能。连锁酒店更加得益于酒店管理系统，它们可以引入统一的计划、预算和控制系统对其旗下酒店进行集中协调管理。酒店还可利用信息通信技术和互联网广泛地进行分销和营销。中央预订办公室（Central Reservation Offices）在20世纪70年代引入了中央预订功能，随着航空公司计算机预订系统的扩张和信息通信技术的发展，迫使酒店开发出适合本行业使用的计算机预订系统以扩大分销、提高效率、强化控制、增加收益、降低人力成本，并能够提高对客户和管理层的响应速度。

应用服务供应商是招待业最有前途的一项业务，它们在自己的主机上为招待业企业提供商务应用软件。酒店花钱租用这些软件，通过互联网使用。比如，有些酒店公司会从Micros/Fidelio租用现成的系统。这对于酒店，尤其是中小型酒店尤为理想，因为它们不用为技术操心，只需要为自己所需的功能买单。它们没有庞大的信息通信技术部门和专业知识，但可以很轻松地使用最先进的应用，并从应用服务供应商积累的集体知识中获益，却无须为科技和知识积累付出巨大投资。

互联网的发展降低了酒店宣传和推广所需的资本成本和运营成本。例如，每个预订的成本可以从语音预订的10~15美元减少到通过全球分销系统预订的3.50~7.50美元，而通过互联网预订的成本只需0.25美元。互联网还为酒店节省了印刷、储存、分发和邮寄宣传材料的费用。然而，许多中小型独立的季节性和家庭式酒店使用信息通信技术却很困难，原因在于：

- 缺乏购买硬件和软件的资金；
- 缺乏标准化和专业化；
- 营销和技术培训不足；
- 规模小，无法支持计算机预订系统的复杂管理功能；
- 有些酒店业主不愿意失去对酒店的控制权。

小型酒店的这些缺点将日益成为它们在电子市场未来生存的一个巨大威胁。它们必须正视信息通信技术的快速发展，抓住机遇，降低成本来提高酒店竞争力。越来越明显的是，即使是最小的酒店也不得不利用互联网在电子市场上推广自己。提高小型酒店的竞争优势有以下途径：建立以目的地为基础的合作以整合资源，分担开发和运营的成本；通过互联网进行产品分销，以可负担的成本接触目标市场并获得收益（Buhalis，2003）。

科技正在成为酒店客人满意度的决定性因素，许多酒店把科技作为增值工具，以此提高酒店差异化，提升客人的满意度。科巴诺格鲁等人（Cobanoglu et al.，2011）发现，"旅行者的商务必需品""客房科技""互联网接入"这三个因素与酒店客人总体满意度存在正相关的关系。

酒店经营者逐渐通过网站设计、搜索引擎优化、付费搜索营销和电子邮件等技术来增加他们的市场知名度，吸引更多的消费者，增加酒店收入（O'Connor，2008b）。全球的酒店经理人，包括总经理、财务经理、销售和营销经理以及其他行业专业人士：

- 正改变预算，将其营销活动从线下转移到线上；
- 更加依赖企业的独立网站直接为消费者提供预订服务，通过中介网站进行的预订只占互联网业务的很小一部分；
- 认为博客等消费者生成内容的新媒体将比传统的横幅广告产生更好的投资回报；
- 更多地依赖于关键词搜索营销（PPC）和搜索引擎优化（SEO）；
- 加强与消费者在社交媒体的互动；
- 专注于网站优化、搜索优化以及网站重新设计，以提高投资回报率；
- 更多地依赖所属品牌的网站（特许经营酒店）。

赫伯斯（HEBS，2007）公司认为，酒店经营者已经逐渐成熟，认识到长期的战略性目标和网站设计与优化、电子邮件营销和战略性合作等形式要比"快速解决方案"（如搜索引擎优化和付费点击策略）产生更高的投资回报。酒店在线分销主要有两种优势，即价格优势和品牌优势。9·11事件后，全球许多酒店都面临入住率低的问题。许多酒店与Hotels.com和Expedia等在线中间商合作，这意味着在这种商业合作模式下这些酒店对产品价格没有直接控制权，这不仅使酒店收入遭受损失，也损害了酒店的品牌。一些品牌酒店在认识到定价控制权在营销策略中的重要性后积极实施了一些解决措施。奥康纳（O'Connor，2002）的研究发现，酒店产品在不同销售渠道上的价格已趋于平衡。戴莫斯福特西等人（Demirciftci et al.，2010）认为，为了提升酒店与客人之间的相互信任度，不应该让客人感觉自己因为不了解最便宜的预订渠道而多付房费。消费者的品位不断提高，购买选择的复杂性也在以更快的速度增长，直接渠道和间接渠道的价格仍然存在显著差异。

对于酒店而言，一个关键领域就是对其在线声誉的管理。在线声誉管理（Online Reputation Management）就是监控在线有关品牌的交流，执行在线策略，突出积极的高质量的内容，抑制负面内容。随着社交网站逐渐成为消费者分享产品信息和服务体验的平台，搜索引擎也将社交媒体的内容包含在搜索范畴之内，酒店经营者发现要维护在线声誉具有很大挑战性。奥康纳（O'Connor，2010）表示，用户生成的内容正在对消费者购买决策产生巨大的影响。Web 2.0的发展，尤其是最大的旅游消费者在线网络社区TripAdvisor，展示了顾客满意和不满意的关键因素。但很少有酒店对其在TripAdvisor网站上的声誉进行积极管理，尽管网站提供了回应差评和评价反馈的功能。

19.4.3　电子旅游经营商

旅游经营商一直以来都不愿意在战略规划的层面注重信息通信技术。很少有运营商认识到市场的巨大变化，大多数仍然只把信息通信技术当作目前运营的辅助因素和降低成本的工具。然而，一些德国、英国和北欧的旅游经营商已经开始采取电子分销，这使得他们可以通过以下方法聚焦利基市场：

- 提供个性化产品套餐；
- 定时更新宣传册；
- 节省10%~20%的佣金，降低给旅游代理商的奖金、红利和考察体验的成本；
- 节省设计、印刷、存储、分发传统宣传册的成本——以往每个预订的成本约为20英镑。

在战略层面上，互联网的发展和动态套餐打包对旅游经营商的地位造成了威胁。尽管部分去中介化的趋势不可避免，但市场还是存在足够的空间，让旅游经营商给旅游产品增加附加值，提供创新的、个性化的和有竞争力的度假套餐。信息通信技术将决定旅游业未来的竞争力，如果分销渠道的其他成员和新加入者能够有效地利用信息通信技术创造和分销独特或更便宜的旅游套餐产品，那么旅游经营商在分销渠道的地位和影响力就会受到威胁。然而，很多大型运营商，如TUI，开始拆分套餐产品，向消费者直接销售套餐内的单项产品。这样，他们通过自己庞大的供应商网络实现了再中介化。汤姆森实施了一项全面的网络战略，在其网站上提供富媒体信息。该公司支持播客和视频广播，并将谷歌地球的地理信息融入到其网站中。同时还在很多其他网站，比如YouTube上，投放了品牌内容，以吸引消费者到其公司网站，鼓励他们进行预订。显而易见，能够创新地使用科技的旅游经营商能够为客户提供价值，并维护自己在市场中的地位。

19.4.4　电子旅游代理商

信息通信技术是旅游代理商不可或缺的工具，提供信息和预订服务。旅游代理商使用各种预订系统查询库存和预订旅游产品。直到最近，全球分销系统一直是商务旅游代理商获取信息和预订定期航班、连锁酒店、汽车租赁和各种辅助性服务的重要工具。全球分销系统能够帮助制定复杂线路，提供最新的航班时刻表、价格、库存信息和有效的预订途径。此外，它还提供内部管理模块，整合了"后台"（会计、佣金监控、人力）和"前台"（客户历史、行程安排、票务和与供应商的沟通）的功能。连锁旅游代理商获益可能更多，因为信息通信技术使远程分支机构和总部之间实现更好的协调和控制。交易记录可为财务和运营控制以及市场研究提供宝贵的数据。

互联网已经彻底改变了旅游代理商。旅游代理商可以直接了解旅游产品的库存信息，而无须投入时间和成本来获取全球分销系统。他们可以在网上直接搜索航空公司和酒店并进行预订，同时，他们还拥有销售和推广自己服务的工具。然而，直到近几年，旅游代理商一直不愿意充分利用信息通信技术，主要原因在于：

- 有限的战略能力；
- 缺乏对信息通信技术的理解和专业知识；
- 低利润率限制了投资；

● 注重面对面与顾客的互动。

斯潘塞（Spencer，2012）等人表示，创新和技术在小型所有者管理的旅游公司中的传播取决于组织结构、决策过程和领导者。依据领导风格可以预测旅游代理商对科技的采纳程度，这影响了信息通信技术的使用和互联网潜力的发挥。许多旅游代理商无法提供消费者随时可获得的各种信息和预订服务，导致他们在市场上的信誉度大大降低，从而削弱了他们的竞争力。因此，他们可能会受到去中介化的威胁（Spencer et al.，2011）。加剧这种威胁的因素包括：

● 领导层的理解不充分；
● 消费者越来越多地在线搜索信息并进行预订；
● 供应商通过与消费者直接沟通和发展客户关系来控制分销成本；
● 佣金削减；
● 工作人员资质不足，旅游代理商的专业知识有限。

全球各地的旅游代理商不仅必须利用互联网在线访问旅游供应商和获取信息，还必须依靠这一媒介与客户沟通，将产品推向市场，吸引消费者。传统的旅游代理商可以通过互联网为其客户在核心产品的基础上提供额外的产品和服务，增加附加价值。另外，他们还可利用互联网专注于特定的细分市场，并为这些市场提供专门服务。

相比之下，新进入者（如 Expedia，Travelocity，Orbitz，Lastminute.com 和 Opodo）在市场上已经取得了很高的渗透率，获得了令人瞩目的成就。通过一系列的兼并和收购，市场上主要存在五大集团。有趣的是，即使在互联网普及率低的地区，在线旅游代理商也已经开始发展。中国是增长迅速的市场之一（Li and Buhalis，2006）。携程在中国的增长势头迅猛，展示了中国电子旅游市场的潜力和规模。

随着地理位置重要性的减弱，电子旅游代理商将主宰全球旅游零售业。因此，旅游代理商的未来将取决于他们是否有能力使用信息通信技术来增加旅游产品的附加值和为客户服务。那些仅仅作为旅游产品预订的机构在未来可能会面临严重的财务困难。相反，知识型和创新型机构会利用各种科技来提供适当的综合旅游解决方案，这既增加了旅游体验的价值，也提高了自身的竞争力。传统的旅游代理商将不得不在价格和服务上与供应商和在线旅游代理商进行竞争，只有提供优质服务才能生存。

19.4.5　电子旅游目的地

旅游目的地是旅游产品、设施和服务的集合体，它们组成了整个旅游体验，分享一个共同的目的地品牌。传统上，目的地的规划、管理和协调职能由公共部门（国家或地区）或与当地旅游业利益相关的合作组织承担。目的地管理机构通常被认为是负责目的地市场营销的主要机构（Buhalis，1998）。信息通信技术的整合利用为目的地营销带来了许多机遇，它为旅游目的地提供了新的营销工具并赋予现在更独立、信息更灵通并寻找新体验的消费者更多能力。在过去的20年中，目的地管理系统（DMS）的开发一直是应对这些问题颇受欢迎的解决方案之一。基础版本的目的地管理系统包括产品数据库、消费者数据库和连接这两者的机制（Buhalis and Law，2008）。目的地管理系统不仅可以协调当地供应商提供的一系列产品和服务，并在全球范围内推广它们，还可以让旅行者制定自己个性化的目的地体验（Buhalis，2003）。它们通常：

- 通过大众媒体广告提供信息并开展一些营销活动；
- 为消费者和旅游企业提供咨询服务；
- 设计和分发宣传册、宣传单和指南；
- 协调地方举措。

尽管信息通信技术从未被视为目的地开发和管理的重要手段，但越来越多的目的地管理机构开始使用信息通信技术协调所有参与旅游产品的生产和交付的合作伙伴，改善旅游者的全程体验。目的地管理系统不仅为当地企业提供信息和预订服务，而且也利用信息通信技术宣传其旅游政策，协调其运营职能，刺激游客消费并提高当地经济的乘数效应。

尽管关于面向目的地的计算机预订系统的研究早在 1968 年就已开始，但直到 20 世纪 90 年代初才出现了"目的地管理系统"的概念。然而，即使在这个阶段，大多数目的地管理系统也仅仅服务于旅游局的常规活动，例如信息传播或预订当地的服务或设施。最近 Web 2.0 以其开放性、共享性和合作性特征给人们带来了希望，为消费者提供了更容易使用的营销/信息搜索工具。若潜在消费者能够找到准确信息，目的地和当地企业的销售额就会增加。

在与消费者互动方面，大多数目的地管理机构并未充分利用社交媒体。社交媒体作为营销策略的重要工具仍未被广泛认可和尊重，因此经常被忽视，得不到足够的资金支持。目的地管理机构在社交媒体策略上如果能变得更加有创新性，与传统的营销方法区别开来，将会受益更多。高级社交媒体策略的关键在于领导者以及人们对社交媒体作为强大的沟通工具的认识。

先进的目的地管理系统可以通过主题化产品和瞄准细分市场来实现差异化。通过提供准确和真实的信息不仅可以改善游客和当地人期望与感知之间的平衡，还可增进游客与当地居民之间的互动。这将使目的地能够整合其产品并满足当地居民和游客的需求。此外，目的地管理系统可以让本地企业探索新的分销渠道，从而提高与旅游中间商的议价能力。对环境敏感地区的介绍以及社会文化仪式的展示将有助于当地居民和游客更好地了解旅游目的地，从而改善旅游对该地区的影响。实施先进的目的地管理系统会让目的地管理机构获益匪浅。

19.5　小　结

信息通信技术和互联网在旅游中的应用使旅游业运营模式发生了巨大转变。由此，商务实践与以往有所不同，市场中每个利益相关者都在重新定义自己的角色和经营范围。技术发展带来了机遇与挑战，所有旅游企业和旅游目的地的竞争力都发生了天翻地覆的变化。虽然信息通信技术在效率、协调、差异化和降低成本方面为企业带来巨大优势，但它并非是包治百病的良药。企业只有全面改造业务流程，进行战略管理，有切实投入，才能实现它们的目标。

波特（Porter，2001）的五力模型表明，互联网的出现改变了旅游业的结构（Porter，2001；Buhalis and Zoge，2007）。总的来说，消费者的议价能力显著提高，因为他们可以与供应商直接沟通，获得准确和丰富的信息，转换成本较低。互联网加剧了旅游供应商之间的竞争，因为它提高了市场的透明度、反应速度、便利性以及选择的广泛性和灵活性。透明度增强了买家的议价能力，使他们能够轻松比价，并获得即时、廉价和准确的信息，但降低了供应商的讨价还价能力。行业竞争进一步加剧，因为行业进入门槛降低，而且许多小型企业也可以通过信息通信技术和互联网开辟自己的一席之地。有创新性的供应商越来越多地使用先进的客户关系管理系统来收集消费者信息，并提供量身定制的增值产品，同时扩大其分销组合以拓展市场。供应商应加强与最终消费者和在线中间商的直接沟通，以节约成本，提高利润率和效率。实时性使供应商可绕过传统的分销渠道实现即时分销。这不仅改变了旅游价值体系的结构，也给传统中间商带来了挑战。传统中间商向消费顾问角色转变的趋势日益明显，除非旅游经营商和旅游代理商能够利用互联网工具来构建和提供个性化旅游产品，否则未来将失去竞争力。旅游业的结构发生了巨大的变化，显然旅游供应商和在线中间商应该在营销方法和科技进步方面不断地进行创新，以便能够提供差异化、个性化、量身定制的增值产品。保持竞争优势的关键在于对核心竞争力的关注，并利用科技提供的机会提高其在旅游价值体系中的战略地位。

信息通信技术为旅游组织和目的地提供了创新的战略工具，用于改善其运营和市场定位。因此，企业和目的地在市场中的可见性和竞争力越来越多地是利用科技和网络与个人和组织客户互动的结果。旅游业要充分利用新兴的信息通信技术，并制定多渠道和多平台战略，否则将错失众多机遇（Buhalis and Licata，2002）。毋庸置疑，只有持续创新、积极采用智慧旅游应用和相应流程的有创造力的企业未来才能有可持续的竞争优势。

19.6　课后习题

1.互联网如何改变旅游业各参与者的角色？

2.影响旅游业采用信息通信技术的关键因素是什么？

3.旅游中的去中介化和再中介化指的是什么？

4.互联网对航空公司的业务功能有何影响？

5.旅游组织如何最大限度地提高其在线展示范围？

6.社交媒体对旅游业有哪些影响？

7.移动设备如何影响旅游？

8.通过互联网管理旅游品牌的挑战是什么？

术语表

"9·11"事件：2001年9月11日发生在纽约和华盛顿的恐怖袭击。

A

Acidification 酸化：酸度增加或者变酸的过程。

Additionality 额外性：如果新引进的产品或设备增加了旅游者消费的总额，则认为其有额外性，与替代性相对。

Advanced passenger train 高级客运列车：英国在1979年开始使用的城际铁路运输。

Advanced purchase excursion fare 提前购买优惠票价：提早预订通常会享受更低的票价，也称为APEX票。

Advertising 广告：通过媒体向公众介绍产品的付费宣传手段。

Agenda 21《21世纪议程》：1992年里约热内卢峰会制订的行动计划。《21世纪议程》包含21章，涵盖了可持续发展的方方面面。

Agent 代理商：为委托方分销产品的企业，它们基本不对产品做出改变。

AIDS 艾滋病：获得性免疫缺乏综合症。

Air traffic control 空中交通管制：管控飞机活动时间和空间的系统。

Air traffic movements 空中交通活动：空中交通线路和飞机跑道利用情况。

Alternative tourism 替代性旅游：相对于传统的大众旅游提出的概念，活动多种多样，意义丰富。

Anthropology of tourism 旅游人类学：研究与旅游相关的社会文化、语言学和考古学等问题的学科。

Anti-trust legislation 反垄断法：美国用于控制垄断对市场竞争影响的法律。

Attraction 'icons' 标志性吸引物：在旅游者脑海中代表其所处目的地的吸引物。

Authenticity 原真性：通常用于形容纯正的、真实的、表里如一的事物。

B

Balance of payments 国际收支：一个经济体的外汇收入和支出的差额。

Barriers to entry 进入壁垒：阻止新公司进入一个行业的障碍，可能源于生产方法保密、资源稀缺或投入成本高昂。

Biological diversity 生物多样性：同一环境内生存的物种的数量、范围和丰富性。

Brand 品牌：名字、标志、术语、设计或它们的组合体。

Brand extensions or stretching 品牌延伸：同一品牌产品范围的扩充。

C

Cabotage 国内航行权：国外航空公司被授予的从国内指定机场出发飞行任意航线的权利。

Capitalism 资本主义：以个人权利为基础的社会系统，产品的生产与交换极少受到政府干预。

Charter flights 包机：见 Charter services（包机服务）。

Charter services 包机服务：在一定时期内按照约定的服务水平和航班频次提供的飞行服务，包机服务有利于保证承载率。

Classical decomposition 经典分解：把时间序列中的数据分解为各组成部分的过程。

Click-and-mortar agencies 鼠标加水泥代理商：既有实体店也有电子商务（通过互联网交易）的企业。

Codesharing 代码共享：属于同一联盟的航空公司通过协议在同一个航班上使用各自航班代码的做法，旨在充分利用航班容量，常见于从主要枢纽机场出发的短途航班。

Commercialisation and bastardisation 商业化和低俗化：为了吸引旅游者，对节事、技术、工艺或仪式做出的改变。

Commodification 商品化：把非商业关系转变为商业关系。

Communism 共产主义：由人民负责资源分配、生产和销售的社会。从理论层面而言，这样的社会不存在阶级，也不需要政府。

Comparative advantage 比较优势：一个国家生产某种产品或服务的机会成本低于其他国家，则认为前者具有生产这种产品或服务的比较优势。比较优势是进行国际贸易的依据。

Conservation 保护：让环境资源对生活质量的贡献最优化的管理方法。

Consortia 联盟：个人或公司为了某一目的结合而成的团体，旨在合众人之力达己所不能。

Consumer satisfaction 消费者满意度：商家表现与消费者预期的匹配程度。

Contestable markets 可竞争市场：这样的市场中，企业行为不受市场结构约束，对企业绩效影响最大的因素是新对手进入市场。

Cost-benefit analysis 成本–收益分析：衡量项目（对社区）的成本和收益，以评估该项目（如修建机场、公路、污水处理厂等）是否值得开展。

Credence good 信用品：消费者在购买之前不可能试用，出于对供应商的信任而购买的产品或服务。

Customer needs 顾客需求。

D

Delphi analysis 德尔菲分析：反馈式专家意见函询法，专家组成员不直接见面。

Demand determinants 需求的决定因素：影响旅行范围和性质的因素。

Demonstration effect 示范效应：通过示范和交流影响他人的行为、服装和态度。

Destination image 目的地形象：对目的地的认识，包含对过去经历的评价、认识、情感和感知。

Destination management organisation 目的地管理组织：负责协调和管理目的地活动（包括

规划和宣传）的组织。

Developing countries 发展中国家：按照世界银行的标准被定义为低收入或者中等收入的国家，生活水平比高收入国家低。尽管没有精确的定义，但是人口超过100万的国家中有125个国家属于发展中国家。

Development strategies 发展战略：为了实现理想的旅游或经济发展而制定的方针和计划。

Diagonal integration 斜向一体化：是指不同服务供应商（如航空公司、租车公司、旅游经营商和金融服务公司）之间的合作，旨在更加贴近消费者，并通过规模效应、系统收益和协同效应降低交易成本。

Direct marketing 直效营销：为了取得及时反馈或建立关系与事先选择好的目标群体进行的直接沟通 。

Direct sell 直接销售：没有中间商，产品由供应商直接出售给旅游者。

Disaggregation 分解：一个经济体中各生产行业分解的程度（参照联合国标准行业分类的分解层次）。

Discretionary incentives 酌情激励：带有一定条件的激励，如为贫困地区提供工作岗位，或提供酌情补助金。

Disintermediation 去中介化：减少通过中间商进行交易的数量或金额。

Displacement 取代额：被新项目取代的收入金额。比如，魁北克一家新建五星级酒店收入的50%是从该城市其他五星级酒店竞争而来的，那么该酒店的取代率为50%。

Distribution system 分销系统：把旅游服务提供给潜在购买者的多种渠道的组合。

Distributive trade 分销业：从事产品和服务分销的所有企业的总和。联合国标准行业分类把分销业列在第六部分（即，6.1 批发商，6.2 零售商，6.3 住宿与餐饮）。

Diversification 多样化：通过发展不同行业拓宽经济基础，也可指通过建立或收购新公司以拓宽产品或市场范围的战略。

Domestic tourism 国内旅游：人们访问国内目的地的旅游活动。

E

Ecological system 生态系统：互相联系的生物（包括人类）集合体及其共存的系统，如地球表面。

Economic dependence 经济依赖性：如果一个国家、企业或项目的成本和收益取决于其他国家、企业或项目，那么前者对后者就具有经济依赖性。

Econometric models 计量经济模型：通过一系列影响变量来解释数据变化的工具。

Economic recession 经济萧条：经济活动萎靡，持续时间不少于两个季度。

Eco-tourism 生态旅游：旨在最小化环境影响的以自然为基础的旅游形式。

E-intermediaries 电子中间商：通过互联网提供中介服务的中间商。

Elasticities of demand and supply 供需弹性：供需量对价格或收入变化的敏感程度，即价格弹性或收入弹性。

Empirical studies 实证研究：基于经历、实验或观察的研究。

Environmental Action Programmes 环境行动项目：环境政策与战略。

Environmental auditing 环境审计：用于减轻环境影响的管理系统。

Eutrophication 富营养化：水体中植物营养物质含量过多导致水体溶解氧含量下降的过程。

Exogenous change in demand 需求的外生变化：由经济体外部因素导致的需求的变化。

Externalities 外部性：正常市场不会考虑的外部经济影响，可能是积极的，也可能是消极的，与产品或服务的生产或消费有关。

Extranet 外联网：利用互联网络技术和协议架构的企业间网络，只有被授权的企业才可使用。

F

Feudalism 封建主义：少数人为了自己的利益控制政权的社会系统，公元8世纪的欧洲国家很多都是封建主义制度。

Fixed costs 固定成本：不会随产出量的变化而变化的成本。

Flagship 旗舰型：一个团体中占据首要或主要地位的成员，如旗舰型吸引物或旗舰型酒店。

Focus groups 焦点小组：一种集体访谈方法，重在利用小组成员间的互动获取结果。

'Footloose' attractions 自由吸引物：只要有足够的空间，可以建在任何地点的吸引物，不受自然资源或因素的限制。

G

GATS 《服务业贸易总协定》：世界贸易组织希望借此推动服务贸易的自由化，起到《关税与贸易总协定》对商品贸易自由化的作用。

GDP 国内生产总值：一个国家的经济中所生产出的全部最终产品和服务的价值总和，是衡量国家经济状况的关键指标。

Global distribution system 全球分销系统：中间商用于预订旅游产品的计算机数据库。

Global warming 全球变暖：温室效应导致的全球温度升高的现象。

Globalisation 全球化：过去半个世纪以来经济与通信互联性不断提升，使得全球市场取代了国家和区域市场。

GNI 国民总收入：一个经济体内所有居民的总收入，既包括在国内取得的收入，也包括在国外取得的收入。

GNP 国民生产总值：一年内一个国家或地区所生产的最终产品和服务的总价值（即国内生产总值）加上从国外得到的生产要素收入，再减去支付给国外的要素收入的结果。

'Grand inspiration' attractions 宏伟梦想型吸引物：由个人的梦想发展而来的吸引物。

GVA 总增加值：用于衡量一个地区或一个经济体的行业所生产的产品和服务的价值。

H

Hallmark events 标志性节事：标志性代表着高质量、原真性或独特性，标志性节事旨在让目的地与众不同。

Hedging 对冲：一种降低风险的策略，如在期货市场和现金市场采取方向相反的交易以降低风险。

Honey pots 蜜罐策略：把各种各样的吸引物、商店、餐饮和住宿等集中到一个综合区域，以吸收高密度人口的一种旅游管理方法。

Horizontal integration 横向一体化：在生产过程中处于同一阶段的两个或多个企业的合并。

I

Imagescape 影像景观：人们感觉就像自己生活在其中的媒介或背景。

Inclusive tours 全包旅行：套餐式旅游产品。

Indigenous development 本土发展：本国内的变化引起的经济发展。

Inflation 通货膨胀：物价的持续增长导致单位货币的购买力下降。

Information communication technology（ICT）信息通信技术：用于商业功能和流程的数字化工具。

Infrastructural investment 基础设施投资：用于道路、机场、供水和通信等基础设施的投资。

Input-output model 投入-产出模型：用于衡量需求变化对经济影响的一般均衡模型。

Inseparability 不可分割性：服务产品的生产和消费是同时进行的。

Instant purchase fares 立即购买价格：在交易时一次性付清产品费用的价格，尽管这一时间远早于旅行实际开始时间。

Institutionalised or mass tourism 制度化旅游或大众旅游：游客持续不断地大量涌入目的地的旅游形式。

Intangibility 无形性：旅游产品很难在购买前被展示、评价或试用。

Integrated marketing communication 一体化营销宣传：公司为了加强宣传而采取的整合和协调宣传信息与媒体的过程。

Integration 一体化：处于相同或不同生产流程或分销渠道中的企业组合到一起，形成经营联合体。

Interlining 联程中转：乘客在同一航空公司或航空公司联盟内换乘航班的行为。

Intermediaries 中间商：在旅游者和供应商之间扮演代理人或中间人的企业或个人（如旅游代理商、旅游经营商）。

International tourism 国际旅游：人们访问本国以外的目的地的旅游活动。

Intersectoral linkages 行业间联系：一个经济体中不同行业间产品和服务的买卖，代表着中间需求。

Intranet 内联网：受公司防火墙保护，仅有授权员工才能使用的内部沟通网络，如局域网和广域网。

Invisible export 隐形出口：服务出口，与有型产品出口相对，国际旅游收入属于隐形出口。

K

Key informants 关键信息提供者：能够提供集体性重要观点的人。．

L

Leakages 漏损：流出当地经济系统的钱，可能是存款，也可能是用于从经济体外购买产品和服务的钱。

Lifetime value 终身价值：与某一客户的关系在一段时间内对组织的总价值。

Limits of acceptable change 可接受变化范围：环境可接受的变化水平，在这一范围内环境不会发生不可逆转的损害。

Linear homogeneity in production 生产的线性齐次性：假设同一行业内的所有企业都通过同样的方法制造同样的产品，不存在规模效应，这样所有的产出都需要同样的投入。

Load factor 载客系数：交通系统衡量效率和业绩的常用指数，一般用实际载客数量占总座位数量的百分比表示。

Loss leader 损失领导物：为了招徕顾客以低于市场价售卖的产品或服务。

M

Marginal cost 边际成本：每增加一单位产品或服务所增加的成本。

Marginal propensity to consume 边际消费倾向：消费者的收入每增加一个单位时，其消费的变动情况。

Market failure 市场失灵：市场不能真正反映交易的社会成本和收益，比如在生产过程中对环境这样的无价格产品的过度消耗，在这种情况下，市场无法有效率地分配资源。

Market or catchment area 市场或客源区：产品和服务交易的地区。

Marketing concept 营销概念：把目标市场的满意和需求当作核心目标的营销管理理念。

Marketing mix 营销组合：公司用于影响消费者行为的营销工具组合，包括产品、价格、分销和促销。

Marketing plan 营销计划：公司为了取得营销和财务目标而制订的详细计划，包括目标群体和营销组合。

'Me too' attraction developments 吸引物重复建设：因为之前的成功而在他处重复建造的吸引物，完全无视市场饱和问题和替代性影响。

Mega attraction 大型吸引物：成本和游客数量都超乎寻常，给当地带来巨大经济影响的吸引物。

Mega events 大型节事：通常指具有全球关注度的、影响巨大的、大规模节事活动。

Merit goods 有益品：对社会的价值超过市场价格的产品。

Mission statement 使命宣言：表明组织主要目标的宣言。

Monopolistic power 垄断能力：一个企业能够决定产品或服务价格的能力。

Moving average 移动平均值：按顺序从数据序列中取一定数量的数据并算得其全部算术平均值，结果即是移动平均值。

Multinational agencies 跨国机构：运营范围跨越国界的机构，如联合国发展署。

Multiplier analysis 乘数分析：估算旅游对当地经济影响的方法。

N

National air carrier 国家航空公司：机身印有国旗的国有航空公司。

National tourist organisation 国家旅游组织：一个国家的旅游管理机构。

New product development 新产品开发：开发一项顾客认为是新型的产品、服务或概念。

New tourist 新型旅游者：有经验、有知识、有能力的旅游者。

'New version' attractions 新版吸引物：经典吸引物的现代版，如替代了游乐场的主题公园。

O

OECD 经济合作与发展组织：由 36 个国家组成的国际经济组织，旨在促进自由市场体制。

Off-peak 淡季：旅游活动需求水平较低的时期，商家通常会通过打折吸引顾客。

Online travel 在线旅游：通过互联网获取旅游产品信息和购买服务的行为。

Operating account 营业账户：记录企业日常经营的账户。

Opportunity costs 机会成本：一个国家、企业或个人为了得到某种东西不得不放弃的成本。

Outliers 异常值：在一个数据序列中偏离正常范围很远的值，需要把它从分析中剔出以避免其歪曲结果。

Overrides 额外酬金：航空公司、酒店和其他供应商为高额业绩向代理商支付的额外佣金。

P

Paid holiday entitlement 带薪假期权益：雇主为雇员提供的假期，休假期间照常支付工资。

T

Peak 旺季：需求高峰期。

Perceived risk 感知风险：对与决策相关的经济、健康、财务和心理状况严重性的解读。

Peripheral areas 边缘地区：远离中心或核心区域的地方。

Perishability 易逝性：服务产品的特性，不能储存起来等以后销售。

Personal selling 人员推销：销售代表通过面对面或者电话向潜在客户进行推销。

Polluter should pay 污染者付费原则：认为清理污染的成本应该由制造污染的人承担。

Preservation 留存：通过不使用或限制使用资源的方法为后代保留资源。

Price 价格：基于消费者愿意为所获的收益付出的金额为产品设置的收费金额。

Price competitive 价格竞争性：价格的微小变化可能会导致竞争中的企业销售份额的变化。

Primary data 一手数据：研究者为了某项研究收集的新数据。

Principal 供货商：供应产品的经济实体，贸易词汇。

Product differentiation 产品差异化：让企业的产品与众不同，从竞争者中脱颖而出。

Product life cycle 产品生命周期：源自生物学，指产品随着时间演变的过程。

Project appraisal 项目评估：用一系列工具（如内部收益率）决定项目的财务可行性。

Promotion 促销：旅游组织用于影响公众购买行为的宣传活动的组合。

Property management system 物业管理系统：整合了全部招待业信息和管理功能的计算机系统。

Pro-poor tourism 扶贫旅游：旨在帮助减轻贫困的旅游战略。

Protectionism 保护主义：与贸易自由化相对，通过关税或配额限制进口。

Psychographic analysis 心理分析：根据旅游者的态度、价值观、行为和信念对其进行分类的方法。

Public or collective good 公共品或集体产品：公共品是让每个人都能获益、消费过程中不存在竞争的产品。集体产品有同样的特征，但可以把某些人排除在外。比如，电视广播开始是集体产品，但逐渐私有化。它们目前仍具有集体性质，私有市场并没有实现资源的高效分配。

Public relations 公共关系：通过大众媒体改变公众观点或取得曝光率的非付费、面向公众的宣传。

Q

Quality assurance 质量保证：保证消费者能够对服务满意的系统。

Quality control 质量控制：为保证组织能够取得其质量目标而设定的标准检查。

R

Regional disparities 区域差距：地区间在收入、就业等具体指标方面的差别。

Reintermediation 再中介化：传统中间商在分销系统中被重新定义和使用。

Repatriated income 汇回收入：国外工人或公司寄回本国的收入。

Resource allocation 资源分配：一个经济体内把资源分配于不同用途的做法。

Retention 客户留存：为了维持公司的顾客群而留存老客户（至少一年的时间）的能力。

Revenue management 收益管理：供应商为了最大化销售额对不同细分市场的操控，旨在将未售出的产品数量降到最低。

S

Sales promotion 销售促进：通过不同方法激励潜在顾客、贸易中间商或销售团队以取得理想结果的活动。

Same-day visitor 当日访客：进行简短休闲游的消费者，在目的地停留的时间不超过24小时。

Sampling 取样：通过系统的方法从全部研究对象中选取一部分个体以代表整体的过程。

Scheduled services 定期服务：严格按照规定的频率和时间运营的交通系统。

Seasonality 季节性：旅游活动在日、周、月、年内的时间性波动。

Sectoral linkages 部门关联：同一经济体内企业之间的交易（买卖）。

Segment 细分市场：被选为目标群体的一个市场子群体，针对不同子群体所采用的营销手段各有不同。

Segmentation 市场细分：为企业或目的地产品选择最合适的市场子群体的过程。

Service industries 服务业：生产服务而非产品的企业总和。

Sex tourism 性旅游：度假目的是发展短期性关系的旅游。

Simultaneity of production 生产的同时性：服务的生产与消费同时发生。

SMEs 中小型企业：员工在10人以内（含10人）的企业属于微型企业，员工在50人以内（含50人）的企业属于小型企业，员工在250人以内（含250人）的企业属于中型企业。也有按照营业收入划分的标准。

Social cohesion 社会凝聚力：社会合作的能力，与贫富差距导致的社会分裂相对。

Social net benefits 净社会效益：社会收益减去社会成本的结果。在收益与成本前加上"社会"意味着除了财务以外还要考虑一系列其他因素。

Socialism 社会主义：国家政府负责资源分配、生产和分销的社会制度。

Socio-economic groups 社会经济阶层：按照人口学因素（年龄、性别、职业等）对人们进行分类的结果。

Sponsorship 赞助：为一项活动提供物质上或财务上的支持，赞助对象通常是不在赞助方正常业务范围内的体育、教育或艺术类活动。

Stagnation 停滞：经济发展萎靡不前或进步微乎其微的阶段。

Stakeholders 利益相关者：与旅游发展有利害关系的企业、居民、政府和旅游者。

STEP analysis 环境分析：以社会、科技、经济和政治因素为基础的环境分析。

Strategic planning 战略规划：确保企业的能力与资源和环境以及变化的市场机会相匹配的规划方针。

Structural adjustment 结构调整：促进私有化和贸易自由化的政策，旨在促进财富增长、减轻贫困，但因导致经济下滑、威胁贫困人口的福利而备受诟病。

Subsidiarity 权力下放：把政治权力下放到基层政府单位。

Supply constraints 供给限制：当一个行业接近或达到产能极限时就不能对增长的需求做出充分回应，这种情况称为供给限制。

Sustainable development 可持续发展：既满足当代人的需求，又不对后代人满足其需求的能力构成危害的发展。

Sustainable tourism development 可持续旅游发展：特指旅游业的可持续发展。

T

Target market 目标市场：企业选择的有相似需求或特征的消费者群体，根据其特征安排营销组合为之提供服务。

Tariff structure 关税结构：进口关税税率的总格局。

Tied agency 捆绑代理：只能负责某一个公司的产品或服务的代理。

Tiger economies 亚洲小龙：本书中是指东亚的几个经济体，包括印度尼西亚、中国香港、马来西亚、新加坡、韩国、中国台湾和泰国。鉴于其促进快速增长的激进政策，称之为小龙。

Total quality management 全面质量管理：保证一个组织所有活动都遵守预设质量标准的流程和系统。

Total tourist experience 旅游者整体体验：包括出发前的计划、购买产品、旅程、参观和停留、返程，以及对活动的回顾。

Tourism satellite accounts 旅游卫星账户：显示国内和国际旅游对一个经济体总价值的一系列账户。

Tourism system 旅游系统：雷珀（1979）提出的模型，描述了在社会、经济和环境背景下由客源地、旅游通道和目的地三个部分组成的系统。

Tourist satisfaction 旅游者满意度：旅游者对度假体验的评分。

Tourist tax 旅游税：向旅游者征收的税，一般通过为旅游者直接提供服务的单位收取。形式可能是入境税、酒店税或其他基于旅游业的税负。

Trade deficit 贸易逆差：如果一个国家进口商品和服务的花费大于其出口商品和服务所得的收入，则该国出现贸易逆差。

Train à Grande Vitesse TGV 高速铁路：国家铁路列车最快速度的保持者。

Travel propensity 旅行倾向：旅行活动在某一人口群体中的渗透度。

Typologies 分类。

U

Univariate models 单变量模型：仅从时间维度解释数据变化。

V

Value added 增加值：企业在出售产品或服务前为之增加的金钱价值。

Vertical integration 纵向一体化：一家企业沿产业链占据若干环节（生产、销售和交付）的业务布局。

VFR 探亲访友（旅游动机）。

Y

Yield management 收益管理：优化项目收益的管理系统。

Z

Zone of tolerance 容忍区：顾客在理想服务水平和可接受的服务水平之间能够接纳的服务水平范围。

本书参考文献
与推荐阅读